懷舊書　二〇〇九、八月二十日 周單
台北、

這本書是天下高希均先生贈送的、我耗時一個月才陸續把它讀畢、作者和我同年、書的寫來卻是在大陸的日子、所述似曾相識、但作者由於本身的才華和努力、比我有成就得多了、讀來卻和在教書的若干感懷、也是我可以體會的、而作者父親齊世英和哥々齊振一均有相識的機緣。

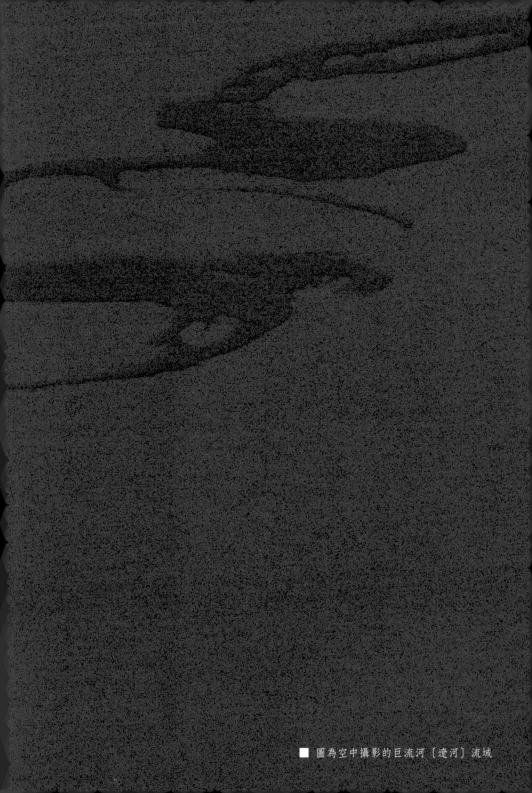

■ 圖為空中攝影的巨流河〔遼河〕流域

巨流河

位於中國東北地區，是中國七大江河之一，
被稱爲遼寧百姓的「母親河」。
南濱渤海與黃海，
西南與內蒙內陸河、河北海灤河流域相鄰，
北與松花江流域相連。
這條河古代稱句驪河，現在稱遼河，清代稱巨流河。
影響中國命運的「巨流河之役」，
發生在民國十四年，
當地淳樸百姓們仍沿用著清代巨流河之名。
本書的記述，
從長城外的「巨流河」開始，
到台灣南端恆春的「啞口海」結束………

巨流河

齊邦媛　著

目錄

序 8

第一章 歌聲中的故鄉 17

第二章 血淚流離——八年抗戰 75

第三章 「中國不亡，有我！」——南開中學 107

第四章 三江匯流處——大學生涯 163

第五章 勝利——虛空，一切的虛空 223

第六章 風雨台灣 289
第七章 心靈的後裔 343
第八章 開拓與改革的七〇年代 399
第九章 台大文學院的迴廊 445
第十章 台灣、文學、我們 475
第十一章 印證今生——從巨流河到啞口海 535
齊邦媛紀事 592
《巨流河》參考書目 598

序

書前

「巨流河」是清代稱呼遼河的名字，她是中國七大江河之一，遼寧百姓的母親河。「啞口海」位於台灣南端，是鵝鑾鼻燈塔下的一泓灣流，據說洶湧海浪衝擊到此，聲消音滅。

這本書寫的是一個並未遠去的時代，關於兩代人從「巨流河」落到「啞口海」的故事。

二十世紀，是埋藏巨大悲傷的世紀。

第二次世界大戰之後，歐洲猶太人寫他們悲傷的故事，至今已數百本。日本人因為自己的侵略行為惹來了兩枚原子彈，也寫個不休。中國人自二十世紀開始即苦難交纏，八年抗日戰爭中，數百萬人殉國，數千萬人流離失所。一九四九年中共取得政權，正面抗日的國民黨軍民，僥倖生存在大陸的必須否定過去一切。殉國者的鮮血，流亡者的熱淚，漸漸將全被湮沒與遺忘了。

我在那場戰爭中長大成人，心靈上刻滿彈痕。六十年來，何曾為自己生身的故鄉和為她奮戰的人寫過一篇血淚記錄？

一九四七年我大學畢業，在上海收到一張用毛筆寫在宣紙上的「台灣大學臨時聘書」，來外文系任助教。當時原以為是一個可以繼續讀書的工作，因在海外而添了些許魅力。兩年後，風雲變色。一九四九年十一月底，我父親由重慶乘最後一班飛機來到台灣的情景令我驚駭莫名；一直相信「有中國就有我」的他，挫敗、憔悴，坐在我們那用甘蔗板隔間的鐵路宿舍，一言不發，不久即因肺炎送往醫院。在家人、師生眼中，他一直是穩若泰山的大岩石，如今巨岩崩塌，墜落，漂流，我五十一歲的父親從「巨流河」被沖到「啞口海」。

六十年來，我沉迷於讀書，教書，寫評論文章為他人作品鼓掌打氣，卻幾乎無一字一句寫我心中念念不忘的當年事——它們是比個人生命更龐大的存在，我不能也不願將它們切割成零星片段，掛在必朽的枯枝上。我必須傾全心之虔敬才配作此大敘述——抗戰中，奔往重慶那些人刻骨銘心的國仇家恨；那些在極端悲憤中守護尊嚴的人；來台初期，單純潔淨為建設台灣而獻身的人。許多年過去了，他們的身影與聲音伴隨我的青年、中年也一起步入老年，而我仍在蹉跎，逃避……，直到幾乎已經太遲的時候，我驚覺，不能不說出故事就離開。

父母已逝，哥哥與小妹早已移居海外，在台灣只剩下我與寧妹二人，這些年中，總有相依為命之感。只有她深切了解，此書未寫我將死不瞑目。今年開春，為了慶賀我書寫將成，她開車帶我上大屯山主峯，左望淡水海灣，右眺台北四周群山。人生至此，何等開闊！

而我的丈夫裕昌，如果不是被病情困住，他對我們共同走過的那些艱難那些苦楚，該有多少感慨！願我們的三個兒子，能分享我完成此書時的快樂。

書緣

此書完成，首先要感謝單德興先生的信心與堅持。多年前，他計畫做一系列英美文學與比較文學在台灣發展的訪談，邀我參加。我認為自己並不知全貌，可談較少。他再度找我時，我說半生想談的多是來台灣以前的事。過去十多年，我每遇見單先生都催促他早日完成《格理弗遊記》的學術中譯，此書也只有他的學術和嚴謹態度可以翔實譯出完整原著。單先生雖然不是我的學生，想不到卻由他來督促我做一己生命的整理了。

二〇〇二年十月開始，原擬訪問我談女性處境的趙綺娜教授亦參加訪談，共訪談十七次，由我童年談起，本書第一、二章保留了最早談話的部分內容與架構。但是訪談進行約三個月後，德興的母親因重病住進新竹馬偕醫院加護病房，一週後我的丈夫病倒，送台大醫院加護病房。自此後，每次訪談結束，德興即匆匆開車回新竹，我也奔往醫院。由於思緒渙散，我已無法做訪談所需之資料準備，也無暇思考大綱與內容。所談多是臨時記憶，主題不斷隨記憶而轉移，口語也嫌散漫，常不知所云。不久，德興帶來張書瑋小姐根據錄音帶所忠實整理的口述記錄稿，簡直慘不忍睹。

接下來一年，我挾著這數百頁記錄稿奔走在醫院、家庭甚至到美國「萬里就養」半年的生活裡。我試著將它改成通順可讀的文字，但每試必精疲力竭，甚至失去信心，內心開始逃避，不敢去觸動它，但它卻分分秒秒懸在我的心中。

直到二〇〇五年，我找到了這間山巒間的書房，終於定下心來，勇敢地從改寫到重寫。在這漫長的五年間，德興從訪談者成為真心關切的朋友，不時安慰我，鼓勵我，並且動用一切人力支援我。他是點燃火炬的人，也是陪跑者。世間有這樣無法回報的友情，只能用德興虔信的佛教說法，是緣分。但緣分二字之外，我仍有太多的感謝。

當我下定決心重寫，拿出紙和筆時，一生思考的方式也回來了。提綱挈領地寫出一、二章，此時我已年滿八十。第二次因病被送進醫院，出院後對自己繼續寫下去的信心更少。這時，接到李惠綿的電話，說她的新書《用手走路的人》要出版了。

惠綿是我「錯過了卻跑不了」的學生。她唸研究所時原應上我的「高級英文」課，因需做重大的脊椎側彎矯正手術而錯過了。第二年她回校上課，換我遭遇車禍一年未能回到教室。但她常常隨原來那班同學，駛著輪椅到醫院看我，甚至爬上三層樓梯到家裡看我。我不能行走將近一年，深知她的苦，有一天我說不知將來還能不能穿我一生唯一的那雙紅色高跟鞋，她回去後，將她那篇有名的〈鞋〉寄來給我。對於她，我有一份患難相知的深情；她奮鬥不懈，終能獲得學位、留校任教，我甚感欣慰。

二〇〇六年一月，惠綿和趙國瑞老師邀我參加一場春宴，在座的有柯慶明、張淑香、黃照美、魏可風和簡媜。我帶了新成初稿第一、二章給慶明和惠綿各一份，慶明自二十多歲起即是我最樂觀、最具建設性的傾聽者（後來，他竟然也是我丈夫回憶鐵路生涯的最佳聽眾，我們戲稱他是文學院鐵路電化專家）。他們對我不用電腦純手工寫出的三十多頁文稿感到驚喜，惠綿說，她要幫我整理口述記錄的全部大綱，要幫助我繼續寫下去……。

在這場春酒之後十天左右，簡媜的一封信好像從天上掉下來，到了我的書房。她說看了我的初稿，聽惠綿提到我正在孤軍奮戰，「需兵力支援，若您不棄，我很願效棉薄之力，讓這書早日完成。」這樣誠意的信由簡媜這樣的人寫來，只能說是天兵天將降臨。收到她的信，我在屋裡走過來踱過去，不知如何能壓得住迸發的歡呼。

自從那年我將台大文學獎頒給哲學系一年級的簡媜，這些年來，我相當注意地

「這是我的三位天使：簡媜（左）、單德興（中後）、李惠綿（右）。他們與我並無『淵源』，是乘著歌聲的翅膀，自天降臨到我的書桌上。」

看著她一本一本書地展現創作才華，以歡愉的想像力寫出令人驚異的散文，她已是年輕一輩最優秀的作家之一。她那瘦削的身材和由哲學轉入文學的經歷，總令我想到自己二十歲的心情。

我一直希望有中文系的人看我的初稿，惠綿與簡媜伸出強壯的援手，成為我的超級志願軍。從此，她們聯手用了許多心思，以各種語氣催促我寫下去；硬的不行，軟的沒用，逼重了怕我高齡難捱，輕了怕我逃避拖延……。表面上打哈哈，語氣裡全是焦急。漸漸地，她們由援軍升為督軍。這一年暑假，簡媜突然全家作美國之行，她仍然不卸下督軍的威權，從科羅拉多州海拔三千公尺的大山大水裡寫信回台北給我報平安，敘新景，居然加上一句「您大學畢業了沒？」——她走的時候，我仍徘徊在第五章抗戰勝利與學潮的困苦中。

我怎麼才能說得盡對結成書緣的朋友的感謝！黃碧儀小姐四年來將我的手稿輸入電腦，容忍我不停地增補、刪減，看她列印稿上的記錄，第一章竟有「第八次修改」的小字。碧儀事實上是我的第一位讀者，在我最困頓的時候，曾寄給我教會小冊〈呼求主名〉，助我前行至今。

我很幸運在桃園的長庚養生村，建立了今生最後的書房。月升有時，日落有時，在此身心得以舒展安放。四年之間，我在高軒明窗前與我的紙筆化為一體，俯仰自適。感謝王永慶先生為紀念他的父母而建此村，允許建築師規畫寬敞的空間，派遣了認真關懷的服務人員，他們敬業愉快的態度，和山上日漸茂密的樹木一樣，充滿了活力。

離開台北的時候，診治我二十年的江啓輝醫師推薦蔡熒煌醫師給我，不僅使我能活著完成心願，也肯傾聽我談自己獨特的生死觀，給我眞正的安全感。

我將此書交給天下文化出版公司，也是一種書緣。一九九九年，林蔭庭和許耀雲到筆會看我，希望我動手寫自己的書，交由她們出版。蔭庭是我外文系的學生，是少數聽我說過平生大願的人。高希均先生、王力行女士多次來訪，對這本書盛情期待，許耀雲總編輯、項秋萍主編和他們充滿活力的工作人員無不全力以赴。負責封面設計的張治倫先生，看了我構想中的色彩和景象——在砲火中重慶市民的戰慄，立刻說：我知道，這是血的顏色，也是莊嚴的顏色。

衆多書緣匯聚，就這樣，在這間人生最後的書房，即使身體的疲勞如霜雪重壓下的枯枝，即使自覺已近油盡燈枯，我由第一章迤邐而下，一筆一劃寫到最後一章〈驗證今生〉，將自己的一生畫成一個完整的圓環，如我教書時常講的 the cycle。是的，the cycle，書寫前我跟著父母的靈魂作了返鄉之旅，從大連海岸望向我紮根的島嶼，回到台灣，寫下這一生的故事。天地悠悠，不久我也將化成灰燼，留下這本書，為來自「巨流河」的兩代人做個見證。

齊邦媛寫于二〇〇九年六月

—第一章—

歌聲中的故鄉

二十世紀來臨的前一年，我的父母出生在中國東北遼河流域相距二十里的鄉村。他們所繼承的豐饒大草原，本是「天蒼蒼，野茫茫，風吹草低見牛羊」豪邁牧者的原鄉，但是兩千年的中國史，幾乎全是這大草原的征戰史。自漢唐盛世，成就了多少漢族英雄人物；而蒙古人和滿族人，也曾策馬中原，建立了前後四百多年的元、清兩朝。齊家是自山西太原府來的漢人，定居在遼寧省的鐵嶺縣，我家莊院范家屯距清朝「龍興之地」赫圖阿拉很近，距瀋陽一小時車程。我童年在祖母身邊曾聽長輩說，長城修到鐵嶺就停了；十七世紀，清朝進了北京以後，康熙皇帝下詔不再修長城。自秦到漢、唐、宋、明，邊患未斷，明末，滿族大軍長驅直入，長城延袤數千里，何能阻擋？

到了清末民初，東三省一百二十三萬平方公里的大草原已確屬中國版圖，可是內憂外患，國勢日弱，引來接壤數千里的俄國邊患和日本的侵略。她土地資源的豐饒，使她成為災難之地，但是大草原上世世代代騎射千里的倔強靈魂卻也無人能夠征服。

我出生在多難的年代，終身在漂流中度過，沒有可歸的田園，只有歌聲中的故鄉。幼年聽母親幽怨地唱〈蘇武牧羊〉，二十年後，到了萬里外沒有雪地冰天的亞熱帶台灣，在距南回歸線只有百里的台中，她竟然在我兒子搖籃旁唱：「……蘇武牧羊北海邊……」。我說：「媽，你可不可以唱點別的？」她有時就唱〈孟姜女〉。她說自從十九歲嫁到齊家，一個月後丈夫出去讀書，只曾在暑假中回家幾次，回國後參加革命，放逐流亡，不能還鄉。她守著幼小兒女，和蘇武當年盼望小羊長大再生小羊一樣，支撐幾乎無望的等待。直到三十歲她才出了山海關，坐了三天兩夜的火車，終得一家團聚。從此，隨夫越走越遠離家鄉。除了〈蘇武牧羊〉，她從沒有唱過一首眞正的搖籃曲。

我生長到二十歲之前，曾從遼河到長江，溯岷江到大渡河，抗戰八年，我的故鄉仍在歌聲裡。從東、西、南、北各省戰區來的人，奔往戰時首都重慶，顚沛流離在泥濘道上，砲火炸彈之下，都在唱，「萬里長城萬里長，長城外面是故鄉……」故鄉是什麼樣子呢？「我的家在東北松花江上……」唱的時候，每個人心中想的是自己家鄉的永定河、黃河、漢水、淮河、贛江、湘江、桂江、宜江，說不盡的美好江河，「江水每夜嗚咽地流過，都好像流在我的心上。」

1 — 生命之初

我生於一九二四年元宵節，在家鄉遼寧，這時經常是攝氏零下二、三十甚至四十度的天氣。我母親在懷孕期間生病，所以我是個先天不足的嬰兒。出生後體弱多病，快滿周歲時，有一天發燒，高燒不退，氣若游絲，馬上就要斷氣的樣子。我母親坐在東北引用灶火餘溫的炕上抱著我不肯放。一位來家裡過節的親戚對她說：「這個丫頭已經死了，差不多沒氣了，你抱著她幹什麼？把她放開吧！」我母親就是不放，一直哭。那時已過了午夜，我祖母說：「好，叫一個長工，騎馬到鎮上，找個能騎馬的大夫，看能不能救回這丫頭的命？」這個長工到了大概是十華里外的鎮上，居然找到一位醫生，能騎馬，也肯在零下二、三十度的深夜到我們村莊裡來。他進了莊院，我這條命就揀回來了。母親抱著不肯鬆手的死孩子，變成一個活孩子，一生充滿生命力。

在那個時代，初生嬰兒的死亡率據統計是百分之四十左右，我那樣的生命很像風中的一盞小油燈，母親的呵護，還有命中這些「貴人」圍成燈罩似地為它擋風，使它不致熄滅。

不久，這位醫生又到我們村莊來醫病。母親抱我去看他，說：「這孩子是您救回來的，她爸爸在德國唸書，還沒有給她取名字，您給她取個名字，紀念這個緣分吧！」這位醫生為我取名「邦媛」，在我生命之初，給了我雙重的祝福。

我長大後知道此名源出《詩經》〈君子偕老〉：「子之清揚，揚且之顏也。展如之人兮，邦之媛也。」前幾年有位讀者寄給我一頁影印自宋朝范成大《明湖文集》的文章，居然有一段：「齊邦媛，賢德女子……。」我竟然與數百年前的賢德女子同名同姓，何等榮幸又惶恐！在新世界的家庭與事業間掙扎奮鬥半生的我，時常想起山村故鄉的那位醫生，眞希望他知道，我曾努力，不辜負他在那個女子命如草芥的時代所給我的慷慨祝福。

2 鐵嶺齊家

我的幼年是個無父的世界。兩歲時曾驚鴻一瞥看到父親，風雪夜歸，凌晨又重上逃亡之路。隔了一天，我祖母、母親帶著哥哥和我，逃到一個比我們村莊還小的小村子親戚家躲了一些時日，因為張作霖的軍隊在搜捕參加郭松齡兵變的齊世英，要把他一家都抓了殺掉。而我在那兒卻每到天黑就哭喊著，「我要回家！我要回家！」使得她們加倍困苦，又怕連累別人，只好回家，聽天由命。

鐵嶺齊家，在十八世紀初由山西徐溝縣（現併入太原市）到奉天（瀋陽）任職文官開始到落戶，到我父親是第八代。莊院位在范家屯西邊的小西山，距離中東鐵路的亂石山站大約五里，家產約有四百晌（東北話讀作「天」）田地（一晌約十畝），在當地算是中等大戶。

我祖父齊鵬大，共有四兄弟。少年時，他不願在鄉下守著家產做「莊稼人」，跑去讀軍校，出身保定老速成學堂。之後在張作霖的奉軍裡由營長作起，又從團長升為旅長，二十多年對張大帥忠心耿耿。我父親是他的獨子，留學德國回家，滿腦子救國救民的新思想，竟參加郭松齡反張作霖的革命行動，從天津揮兵出山海關到兵敗，只有一個月。那時我祖父駐防河北保定，並不知情，奉軍上下認為張大帥一定會殺我祖父，誰知他居然對部下說，「父一輩，子一輩，不要算那個帳，齊鵬大跟我這麼多年，對我沒有貳心。他兒子混蛋，留洋唸書唸糊塗了，但是不要殺他爸爸。」後來我祖父在一次小戰役中受了輕傷，染了風寒而死，去世時只有五十歲。張作霖出身草莽，但是他有那一代草莽英雄的豪壯與義氣，不與日人妥協，在皇姑屯火車上被日人埋伏炸死，結束了傳奇式的軍閥時代，留下東北那麼大的局面；其子張學良繼承名號、權勢及財富，但是沒有智慧和尊嚴，東北自主強盛的希望也永未實現。

我的祖母張從周是滿族人，十八歲由鄰村嫁來齊家，生了一子兩女，祖父從軍之初她隨夫駐防各地，後來因為家產需人照料而回鄉定居。祖父母的莊院是祖母獨自撐持的家，由她與我母親，這兩個長年守望的寂寞女人，帶著三個幼兒、二十多個長工，春耕秋收過日子。我跟著哥哥滿山遍野地跑，去拔小西山的棒槌草、後院的小黃瓜、黑漿果……，冬天到結冰的小河上打滑溜，至今印象清晰。祖母是位雍容大度、溫和仁厚的人，對我母親——她獨生子的媳婦，充滿了同情與憐惜。但是在那個時代，她也是由媳婦熬成婆的，她知道哪些規矩不能改變，所以雖然她對媳婦好，絕不找麻煩，對她說話聲音也很柔和，但規矩還是規矩，雖然家裡有許多長工與傭人，但公婆吃飯時，媳婦必須在旁垂手侍立，這是「有地位人家」的樣子。祖母對我最為憐惜，命也是她救的，後來我到北平西山療養院，害她流了許多眼淚，至今我仍愧疚地記得。

爺爺回家是件大事，那年代官威很大，門口站著四個盒子炮（衛兵）。衣食講究很多，稍不合他標準就發脾氣，全家都似屏息活著，直到他返防駐地才敢喘氣。我父親說祖父也頗有新思想，但太權威，沒有人敢和他辯論。我出生不久，爺爺由駐防地回家，看了一眼炕上的棉被包著個小嬰兒，他威風凜凜地在大廳上坐下說，「把那個貓崽子丫頭給我拿來看看！」不知是什麼原因，那個不必「抱」的不足五斤重的嬰兒竟激發了他強烈的保護天性，他下令「誰也不許欺負我這個孫女！」（尤其是我哥哥，他那壯碩的長孫）那雖是個重男輕女的時代，齊家人口少，每個孩子都寶貴，這道軍令使我在家中地位大增。

祖父在軍中，四十「壽誕」的禮物是一個二十歲嬌弱清秀的侍妾。他移防或者去打仗的時候就把她送回老家。不久，她染肺病死，我祖母很照顧她，把她新生的男孩（取名齊世豪）帶大，這個小叔叔和我同年，常常一起玩，經常受我哥哥和堂哥們的戲弄。小叔在我祖母呵護中長大，華北淪入日軍手中後，他高中畢業被徵參軍，有一天穿著日軍制服在一個鄉鎮巷內，被中國的反日地下工作者由背後槍殺。

祖母寂寞抑鬱一生，獨子十三歲即離家去瀋陽、天津、日本、德國讀書，只有暑假回來，留學回來又參加革命，從此亡命天涯，一生分離直到她去世。一九三一年九一八事變之後，她帶兩個姑姑和小叔到北平去住。她中年後經常臥病在床。我兩位姑姑出嫁後原來很好，大姑姑（大排行稱「四姑」）齊鏡寰，曾隨夫石志洪去日本留學，有智慧亦有膽識。一九三三年後，我父親回北方組織領導地下抗日工作那幾年，一直到抗戰勝利之前，她曾多次在北平火車站等地掩護地下工作者出入山海關；每次接送人都說是她的表弟，車站的人熟了，曾問她：「你怎麼那麼多表弟？」其實心中大約也明白，大家都恨日本人，沒有人點破，而且她常常抱著小孩子，逢年過節不露

齊邦媛的大姑姑齊鏡寰（前排右一）曾隨夫石志洪去日本留學，有智慧有膽識。一九三三年後，齊世英〈前排中〉回北方組織領導地下抗日工作，她曾多次在北平火車站等地掩護地下工作者出入山海關；還常常抱著小孩，逢年過節不露痕跡地「送禮」——傳遞情報。

痕跡地送禮。在台灣還有幾位「表弟」記得她，非常欽佩感念大姑姑。抗日戰起，兩位姑父因曾參加抗日工作，不能留在淪陷區，都與我家一起去大後方，先後病死重慶，兩位姑姑帶著七個孩子留在北平，與我祖母同住，盡了一切孝道。祖母因癌症逝世時，只有六十四歲。那是抗戰的第一年，我們在南京淪陷前二十天逃到漢口，稍作喘息，又奔往湖南湘鄉，住了半年，又千辛萬苦地由湘黔公路跋涉數千里到了四川，之後在重慶才輾轉得知，那時祖母已去世一年了。我父親終生深感歉憾。

3——牧草中的哭聲

我外祖父裴信丞是漢人，外祖母是蒙古人，住在距我家二十里外的小鎮新臺子。外祖父是位富紳，家裡開了磨坊，田產很多。一九〇四年，他陪一位縣督學蔣先生到「范家屯小學」視察，對小西山村來的齊氏兄弟齊世長（世英的二堂哥）和齊世英印象深刻：兩人立志升學，長大了要報效國家。那天，在修身（公民）課上，他們聽見身量瘦小的齊世英問老師，為什麼日本人和俄國人（日俄戰爭，一九〇四～一九〇五年）在我的家鄉打仗？他小時上私塾時，看到南山頭的砲戰，俄國人跑了，日本人得勝，停戰之前日軍曾在我家莊院駐留一、兩個月，直到我祖父派人回來。幾年後，裴家與蔣家託地方上體面人士來提親；蔣督學的女兒和我二伯父同歲，裴家小姐毓貞與我父親同齡，在容貌上可說都是俊男美女，家世亦門當戶對，雙方家長同意就訂了婚。那時我父親與二伯父已去瀋陽唸中學，沒有表示意見的機會。暑假中，我父隨家中長輩到新臺子鎮去，說想看看裴家莊院種的東北稀有的葡萄樹，就看到我十四歲的母親。她對那見過一面的未婚夫印象不錯，覺得比嫁給鄉下丈夫好太多了，大約有一些美夢，想的只有美好的一面，從此對外面世界也有相當憧憬。

我父親自幼年受二伯父的影響最大。二伯父比他大四歲，充滿了新思想。辛亥革命的消息傳到瀋陽，他就剪了辮子，九歲的弟弟很羨慕，也自己剪了辮子。他跟著哥哥去總督府前參加請願開國會，跪了好幾個鐘頭。初中的時候，因為不滿學校的課程，兩兄弟私自到天津考上英國教會辦的新學書院，之後又赴日求學。我父親以優異的成績考上官費，進東京一高，一年後分發到金澤第四高等學校。就在十九歲那年暑假，家中召他回去娶媳婦——祖母生病，家中需人持家。父親不肯回去，祖父請一位堂叔專程去日本說服他回家，或者是把他捉回家。我父親一直到老了還跟我們講，那時若要他結婚，他有幾個條件，第一，不要跪拜、不穿紅衣、臉不蓋紅布，他要騎馬，不坐轎。第二，他要把娶了的媳婦帶到外國，跟他一起讀書。如果答應，他就回來；如果不答應，他就不回來，家裡都答應了。等他回家，除了讓他騎馬之外，其他全按老傳統辦。他一個月後就又去日本。

我母親十九歲嫁到齊家之後，十年間沒有離開過那座莊院有形和無形的門。我父親是獨子，傳統中所有媳婦該做的事她都得做；稍有空暇就得裁製衣服、納鞋底、繡鞋面，最舒心的是繡枕頭，自己畫花樣。她沒有朋友，沒有所謂社交，每年能回兩次二十里路外的娘家已感天恩浩蕩了。在我記憶中，在家鄉的母親，不是垂手站在桌邊伺候祖父母吃飯，就是在牧草中哭著。十年間，我父親曾在暑假回去過四、五次，最多住兩、三個月。有一年，我母親懷孕很想吃櫻桃，那時櫻桃只在每年七、八月收成一次，在鄉下就有挑擔子的小販，從鎮上到各鄉村兜售。有一天小販來到村子口，我那二十一歲的父親就跑到村口去買，沒袋子裝，就用長袍的大襟兜著櫻桃回來。那一兜櫻桃，從村口走到莊院，九年中支撐她許多孤寂的歲月。

這一年，他從日本回家過暑假，說毓貞這名字俗氣，為她改名為純一。

後來，他從日本直接去了德國，平安家書和照片都是寄給祖父母的，開端寫著「父母親大人膝下敬稟者」，信尾題我母親的名字，「同此問好」。那時大約不好意思或不敢寫所謂情書私信給妻子，兩個同齡的人在成長過程走著全然不同的路。女子留在家鄉，莊院屋子裡是忙不完的家務；灶邊烹煮三餐，過年前擦亮上供的器皿，不斷的節慶準備，洗不盡的鍋、碗，掃不完的塞外風沙……。到了十月，看著長工將大白菜、蘿蔔放進地窖，一年又將盡。而那十九歲男子，在廣大的世界，縱情於書籍、思想，參與青年人的社會、活動……，兩個人的路越走越遠，她已無從想像他遨遊的天空如何寬廣深遠，兩人即使要傾訴情愫，已無共同語言訴說天淵之別的人生經驗。

支持著母親在孤獨等待中活下去的，主要的力量當然是哥哥和我的誕生。好似留下信物或者替身，父親每年暑假回家，第二年春天我哥哥振一出生，再兩年春天生我，三年後我的弟弟振道出生。在人丁稀少的齊家，我們的出生有太大的重要和意義。但是在那個年代，醫藥落後，幼兒的死亡率很高，我弟弟三歲那年在室內跑跳，雙手按上了火爐，帶去瀋陽治燙傷，住在姑姑家被表妹傳染了腦膜炎，十四天後就死了。

我母親完全不能接受幼子突然死亡的事實，哭泣自責，漸漸陷入精神恍惚的狀態。在傳統社會，一個年輕媳婦「沒事」就哭，是很不吉祥的事，她只有趁黃昏伺候了晚飯後，在夕陽餘光中躲到牧草叢中哭泣。後院空地上長滿了一人高的牧草，從春天雪融時的嫩綠到降雪時的蒼茫，庇護著她壓抑的哭聲。雪融之後，她還帶著我去一里路外的祖墳，仆倒在我弟弟那小小的新墳上痛哭。我記得祖墳四周種了松樹，在初春的風中猛烈地搖撼，沿著老墳周圍則開滿了粉紅色的花，在我母親哀切幽咽的哭聲中，我就去摘一大把花帶回家，祖母說是芍藥花。我長大後每次見到芍藥花，總似聽到母親那哀傷壓抑的哭聲。它那大片的、有些透明，看似脆弱的花瓣，有一種高貴的嬌美，與旁邊的各種野花都不一樣；它在我日後的一生中，代表人生許多蔓延的、永不凋謝的，美與悲傷的意象，尤其是以前那些世代女人的痛苦。

母親從祖墳回家後，常呆呆傻傻地坐在炕沿，雙眼茫然看著窗外，連祖母喊她有時都聽不見。每年清明上墳之後，大地解凍，生出許多蕨草，有一種名叫「曲末菜」，苦澀鮮嫩，村中女子都去小河對岸荒地挖曲末菜，我當然高興跟著。到了荒地，看一陣陣人字形的雁群由南方飛回，雁聲淒楚。母親常常站起來，癡望許久，等人都走光了才回家。

4 — 辭鄉

有一天早上，我姥爺突然來拜望我祖父母。有人到新臺子去，告訴他，女兒毓貞前兩天在給公婆煮早飯時，失神落魄，手隨著柴火伸到柴灶裡去，連疼痛都不知道……，她已經失神落魄好久了。而且，還聽南京來人說，我父親與一些時髦的留學生住在一起，男男女女都有。姥爺終於得到我祖父母同意，允許他送我們母子三人去南京與我父團聚。如果父親不收留，他再帶我們回娘家。我清晰地記得那年秋天，樹葉子差不多全掉了，高粱地也收割了，兩個長工套上馬車，把我們送往五里外的火車站，「亂石山站」——那一帶的山石用來供應鋪設中東鐵路所需的石頭。為了上京，我穿了件全家到瀋陽做的，紅底閃藍花棉袍，興奮極了。

馬車出了村口不久，路旁就是一排排禿山，亂石嶙峋，一棵樹也不長，我就問，「媽，這叫什麼山？」已被我各種問題吵了一早晨的她就說，「這叫『鬼哭狼嚎山』」。這個山名加上我母親的神情，讓我牢牢地記著。

如今，她去投奔一個已離家多年的丈夫，牽著兩個稚齡兒女，走向數千里外一個全然無法想像的大城；在那裡沒有家人，連親戚都沒有，心中的惶惑、畏懼，豈不正如進入鬼哭狼嚎的世界？她知道前途未卜，但也絕不願再回到那已度過十年隔絕孤寂的塞外小村裡，過活寡似的生活。我一生對文學的熱愛和觀念，其實是得自我那沒有受過中學以上教育的母親，她把那蒼莽大地的自然現象、虎狼豺豹的威脅，和那無法言說的寂寞人生化作許多夏夜的故事，給我童年至終身的啓發。她的鄉野故事有些是溫柔的盼望和悲傷，有些充滿了人心的悸動。如同鬼哭狼嚎山，毫無修飾、強烈地象徵著她那時對南方大城的畏懼，和對自己命運的憂慮。

我童年最清晰的記憶是姥爺牽著我哥哥，媽媽牽著我從瀋陽上火車，火車沒日沒夜地開著，車窗外是無止境的莊稼地，秋收已許久了，黍梗和高粱稈子都刈割淨了。除了稀稀落落的防風林，看到天邊，都是黑褐色的泥土地。姥爺說，明年三月解凍了才能翻耕。

出了山海關到北平，轉津浦鐵路到南京，火車走了三天兩夜。在下關車站，她透過車窗從火車進站濃郁的白色蒸氣裡，看到月台上等著的那個英俊自信、雙眼有神的陌生男人，正挺拔地站著（直到晚年，他的腰板始終挺直不彎）。蒸氣漸散，從車門走下來的則是他十九歲時被迫迎娶的妻子；此時，她腳步遲疑，牽著我的手像榆樹落葉那麼顫抖，娟秀的臉上一抹羞怯的神色遮住了喜悅。到月台上，站在她身旁的是兩個穿嶄新棉袍的鄉下孩子。

姥爺在南京住了十來天，就又坐上火車回關外老家去了，他臨走的時候，我媽媽哭得難分難捨。姥爺和姥娘生了四個兒子才生這個女兒，手心裡捧著長大，如今他要把她留在南方這舉目無親的人海裡了。那些年，媽媽常對哥哥和我說，「你們若是不好好讀書，你爸爸就不要我們了。」

我很小就懂得憂愁，睡覺總不安穩。夜裡有時醒來，聽見隔室爸爸輕聲細語地和媽媽說話。他的聲音溫和沉穩，我就安然入睡。

我到南京不久就被送到附近小學上一年級。剛從東北鄉下出來，長得瘦小，人又

一九三〇年初到南京，母親裴毓貞（中坐者）帶著長子齊振一（右一）長女齊邦媛（右三）與鄉親孟昭毅（左一）、葉占春（左二）合影。

心理学上的一个有趣问题

很土，南京話也聽不大懂，第一天上學，只聽懂老師說：「不許一會兒喝水、一會兒撒尿的。」覺得上學很可怕。好不容易，有幾個朋友，有一個同學對我表示好感，送了我一塊紅紅綠綠的花橡皮，我在鄉下從來沒有看見過，好高興。過了兩天，他不知道什麼事不高興，把橡皮要回去了，令我非常傷心。我到今天還記得那塊橡皮，所以我開始旅行時，到世界各地都買漂亮橡皮。

另一個印象深刻的事，是那一年初春雪融的時候，上學必須穿過那條名為「三條巷」的巷子，地上全是泥濘，只有路邊有兩條乾地可以小心行走。我自小好奇，沿路看熱鬧，那天跟哥哥上學，一不小心就踩到泥裡，棉鞋陷在裡面，我哥哥怕遲到就打我，我就大哭，這時一輛汽車開過來停下，裡面坐著我的父親，他叫司機出來把我的鞋從泥裡拔出來給我穿上，他們就開車走了。晚上回家他說，小孩子不可以坐公務車上學，公務信紙有機關頭銜的，我們也絕不可用。一則須知公私分明，再則小孩子不可以養成炫耀的心理。

在我第一次挨打（似乎也是僅有的一次）之後，他也是用同樣的語氣告訴六歲的我，這裡不是可以滿山遍野跑的鄉下，城市公園的花是不能摘的，摘了更不能一再撒謊，「我打你是要你記得」。這最初的印象，使我一生很少說謊。即使要跟人家說一點善意的謊話，都很有罪過感。

5 渡不過的巨流河

在我記憶中，我的父親齊世英一生都是位溫和的君子。他說那實在是他理想的開始，做人要有個人的樣子。

他少年時曾跟祖母到祖父的軍隊駐防地住過，體驗過軍營生活，也看到許多北方的鄉村，深深感到一般國民知識的閉塞，對國家和自己的命運幾乎全然無知，在純樸的美德後面常常是冷漠和愚昧。他十五歲到天津上新學書院那三年，受的是英國式教育，要養成彬彬有禮的紳士。在天津他經常聽到「關裡人」對張作霖奉軍粗魯的嘲笑。新學書院每日如升旗典禮一樣，有讀基督教《聖經》的早課，雖未強迫學生皈依，卻引領他開始思索心靈問題，人生在世意義為何？

十八歲考取官費到日本讀書，更進一步認識一個現代化的國家，國民普遍的教養是清潔守法，教育程度高些的講究溫恭的禮節，鼓勵知識的追求，對國家有強烈的效忠思想，所以日本那麼小，卻已成為亞洲強國。

他進入東京一高預科讀好日文，一年後分發至日本中部面對日本海、十六世紀後有「加賀百萬石」之稱、有精緻藝術文化傳統的金澤第四高等學校（日本當時全國只有八所高等學校）理科。該校各項功課皆強，且注重語文教育，除日文外，每週英文、德文各八小時，他在此三年，打好一生閱讀的扎實基礎。最初常去教會，讀些基督教的書，但無法感到滿足，進而讀哲學書籍。當時有一位影響他很大的老師西田幾多郎，本在金澤四高任教，後來到京都帝大教哲學，引導他閱讀哲學、經濟學和社會主義的書，尤其是河上肇《貧乏物語》等，讓他深感社會充滿種種不平。由於沒那麼多錢買書，他和書店約好，把書買回來以後，不要弄髒，看完後送回書店可以拿回八折的錢再買別的書。金澤多雨，冬天積雪甚深，常能閉戶讀書，日積月累，他由一個聰明好動的少年，長成一個深思耽讀的青年。

二十二歲，他追隨堂兄的腳步，到德國柏林留學，讀哲學經濟系，認眞地唸了馬克斯的《資本論》和不少社會主義論著。但覺得心中許多不能解的疑問，終極思考的基礎不能建立，頗感徬徨。那時德國剛剛戰敗，通貨膨脹，中、日銀洋都很值錢，他與同學們生活可稱優裕，常在一起玩樂，多了一些認識德國社會的機會，卻耽誤了讀書的時間。下學期轉學到海德堡大學，受教於歷史哲學派大師李凱爾特（Heinrich Rickert）和阿弗雷德・韋伯（Alfred Weber，是已故馬克思・韋伯〔Max Weber〕之弟），既是慕名而去，便全心傾聽，也常在課餘發問。歷史哲學派由政治經濟的思想史分析人生現象，在研究過程闡明理性思考之必要，也提醒他區域現實的不同，不可以衝動熱情地強以理論（如《資本論》）套在大政策上。——這對他是一生的啓發，使他堅定地相信，只有眞正的知識和合理的教育才能潛移默化拯救積弱的中國，而不是激動熱情的群衆運動。不擇手段只達目的的階級革命，留下的社會、文化問題需要更多的理性解決，才能彌補。

那兩年時光，課後過了橋，在尼卡河畔思考徘徊，是一生僅有的幸福時光。春日河水激流常令他想到遼河解凍的濁流，青年壯志也常洶湧難抑，他記起五歲那年，穿了一雙新棉鞋，走在遼河岸上，圍繞著媽媽，興高采烈地又跑又跳的情景——有個聲音在他心中呼喚：回去辦教育，我美麗蒼茫的故鄉啊！我一定要拚命練好一身本事，用最理性的方式回去辦教育，……我今日所學所知，終有一天會讓我報答你養育之恩。

他一生第一個大挫折是堂兄因肺結核逝世於德國南部的 Freiburg，最初尚隱瞞一陣，但不久伯祖父在家鄉去世，兒子為何不能奔喪？只好捧著他的骨灰回家。回到瀋陽，家中堅決不許他再出去，追求學問的夢至此中斷，那一年他二十五歲。喪事結束後，他離開莊院又回到瀋陽城，想另尋途徑，再走進修之路。在那時代的瀋陽，一個官費留學生從德國歸來，是件很受重視的事。他父親在奉天武備學堂的同學好友郭松齡將軍，認為他住在旅館不方便，邀他搬到郭家。塞外一月，冰雪封途，最適作長夜之談，兩人談地方事，國事到天下事，無所不談。郭將軍敬重的客人來訪亦常邀他聚談，歸國青年得以宏觀知家鄉處境，他在日本和德國所見，亦引聽者極大興趣。尤其談到德國在第一次大戰敗後，經濟幾近崩潰，民間生活艱苦，但人民處處流露民族的自尊，和走出困境的堅定意志。他們石頭建基的老樓舊廈，廊柱依然修整，門前路樹，石砌街巷，有文化根基深厚的穩定感。而東北當時在日俄覬覦下已處危境，參加軍閥混戰有何意義？中國的老百姓，何日才能普遍受到足夠的教育，走出渾渾噩噩受人擺布的境地？——他不知道，這些大家充滿強烈憤慨和改革使命感的雪夜長談，因緣際會，改變了他一生的命運。

自古以來，塞外傳奇人物，都是驍勇善戰的騎射英雄，保住江山，進而生聚教育。郭松齡將軍，晚清光緒九年（一八八三年）生於遼寧鄉漁樵寨村。家貧，十五歲就讀私塾數年，進奉天武備學堂，畢業後隨朱慶瀾（一八七四～一九四一年）軍入川，在四川新軍加入同盟會。三十三歲由陸軍大學畢業後，由已任廣東省省長朱慶瀾的推薦，在孫中山的護法軍政府擔任警衛軍及韶關講武堂教官。他有學識，有見解，講課時督促青年成為有民主思想的愛國軍人。辛亥革命後全國軍政混亂，他在軍中由北至南嘗遍了國家動盪之苦，對局勢具有寬闊的視野，回到新創辦的東北講武堂任戰術教官，當時奉軍少帥張學良是他的學生，對郭教官極為佩服，邀他加入奉軍，改

一九二三年，齊世英由德國回到家鄉時，對建設中國成為現代化的國家，有滿腔的熱血與知見。

革軍隊成立新軍，凡事傾誠合作。兩次直奉戰爭中，郭軍以戰力戰術皆立戰功。但是進關參戰，意義何在？故鄉沃野千里，農耕缺人，而青年官兵傷亡異鄉，遺族處境悲慘，實在應停止征戰，教育生息。

在由歐洲回國的青年人眼中，新軍的理念是很有吸引力的。那時的郭將軍已是新軍領袖，地位顯赫，儀表堂堂，凡事能決能行。郭夫人韓淑英女士，燕京大學畢業，伉儷情深，兩人皆好讀書，接受新思想，交友、談話多以天下國家為己任。郭將軍與張學良等原已籌備成立一所中學，教育軍人遺族子女，以盡袍澤之情，名為「同澤中學」。知我父親回國後志在辦教育，培育家鄉青年新思想，便派他出任校長，參酌英、德、日本學校制訂規章，奠定良好基礎，延請各地優良師資。在偽滿洲國之前，同澤中學未受政局影響，一直辦得很好，之後還加辦「同澤女子中學」。同時也籌畫辦一所眞正研究學問的大學，不受當權者支配，不以培養官員為目的。

同澤中學成立，校舍尚未興建完成時，先借用瀋陽城東山咀子軍營一部分新修的營房，其餘的由軍官教育班使用。那一年夏天先招考了三班十四歲以下的學生（到台灣後曾任海軍總司令的宋長志即是那時的學生）。這樣的有遠景的工作，眞是一個青春夢的實現！年輕的校長興高采烈地忙碌工作，師資、課程、學生的教導……要全心去做。東山咀子營房距瀋陽約二十里，有修建營房用的小火車進城，他的心情眞似那小火車頭一樣，充滿了勇往直前的幹勁。

這樣快樂的日子不到一年即告終止。一九二五年，十一月初旬一天晚上，郭將軍電話召他立刻進城面談，那時小火車車頭已經熄火，商量之後，再升火，把他送到城內。郭將軍說奉命又須率兵進關，先到天津，邀他隨軍前往，校務請教務主任代理一下，第二天即須出發。到天津後數日，郭將軍住進意大利租界的義國醫院，對他說，此次入關，要對抗二次奉直戰後，孫傳芳召集的五省聯軍，鞏固奉軍在河北、山東、安徽、江蘇等省的地盤。郭軍是常勝軍，但是他早已厭倦這種窮兵黷武的政策，官兵傷亡慘重，不知為何而戰。進駐天津後，他即邀集核心幹部，團長以上軍官開會，願隨他回師者，在和平開發東北方案上簽字，不願者，留在天津李景林部隊。除了幾位追隨張作霖多年，不便參與「造反」的將領外，大家都簽了名。

郭將軍邀請我父親負責回師時爭取國際支持，首先須取得日本駐在滿洲鐵路的軍隊保持中立。在天津參加的還有幾位關內的政界名人，如饒漢祥（曾任黎元洪的祕書長）、殷汝耕、高惜冰、楊夢周、蘇上達、樊光、林長民（林徽音之父）和盧春芳等。已允出任外交處長的王正廷尚未到任（後來出任國民政府外交部長），先由齊世英代理外交事務主任。大家對郭軍回師瀋陽，不去參加軍閥內戰的革新理想很有信心。回師前夕，郭將軍對大家說，「此事成功固好，若失敗則大家皆須亡命。」

十一月二十二日，郭將軍揮師前往河北灤州，通電請張作霖停戰下野，將軍政權交給張學良。電文內容是：進關參戰官兵傷亡慘重，遺族無依，民生困苦。日俄對東北侵略日亟，必須休養生息，儲備實力以禦外侮，永遠不再參加內戰。振興教育，全力建設資源富甲全國的家鄉。張作霖接電後，次日來電報，不提息戰下野要求，只邀郭將軍回瀋面談。擺明是鴻門宴。郭軍隔一日再由灤州發出第二次通電，未見回覆，即開拔前往攻打。出了山海關，由秦皇島北上，沿海岸線打到連山，遇到百年不遇的大風雪，氣溫降到攝氏零下二十度，海面封凍，人馬可行。當夜郭軍前鋒第二軍，由海面穿過突襲張作霖守軍，奪下葫蘆島，三天後進駐錦州。消息傳到瀋陽，全城震動，張大帥緊急動員數十輛大卡車滿載元帥府聚斂的財物，運往滿洲鐵路的日本事務所倉庫存放，往返十多次才運完。大帥府四周堆滿木柴和大汽油桶準備逃離時將帥府燒掉，省議會、各總商會等聯名致電郭將軍進城後，「我公要求、目的、前途決可達到。……務望暫時停止軍事活動。」——此時奉軍與日本沿滿鐵駐軍達成牽制郭軍的協議，並且急調吉林與黑龍江的駐軍來助，在巨流河東岸布陣迎戰。郭軍十二月二十日攻占新民市，在巨流河西岸備戰，前鋒部隊已可看到瀋陽燈火，只待主力部隊到新民市即將強行渡河。但是長途行軍，風雪嚴寒，冬衣補給不夠，到錦州休養數日，給了張軍調兵時間。此一延遲也給了對方許多滲透分化的機會，困難增加，軍心複雜，驍勇善戰的郭軍，在對方喊話：「吃張家飯，不打張家人！」時士氣動搖。巨流河對峙三日，原可一鼓作氣渡河，已打到距奉軍總指揮部僅十華里的興隆堡，但在關鍵時刻，郭軍射出的砲彈卻因有人卸了引信而沒有爆炸。二十四日清晨，郭軍參謀長鄒作華等三人已成奉軍內應，逼迫郭將軍投降，且發出請降通電。

郭將軍率衛隊二百餘人離開新民，如騎快馬，輕易可以脫險，另求再起，但是郭夫人及文人饒漢祥等人不會騎馬，郭不忍獨自逃生，同坐馬車往南走，被對方騎馬追上，奉命就地槍決，以免生變。

臨刑前，郭松齡遺言：「吾倡大義，除賊不濟，死固分也；后有同志，請視此血道而來！」

郭妻韓淑秀說：「夫為國死，吾為夫死，吾夫婦可以無憾矣。」郭松齡四十二歲，韓淑秀三十六歲。屍首運回瀋陽市，在小河沿廣場，曝屍三日，始准家人收殮。郭氏夫婦的屍體曝放在小河沿的大廣場上，基督聖誕之日，上天降雪，覆蓋了冰封土地上的屍身，成了最潔淨和平的棺槨，沒有人敢去祭拜，遙遠哭泣的親友流下的眼淚也立刻凍結成冰。

參加郭軍倒戈的人原都難逃一死，但是與張作霖一起由綠林出道打天下的老弟兄張作相，性格寬厚，有高度智慧，勸他說，「不能這麼辦，他們都是家鄉子弟，冤冤相報，將來那還得了？」這一句話不知保全了多少性命。叛軍歸回原職之後，更加效忠賣命，也延長了奉軍的政治生命。

後來得知投效郭軍的林長民隨郭將軍出亡途中，中流彈死亡。饒漢祥在解往瀋陽途中，押解的兵問他，「你是做什麼的？」他說，「我是寫字的。」士兵說寫字的不要，推他下車，得以保住一命回到天津黎元洪家。

但是，張氏父子特別懸賞捉拿齊世英，認為張家送出去的留學生回來反對他，煽動郭軍兵變，非捉來殺掉不可。那許多年裡，他們認為東北就是張家的，政府公開考試遴選的官費留學生就是張家派的，只能效忠他一家。

十二月二十四日天剛一亮，齊世英即去新民臨時司令部準備全面渡巨流河，誰知郭將軍竟已被迫於午夜出亡。在亂軍中，他帶了外交處的五個人，殷汝耕、劉友惠、楊夢周、蘇上達和後趕上的盧春芳，步行涉險到新民市的日本領事館尋求暫時躲避，因為前二日曾為日軍沿滿鐵鐵路駐軍問題交涉，與日方見過數次，此時未多問答，即給予政治庇護。

奉軍包圍日本領事館，要求將這六人引渡。日本駐瀋陽總領事吉田茂加派十名警察至新民，不許奉軍進領事館一步，以保護政治犯，由他出面去辦交涉，並送去行李、威士忌酒以示敬意。

吉田茂（一八七八～一九六七年）這個人道的決定不僅救了這六個人的性命，也顯示出他一生敢做敢為有擔當的政治勇氣。他的父親竹內綱是日本自民黨前身的領袖，將龐大家產留給他作從政資本。他的岳父牧野伸顯是明治維新後一代的宮中重臣，世世代代培養宏觀政治智慧。他在瀋陽總領事任內觀察中國北方政局，很看不起張作霖，認為他坐擁東北這樣富饒的土地，不知培養生民社會福祉，提高文化教育，而窮兵黷武是無知短視。據說他在領事館內談起張作霖時，不稱官銜，也不呼名，就直呼「馬賊」，他個人對郭松齡的革新思想極為尊敬。他由外交界出身，深信在正常的國際局勢中，日本如果能與一個現代化的近鄰保持良好密切關係，同樣可以得到合理的利益。第二次世界大戰吉田茂出任日本戰敗後第一任首相，利用美國占領軍優厚的協助，不僅使日本自政經廢墟中重建，後來成為經濟強國，且在他任內培育了許多大臣人才，成為歷史上稱為「吉田學校」的佳話。

齊世英和他的落難兄弟，六個人睡在新民領事館八個榻榻米的偏房裡，整整半年被奉軍日夜圍困，白天連院子都不敢去，怕挨冷槍。由領事館人員口中得知郭將軍已死，遺體在瀋陽小河沿廣場曝屍三日，軍隊全已收編歸制，六個人蟄居在此，出門一步即是死亡。他們曾千里追隨，撼動山河的郭軍回師壯舉，有如過眼雲煙，一切都在囚牆外的天地，吹過去了，散了。

漫漫長日，漫漫長夜，日日夜夜，他想了又想：「一路上打的都是勝仗，為什麼當瀋陽燈火可見的夜晚，我們就是渡不過巨流河？那一天午夜，如果我住在設於馬車店的臨時司令部，參謀長他們通電投降奉軍，到逼迫郭將軍出亡的那一段時間，我會派人送郭夫人去新民日本領事館取得庇護，然後隨郭將軍及衛隊快馬闖出去，奔回錦州，巨流河西岸都是郭軍，撤回錦州，保住實力，可以捲土重來……。」思前想後，憾恨圍繞著巨流河功敗垂成的那一戰。巨流河啊，巨流河，那渡不過的巨流莫非即是現實中的嚴寒，外交和革新思想皆被困凍於此？

春耕解凍的時候，奉軍又進關參加直、魯、豫軍閥的混戰。京奉鐵路離日本領事館只有五百公尺左右，從傳來的聲音斷定，運兵車和鐵軌磨擦損壞得很厲害。奉軍這樣不予人民生息，即使他不追殺，齊世英也不能回去了，唯一的盼望是早日脫困，另尋生路。「但是，今生只剩我一人，我也要反抗惡勢力到底！」

一九二六年七月初一個下弦月的夜晚，他們終於在日本領事館同情郭軍的書記中田豐千代，和警察金井房太郎協助下，翻牆化裝逃出稍微鬆懈的包圍線，沿著鐵路步行六十里，到興隆店由日本友人接應到達皇姑屯。二十七歲的齊世英和四十八歲的吉田茂第一次作了長夜之談，彼此頗為投緣。吉田茂很欣賞齊世英有教養，有見解，是個磊落的青年；他雖是執行日本政府那時的「中立」政策，而在庇護政治犯與助他們脫險的行動上，大約也有些浪漫情懷吧。年輕人不僅感謝他及時伸出的援手，二次大戰後再次相見，兩人又各是一番人生，也進一步欽佩吉田茂的國際觀和戰後培養政治人才的遠見。

齊世英化裝由遼寧到朝鮮釜山乘渡輪到日本，再換火車去東京，車到京都便被記者追蹤，次日報上亂報一些猜測，只好正面接受訪問，說明郭軍革新理想及回師前後眞相，消息也迅速傳至中國各地。到東京時，淺草區有一劇場正在上演以郭松齡為題材的一齣話劇，邀他們去當貴賓，劇中有不少屬於齊世英的戲。原是一場改變東北命運的壯舉，如今只是人間一齣戲劇了。

由日本回到天津，那時北洋政府的一些新舊人物間的恩恩怨怨，仍在餘波盪漾之中。故鄉是回不去了，也沒有能力和心情回到德國讀書。在天津義租界見到了郭將軍的朋友黃郛先生，他曾雪中送炭，寄錢到新民領事館（北伐軍攻克上海，黃出任上海市長，後任國民政府行政院長）。黃郛勸他先去上海，多作觀察，再定行止。從上海去武漢，因為郭軍回師之舉，是南方各種革命分子都同情的，飄然一身，亡命天涯的心情下，與留德、留日的同學也都陸續見面，都能開懷暢談。那時仍是第一次國共合作期間，和共產黨人李漢俊、詹大悲、耿伯釗等人也曾聚餐談話，參加他們野外召開的群眾大會，聽各黨派演講，仔細閱讀他們的宣傳小册，認眞思考後，覺得國民黨的民族、民權、民生主義對中國實際狀況是最穩健的做法，黨員水準高，形象清新，一九二六年底，在上海加入了國民黨，並不是投奔任何人。蔣先生在南昌第一次見面時說，「你不像東北人！」這句話令他很難忘記。蔣先生那時尚不是唯一的權力中心。三十年後，他在台北把他開除國民黨籍，大約是政術嫻熟的浙江人終於發現，溫和英俊的齊世英，骨頭又倔又硬，是個不馴服的，眞正東北人。

加入國民黨後他多次往返於上海、漢口之間，也隨黃郛到國民黨總部的南昌去，蔣先生與黃郛情誼甚重，餐聚時常邀他參加，在此認識了陳果夫、立夫兄弟。寧漢國共分裂後，在南昌九江和杭州認識了許多風雲人物，了解國民黨的狀況，也認清了國共的關係。這一年中曾多次到日本去，進一步觀察、研究日本。在郭軍革命中，見識到政治大起大落的局面，深知參與政治不能不懂軍事，希望能有系統地研究現代軍事。遂於一九二八年，由政府授予陸軍中尉軍階，正式報考進入日本訓練在職軍官的步兵學校（陸軍大學需三年才畢業）。開學前被派下部隊，在高田三十連隊任隊附（相當於副連長），白天上課，晚上住在部隊，每週末坐夜車到東京去，常與中央派去日本留學的軍官（多為黃埔一期）相聚，因他畢業於金澤四高，日語文皆好，被尊為日本通，常可助人。有時與日本老同學敘舊，接觸面甚廣。日本人一般對中國東北（他們稱為滿洲）都有興趣，因他是參與郭松齡起義的革命者，而樂與交談，使他聽到日本覬覦東北的種種眞心話，內心深為故鄉擔憂。在此期間，他進一步研讀日本的軍事史，幕府時期的武士精神，明治維新後的軍事現代化和二十世紀擴張主義的萌芽。

那三年，一個二十七歲的北國青年，兵敗亡命，浪跡天涯，從郭將軍家圍爐夜話至長江，遇見了許多當時正在創造中國近代史的人物，因緣際會，作了許多長談；談抱負，談理想，投契相知，這些長談鑄造了他一生的政治性格和風骨。

6
九一八事變

一九二八年六月，日本關東軍在南滿鐵路皇姑屯站炸死了張作霖，一九三一年九月十八日，日軍一夜之間占據了瀋陽，造成中國近代史上最沉痛的「九一八事變」。對於我那自以為苦盡甘來的母親，這是青天霹靂，剛剛揮別的那個充滿孤寂回憶的冰雪大地，成了一個回不去的故鄉，鍾愛她的父母將難於重見了。

對於我父親，這一天似乎是遲早會到來的；自他五歲看到日俄戰爭的砲彈落在我家後山之後，自從郭松齡為改變東北命運而戰、兵敗後被曝屍瀋陽廣場之後，雄踞東北的張作霖被炸死之後，他的兒子張學良匆促繼承霸權，既無能力又無魄力保護偌大的疆域，只能眼睜睜地看著東北成為一片幾乎茫然無主的土地。故鄉斷送在「家天下」的無知之手，令人何等悲憤！

日本人從世紀初修南滿鐵路貫穿東北半壁江山，已處心積慮等候這一天三十年了。日本關東軍自九一八之後控制了所有對外訊息，鐵路、公路、電訊全都切斷。但是從瀋陽到黑龍江，他們一路受到地方自衛力量的抵抗，一年後才全部占領。至一九三四年，成立滿洲國，做為一九四〇年「大東亞共榮圈」起點，準備對中國展開全面侵略。這漫長的一年，張學良在哪裡？縱橫天下的奉軍而今安在？

一夜之間，中國好似在睡夢中被砍掉了腳的巨人，突然驚醒，全國遊行，呼喊口號「打倒日本帝國主義！誓死復土！」但喊聲只有自己聽見。那時的世界仍在殖民地時代，有制裁力的強國幾乎全是殖民國家（英國殖民的印度到一九四七年才得以獨立，法國的安南在一九四五年才以越南之名獨立，她們都是第二次世界大戰數千萬亡魂所換得的）。當時的國際聯盟為九一八事變曾組成一個「李頓調查團」，然而毫無成果，世界上從無眞正公理。

九一八事變後一年中，我父思量再三，思考實際工作的種種可能。自從他加入中央政府工作二年來，聯絡、布置在東北的工作人員多是教育界人士，瀋陽淪陷後已全撤到北平，成立了流亡辦事處；有些人也到了南京報告故鄉局勢，呼籲中央有效援助吉林和黑龍江省內風起雲湧的義勇軍。張少帥繼承的奉軍精華已在他聲稱「不抵抗」的情況下撤入關內，地方上不甘坐待淪亡的人，有槍即起。稍大聲望的稱為義勇軍抗日。

無數青少年不願受日本教育，紛紛逃到平津；有的投靠親友，有的流落各方。那時的中央對東北局勢既無認識亦無對策，我父親知道唯一能做的只有自己回北方去，深入虎穴，了解實況。這是東北人稱為「挾著腦袋幹」的孤注一擲。

他先辭掉中央工作，在極端祕密中（只有陳立夫一人知道）由上海乘船，用赴德經商的趙姓商人護照到日本神戶換船轉往俄國海參崴，乘兩天一班的火車經綏芬河到哈爾濱去。到哈爾濱，住進一家白俄人開的旅館，找到了仍在變局中苦撐的吉林同志徐箴（電話局局長，勝利後出任遼寧省主席，一九四九年初撤退來台時，由上海搭太平輪，全家在船難中沉沒於台灣海峽）、臧啓芳（地畝局局長）和周天放（教育局局長）等祕密工作同志，得以詳知九一八後家鄉抗日行動近況。遼寧幾乎全部被日人占領，只有荊可獨、許俊哲和石堅（字墨堂，抗戰末期，被日本人逮捕，判處死刑，他手下大將，年輕的律師梁肅戎被判十五年監禁，勝利時幸獲自由，撤退來台灣另有一番奮鬥）等人以文官身分掩護發展義勇軍工作。

吉林方面，在日本占領之前活動最有力的是韓清淪和蓋文華，他們策畫當地東北軍與民間武力結合成為聲勢浩大的義勇軍，抵擋日人北進，在長春血戰一月後終於被日人占領，蓋文華與八位同志被捕，砍下的頭顱掛在城樓上。

齊世英從哈爾濱出發，經由王賓章、宇章五兄弟負責的最北據點——黑龍江臨時省會海倫，去會見當時聲勢最盛的義勇軍首領馬占山和蘇炳文等人，了解到他們彈藥缺乏，裝備與糧食補給已朝不保夕的情形；張家軍隊剩下的已停止抵抗，中央又遠在數千里之外，交通已切斷，義勇軍只有赤手空拳、滿腔熱血和刺骨的朔風，無法阻擋日本關東軍。大局既已無望，他此行唯一的成就，是勸服他們不要投降，武力不能為敵所用，亦不可妄作犧牲，盡一切能力安頓義民回鄉，留住潛伏呼應的愛國之念。日人在一九三二年占領黑龍江後，他協助安排馬占山與蘇炳文進關，在南京、上海受到民族英雄式的接待與歡迎，對日後全國抗日的民心有很大的鼓舞作用。

直接到東北工作既已不可能，他將敵後工作做了聯繫的安排後回到南京。蔣委員長對他說，政府在上海成立東北協會，從此由他負責中央與東北地下抗日工作的聯繫，以及東北進關人員的安頓事宜。作長久的打算，絕不放棄。

7 城門樓上的頭顱

那時，祖母帶我兩位姑姑也從東北到了北平。父親已先託人把我母親和我兄妹由南京送到北平，對朋友們說是要去照顧婆婆。父親由哈爾濱回到北平後，決定盡可能地留在華北，用種種方式和東北的地下抗日工作人員聯繫，以便掌握局勢。那時候北平不太安全，沒有什麼保護，時常有日本奸細搜集資料，因此我們就搬到天津的法租界。哥哥則留在北平陪祖母，我母親有時還能從天津去探望他們。這期間，母親開始扮演這一生的新角色：接待來自家鄉的革命志士的家人和學生。記得有一天，有位蓋伯母和我媽媽在屋子裡哭，媽媽叫我帶她兩個小男孩到院子玩，蓋家小兄弟說：「不知為什麼我爸爸的頭掛在城門樓上？」二〇〇一年，在瀋陽已復校的中山中學「齊世英紀念圖書館」開幕時，有人贈我《勿忘九一八》紀念畫冊，有一張全頁照片：古城樓上，清晰的一排血淋淋的壯漢頭顱，怒目齜牙，血淋淋的國恨家仇，全未放下，與我童年記憶印證，永難抹滅。

但是，即使在租界，仍然不很安全，姓「齊」很惹眼，所以父親就常常改姓。我記得我們最常姓「王」、「徐」。姓「王」的時候，我在讀天津「老西開小學」三年級。因為家裡不敢讓一個小女孩在大城市裡跑路，就雇黃包車接送。我記得我坐黃包車離開學校的時候，有時會有調皮的同學在後面喊：「王八圓！王八圓！」我被喊得很生氣，回去就哭。

過了一陣子，父親又改姓「徐」，因為改姓，我不得不換一所學校。那學校有一些英國傳教士，會教一點口語英文，可是三、四年級時學的英文，平時不用，後來就完全忘了。

姓過一陣子「徐」後，我還姓過「張」。因為父親必須不斷地改姓，母親也不斷地做「王太太」、「徐太太」……。我上學前常常問：「媽，我今天姓什麼？」一個

七、八歲的孩子問「我姓什麼?」眞的很可笑。

在危機四伏、不斷搬遷的日子裡，母親不再是個哭泣的女人，她與我父親兩人的感情，在那樣動盪的局勢下開始建立起穩固的根基，她覺得能與他共患難是幸福的，那種全心全意的接受與奉獻，給我成長過程最大的安全感。她八十三歲去世前不久，我們曾談到新時代女性有選擇權的婚姻，我問她現在是否仍會選擇嫁給爸爸?她當時未答，過了幾天，她說：「我還是會嫁給他。他雖不是『家庭第一』的男人，但他是溫和潔淨的眞君子。」

從天津回到南京後，我家先租屋住在傅后岡街。

那是一間小小的新房子，對面有一大片空地，長滿了高大的槐樹，初夏時開著一串串淡黃色的香花，是我終生的最愛，和芍藥花一樣，給我強烈的家的幸福感。

每天早上，我和鄰巷的同學段永蘭及她的表哥劉兆田，沿著新修的江南鐵路鐵軌去上「鼓樓小學」，路上有開不盡的蒲公英和雜色小花。

一九三三年剛放暑假的時候，媽媽生了我的大妹妹，爸爸為了紀念故鄉遼寧，為她取名「寧媛」。

她是個圓圓胖胖極健康可愛的嬰兒，白天笑口常開，但常常到了晚上就哭一陣。媽媽怕她吵爸爸睡覺，只得抱著她滿屋子走。

剛來幫忙帶孩子的李媽愁於幫不上忙，有一天求一位來南京述職的地下抗日同志楊夢周先生（他那時住在我家，等待去新疆投效盛世才），幫她寫了一幅她家鄉安徽鳳陽的敕令：

「天皇皇，地皇皇，我家有個夜哭郎，行人君子唸三遍，一覺睡到大天亮。」求我哥哥上學時貼在大路的電線桿上。

我們天天經過都注意，有沒有停下唸三遍的人，又很怕被爸爸發現會生氣。他參加南京中央政府最大的理想就是破除迷信和陋習，全民建設新中國。

我讀鼓樓小學的時候南京充滿了新氣象，我已經九歲了，記得到處都是「新生活運動」的標語；我們小學生還去幫忙貼標語，諸如「不許吐痰」、「振作圖強」……等等。

這些話今天已經沒有人講了，可是回想我們剛來台灣時，「不許吐痰」還是一個奮鬥的目標，街上還掛過標語，勤儉、不喝酒、不賭博、破除迷信……等等。

一九二八年到一九三七年以南京為首都的中國充滿了希望，到處都在推動新建設。那段時期，近代史上有人稱為「黃金十年」。日本有正式記錄提到，軍方主張早日發動戰爭，不能再等了，因為假如現在不打中國，待她國勢強盛起來，就不能打了。

8 撒石灰的童年

一九三四年夏天，突然間我得了病。

我從小氣管和肺就不好，那一年暑假得了兩次肺炎，生命垂危，幾度又是氣若游絲的狀況。

我父母很憂愁，有位醫生跟他們說：「她這種肺，應該到北方乾燥的地方，會好一點。」祖母那時還住在北平，得知我的病情，寫信說：「把她送到北平來吧。」祖母身體也不好，因為父親的關係，經常上德國人開設的「德國醫院」。

我記得跟父親坐津浦鐵路到北平去，自己並不知此程的眞正目的，只因為父親親自帶我，讓我感到很快樂。

火車好似走了兩天兩夜，第二天過黃河鐵橋的時候，我第一次坐到餐車吃飯。父親把牛排切成小小的一塊塊給我，教我怎麼切、怎麼拿刀。在火車經過長長的鐵橋發出雄渾的轟隆聲中，我第一次和爸爸面對面坐著，那幸福的感覺我記得清清楚楚。

北平德國醫院的醫生診斷後，對我父親說：「這孩子如果這樣下去，恐怕保不住了，你最好把她送到療養院。」

父親又親手牽著我，把我送到離城二十里，位在西山山麓由德國人和中國人合資開設的「西山療養院」，那位德國醫生保證我到那裡可以得到很好的照顧。療養院採西式管理，病人是一個人住一間房。雖然我是院裡唯一的小孩，也得一個人住。

每到晚上，我一個人睡在房裡就很怕，住了整整一年也怕了一年。

那時候肺病是重症，有些人會治好，有些人治不好。因此院裡經常有人死去，死後院方會在病人住過的屋子裡撒石灰。本來我不懂，後來我知道，一撒石灰，就是有人死了。死亡是什麼，我不知道，但是一看到撒石灰就開始哭。

院中有一位送飯的老王，是個白白、壯壯的男人，那時大概三、四十歲吧。他有個女兒和我差不多大，他都叫我「丫頭」。每次我一哭，老王就說：

「丫頭別哭！我去給你煮土豆！」

土豆就是洋芋，那是我小時候最愛吃的。我到今天和好朋友出去吃飯，誰有一個煮好的、圓的洋芋，都會給我。每想起這事我仍悲傷難抑。

六十多歲的祖母每個禮拜六坐二十里路轎子到療養院看我。每回她要走的時候，我就哭哭啼啼地想下床追，但又不能下床，就在床上喊：

「我跟你回家！我跟你回家！」

祖母的轎子走很遠了，還聽到我在哭，但又不能帶我走。有一次臨走時，她也哭了，眼淚在皺紋裡是橫著流的，至今我才明白何以古人文章裡說「涕淚橫流」……。

療養院有一位女病人，我記得叫做張采蘋，大概二十五、六歲，我叫她張姐姐，老王說她是失戀生病的。她覺得我這個小孩滿靈的，對我很有興趣，她講什麼我都懂，常常偷偷叫我到她的病房（醫院不許我們到別人病房去）。她有很多新文學的書，大多是一九三五年左右的中文翻譯作品。她的書我都看了，至今還記得一本林琴南譯的《茶花女》，當時很喜歡他的筆調。

有一天下午，我記得很清楚，有人在她的房間撒石灰，我就問老王：

「張姐姐的房間為什麼撒石灰？」

老王說：「丫頭，我去給你煮土豆。」

雖然我不太曉得死是怎麼回事，但是知道她也死了。那是我一生中第一次看到死亡跟我的關係，因為石灰撒到我朋友的房間去了。

我想那時候我大概鬧得太厲害了，整天哭哭啼啼的，把祖母鬧得夠受。我一生常常懷念祖母，她自我誕生之初開始，直到多病的老年還要為孫女這麼操心，我常常覺得虧欠她太多。幾年後，我們由漢口顛沛流亡許久到重慶，輾轉得到她逝世的消息，我始終很難相信，那冬天抱我的溫暖身體會變冷。

我父母親七十歲的時候，搬到內湖安居直至去世，那是我們團聚最多最快樂的時

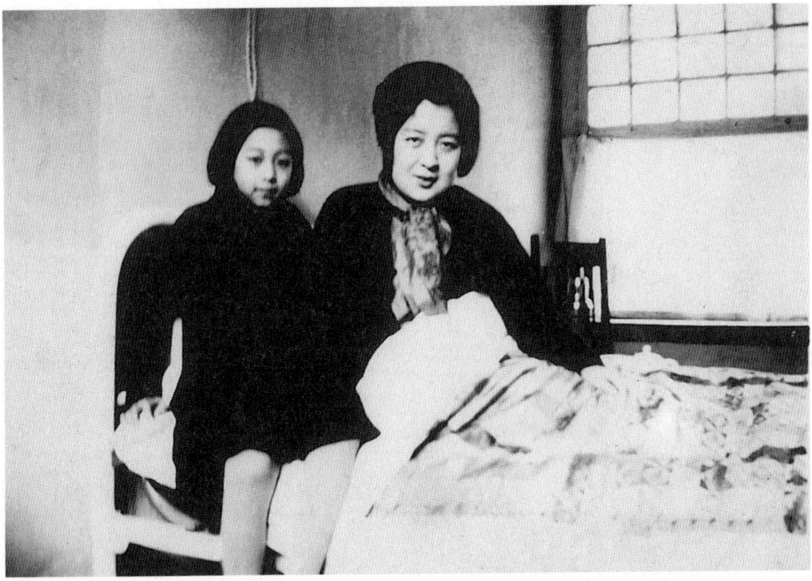

一九三四年夏天，得了肺病的十歲小女孩齊邦媛（左）住進北平西山療養院，第一次體會到害怕與孤獨。病友張姐姐〈右〉喜歡文學，卻給她留下「撒滿石灰房間」的悲慘記憶。

期，也是父親與我談話最多最密切的時期。有一天晚飯後，他送我到湖邊等公車，我對他說當年在西山療養院的心情和它影響我終生膽小怕黑暗。

「你們好殘忍，把我一個人送到那荒山上的醫院去。」

他嘆息說：「我們那個時代，很少人懂得兒童心理學，我多年投身革命，出生入死，不知道小孩有那麼複雜的心理。那時我用每月三分之一的薪水把你送去療養院，只希望你能活下來，親友都說我是很好的父親呢！」

我們坐在等車的板凳上，無言許久，車到了才驚覺。

他一定在想：「如果那時我懂這些，我會怎麼做？」但是我知道自己是幸運的，父母生我、養我，辛辛苦苦留住我。

住療養院那一年在無可奈何中，把讀書當作唯一的消遣，漸漸成了終身的興趣。書好像磁鐵，會吸引我。有時回想這深植我生命的書緣，大約可稱之為因禍得終身之福吧。

記得出院時，在一位留學回來的表叔家看到中文版的亞當・斯密《國富論》(Adam Smith, *An Inquiry into the Nature and Causes of the Wealth of Nations*)，當然看不懂，但也看得很快樂。我似乎抓到什麼就看什麼，同時也看《小朋友雜誌》，裡面有畫阿貓、阿狗的漫畫，我很看不起，可是我也看。我還記得用號碼連一連畫一隻狗，這些我也做。

小學畢業時的齊邦媛（左），手臂瘦的像童軍棍，剪著一頭與一般女孩不同如今看來卻非常時尚的「型男」短髮。右為大妹寧媛。

一年後醫生說我病好了，父親把我接回南京。我的大妹妹已經快兩歲了。

最初我仍回鼓樓小學上學，但是同學都不跟我玩，後來才明白，因為他們的家長知道我曾得過肺病，上過療養院。我還記得有個同學名字叫萬芳，本來跟我最要好，是個長得嬌滴滴的小美人，有一天她突然跟我說：「我媽媽叫我不要跟你玩。」我不知道自己做了什麼錯事，不懂人家是怕傳染。

後來家搬到新社區的寧海路，正好就把我轉到山西路小學。因為是轉學生，所以來往的都是轉學的和降班的邊緣人，相處得不錯。我作文特別好，老師對我很照顧，身體也漸漸健康進步，無憂無愁地就小學畢業了，那一年有很多可愛的回憶。

9 — 母親和她的鄉親

一九二八年六月，統治東北的張作霖被日軍炸死後，東北已近群龍無首，張學良已與南京中央議妥，新年前掛中華民國國旗，這有名的易幟盛事，使北伐革命減少了最大的阻力。

這年秋天，黃埔軍校（由廣州遷往南京後已改名中央軍校）第八期在全國招生，黨部請我父親協助在東北招考學生。父親面見蔣委員長，建議將初選合格的一百多名東北青年全部錄取，使多年來只有地方觀念的青年能有國家觀念，成為具有現代軍事知識的革命種子。因此，自第九期至十二期，軍校教育長張治中委託父親派人到東北每年招收一百名高中畢業生。九一八事變後，東北學生幾乎占軍校生總數四分之一，家鄉淪入日本人占領之下的青年人，自黃埔畢業後分發至各軍種成為抗戰的生力軍，但能回東北的並不多。

除了軍校，每年因招生而同時來到南京的還有中央政校和中央警官學校的二、三十個學生，我父母每星期日輪流招待這一批離鄉背井的東北孩子。我們家也由傅后岡街遷到新社區的寧海路，一則是地方大適於招待客人，再則，我母親又懷孕待產，不久生下我第二個妹妹靜媛。那一定是她一生中最幸福的歲月吧，三十多歲才做了一個家的女主人。

那棟新建的米黃色小樓有個相當大的院子，我母親很快種了各種層次的花草。由她二樓臥室的窗子望出去是南京最高的紫金山，中山陵在它北麓，從環繞山頂的雲霧顏色就知道天氣的陰晴。

照顧東北到南京的學生是我父親的工作之一，每星期招待他們吃飯卻是我母親的快樂，也是她思念故鄉最大的安慰。家中請了一位山東廚師老宋（他和我們流亡到四川十年），每星期日請一桌黃埔軍校和政校的學生吃北方麵食，在我母親心中，每個人都是她的娘家人。她喜歡聽他們說話，講家鄉春夏秋冬的情景，講親人，講莊稼。……

搬到寧海路後，她發現房子後面有一個不算小的後院，就買了大大小小的缸，除了最熱的夏天，她帶著李媽不停地漬酸菜（白菜用開水燙過，置於缸內發酵一個多月後即成脆白的酸菜），又託人由北平買來純銅火鍋。七七事變前在南京那些年，齊家的五花肉酸菜火鍋不知溫暖了多少遊子思鄉的心！

母親又認為東北的大醬最好吃，就是台灣說的甜麵醬（但不甜）。東北因黃豆又多又好，一般家裡都會做這個醬。母親想做大醬，但做的過程其實滿可怕的，得先讓黃豆長霉。父親知道了，就反對：「你在院子裡搞什麼？」母親說：「我擺在後院裡，又不給人看見！」父親覺得又髒又噁心，不讓她弄，但我母親下定決心，還是偷偷做了一缸。等這些黃埔軍校的學生來，母親給他們切一段段的黃瓜，蘸大醬吃，然後又端出酸菜火鍋。有人一邊吃一邊掉眼淚，因為想起家來了。這些人這一生沒再回去了。

到台灣八二三砲戰時，父親和立法委員到戰地去，金門防衛司令王多年將軍說，他是我父親主持招收的黃埔十期學生，忘不了我母親的家鄉菜。從南京打到四川的征途，許多黃埔的學生，照顧中山中學的弟妹和我一家人，也是對我母親感恩。在母親葬禮上，曾任駐馬拉威大使的趙金鏞說，懷念當年在政治大學讀書時我母親對他的關懷，家鄉淪陷後還給零用錢……。

那一年，我姥爺設法又來了一趟南京，看到他疼愛的女兒在前院種花和後院大大小小的缸間興高采烈地忙著，終於放了心。回家後兩年，他平靜地去世，心中不再牽掛。

母親雖然有了持家的幸福，卻常常一面忙一面輕聲地哼唱著，我不知道她唱什麼，但是當她抱我妹妹的時候，我清清楚楚地知道她在唱〈蘇武牧羊〉，唱到「兀坐絕塞，時聽胡笳，入耳心痛酸」一句不漏，重複地唱著直到小孩睡著了，有時還獨坐一陣子。

十多年後，抗戰已經勝利了，她曾經回到家鄉祭拜了姥爺和姥娘的墓，回過她枯守了十年的齊家小西山故居，接著卻又被迫逃離北方，奔往更遙遠的台灣。在台中，我兒子的搖籃旁，已經二十年後了，她又輕聲地唱起〈蘇武牧羊〉，那蘇武仍在北海邊牧羊，窮愁十九年……。直到她埋葬於台北淡水之前的三十八年間，她未再看到心中的北海。

10 流亡的大家庭

創立國立東北中山中學，我父親認為是他應當做的事。

一九三二年他由南京回北方，冒死出山海關潛回東北故鄉，卻只見到義勇軍等地下武力抗日的窮途末路。地下工作同志認為他應該回到南京，以他在中央已經建立的地位和東北協會，對家鄉做更有效的幫助。

於是，他先在北平成立「東北青年教育救濟處」，由流亡的文教界人士照顧「滿洲國」成立後不願作日本順民而逃到平、津的青年。他們有些流落街頭，冬天凍餓在路邊。救濟處搭了些帳篷，先給他們飲食和基本照顧。

一九三四年南京政府團拜時，父親結識當時的行政院次長彭學沛先生，知道他也來自北方，說動他撥下五萬銀洋，立刻與北平的李錫恩、黃恆浩、周天放等友人進行辦校，於一九三四年三月二十六日在借到的報國寺、順天府、原警高舊址等地成立「國立中山中學」，招收了約二千名初一到高三的流亡學生。這是中國第一所國立中學，因為父親說服教育部，在風雨飄搖的局勢中，只有國家才能穩當地保障這樣救亡

一九三〇年代，齊世英〈中〉與友人梅公任〈右〉、黃恆浩〈左〉在國勢風雨飄搖中戮力辦學。

圖存的學校的存續。

第一任校長由原任吉林大學校長的李錫恩出任（他與我二伯父世長在德國同學，與父親亦有相同的政治理想，父親視之為兄）。教師幾乎全由流亡北平的大學教師擔任，我的哥哥原本就讀於北平崇德中學，來投考被錄取讀初二。

到了一九三六年秋天，華北的局勢已是山雨欲來風滿樓，日本的潛在威脅和土共的滲透，使中央直接支持的人與事漸漸難以生存，於是父親和黃恆浩、高惜冰等幾位東北抗日同志在南京郊外二十里的板橋鎮買了一塊地，先建了些基本校舍和幾所教職員宿舍，將中山中學由北平遷來南京。

落腳之後，學生自己動手平操場、建圍牆和校門。進校門前，遠遠看到那泥磚牆上巨大的八個字：「楚雖三戶，亡秦必楚」。每天清晨升旗典禮，師生唱著共同命運寫照的校歌（郝泠若詞，馬白水曲）：

白山高黑水長，江山兮信美，仇痛兮難忘，有子弟兮瑣尾流離，以三民主義為歸向，以任其難兮以為其邦，校以作家，桃李蔭長，爽蔭與太液秦淮相望。學以知恥兮乃知方，唯楚有士，雖三户兮秦以亡，我來自北兮，回北方。

在板橋初創時凡事艱苦，而且大家都年輕，我父親總是樂觀地往長遠想。然而，這樣清苦但安定、充滿未來期望的日子只過了一年半，南京也容不得身了。離開南京後，漫漫長途，日子比板橋還苦，在半個中國的土地上顛沛流離，吃盡了飢寒之苦。

11 — 張大非，家破人亡的故事

我哥哥隨中山中學由北平遷到南京之後，每個星期六中午會帶五、六個同學回家。吃過晚飯，他們坐江南鐵路的火車回板橋，哥哥在家住一晚。

母親在她自己的幸福中，覺得每個沒有家的東北孩子都是她的孩子。在南遷之後，抗戰八年之中，所有中山學生都是沒家的孩子，差不多每個人都有淒楚的故事。

張大非初到我家的時候，沒有人注意他。他靜靜地坐著，很少說話，也不參加遊戲。吃飯時，媽媽總叫他坐在她旁邊，不斷地給他夾菜。

在這之前，我只知道爸爸要哥哥去找一位姓張的學生——他的父親在滿洲國成立之初是瀋陽縣警察局長，因接濟且放走了不少地下抗日同志，被日本人在廣場上澆油漆燒死。

哥哥終於在同學中找到了他。他比我哥哥大三歲，除了打籃球，不參加任何課外活動，也很少與人說話。透過那一年畢業和他一起打球的撐竿跳國手符保盧（是那時女生的偶像）知道他的身世，哥哥才找到他。

那一年過年除夕，他們留在學校，全校包餃子過年。初二下午，張大非與哥哥回我家。當天外面開始下雪，很冷，屋子裡生了火，飯後坐在壁爐邊，媽媽問他離開家鄉的情況。

他說他父親被燒死之後，在日本人追殺之前，一家八口四散逃亡；他與一個弟弟、妹妹連夜逃往營口投奔姑姑，進了一所教會辦的中學，每天早上學校有早禱會，由「主禱文」開始：「我們在天上的父，願人尊父的名為聖，願父的旨意行在地上如同行在天上。我們日用的飲食，求主賜給我們……。」在這裡他可以盡情求告一個父親的保護和愛，於是他信奉了基督教。

第二年滿洲國成立，日本推行皇民化教育，他已十五歲，一個人進關，到北平投奔叔叔。失學了一年，叔叔家也不適久住。那時在北平、天津街上流落的東北青年很多，冬天街旁常有凍餓路倒。

有一天，他在極端困頓中在報國寺旁遊蕩，看到院子裡搭了幾個帳篷，廟門上貼著「國立中山中學」招收東北流亡學生的布告。他考取了初三，入學後全體學生食宿一切公費，從此有了安身之所。

學校功課水準很高，原以為自己有了前途，誰知過了兩年，華北在日本由滿洲國進逼之下已風雨飄搖，漸漸岌岌可危，中山中學被迫南遷。離開北平時，只能輾轉告訴在家鄉卻已無家可言的母親，將隨學校南遷，到了南京板橋卻始終得不到母親的消息……。

我永遠記得那個寒冷的晚上，我看到他用一個十八歲男子的一切自尊忍住號啕，在我家溫暖的火爐前，敘述家破人亡的故事——和幾年前有個小男孩告訴我他爸爸的頭掛在城門上一樣悲慘。

窗外，媽媽種的幾棵小樹在風雪中搖晃，彎得近於折斷。自此，我深深地記住他的名字——逃到營口後，他把原來父母取的吉祥名字「張迺昌」改為「張大非」。

從此，每個星期六午後，我會在哥哥那群喧鬧的同學中，期待他那憂鬱溫和的笑容。他最喜歡帶我那三歲的大妹妹到院子裡玩，有時幫媽媽抱襁褓中的二妹，偶爾會到我常坐的椅子旁看我新買的書。有一次，他帶來他自己的那本小小的、鑲了金邊的《聖經》給媽媽和我看，說這是離家後唯一的依靠。當時我雖不懂，但多年後我明白，為什麼在他淡淡的落寞中有一種和平、寧靜，我似乎又找到了一本深奧待解的書，很有吸引力，可是他又隨身帶走了。

那一年初春，中山中學大門外面蓋了一些小平房，很小的木架泥牆小房子。媽媽每星期去住四、五天，因為她又懷孕了，很喜歡再過一過鄉村生活，每天可以種些菜。此外，另幾家東北出來的老師家眷，更能慰解她的眞正鄉愁。

我每週末也會去板橋，可以滿山遍野跑一跑，好似回到六歲前的童年。張大非常常來，他最喜歡抱我那兩個妹妹，看我媽媽做家事，仍然很少說話。

有一天吃過中飯，哥哥和七、八個同學說要去爬不遠處的一座小山，牛首山。我看著那山羨慕許久了，就追著趕上跟了去。

下午四點鐘開始下山的時候，突然起了風，我比他們下山時走得慢，漸漸一個人落後了。哥哥和那些大男生已跑下山，我仍在半山抱著一塊小岩頂，進退兩難。山風吹著尖銳的哨音，我在寒風與恐懼中開始哭泣。這時，我看到張大非在山的隘口回頭看我。

天已漸漸暗了，他竟然走回頭，往山上攀登，把我牽下山。到了隘口，他用學生的棉大衣裹住我三十多公斤的身軀，說：「別哭，別哭，到了大路就好了。」他眼中的同情與關懷，是我這個經常轉學的十二歲邊緣人很少看到的。

回到家，哥哥對媽媽說：「以後再也不許她跟著我！那麼小座山，她上去那麼慢，又下不來，動不動就哭，煩死人了。」

初夏，我們搬回南京城裡，媽媽待產。

我們的一生和中國的命運不久就全變了，我再也沒有回到那小屋子的緣分。

數十年間，我在世界各地旅行，每看那些平易近人的小山，總記得他在山風裡由隘口回頭看我。

第二章

血淚流離

——八年抗戰

1 戰雲密布

一九二八年北伐成功，全國統一，國民政府定都南京，各省菁英前來，同心合力建設新中國。那十年不僅是國家的黃金十年，也是我父親一生的黃金十年。

從山海關外來到南京的齊世英，受到相當的歡迎。郭松齡兵諫張作霖雖然失敗身死，但他要求奉軍退出軍閥的中原爭逐，回鄉厚植本土實力，抵抗俄日侵略的兵諫宣言已播報全國。所以，由推翻帝制的革命黨組成的國民政府，很歡迎這第一位由東北來的革命青年參加建國工作，他的國民黨黨員證是遼字一號。

但蔣委員長接見他時竟說：「你不像東北人！」這句話中有相當複雜的意義。在北伐期間，人們對奉軍的印象是驍勇善戰、強悍，甚至粗魯。而這位二十七歲的東北革命者卻溫文儒雅，如玉樹臨風（盧春芳評語）。他通曉英、日、德三種語言，兩年前尚在海德堡大學研究歷史哲學，是個很難歸類的人物。他向蔣先生說願意在外交、文化和教育方面工作；蔣先生答，這麼大的一個中國，我們能做的事太多了。於是派他到中央政策委員會（當時尚未定名）做委任參議，隨鈕永建、黃郛、陳果夫、陳立夫等人工作，進而結交天下士，成為政府中的知日派，且曾到日本步兵學校以中尉身分研究一年。

日本對中國侵略的野心，自一八九五年甲午之戰訂下馬關條約，割讓台灣以後，日益加劇。一九〇五年日本人在中國東北打敗了俄國，取得了鐵路控制權，以後不斷在中國各地製造事端。一九一五年強訂二十一條不平等條約，一九二八年造成「山東五三慘案」，一九三一年（九一八事變）占領瀋陽，一年後成立偽滿洲國。這一連串的侵略行動，國民政府是清楚的，但是喘息未定之際，只能加快腳步，建軍、辦工業、組訓民眾。南京那十年，好似要拚命去增強一個百年沉痾老人的體力，那般辛勞卻充滿了希望和信心。莽撞粗魯的張學良發動的西安事變，損傷了東北軍的形象，給延安中共日後壯大的生機，將中國人抗日的熱情更集中在蔣委員長的領導下。

一九三〇年我母親萬里尋夫，帶我兄妹來到南京，看到的是一個到處在建設的、欣欣向榮的首都。我父親和他年輕的朋友們忙著向老天爺求取時間（buying time）推動各種加強國力的現代化建設，因為他們知道日本軍部正加緊侵略的步伐，日軍說：「若不快動手，中國要站起來了！」

2 七七事變

一九三七年七月七日，蘆溝橋戰火扭轉了近代中國的命運，也奠定我一生奮鬥的態度。

戰爭血淋淋的大刀切斷了我病弱的童年，我剛剛在碎石新鋪的小學操場唱完當時已情境不符的畢業驪歌，「長亭外，古道邊，芳草碧連天……」童年即遽然結束了。中國三大火爐之一南京的夏天還沒有過完，八月十五日起日機已經開始轟炸了，第一枚炸彈投在明故宮機場。

三天前，我的母親在機場對面的中央醫院分娩，生了我的小妹星媛。醫院在強震中門窗俱裂，全院紛紛逃生，她抱著嬰兒赤足隨大家奔往地下室，得了血崩之症。兩天後全院疏散，她被抬回家，只能靠止血藥與死亡搏鬥。

蘆溝橋砲響後一個月，日本軍隊進入北平（天津已先淪陷）。八月十三日，由上海日租界出兵的日軍發動了淞滬戰爭，不久蘇州、無錫等城失守，京滬鐵路全斷，華北的日軍沿津浦鐵路南下，南京成為孤城；北伐完成之後，作為現代中國象徵的首都南京，不得不撤退居民。

空襲警報有時早上即響起，到日落才解除。日機一批接著一批來轟炸，主要是炸浦口和鐵路軍事重地及政府機構。政府已開始緊急疏運人員和資料往西南走，留下的人在臨時挖建的防空室辦公，每天早上出門連能否平安回家都不知道。

八月間，中央將軍事委員會改為抗戰最高統帥部，準備全面抗戰。父親被任命為第六部祕書，部長是陳立夫。

到了九月，整個南京市已半成空城，我們住的寧海路到了十月只剩下我們一家。鄰居匆忙搬走，沒有關好的門窗在秋風中劈劈啪啪地響著；滿街飛揚著碎紙和衣物，空氣中瀰漫著一種空蕩的威脅。

早上，我到門口看爸爸上班去，然後騎一下自行車，但是滑行半條街就被懾人的寂靜趕回家門。每天天亮後警報就來，家中人多，沒有防空設備，聽著炸彈落下的聲音，大家互相壯膽，慶幸不住在城市中心。

夜晚，我一個人睡在父母隔室。月光明亮的時候敵機也來，警報的鳴聲加倍淒厲；在緊急警報一長兩短的急切聲後不久就聽到飛機沉重地臨近，接著是爆裂的炸彈與天際的火光。我獨自躺在床上，聽著紗窗的扣環在秋風中吱嘎吱嘎的聲音，似乎看見石灰漫天灑下；灑在紫金山上中山陵走不完的石階上，灑在玄武湖水波之間，灑在東廠街公園，灑在傅后岡街家門口的串串槐花上，灑在鼓樓小學的翹翹板上。死亡已追蹤到我的窗外，灑在剛剛扎上竹棚、開滿了星星似的蔦蘿花上。

我永遠也忘不了，每天愁苦病弱的母親，黃昏時勉強起床迎回眉頭深鎖的爸爸，總有再慶團圓的安慰。

父親一向積極樂觀，然而此時他必須面對的不僅是國家的難關，還有必須獨力設法把南京郊外中山中學師生送到漢口再往西南走的這個難題。

3

從南京逃到漢口

十月中旬，在父親安排下，先將女生和初中學生七百多人經江南鐵路送往安慶，由老師及東北協會有家眷的人帶領，到安慶再乘江輪去漢口。第二批三百多高中男生，在板橋等候下一班可以排到的車船。南京只剩下由北平遷來，全程參與建校的黃恆浩先生和新聘的校長王宇章。王校長原是黑龍江抗日地下工作的王氏五兄弟的二哥，入關後在中央軍校任教官，現在臨危受命，要將全校一千多名師生帶往抗戰後方，我家也和這第二批師生一起撤離南京。

行前一個月，父親顧慮偏遠地區的治安問題，向第六十七軍軍長吳克仁要了一百枝步槍交給學校，且給學生軍事訓練，以備路上保護師生安全。

由家裡到火車站的路上，幾乎看不到行人，到了車站才知道人都湧到車站來了；成千上萬，黑鴉鴉地穿了棉袍大衣的人，扶老攜幼都往月台上擠，鋪蓋、箱籠滿地，哭喊、叫嚷的聲音將車站變成一個沸騰的大鍋。

中山中學高中班學生背著槍，紮上綁腿，努力保護著兩百多位師生上了教育部保留的車廂。我哥哥和表哥裴連舉（我大舅的兒子，原也在中山唸書）及十九歲的張大非，用棉被裹著我母親把她抬上車，讓她半坐半躺在一個角落，再把我和三個妹妹由車窗遞進去。我的腰上拴了一個小布包，裝著兩個金戒指和一點錢，還有在漢口可以聯絡到的地址。

火車裡，人貼人坐著、站著、蹲著，連一寸空隙都沒有；車頂上也攀坐滿了人，儘管站長聲嘶力竭地叫他們下來，卻沒人肯下來。那時，每個人都想：只要能上了車離開南京就好。

這天近午，我父親站在秋風已經寒冷的火車站外，二十天後將被日軍屠城的鬼域街口，看著擠得爆滿、連車頂都攀滿了難民的火車沉重地駛離站台，他的心也載滿了憂愁。日機晝夜不停地沿著長江轟炸，五百多里的長路，這些繫在他心上的生命能否安然躲過一劫？

車過第一個隧道，突然聽到車頂上傳來哭喊聲，「有人給刷下去了！有人掉下去了！」車內的人卻連「援手」都伸不出去。

火車似爬行般開著，聽到飛機聲就躲進鄰近的隧道，到蕪湖換船時天已全黑了。為了躲避白天的轟炸，船晚上開，碼頭上也不敢開燈，只有跳板上點了幾盞引路燈。我們終於走到碼頭，跌跌撞撞地上了船。蜂擁而上的人太多，推擠之中有人落水；船已裝不進人了，跳板上卻仍有人擁上。只聽到一聲巨響，跳板斷裂，更多的人落水。

黑暗的江上，落水的人呼救、沉沒的聲音，已上了船的呼兒喚女的叫喊聲，在那個驚險、恐懼的夜晚，混雜著白天火車頂上被刷下的人的哀叫，在我成長至年老的一生中常常回到我的心頭。那些淒厲的哭喊聲在許多無寐之夜震盪，成為我對國家民族，漸漸由文學的閱讀擴及全人類悲憫的起點。

那時的長江運兵船是首都保衛戰的命脈之一，從上游漢口最遠只能到蕪湖。上海已在十天前全面淪陷，最後的守軍撤出後，日本軍機集中火力轟炸長江的船隻，南京下關碼頭外的江上航道幾乎塞滿了沉船。上游下來到蕪湖的增援部隊下船後，空船即裝上中央機關的人員和重要文件（故宮的古物也在內），夜晚開船駛回漢口，清晨後若是晴天，即駛往江岸有樹木的地方掩護慢行，船頂上布滿了樹枝偽裝，我們搭的大約是最後一批運兵船。為了阻止日軍的陸上攻勢，十二月一日，我軍炸毀蕪湖鐵橋和公路橋樑，後來的船只能到更上游的安慶。而南京到安慶的火車已不能開，幾乎全成了轟炸的目標，所有的人，生死只有委之於命運。

蕪湖上溯到漢口原是兩天一夜的航程。我們在長江邊上躲了兩個白天，幸好初冬白日漸短，三個夜晚之後，在濛濛亮的曙色中，船靠了漢口碼頭。在船艙席地而坐的學生，再搭渡輪到武昌一所中學，暫住在他們的禮堂，與前一批同學會合。我們一家住到爸爸託人代訂的旅舍等他，以免失去聯繫。

4
國破家亡

然而，我的家人卻面臨更大的生死挑戰。

從南京火車站到蕪湖軍用碼頭，母親雖有人背扶，卻已受到大折騰，在船上即開始大量出血。船行第三天，所有帶來的止血藥都止不了血崩，全家人的內衣都繼床褥用光之後墊在她身下。

船到漢口，她已昏迷。清晨，由碼頭抬到一家天主教醫院時只剩一口氣。同時抬到醫院的，還有我那十八個月大的妹妹靜媛。她尚未完全斷奶，剛會走路十分可愛。在船上時，大人全力救助我母親，她自己走來走去，有時有人餵她一些食物，船行第三天即吐瀉不止，送到醫院時住在一間小兒科病房。醫生診斷是急性腸炎，她住在醫院右端，由我一位姑媽帶著我照看；媽媽住在左端加護病房，由我舅舅看著醫生們盡一切力量穩住她已微弱的生命。我的三舅裴毓慶，原是一位小學校長，在平津失守後，出東北設法逃到南京和我們一起到大後方去。

第五天早上，我扶在妹妹床邊睡了一下，突然被姑媽的哭聲驚醒；那已經病成皮包骨的小身軀上，小小甜美的臉已全然雪白，妹妹死了。在我倦極入睡之前，她還曾睜開大眼睛說，「姐姐抱抱。」如今卻已冰冷。

天主教修女護士過來撫下她的眼皮，對我說，「你的眼淚滴在她臉上，她上不了天堂。」姑媽叫我先到走廊上站一會兒再進去。我再進去時，他們已將那小小的身體包在一床白色的毯子裡，把她抱出去。

那時天已經大亮，雨仍在下著。陌生的城市，陌生的鐵灰色的冬日天空。十三歲的我，似是爬行般，恐懼憂傷，來到左端我母親的病房門口。

她已經認不出我了，在她床前圍立幾位醫師和護士，剛剛為她輸血，卻仍不甦醒。年長的醫師示意我舅舅到門口說，「你們準備一下吧，我們會繼續救，但希望不大。」

舅舅只得在學生陪伴下，在那全然陌生的城市找到棺材店，訂了一個大的，買了一個小的，又去訂做我十六歲哥哥和我的孝服。回到醫院，我母親的心跳已弱。舅舅奔回病床邊，對著氣若游絲的母親喊叫，「毓貞，你醒醒啊！你可不能死啊，你的孩子都這麼小，你可不能死啊！」

多年之後，我母親仍然記得那天早上，在我舅舅的呼喊中，她由一片漫天籠罩的灰色雲霧裡，聽見了自己的名字。她似乎看見我哥哥和我，牽著、抱著三個幼小的身影站在雪地裡，她奮力掙扎想拉住我們，就這樣，跌跌撞撞地往前走……。

我一個人站在母親病房門口，聽著舅舅呼喚著母親的名字，感到寒冷、孤單、驚恐。這時，我看到張大非從大門進來，跑著過來。我剛停的眼淚又傾瀉而出，對他說：「妹妹死了，我媽也要死了！」

他走進病房，在床前跪下，俯首祈禱。

當他走出來時，他對我說：

「我已經報名軍校，改名叫大飛，十一點鐘要去碼頭集合，臨走一定要看看媽媽，你告訴哥哥，我能寫信時會立刻寫信給你們。」

接著，他拿出一個小包放在我手裡說：

「你好好保存著吧，這是我要對你說的話。」然後他疾步走出了醫院大門。後來他在信中告訴我，他幾乎是全程跑步，到了碼頭，趕上報到。一路上他止不住流淚，一年多以來從我的母親處重溫母愛溫暖，今日一別，不知能不能再看到她？他放在我手上的小包是一本和他自己那本一模一樣的《聖經》，全新的皮面，頁側燙金。自那一天起，我在所有的車船顛簸中都帶在身邊，至今六十多年仍然清晰可讀。

在扉頁上，他寫著：

邦媛妹妹：

這是人類的生命，宇宙的靈魂，也更是我們基督徒靈糧的倉庫，願永生的上帝，永遠地愛你，永遠地與你同在，祝福你那可愛的前途光明，使你永遠活在快樂的園裡。阿門！

主內四哥張大飛

一九三七・十一・十八

在那一天之前，沒有任何人用「可愛的前途」對我病弱磨難的生命有過如此的祝福。

5
南京大屠殺

十二月七日，父親到了漢口，他與抗戰最高統帥部最後撤離南京的數十人隨蔣委員長先到宜昌，再乘軍船到漢口。

這個家終於有了爸爸，他又黑又瘦，在南京的最後幾天連飲食都難於供應。我有生以來第一次看到他那樣的大男人流淚，他環顧滿臉惶恐的大大小小孩子，淚流滿面，那一條潔白手帕上都是灰黃的塵土，如今被眼淚溼得透透地。

他說：「我們眞是國破家亡了！」

在生死之間徘徊的母親，因為能看見父親活著回到家中，憂心有了安頓，活了下來。

爸爸每天一早就由漢口過江參加已移駐至武昌衛戍司令部的抗戰最高統帥部看戰報，作抗戰大局的調度。抗日戰爭已五個月，原曾誇口三個月內占領全中國的日軍，面對的是一個甦醒的中國。

日本將轟炸京滬、蕪湖、南昌的火力全部調來日夜轟炸武漢，原本人口稠密的市中心只剩下許多高樓的斷垣殘壁，夜晚，沿著江岸的火光徹夜不息。敵機的數目多了，我們的空軍迎戰，打落許多太陽旗日機，人們在死亡的威脅下，仍站在殘瓦中歡呼，空軍成為新中國最大的英雄。

十二月十三日的下午，街上報童喊著賣「號外」的聲音。舅舅衝下樓買了一張：

南京淪陷，日本軍隊由中華門開入我們的首都，開始放火搶劫，大屠殺。

第二天報紙頭版寫著，南京城陷，頭兩天之內，保衛戰傷亡達五萬人，婦孺老弱慘遭屠殺者十餘萬人，日軍甚至有比賽屠殺之惡行。

同一版登載一則外電，科學家愛因斯坦、英國哲學家羅素、法國作家羅曼羅蘭和美國哲學家杜威，聯名發表宣言籲請各國人民自動組織抵制日貨，不與日本合作，以免助長日本侵略能力；同時當以全力援助中國，直至日軍完全退出中國，放棄侵略暴行為止，聲援的有各國民間團體及總工會等。但是無論在什麼時代，國際正義的聲音總是湮沒在強權的砲火下。三個月後，希特勒揮軍併吞奧地利。哲人學者眼睜睜看著自己的原鄉歐洲淪入極權恐怖控制之下，對中國的同情能有什麼效果？

蕪湖失守後，我軍為延阻日軍溯長江而上的攻勢，以輪船十八艘及大批帆船沉入馬當江面，成為第二道封鎖線，由九江集中實力保衛武漢。日軍在南京的邪惡暴行促成了全國長期抗戰的決心，西南各省全部通電投入抗日前線，十二月二十六日，中共宣言：支持蔣委員長抗戰到底的主張。

6 — 從漢口逃到湘鄉

政府下令疏散武漢居民與難民，工廠、軍政設備、學校，全部南移往貴州、四川去，重慶已正式成為首都，逃難的人必須儘快沿湘桂路往西南走。

父親多方奔波設法，在湖南湘鄉永豐鎮找到一座祠堂，璜璧堂。地方人士答應他，祠堂裡可以收容一千個學生。

從漢口到湘潭縣的湘鄉，又是五百多里路吧。學生、老師從漢口出發，有車搭車，無車走路，大約跋涉一個月才到永豐鎮。

父親找了一輛車，載著我母親，另一位老師的母親，還有一位太太，我和剩下的兩個妹妹，也往湖南去。半路上，趕上學校的隊伍，我哥哥在隊伍後面走，舅舅叫我哥哥上車，在司機座位旁邊擠出個位子。

第二天到一個站上，父親從後面趕來了，他問我哥哥為什麼坐車？

舅舅說：「車上有空位，你只有這麼一個兒子，就讓他坐車吧！」

父親說：「我們帶出來的這些學生，很多都是獨子，他們家裡把獨子交給我們，要保留一個種，為什麼他們走路，我的獨子就該坐車？」就令車子趕上隊伍，叫我哥哥下去，跟著隊伍走。

這遷移的隊伍白天趕路，晚上停在一個站。一路上，我們住了無數住店。學生都被安排住在各處學校的禮堂、教室或操場，當地駐軍會分給一點稻草和米，大家都睡在稻草上，每餐還能有一些煮蘿蔔或白菜。

哥哥被趕下車跟隊伍走後，我整天鬧著也要跟著走：

「為什麼哥哥可以走，我就不可以走？我為什麼要坐車？」他們只好讓我跟著隊伍走。

我走了不到一天，夜裡在稻草上睡到半夜就發高燒，第二天一早被送回我母親那兒，從此以後我也不敢再提。

農曆年前，我們到了湘鄉，發現光是一個湖南就有很多不同的方言，而湘鄉跟湖南其他縣市又不一樣。

湘鄉是齊白石的故鄉，非常具有地方色彩。璜璧堂距湘鄉又有幾十里路，在永豐鎮，是明朝一支皇族的祠堂。這祠堂大到居然能有近百間房舍，不但住得下學生，而且能夠上課。我們家則跟家眷一起搬進另一處祠堂：扶稼堂。

這是逃出南京後第一次有個家的樣子，這時我們才敢告訴媽媽靜媛妹妹已死的眞相——在漢口時，爸爸謊稱已託韓伯母帶著隨第一批師生疏散到湖南去了。至此，也才告訴她裴連舉表哥和張大飛從軍的事。她知道後大為悲慟，病又復發，臥床許久才康復。

7 我的家在東北松花江上

在璜璧堂安頓後，驚魂甫定，不久農曆年到了。除夕夜風雨交加，全校集合包餃子，這是中山創校後的傳統，許久沒吃過熱飯的孩子們，興高采烈地吃了眞正家鄉味的年夜飯。

元宵節飯後，有一些人到祠堂外小河邊的空地燃起幾堆火，幾百個人圍坐在火邊。

有人說，現在離家一天比一天遠了，日本人占領半個中國，如今仍在追殺不已，哪一天才能回到家鄉？一時之間，哭聲瀰漫河畔，一些較小的女生索性放聲號啕。

在這樣的哭聲中，國文老師郝泠若帶著大家唱那首傳唱後世的〈松花江上〉（張寒暉詞曲）：

我的家在東北松花江上，
那裡有森林、煤礦，
還有那滿山遍野的大豆、高粱。
我的家在東北松花江上，
那裡有我的同胞，
還有那衰老的爹娘。
九一八！九一八！從那個悲慘的時候，

九一八！九一八！從那個悲慘的時候，
脫離了我的家鄉，拋棄那無盡的寶藏。
流浪！流浪！整日價在關內，流浪！
哪年哪月，才能夠回到我那可愛的故鄉？
哪年哪月，才能夠收回我那無盡的寶藏？
爹娘啊，爹娘啊！
什麼時候才能歡聚在一堂？

此歌寫出後，由當時在中山中學教音樂的馬白水老師教唱。不久，這首歌從湖南唱到四川，伴著近千個自東北漂流到西南的流亡學生。八年後，同樣一群學生又唱著這首歌由西南回到支離破碎的家鄉。這時代悲劇下的流亡三部曲，透過一首歌在河岸哭聲中唱出了遊子的漂流之痛；由抗日到反共，唱遍了萬里江山，初來台灣時，仍伴著無數哭聲唱了將近十年。

8
周南女中

由於我才小學畢業，還得上學，而中山中學不收我，怕我動不動就發燒生病拖累他們。因此，父母把我一個人送到長沙的周南女中，唸一年級。

周南女中在湖南是有歷史的名校，在台灣還有校友會。

我記得班上的導師是黎世芬老師。我到台灣後近二十年，由台中搬回台北，常常在報紙上看到他的名字，當時是中國廣播公司董事長。我去拜望他，他看到我還記得我。我功課雖好，但老是生病，動不動就暈倒，發高燒，送醫院……。由於學生一律住校，家長把孩子託付給學校，校方有照顧的責任。他用湖南話說：「你這個娃兒，眞是痲煩唷！」

在那短短的一學期，我書唸得很好，凡事都很認眞。日本人打進漢口時，我們學校參加長沙愛國大遊行，全市像沸騰一般。我參加學校鼓樂隊，老師問：

「你要做什麼？」

我說：「我要敲大鼓。」

因為那時候抗日的感受很強烈，一定要用大鼓才能表現出來。但我體重只有三十幾公斤，瘦得像隻猴，根本背不動大鼓，黎老師成全我，叫一個壯一點的同學背著鼓，我在旁邊敲。所以遊行時，我是打大鼓領隊的，這也反映出學校對由北方逃難來的學生的寬容與同情。

來台灣後，我還留著一本當年的小小紀念册，裡面有老師和同學們寫的一些祝福的話。在現實的劇變之中，在育兒、烹煮三餐的空隙裡，有時我仍會想起孱弱的十三歲和長沙遊行時全市鼎沸的愛國心，以及自己在鼓聲中的惶惑與憤怒。

我們到湘鄉後兩個月，哥哥收到張大飛由入伍訓練基地寫到學校的信——他們的年輕教官中有幾位是黃埔八期到十二期的東北學生，知道中山中學到達湖南，落腳在湘鄉永豐鎮。

他信上第一句話就是問媽媽身體如何？（他不敢問，「她仍活著吧？」）請我們務必回信，他在信內寫了哥哥和我兩人的名字，或許是怕哥哥不一定回他的信。

信中，他也說明從軍的理由：「我已經十九歲了，畢業時超過二十歲，到時不一定考得上公立大學。日本人把我們逼成這樣，我也沒有心情唸書或等待一個沒把握的未來。我家有三個哥哥和弟弟，我如今如願考進了空軍官校，可以眞正報效國家，為我父親復仇。」

他說入伍不久即考入空軍官校，訓練很苦，但每天吃得很飽，「我自離開家，除了在南京你們家之外，很少吃這麼好的伙食。」體力好，入伍訓練也受得住。他問我有沒有看《聖經》？可以先從《新約》看起。哥哥在學校很忙，他命我立刻回信。

我到了長沙上周南女中時，給他回信說清楚家中和媽媽的身體情況，告訴他贈我的《聖經》放在腰袋裡，逃警報都帶著，只是不懂為什麼耶穌說人打你的左臉，你連右臉也讓他打？

長沙在兩次大火前夕，處境日益艱難，父母只好把我先接回湘鄉，準備隨時再往前逃。

我至今仍記得我們在永豐鎮過的好日子。湖南有豐饒的物產、淳厚的民情和世代厚植的文風，湖南人因執著與自信常被人稱為「湖南騾子」。那兒是個魚米之鄉，我今生走過很多地方，很少看到那樣肥美的蘿蔔和白菜。在戰火還沒有燒到的時候，日子過得太平安寧，與世隔絕，真像沈從文《邊城》裡翠翠的美好故鄉。

在《國立東北中山中學金禧紀念集》書中許多人也寫到，湖南湘鄉那近一年的學校生活雖仍在逃難中途，但山明水秀，豐衣足食，竟成為一段美麗的回憶。

9 從湘鄉逃到桂林

一九三八年十月二十一日，日軍由海路在大鵬灣登陸攻陷廣州，全市陷於大火。十一月在長沙，我軍誤以為日軍將至，竟下令放火燒城，做焦土抵抗。十二月二十一日，蔣委員長發表〈武漢撤退告全國軍民書〉，誓言全國一心，轉戰西南，絕不投降。

此時，距日本軍部在侵華開始時向天皇和人民狂言保證三個月內占領全中國已一年三個月。而中國的西南，比日本想像中的還要神祕，險峻的疆土，將數百萬入侵的日軍纏住八年，許多人成為異國亡魂，連歸鄉的路都找不到！

母親帶我們跟著中山中學，在父親安排下離開被敵人鉗形包圍的湖南，乘湘桂鐵路火車先到桂林，之後再經貴州到四川去。

到桂林後，以為可以稍作喘息，父母把我送到桂林女中讀初一，讀一天算一天；家人住在旅館，我住校，大約讀了秋季班一個多月。

那段時間，我有兩件極難忘記的事。

白天，只要天晴就有日機轟炸，警報響起我們都往郊外奔跑。有幾位高中學姐大約是學校安排的，總帶著我跑到一處河邊，那兒有許多柳樹，我們躲在樹下，飛機從頭頂上飛過，我看到他們丟下一串串閃光的炸彈，城裡的黑煙和火光隨之而起。

有時，空戰似乎就在我們頭上開打，敵我雙方互相開機關槍，當看到漆著紅太陽的敵機尾巴冒煙往地下墜落時，大家在驚恐中仍會興奮地鼓掌。有一次，一架敵機落得很近，許多人跑過去看，歡呼不已。

在等待解除警報時，我記得有一位學姐總愛細聲唱：「我每天都到浣紗溪，……癡癡地計算，你的歸期……」當時我雖已是少女年紀，卻覺得在那樣的天空下，聽這麼「頹靡」的歌很不舒服。

另一個深刻的印象是，每天晚上九點熄燈到第二天早上的漫漫長夜中，從宿舍走到廁所，必須經過一條很長的戶外走廊；走廊立著廟廊似的柱子，有兩、三盞大油燈，在黑夜中被風吹得影影幢幢。我總等著有人起來才敢跟著走，那種恐怖的感覺，至今記憶猶新。

有時，熄燈後有人愛講鬼故事，我只有緊緊蒙著頭，那時對黃昏將至的恐懼和在西山療養院一樣。幸好不久家隨著中山中學離開桂林往貴州走，我才得以解脫。

10 從桂林到懷遠

不久，局勢更加動盪，從京滬到武漢、湖南的難民全都湧向桂林，所有可供住宿之處全已爆滿。

中山中學的師生，男生住在七星岩岩洞內，女生住在臨時搭建的草棚。這期間，父親先往四川找校舍，得地方政府協助，覓得四川中部自流井旁邊的一座靜寧寺，可以容納學生住宿上課。

再踏上逃難之路，路卻是越走越艱難了。羈留在桂林的師生組成三隊，由桂林動身徒步往廣西柳州走，再由柳州先往貴州宜山縣一個接洽好的小鎮懷遠，看清情勢之後再往重慶走。

在桂林，父親得到當地司令部協助借了三輛軍用卡車，裝運學校的基本設備，母親則帶著家人搭客運長途車到柳州。

舅舅帶我坐在行李車上，在堆到極限的行李箱籠之上，我們必須用繩子綁住身體，以免隨時被顛下車去。我記得當時頗感「榮幸」，他們允許我坐行李車，而不是和小嬰兒們坐客運車。自從在漢口的生離死別之後，我不得不長成大人。

在柳州住了幾天，新駐防的裝甲兵團長是黃埔八期東北畢業生，他們把我一家人和最後一批老師家眷（多數已先送至四川）送到懷遠鎮住下。

母親每天到鎮前公路等待中山中學徒步的隊伍——我哥哥也隨學校隊伍步行。走了七百六十里、二十七天後，先行學生出現了。當我母親看到董修民（父親好友董其政的獨子）挑著行李，破衣草鞋，走近叫她「齊大嬸」時，她不禁放聲哭了。

那數百個十多歲的孩子，土黃色的校服已多日未洗，自離開湘鄉後沒睡過床鋪，蓬頭垢面地由公路上迤邐走來，在其中，她已無法辨認自己的兒子……。

在那個苦難的時代，受異族欺凌而在戰火的延燒中逃命，竟有機緣看到中國山川的壯麗。從津浦路過黃河鐵橋，從南京到蕪湖，由蕪湖溯長江到漢口，由漢口到長沙，到湘潭、湘鄉，在永豐鎮那世外桃源看到豐美的土地和文化。萬分不捨地離開湘鄉後，在那顛簸的湘桂路上看到真正的湘江，渡湘江到株洲、衡陽，往南走，過郴州（難怪我在南開中學時讀到秦少游〈踏莎行〉：「郴江幸自繞郴山，為誰流下瀟湘去」詞句後，至今每逢想起，仍是熱淚盈眶）。我幾乎可以說橫跨了湖南的版圖，近來讀到毛澤東在一九二〇年曾主張湖南獨立，在那個閉塞的年代也不全是狂妄。從湖南到廣西桂林之後，逃難的人潮在崎嶇的山路上往貴州走去，處處是天險，連回首的來路都看不見了。

懷遠是個美麗的地方，她和湘鄉永豐鎮一樣，在我記憶中璀璨發光。懷遠有一條我那時認為世界上最清澈的河（宜江的支流），由鎮口流過，那裡有一座漂亮亭子，我每天都會去坐一陣子，讀僅有的幾本書，看小小的平底船渡河。渡船帶來的是外面生動的世界，中山中學在懷遠住了近三個月，正式恢復上課，一九三九年農曆年後還認眞地舉行期考。

11 九彎十八拐入川

接著，廣西局勢也緊張了，我家又隨著學校沿川黔路入川，投奔抗戰的首都重慶。

家眷搭軍車，學生則是有車坐車，無車徒步走。從桂林到貴州，再由九彎十八拐的鷗姆坪往四川去，我眞正看到了險山峻嶺和人用卑微的雙足攀越時的艱辛。

孫元良將軍，黃埔一期畢業生，北伐、抗日時正規軍軍長，兵團司令，南征北討半生。他在逝世前接受胡志偉的訪問中，回憶抗戰時的逃難情景，有大場面的描寫和檢討：

我們（抗戰初起時）實行焦土抗戰，鼓勵撤退疏散，然而對忠義的同胞沒有作妥善的安置，對流離失所的難民沒有稍加援手，任其亂跑亂竄，自生自滅，這也許是我們在大陸失卻民心的開始吧！我從漢中長途行軍回援貴州時，發覺滿山遍野都是難民大軍——鐵路公路員工及其眷屬，流亡學生與教師，工礦職工和家眷，近百萬的軍眷，潰散的散兵游勇及不願作奴隸的熱血青年，男女老幼匯成一股洶湧人流，隨著淪陷區的擴大，愈裹愈多。他們對敵軍並無殺傷力，對自己的軍隊卻礙手礙腳。這股洪流的尾巴落在敵軍的前面，其前鋒卻老是阻塞住國軍的進路。道路上塞了各式各樣的車輛——從手推車到汽車應有盡有，道路兩旁的農田也擠滿了人，踐踏得寸草不留，成為一片泥濘。車輛不是拋了錨，就是被壞車堵住動彈不得。難民大軍所到之處，食物馬上一空，當地人民也驚慌地加入逃難行列。入夜天寒，人們燒火取暖，一堆堆野火中夾雜著老弱病人的痛苦呻吟與兒童啼飢號寒的悲聲，沿途到處是倒斃的腫脹屍體，極目遠望不見一幢完整的房屋，頓生人間何世之感，不由得墮入悲痛驚愕的心境，剛勁之氣隨之消沉，對軍心士氣的打擊是不可低估的。❶

自離開南京到四川自流井靜寧寺，整整一年。顛沛流離有說不盡的苦難，但是不論什麼時候，戶內戶外，能容下數十人之處，就是老師上課的地方。學校永遠帶著足夠的各科教科書、儀器和基本設備隨行。

我今天回想那些老師隨時上課的樣子，深深感到他們所代表的中國知識分子的希望和信心。他們眞正地相信「楚雖三戶，亡秦必楚」；除了各科課程，他們還傳授獻身與愛，尤其是自尊與自信。

中山中學到了四川之後，畢業生會考與升大學比例都在全國前十名（自到漢口後招收了江西、湖北、湖南、四川各地中學生數百人）。進入職場的以軍政、文化界最多。

一九四五年抗戰勝利，大部分學生回到隔絕十年的家，已不願再踏上流亡之路；國共戰爭期間，決定留在千瘡百孔的家鄉，驅除滿洲國餘毒，重建民族信心和教育，但他們終身未忘在中山中學那一段患難中情逾骨肉的感情。

一九九〇年代，中山中學在瀋陽復校，主要的力量即是來自當年流亡返鄉的校友；包括吉林省長、遼寧省書記、瀋陽市長，當年，他們都曾在湘桂、川黔路的漫漫長行中含淚唱過「我的家在東北松花江上……」。

一九八四年，台灣中山校友會出版了一本《國立東北中山中學金禧紀念集》，由當時任警官學校校長的李興唐、《傳記文學》創辦人劉紹唐、華航總經理張麟德及謝鍾璉、陳明仁、靳士光、凌光武、龍士光、石聲久、李光弼、趙淑敏等校友組成的編輯委員會編寫集稿成書；全書近六十篇憶往文章，血淚斑斑，任何人讀了都會感動。其中，鄭佩高〈艱難歲月五十年〉，詳述顛沛流離十年事，開篇曰：

「我國立東北中山中學之創立也，在苦難中誕生；其停辦也，情景尤其令人心碎。數其歲月，自創校以迄今，恰恰五十年，此五十年中，何嘗有一日能使吾人喜樂者？且突破艱難，嘗盡苦澀，奔走呼號，棄個人之喜樂於不顧，以促使吾校誕生之諸鄉賢，就筆者所知，大半已歸道山，其所抱之偉大理想，就今日言之，仍未能完全實現。因知其在天之靈必有深恨！學校由北平南遷之前，平津中上學生集中軍訓不及一個月，日本提出我中央軍退至黃河以南，停止一切仇日抗日活動，學生集訓應立即停止等等無理要求。第二日清晨升旗之後，總隊長關麟徵將軍（二十九軍師長，抗戰時殉國）步上升旗台，涕淚縱橫宣布集訓解散，並曰：『我們的國家至此地步，尚成何國家，此仇此恨不報，能算作男子漢大丈夫否？能稱為中華兒女炎黃子孫否？』一時群情激動，俱各痛哭失聲，恨不得立即滅此朝食，雖粉身碎骨而無悔……。解散後，地上熱淚滴處，斑斑成行成列皆分明可見也。……東北淪陷，師生中被俘被殺者極眾，至能逃來台灣者，率亦係百死一生，試一追念前塵，能無天地永在震撼之中之感乎？」文章最後，鄭佩高註記：「九一八事變五十二周年紀念之夕完稿，執筆之際，猶彷彿日寇砲火凌空而過，北大營在火海中也！」❷

除此之外，每逢有人提到中山中學，我最鮮明的印象就是在那一條漫長的逃亡路上，我父親看我們都算平安上路，就急急忙忙趕去下一站接洽駐軍，給徒步走來的學生安排糧食與宿地的情形。

一站又一站，他總是與我生病的母親與幼妹擦身而過。那時我已經「升級」坐在行李車上，隨時注意不要被顛簸摔下車去，哥哥在步行的隊伍中。我們有時會遠遠看到父親在趕往下一站的軍車上，他似乎沒有注意到我們，那時在他的心中，那近千人的學生，都是他的孩子，都必須帶到安全的，有希望的地方去。

註

❶胡志偉，〈抗日名將孫元良訪問記〉。台北，《傳記文學》，第九十一卷第一期，二〇〇七年七月號，pp. 59-60。

❷鄭佩高〈艱難歲月五十年〉。台北，中山校友社，《國立東北中山中學金禧紀念集》。

第三章

「中國不亡，有我！」

——南開中學

1

南開中學張伯苓校長

我從幼年離開小西山故鄉後，經常活在病痛、轉學和災難之中。在南京雖曾有爐邊幸福時日，但妹妹降生、父母歡顏，轉眼都如曇花凋謝。我家隨著流亡學生顛沛流離半個中國，從西南山路來到重慶，剛入市區，中山中學就有師生五人被日機炸死，戰爭與死亡的威脅如影隨形。之後七年，轟炸宛如隨著日升月落而至，不曾稍歇。但重慶是我們流亡的終點，中山中學走了五百里，在自流井大廟靜寧寺安頓、復學，弦歌豈止未輟，流亡途中更收留一些新加入的湖南、廣西、貴州學生和四川的本地生。

我父親在重慶四德里租屋恢復東北協會（負責訓練東北地下抗日工作，由政府資助，一九四六年東北光復後解散），但落腳不久，房子即被炸毀。父親託人在沙坪壩鎮外找到兩所平房，一所住家，一所作協會辦公用，後來《時與潮》編輯部亦設於此。

在離開南京整整一年間，我們奔跑了半個中國的土地之後，一九三八年十一月的一個早晨，爸爸帶著我坐車由重慶上清寺出發，送我去上學。

我們沿著嘉陵江往上走，車行大約二十公里，過了小龍坎不久，在一片黃土壩子上，遠遠地出現一群紅褐色大樓，在稀疏的樹木中相當壯觀——那就是沙坪壩的南開中學。在這裡六年，我成長為一個健康的人，心智開展，奠立了一生積極向上的性格。

日本人占領東北後，以天津日租界為基地，積極地向華北伸展侵略的魔掌，數年間，天津的南開中學和大學透過遊行呼喊自強，號召愛國抗日。校長張伯苓先生（一八七六～一九五一年）深知局勢危急，戰爭只是早晚的問題，因此早在一九三六年即到四川覓地建立分校，由沙坪壩鄉紳捐地，各界捐款蓋校舍，第一年即招收了一百六十名學生。蘆溝橋開戰後，南開是第一所被日本人炸毀的學校，也是第一所在後方以長期抗戰為信念重建的學校。一九三七年上海失守後，國民政府在十二月一日正式遷至戰時首都重慶。南開中學在抗戰最艱困的八年中，教育了數萬青年，每個人幾乎都是張伯苓精神的延長。

張校長創業立世全靠堅強的愛國精神，他就是校歌裡「巍巍我南開精神」的化身，在我成長的六年中，留給我非常溫暖的印象。他長得很高，約有一百八十幾公分，體型又大又壯，不胖，肩膀很寬，長年穿著長袍，戴一副有顏色的眼鏡，我們幾乎每天都可以看到高大壯碩的他挺胸闊步地在校園行走。不論前線戰報如何令人沮喪，日機轟炸多麼猛烈，在張校長的帶領下，我們都堅信中國不會亡。

想想在一百二十年前，幼年的他隨著浪跡各地私塾教學的父親到義學輾轉讀書，生活是何等辛酸！因此，他從小知道教育的重要意義。

十三歲時，考取官費的北洋水師學堂，他聽得懂啓蒙思想家創校的理想；當年清廷維新派的嚴復、伍光建等人和一些自英國留學歸國的年輕軍官，引進西方思想與新知，希望建立強大的現代海軍，為國雪恥。這種奮發圖強的志氣，影響了他一生。

張校長在北洋水師學堂的年紀正是我在南開中學的年紀，我在校六年，聽他在週會講過多次的故事也成為我終生的記憶。

一八九四年，他由水師學堂畢業時，正逢中日甲午之戰，北洋海軍幾乎全軍覆沒，連一艘可供學生實習的船都沒有了。一年後，勉強派到「通濟輪」上見習，竟是目睹甲午戰場威海衛由戰勝國日人手中移交給英國人占領的場面。他在自己國家的領海上眼睜睜地看著國幟三易，先下清旗再升日旗，隔一日改懸英國旗。

他在晚年回憶當時，「悲憤填胸，深受刺激！念國家積弱至此，苟不自強，奚以圖存？而自強之道端在教育。」（一九四四年〈四十年南開學校之回顧〉）他怒憶當年，「士兵上身穿一坎肩，前面寫一『兵』字，背後寫『勇』字，衣服非大必小，不稱體，面黃肌瘦，精神委靡，手持大刀，腰懷一槍（煙槍，抽鴉片用）慢吞吞地走出來，將黃龍旗（清朝）降下。旋英軍整隊出，步伐整齊，精神奕奕，相形之下，勝敗可知。」

這樣的羞恥使他深受刺激，更因為看到怠惰無知的一般民眾，既無紀律和敬業精神也不知國難當頭，故思索唯一能振作民心的只有教育——教現代知識、教愛國。他毅然決然離開海軍，一心辦教育，一九〇八年，由氏家館擴大到天津南開（捐得校地在天津西南城角，名南開窪）中學。建校之前，他曾兩度前往日本參觀各類學校，特別是私立學校，當時不滿三十歲的他，滿腔熱血，誓為教育新中國的子弟獻身。

更令人意外的是，一九一七年他已四十一歲，竟決心到美國哥倫比亞大學讀書，研究西方教育理念。很多人勸他，「你已功成名就，幹嘛去和那些洋孩子同堂讀書！」甚至說，「這個臉你丟得起，我們感到丟不起。」他還是去了，認眞研究、見習，做了許多交流活動，實驗主義思想大師杜威也是他的老師。回國後，他創設南開大學。

抗日戰爭之初，日本人恨他發起愛國活動，炸毀南開。當時蔣委員長公開宣稱，「南開為國犧牲，有中國就有南開。」將南開與北平的北大、清華合為西南聯大，在昆明設校，成為抗戰期間最好的大學。

抗日勝利後，一九四六年哥倫比亞大學授與張校長榮譽博士，一九四八年胡適和十一位美國學者合撰 *There Is Another China* 一書賀他七十歲之成就。此書由燕京大學校長司徒雷登彙編，哥大 Crown Press 出版，中譯為《另有表現的中國》，意指藉由南開精神看到在政治軍事動亂不寧的年代，尚有另一個中國在日益進步，充滿了高瞻遠矚的理想。

自一九〇四年只有七十五個學生到他一九五一年逝世為止，張校長一直用強烈的激情到處演講，鼓勵「國不亡，有我！」的志氣，宣揚教育救國的理想，他足足說了半個世紀！那五十年間，中國的災難有種種的新面貌，外侮與內煎並存。抗日勝利，從重慶回到故鄉天津，老病纏身的他仍在國共之戰中呼號和平合作建設中國。七十五歲那年去世，臨終最大的安慰是看到南開中學和大學在天津原址復校。

張校長的身影永遠留在學生心裡。在沙坪壩那八年，他住在校內宿舍，每天早上拄杖出來散步巡視，看到路旁讀書的學生就過來拍一拍肩、摸一摸頭，問衣服夠不夠，吃得飽不飽？南開的學生都必須住校，在他想，這些孩子都是父母託給他的，必須好好照顧。他那時不知道，他奮鬥的心血都沒有白費，他說的話，我們數萬學生散居世界各地都深深記得，在各自的領域傳他的薪火，永恆不滅。

2 憶恩師

南開教育最令我感謝的當然是學業，那六年奠定我一生進修的基礎。除了原有的學業水準，南開中學吸引了許多由平津來到重慶的優秀師資，他們受張校長號召，住進沙坪壩校園的津南村，直到抗戰勝利，八年間很少有人離開。

津南村是我所見過最早的眷村，那一排排水泥單棟小房，住著許多令南開人津津樂道的傳奇人物。如：數十年來令我追憶難忘的國文科孟志蓀老師，最讓學生害怕的冷豔數學老師張亞麗。還有校務主任喻傳鑑的兩位女兒，從美國留學回來也在南開任教；「大喻」教英文，「小喻」教理科。

南開向來注重國際性，所以英文教材難度很高，這是傳統。理化方面程度也很強，學生上了大學以後，唸物理、化學如入無人之境。數學也教得扎實，我們大概是當時最早教微積分的中學。我那時的功課很不錯，只有數學不好，尤其是幾何，我搞不清楚為什麼有些是虛線、有些是實線？我的觀念裡只有實線沒有虛線。

化學科的鄭老憨則是個奇人。全校似乎很少人用他的本名鄭新亭稱他，他未教女中部，但我們每次聽男生學他用山東腔背化學公式，又說他在宿舍裡喝點酒給男生講《三國》，都羨慕得要死。此外，他還說了許多鼓勵「男子漢」的壯語。

地理科的吳振芝老師教初中的中國史，提到台灣時叫我們記得「雞蛋糕」（基隆、淡水、高雄），我們就在背後叫她「雞蛋糕」。高中時，她教世界地理，常帶一本本又大又厚的洋書，給我們看世界各地圖片，開啓我們的眼界。那一年夏初，她的未婚夫乘小汽輪在嘉陵江翻覆，噩耗傳來，我們幾個女生從她的單身宿舍門下塞進慰問信，上面寫著，「老師，我們和您一同哭……」，從此以後無人稱她外號。一九四八年初，我在台大文學院樓梯上遇見她去看沈剛伯院長，直到她從成功大學文學院長退休，我們都保持聯繫，在她生命末程，我也去醫院見她最後一面。

我記得有一位數學老師姓伉，是創校元老伉乃如的兒子。他教得很好，在我們女生部十分有名。他的名字我忘了，只記得大家叫他「伉老二」，長得很高，未婚，同學們都覺得他很英俊，我不覺得怎麼樣。抗戰時期大家都穿棉襖、草鞋，他卻獨樹一格，穿著白西裝。

那時，他對我們班上一位女生頗有好感，她是南開的校花，就坐在我隔一個位置上。我們經常有小考，伉老師就在我們座位之間走動，往來巡查，有時低頭看學生會不會寫、有沒有問題。每次，當他伏身到那位女同學位置去看的時候，全班同學都怪相百出，擠眉弄眼、推來推去。我們那時用毛筆寫字，都有硯台，有一位同學非常生氣，覺得他太討厭了，怎麼光是看她，就磨了一盤墨在硯台裡，放在桌角上，讓它突出桌沿一點，伉老師走過時就撞上了，墨汁淋到白西裝，大約有半個身子。他用天津話生氣地說：「這叫麼？這叫麼？」意思是：「這叫什麼？這叫什麼？」女孩子這樣整男老師，有時候好可惡。

影響我最深的是國文老師孟志蓀先生。南開中學的國文教科書，初一到高三，六年十二冊是著名的，主編者就是孟老師。初中時選文由淺入深，白話文言並重，「五四」以來的作家佳作啓發了我們的新文學創作。高中課本簡直就是中國文學史的選文讀本，從《詩經》到民國，講述各時期文學發展，選文都是文學精華。

孟老師教我高二國文那一年，更開創了中學課程少見的選修課，有高二全校的詩選（男女合班）、高三的詞選。那兩年我已長大成人，除了必須應付別的課程，準備全國大專聯合考試之外，日日夜夜背誦詩詞。今日靜靜回首，中國文學史中重要佳作我多已在那兩年背了下來。

除了課堂講授，孟老師對我也像個父親一樣，把認為我能看的書都借給我看，有時候他還會說：「今天我們家做酢醬麵，你來吃吧。」那也是我記憶中好吃的東西。

南開的老師，以任何時代標準來看，都是注重性靈啓發的有識之士；和中山中學許多被學生終身懷念的老師一樣，他們都是在戰火中由北方逃到四川，追隨張校長的辦學號召，同甘共苦的。

二〇〇四年，我們四十三班的五十周年紀念集裡，受最多人追憶的是孟老師和鄭老師（男生說當年有百分之四十的畢業生因為鄭老憨而去投考化學和相關科系）。另有一篇傅國涌同學〈呼喚人的教育〉，寫物理名師魏榮爵的故事：有一位孟老師國文課的得意弟子——四十一班的學長謝邦敏，畢業考物理科繳了白卷，但在上面寫了一首詞述志，自思是畢不了業啦。魏老師評閱考卷也寫了四句：「卷雖白卷，詞卻好詞，人各有志，給分六十。」謝學長考上西南聯大法律系，後來在北京大學教書。校園裡流傳著不少這樣的故事，不難理解為何南開的老師們這麼令人懷念了。

南開的體育教育也是全國著名的，每天下午三點半，教室全部鎖上，每個人必須到操場參加一種球隊，除了下大雨，天天練球、比賽，無處逃避。

最初，我以為壘球（當年甚少棒球）比較溫和，適合我瘦弱的身體，誰知跑壘卻需最大速度，我在飽受嘲笑之後，發現自己事實上是可以跑很快的。經過鍛鍊，半年後由「靠邊站」的後備球員升為班隊一壘手，初三那年竟然還成為女中田徑校隊的短跑、跳高、跳遠選手。有位老師稱讚我跳高、跳遠像沒事似的，「飄」一下就過去了。

我父母對我的體育表現實在不能相信。那一天，母親終於鼓起勇氣去看我比賽，大約是一百公尺賽跑吧，她憂心忡忡，隨時準備在我倒地時把我拎回家。至今六十多年，我仍記得跳遠躍入沙坑前短髮間呼嘯的風，一個骨瘦如柴的十五歲女孩，首次覺得人生活著真好，有了生存的自信。

其實，體育課還有一個噩夢，就是踢踏舞。

有位高老師教了我好幾年體育，她長得很挺，身材優美。踢踏舞是必修，學生們很規矩地跳，我老是跟不上舞步，她手裡拿著小指揮棒，常常敲我腳踝，還說：「你的功課這麼好，腳怎麼這麼笨？」後來她到台灣，我們同學還去看她，我沒去，因為被她打太多次了。我真的不會跳，也不知道為什麼我那麼笨？我就是不會跳踢踏舞，她拿著小棍子是真的敲打，又很誠懇地說我笨，我也覺得很羞愧，一點也不怪她。

3

十八張床的閨房

整個中學時期，每星期六下午三點半，是我們切切盼望回家的時間——數十年來每到此日此時，我仍會期待有快樂的事發生。

南開中學因為建在郊區，所以規定全體學生住校，我家住在二里路外，也必須住校。那時，車輛交通幾乎是不可能的，戰時口號：「一滴汽油一滴血」，我未聽聞任何人家裡有私家汽車。

女生宿舍每一間有十八張木板床，三排各六張，中間只容一人行走，床下有個小木箱放衣服。早晚自修比照上課一樣管理，星期六下午三點半可以回家，星期日六點回校。

我住在宿舍六年，好似在龐大的家庭中長大，充滿了團體紀律和個人興趣衝突的記憶，最有趣的時間是清晨和夜晚熄燈以後。

戰時，規模較大的機關、學校都以吹號定起居與上下課的時間，因為遷徙時買不起大鐘，更夢不到電子鐘。每天破曉六點，天還沒有大亮，起床號吹得淒厲而且堅持。我們掙扎著從爬著臭蟲的木板床上起來，尤其在冬天眞是件辛苦的事。在操場上排成隊的時候，山城的霧常常濃得看不清鄰班的臉。早操之前，經常是女中部主任王文田訓話。幾乎每個人一輩子都忘不了她說我們：「心裡長草，頭上冒煙！」不知為什麼，多年後重提此訓，大家都會哈哈一陣，開心得不得了。

那些年，不但女生怕她，男生也極怕她，膽子小的直到畢業都未敢走進女中部大門。我至今仍有一段未解之謎，像她那樣冷峻的女子（我們背後稱她為獅身人面像），女中第一班畢業、留學德國的可怕人物，怎麼會在四十多歲去嫁人（名學者李書華續弦）？多年後，我四十多歲去紐約看她，她開門，我剛說：「您還記得我嗎？」她就流下淚來，說：「哎呀，我怎麼不記得你們這班淘氣包呢？」那些年，她在霧中一開口，大家立刻忘記昨夜的夢，她的聲音像小鋼砲，用天津話說我們「野得沒有救了」，怎麼會用這麼溫暖的「淘氣包」形象記憶我們呢？

更豐富有趣的宿舍生活是在有氣無力的熄燈號之後。睡眠不一定隨黑暗而至，沒有大月亮的晚上，確知不會跑警報，就是那十八張木板床上的人談心的唯一時間。十七、八歲的女孩子，當然憧憬愛情，課內課外的書，字裡行間都找得到愛情的暗示（那時很少「明示」），詩詞歌賦全是傷春悲秋的情境。但是在那時的中學環境，不允許「談」愛情，更沒有人敢承認有鍾情的人，若是敢承認戀愛，大約只有開除了罷。

宿舍生活最大的困擾是臭蟲，南開中學校舍裡臭蟲鬧得很厲害。我們回家時，行李都不准進屋子，得先放在院子裡曬，再把被子拆去洗，若有臭蟲就丟掉，有時連書裡面也都是臭蟲。張忠謀先生的自傳也寫到南開中學的臭蟲，提到他們向校方抗議的情況。

為了對付臭蟲，每隔幾個禮拜，我們三、四個女生就抬著自己的木床床板去男生宿舍旁的蒸汽室，燻床板上的臭蟲，多少會把蟲子燻掉一些。後來發現沒用，因為臭蟲已經多到進了地板、天花板，總不能把屋子拆去燙。晚上，宿舍在考試前會晚一兩個鐘頭熄燈，我們挑燈夜戰，就會看到那盞沒燈罩、直接由電線接上的燈泡上，一串一串臭蟲沿著電線爬下來的恐怖情景，就連地板上也有數不清的臭蟲從腳旁爬過來。我們只能一面被蟲子爬得癢抓個不停，一面睡，沒有一個人不終生難忘的。

臭蟲是無可奈何的，學校也解決不了，因為那時沒有辦法消毒。抗戰時沒有「DDT」，若有，就是神奇得不得了的東西。直到我們畢業離開，才脫離臭蟲的威脅。至於蚊子、蒼蠅，更不用提了。即使如此，南開已經算是很講究的學校了，餐廳裡還有紗罩。只是再怎麼講究，也擋不住困難環境裡的衛生難題。回想我們的少年時期，沒有一個人不是被臭蟲咬大的，眞是不容易。唉，那和日本飛機一樣可惡的臭蟲，也幾乎是鋪天蓋地似的纏住了我們，是另一場噩夢，我若開始寫牠們，只怕停不了筆。那些年全靠年輕的血肉之軀抵抗。

4——李彌將軍的戰馬

初一、初二兩年，我的身體仍然瘦弱，還偶在冗長的晨間升旗訓話時暈倒，成為同學的笑柄。天氣太熱或太冷時，站久了有人就說，「看！齊邦媛快要倒了。」我也常常不爭氣真的倒了。

初二上學期快結束時，天氣突然極冷，我們大多數人的腳跟和手指長了凍瘡。那天週會在操場大霧中站久了，我又搖搖欲墜，站在我左邊的同學李心娥小聲說，「把手伸過來，我給你捏捏就好了。」她在我手腕上捏了幾下，又在我左額捏了幾下，很痛。但是我即能站穩，且呼吸順暢了。回到教室，她從書桌內拿出一個小瓶子，倒了一些小粒子叫我吃下。我居然違反父親教我不可隨便吃藥的告誡，吃了她的藥，而且整日感覺很好。

李心娥在初二上學期開學兩個月後插班進來。那時全國各省逃難的人都湧向重慶，南開中學因應戰時需要，隨時收合格學生插班，我初一上也是在十一月參加小考即收的。

但是，為了維持教學水準，學校規定學期結束時若有三分之一課不及格即留級，二分之一不及格即退學，不管家長是誰都沒有用。暑假後，全校成績公開貼在行政中心「範孫樓」，紅筆多的即是留級，這就是著名、令人戰慄的「紅榜」。我還記得有一年看榜時，他們擠得把樓板都踩塌了。

李心娥插班來的那天，導師帶她到門口，大聲說，「這是新生李心娥。」她實在很矮，排在我左手座位，我那時也是又矮又瘦，坐第一排。她站在教室門口那表情，羞澀畏懼，不就是我到南開以前已經做了六次插班生，每次進陌生教室的表情嗎？她既排在我鄰座，升旗、早操也靠在旁邊，我就事事帶著她熟悉新環境，尤其是課程進度，明天要繳什麼作業……等。她幾乎什麼話都不說，只是感謝地笑著、聽著。直到新年前，某個星期六下午，在幾乎走空了的宿舍，我看到她一個人坐在床邊哭泣。

那天下課，輪到我做值日生，掃完教室回宿舍去取回家小包，經過鄰室，看到她孤單的身影，我懇切地拉著她和我一起回家。

父母親自從在南京寧海路開始招待東北的黃埔學生之後，直到他們去世，將近半世紀都以素樸豐盛的北方飲食招待客人。到沙坪壩定居後，哥哥考上中大醫學院，卻一心想作外交官，重考入政大外交系。母親鼓勵他帶週末無家可歸的同學回家吃晚飯，她最受不了別的孩子沒有家，吃不飽飯。

李心娥是我帶回家的第一個客人，她和我一樣瘦弱，更引起我母親的關心。我們只知道她是雲南人，爸爸是軍人，調到重慶駐防，帶她來上南開，媽媽沒有來。從此，我幾乎每週末都請她一起回家。母親知道她被瘧疾折磨所以長不高，對她更加關懷，為她增加營養，和我一樣待遇。

一九三九年春天以後，日本飛機加強轟炸重慶，除了下大雨，天天來，連有月亮的晚上也一定來。民間趕修的防空洞只能擋爆炸碎片，若被直接擊中則只有毀滅。重慶四周高山之上設立許多防空監視哨，空襲時便在哨前長杆上掛起一隻紅色燈籠，並且響起一長一短的空襲警報，敵機侵入一定範圍之內，再掛一隻紅色燈籠，接著響起緊急警報，急促的一長一短的警報響徹山城內外。那種尖銳淒厲的聲音，驚心動魄，有大禍臨頭的死亡之音，尤其月夜由睡夢中驚醒立刻下床，紮上腰帶穿鞋逃命，那樣的惶惑和憤怒，延續數年的警報聲，在我心上刻畫了深深的傷口，終生未能痊癒。

南開沒辦法在平地上修防空洞，只能在空襲警報時立即疏散，每次週會就領學生唸口訣：「一聲警報，二件衣裳，三人同行，四面張望⋯⋯」。

我們女中教室後面是一些小小的沙丘，像千百個狐穴，跑出去時就三人找一丘靠著。天晴時，可以看到兩翼漆著紅太陽的日本轟炸機，看它機翼一斜，肚子裡落下一串串銀色的尖錐形炸彈。有時，看到我們的驅逐機從反方向迎戰，機關槍的聲音在空中響起；有時則看到冒煙的飛機，火球似地向地面墜落。我們心中燃燒著對日本的痛恨，這樣的心情，是我生長歲月中切實的體驗，很難由心中抹滅。長長的八年，在自己的國土上流離，沒有安全感，連藍天上也是暴力，怎能忘懷？

這一年六月，政府下令七月以後各校學生及老弱婦孺都儘量往樹木多的郊區疏散，減少傷亡。有一天，李心娥對我父母說，她父親邀我們到他駐防地一處名叫黃桷椏的地方躲避一下，暑假後能上課再回來。我父親問了她父親大名及軍區，知是雲南軍的一位師長，李彌將軍。

暑假開始，母親、我及兩個妹妹過了長江，過江的時候，船夫嚷著，「掛球了，快點划，趕快攏岸！」由江岸搭上軍車，車行約三十里到一個群山環繞的小鎮外臨時軍營。李心娥的父親戎裝出來迎接我們，我真想不到瘦弱的她有這麼漂亮威武的爸爸。他第三天就到另一區防地去了，直到八月底我們回沙坪壩才回來。

在黃桷椏軍區，我又有另一個頗可自傲的經驗。住下後第三天早上，李心娥帶我去騎馬。幼年時在東北家裡，爺爺有馬，村鎮之間多數男人也騎馬，但那是我不可企及的夢啊！這天清晨，勤務兵牽來兩匹大馬，我們兩人都比馬背還矮。馬兵說每天早上都須遛馬，把我們這麼小個的「女娃兒」放在馬背上，馬都「不曉得」！

李心娥很明顯的是會騎的，她一躍而上。而我，站在馬旁——是師長的馬，他們優待我，簡直手足無措，想逃走。但見馬兵微微一笑，一手托住我左腳放入踏蹬，扶我抬身到馬背，再把右腳跨過去找到另一邊踏蹬，坐穩在巨大的馬鞍上，抓緊了韁繩。由慢步走（trot）到小跑，馬兵一直用手牽著轡繩，數日後我居然也敢跑馬了（gallop）。三十里外的重慶仍在日機惡毒的「疲勞轟炸」下，成日成夜不能解除警報。而我，住在軍營裡得了短暫的安全。每天早上在樹叢土路上跑馬，涼爽的風吹透了我少年的短髮。

那種感覺是連夢中也無法想像的，馬背上的李心娥，自信、穩定，和在學校判若兩人。她說在雲南家鄉，隨爸爸移防，必須會騎馬。而我，在那樣的緣分下竟然騎過李彌將軍的戰馬！她所說的滇緬邊境的崇山峻嶺，激流狹壁引起我無限想像，我那些年常常希望自己是個男孩，長大了也去從軍，參加騎兵隊，像二十九軍的大刀隊那種兵，從長城喜峰口到南天門，像我外祖母的蒙古祖先一樣，躍馬千里，絕不要蹲在沙丘旁，讓那麼小的日本倭寇到我頭上來轟炸我。我們兩個來自中國極北端和西南端的女孩，在敵人的轟炸下結成好友，那種真正患難相共的感覺，是太平歲月中長大的人無法想像的。尤其是夜間空襲時，跑了一半，在急促的緊急警報聲中，靠月光找棲身的小沙丘，牽著拉著，互相喊著名字，坐下後聽遠遠近近的炸彈，看三十里外城裡的火光，兩個十五歲女孩分擔著不可解的恐懼。解除警報時多半已是凌晨兩、三點鐘，解除警報是長長徐緩的長鳴，好似在長長地吁氣，慶幸我們還活著。數百人因為徹夜未眠，跌跌撞撞地往宿舍走，很少人有興致抬頭看剛剛帶來死亡威脅的天空。月亮已經落下，星光燦爛，而我那時並不覺得星空美麗。

初三畢業，李心娥隨她父親回雲南。戰爭已逼近西南各省，沿著雲南邊境新修的滇緬公路需要大量的防衛軍力。最後一次她到我家，帶了一個錦緞包的玉鐲交給我母親，請我母親為她收著。說是她母親的紀念，她已經「不在」了。我至今也不確定是怎樣的「不在」，平日她很少提到雲南的家庭生活。抗戰結束，除了她初回雲南寫過一封信，我家離開重慶，就斷了音訊。十年之後，我家又「逃難」到台灣已數年，在反攻大陸聲中，報紙上大幅報導國軍留在滇越邊境的最後守將李彌將軍奉命撤退來台，轉戰萬里終能歸隊，他受到英雄式的歡迎。他到立法院報告時，父親約他相見，請他將玉鐲還給李心娥，此時才知道心娥亦已嫁人，居住國外。李將軍見到玉鐲時十分意外，兩人談到當年在抗戰中樞的重慶，信心與鬥志何等旺盛，而今退守海隅竟是這般局面，感慨萬千，只餘嘆息。

5 — 童子軍日行一善的夢

我在初中三年最快樂的記憶是童子軍訓練。戰時的少年比較勇敢，因為是眞正的天眞，愛國更絕不落後。

那年重慶被炸得最凶的一次大火後，我們選了一隊童子軍代表走路進城去共赴國難。走了大半程，只見士兵從未熄的火中抬出無數焦黑屍體由軍隊運出城，指揮者問帶隊老師：「這些娃兒（四川話）來做什麼？趕快帶他們回去！」

我們站在路邊拚命哭，一面唱：「我們，我們，我們是中華民族的少年兵，年紀雖小，志氣高……」據說回校後，老師被記了大過。但是那一具具焦黑的屍體，綿延十里，是我半生的噩夢。

我至今仍記得有次到歌樂山麓去練旗語的情形。我認眞地傳遞敵情，覺得自己有用得不得了。又因為童子軍必須日行一善，每次經沙坪壩鎮上回家的路上，總希望能幫助路旁需要救助的人。但那時的沙坪壩已有中央大學、重慶大學、南開中學等師生數萬人，已是有名的文化鎮，輪不到童子軍去日行一善，頗令我們感到無用武之地。

初三開學不久，有外國貴賓來訪，南開是首站，我和另一個同學被派去大門口站崗。那時我剛升為小隊長，童軍服（即制服）肩上釘了一卷繩子之類的標示，紮上鮮明的紫白二色南開領巾，手持童軍棍，自以為是在做很重要的事。

那天，恰好張大飛由重慶去我家——他已開始飛驅逐機與日機作戰，經過南開門口，到家後對我母親說，「我剛才看到邦媛在校門口站崗，她的胳臂和童子軍棍一樣粗。」

我聽了不以為意，所有的人都說我太瘦，我反而說胖的人俗氣。那時的我，對外表美醜毫無自覺，剪個男髮，從不照鏡子，甚至對男女有別的種種也很不注意。我的堂姐保岡恰好相反，人長得漂亮，在中山中學讀高二，據說是校花。暑假回家，整天照鏡子，很看不上我的不修邊幅，對我說：「你的童年怎麼這麼長？」

整個初中時期確實似童年的延長，但從小到處轉學的我，從此進入穩定的成長期，在南開優良的讀書風氣中，得師長之春風化雨，打下了一生讀書為人的基礎。

那年開學前，媽媽在鎮上給我訂做了幾件淺藍的和陰丹士林布（洗一輩子也不褪色，到台灣後幾乎沒看到過）的制服長衫，因為我要上高中了，不能再穿童軍服了。有一天早上我穿了一件淺藍短袖的制服，從家門口小坡走上田埂，走那種長滿了草的窄田埂需要靈活的平衡，兩旁的稻田在大雨後積滿了水，在一低頭之際，我看到了稻田水裡一個女孩的倒影，那是穿了長衫的我啊！我正伸著雙手保持平衡，滿臉的快樂與專注。頭上的天那麼高，那麼藍，變化不已的白雲飛馳過去。十六歲的我，第一次在天地之間，照了那麼大的鏡子。

烽火燒得熾熱，炸彈聲伴著我們的讀書聲。不跑警報的時候，埋首用功；跑警報時，課本仍然帶著，準備明天的考試。在這種環境長大的孩子，跟今天在幸福環境成長的孩子比起來，較具憂患意識，懂事得早，心靈卻也衰老得快一些。在那麼艱難的環境，我們每天吃得不好，穿得不好，晚上被臭蟲咬，白天要跑警報，連有月亮的夜裡也不放過。正因如此，剩下的一點時間就變得無比珍貴，老師說：「不好好做人，就會被淘汰。」就像不好好躲起來就會被炸死那樣地戒慎恐懼。每天早上升旗典禮，老師們總會說些鼓勵的話，南開給我們的這種「敲打的教育」，深深影響我們。在戰火延燒的歲月，師長們聯手守護這一方學習的淨土，堅毅、勤勉，把我們從稚氣孩童拉拔成懂事少年，在惡劣的環境裡端正地成長，就像張伯苓校長說過：「你不戴校徽出去，也要讓人看出你是南開的。」

6
炸彈下的文藝青年

一九四〇年暑假，我看榜知道已由初中直升高中，功課壓力暫時解除了。漫長的夏日，我常常穿過中大校園往嘉陵江邊找小岩石角落坐下看書，那地方似是孤懸江上，沒有小徑，下面就是相當清澄的江水。

我大量地看古典小說，《水滸傳》看了兩遍，《紅樓夢》看到第六遍仍未厭倦，因為書中男男女女都很漂亮可愛，和戰爭、逃難是兩個世界。《西遊記》裡的人都不好看，《三國演義》，我想大約只有爸爸才看得懂……。

升上高中後，脫下童子軍制服，換上了長旗袍；春夏淺藍，秋冬則是陰丹士林布。心理上似乎也頗受影響，連走路都不一樣，自知是個女子，十六歲了。從此，功課不只是功課（數學仍是），而是學問，自覺人間一切課題開始由淺入深處處啓發著我。

最感到幸福的是高二那年，吳振芝老師又輪到教我那一班的世界人文地理，那門課融合了世界歷史的重要源流和變遷。吳老師似乎更側重歷史與現勢發展，有時她在黑板上畫世界地圖，希臘、羅馬、迦太基；講述英國的伊麗莎白一世和西班牙無敵艦隊、哥倫布航海路線、南北極的探測、印度和中東、非洲的落後與神祕……，每一堂課都似瀛海傳奇深深吸住我們的目光。課本內容原已相當豐富，老師還常常帶些當時稀有的大本洋書和圖片給我們傳閱，她聲調低沉但充滿了feelings（只是「感情」是不夠的），常似在檢視偌大地球的滄桑。也許我們那班女生懂得，那二十三、四歲的年輕老師剛剛經歷了人間至痛，才有那樣深沉的聲音吧。在成長歲月中讀了這樣一門課，使我日後對閱讀、旅行都有適當的期待，藉著少年時代的知識基礎和渴望，可以探索別人文化的深度，而不甘於浮光掠影式地盲目趕路。

也是在這幸福的一年，孟志蓀老師教我班國文，我也選了他首次開創的「詩選」，算一算，一星期有七堂他的課！

他那時大約已五十歲，在我們眼中，已經很老了。他長年穿深深淺淺的嗶嘰長衫，既不漂亮，也不瀟灑（偶爾換黑或白色中山裝）；他的聲音帶著相當乾澀的天津腔，但當他開始講課，立刻引人全神貫注。他的語言不是溪水，是江河，內容滔滔深廣，又處處隨所授文章詩詞而激流奔放。五十年後，重慶南開同學紀念母校的書，寫得最多的是國文課，幾乎全寫孟老師（三十多年前鹿橋在《懺情書》中也有懷念長文），有一位男同學朱永福的題目即是〈激情孟夫子〉，詳記我們國文教材之成功全由於孟老師主編的態度，講課「生動精采，充滿激情，任何人聽他的課都會被他吸引，感情隨他的指引而迴盪起伏，進入唐宋詩文的境界，下課鈴響後，才如夢初醒，回到現實。」他又說，可惜孟老師抒發感情、嬉笑怒罵的瞬間激情，女生班都看不到。

雖如此，但那時我已長大成人，又逢國難，很能了解孟老師為什麼說若沒時間讀全本《史記》，又想讀最好的，就先讀司馬遷寫倒楣不幸人物的傳記，〈項羽本紀〉就比〈劉邦本紀〉高明得多。從南京到四川這一趟千百里的流亡經驗，也讓我深深明白為什麼孟老師教杜甫詩時，竟聲淚俱下，教室裡瀰漫一股幽憤悲傷，久久難消。

我浸潤於孟老師的詩詞課整整兩年，如醉如癡地背誦、欣賞所有作品，至今仍清晰地留在心中。加上日後在武漢大學朱光潛老師英詩課上也背誦了百首以上的英詩，中英兩種詩選中相異又相似的深意與境界，四年之間在我心中激盪，迴響。在生命的清晨融合出我這樣一個人，如覃子豪〈金色面具〉詩句：「如此悲傷，如此愉悅，如此獨特」。

7 《時與潮》雜誌與辯論賽

高中時，我敢於主編學校的女中壁報並且動手用毛筆揮寫一部分版面（我那清晰生硬的印刷體和後來教書寫黑板的英文板書使我終身寫不出瀟灑的字），後來在辯論會上有憑有據地駁倒對方贏得勝利，主要是我有來自《時與潮》雜誌社的最新資料，甚至有許多是英文原文、世界權威的著作。

《時與潮》是一九三八年由京滬撤退到漢口後，困坐愁城，幾位東北知識青年請我父親擔任社長並籌錢辦一本專門介紹國際現況的雜誌，使人民知道外面世界的情勢，出刊之後相當成功。一九三九年撤退到重慶不久，印刷廠所在的那條街被炸毀，父親找到一部舊機器，搬到沙坪壩外成立印刷廠、編輯部，從此安定出刊。

戰時重慶眞可說是人文薈萃的中心，除了政府人員，大多數的知識分子、學生，用各種方式來到重慶，不僅為了不願作侵略者的順民，還要前來貢獻自己的力量，參加長期抗戰。

《時與潮》在漢口出刊不久即建立聲譽，到重慶後增加編輯人手就順利多了。最早的工作人員多是國內名校外文系的高材生，當時已有寫作經驗的劉聖斌、鄧蓮溪等先生由東北協會推薦而來（東北與華北淪陷以後，我父親的工作由組織地下武裝抗日轉為文化與教育工作），加入陣容。到了沙坪壩，因地利之便，聘請中央大學教授賈午（立南）先生為總編輯，編譯人員大多數由中大、重慶大學的教授兼任。四、五年後又公開招聘了許多譯寫好手，其中最年輕的編輯如吳奚眞、何欣、汪彝定等。他們來台後在文學教育、經濟方面都很有貢獻，《時與潮》是他們大學畢業後的第一份工作。後來，汪先生被中美合作善後救濟總署派來台灣，我一九四七年來台大，他常在週末借吉普車帶何欣先生與我去台北近郊遊訪名勝。他們回憶在《時與潮》工作時的挑戰、抗日生活的苦樂，以及戰後國內外種種變遷，話題源源不絕，數十年後仍常聚談，趣味無窮。

當年為爭取二次大戰最新資料，《時與潮》派出劉聖斌先生駐在倫敦，鄧蓮溪先生駐華盛頓，負責搜集、閱讀每日報紙（與《泰晤士報》、《紐約時報》等都有中譯版權）和最新雜誌、書刊，將重要適用的剪報、論述篇章加上大事分析寄往印度，由駐印度特派員沈旭宇交航空班機飛越喜馬拉雅山的「駝峯」——戰時，英美援華軍用與生活物資皆由印度轉往重慶，張大飛飛行初期常被派往印度將美援飛機開回中國雲南和四川，大約七天可到重慶。編輯部收到後，立刻日夜趕工中譯，讓《時與潮》的文章一直能保持半月刊的新知要求與時效性。

在那個時代，那樣遙遠的內陸山城，《時與潮》是很受歡迎的刊物，政府與民間都很重視，幾乎每次出刊立即銷售一空。許多人說那是水深火熱的戰線後面的一扇窗戶，讓我們看到外面的世界。美國參戰前後，半月刊經常加印四、五次，機器都熱得燙手。《時與潮》選材之精準，譯筆流暢，立論之高，在那時很少有刊物能與之競爭的。

《時與潮》辦公室離我家不遠，大約五十公尺，中間隔著大片水田，從家裡可以看到辦公室的燈光。每期出刊前，父親為了熬夜看稿乾脆睡在辦公室，只要是父親在那兒，我母親就會看那燈光，燈光沒熄，母親也不睡覺。對他們這一輩的人來講，這表示感情吧！我記得那燈光總是到凌晨一、兩點才熄。

每星期六下午三點半我奔出校門，走過鎮上唯一的大街，右首一條小徑引向那幢小小的白色房子，我總是先到編輯部看看爸爸有沒有在裡面。他週末兩天由重慶城裡回家，會先到社裡看新到的資料和譯稿，開會，定下一期篇目。我由沙坪壩經過時，一定會買一大包花生，到爸爸小小的社長室裡，坐在他連夜看稿時睡的單人床上剝花生吃（他桌上有稿子，不許我們碰）。如果他不在，我就剝出一大把最好的花生，放在一個土燒小瓦缽留給他。剝花生大約是他那時代四十歲的人，尤其是政界，絕不會主動做的。有一天，他告訴我以後再不可以坐在他床上吃東西了，因為前一晚有一隻老鼠到床上咬了他的鼻子一口。

一九三九年，《時與潮》雜誌成立一周年。

我上高中以後，編輯部叔叔們大約覺得我該有超過吃花生的知識，對於我由淺入深的問題也比較看得起了，常將他們不用或用過的有趣英文稿子借給我看，有風土異聞、文化趨勢等。後來，我隨雜誌社到防空洞去躲警報時，總編輯賈午伯伯最喜歡說，「來來，我來考考你。」他考我的那些章句，指引我讀英文文章的重點，早已超出高中英文範圍（南開的英文水準已比別校高）。如此日積月累，到大學聯考時，英文科英翻中的題目是英軍三十八師在緬甸深入叢林與我軍會合的故事，對我而言是小場面，如果敢放肆的話，會當場大笑三聲。

駐英特派員劉聖斌先生也教了我很多英國的事情和禮貌，他來台後做了立法委員，但不久就去世了。另一位駐美特派員鄧蓮溪先生，從大陸來台灣時坐太平輪，失事喪生。他太太先來，行李也都運來了。他死後，太太打開行李箱，箱裡有很多書，她就叫我去選，因為他是外文系的，我拿了一些他的書。睹物思人，回想他們在那間編輯室裡日夜趕稿的情景，不勝唏噓。

高二上學期，我被指定參加全校性的辯論社。開學不久，九月下旬即得代表高二出賽。

辯論的題目原是男女生的讀書趨向之類，海報貼出後，有一天張校長散步看到了，說：「都什麼時候了，天天跑警報，還教孩子們辯論這『沒有出息』的問題。」指導老師連忙把主題改為「美國會不會參戰？」

這題目貼出去，在文化中心之一的沙坪壩引起了大家的注意；那麼嚴肅、重大的問題，高中學生怎麼敢去公開辯論？原選出的六個人（正、反二方各三個人）也非常惶恐，都想退出。老師說，南開精神就是允公允能、勇敢接受挑戰，不可以退出，叫大家加緊準備。

這實在是遠超過我們能力的大問題，雙方都動員了家長。反方：辯論美國不會參戰，有一位同學的父親是戰時一家大報的主筆；我站在正方：美國會參戰，有專門分析國際局勢的《時與潮》作資料庫。其實雙方都有資料的後援，這已是同學間公開的祕密。我父親覺得這題目對一群「毛孩子」來說太大了，只笑著對我說，「輸了不要哭就好。」編輯部的叔叔們意見甚多，教我由原文資料中歸納為清楚的九項，分給同組三人掌握。整整一個月，我們三人儲備了豐富的內容，而且必須保密，老師說，這才能出奇制勝。辯論會的情景仍歷歷在目，至今仍記得上禮堂講台時的緊張和後半場答辯時的冷靜自信。我一生讀書記憶力甚好，能將紙上資料適時用上。當時侃侃而辯，苦戰之後我們是贏方。我有生以來首次知道自己可以不做哭娃娃，也第一次明白，勝利的代價不全是快樂。

贏了辯論後的週末，我由女中的「受彤樓」經行政中心「範孫樓」出大門回家。對面的高中男生教室窗口照例站滿了「看」女生的人，他們看到我走來，大聲地用劉半農〈本事〉的歌詞改唱：「記得當時年紀小，你要參戰，我不要……」然後喊：

「快步走！一、二，一、二……」我幾乎半跑步奔出校門。以後每次經過都疾行而過，因為他們又在喊：「飛毛腿！加油！」

三個月後，十二月八日，日本海軍在凌晨一點突襲夏威夷的珍珠港，美國對日宣戰，西方同盟國家全體對日宣戰，全球局勢立刻明朗化，中國不再孤獨。已獨力抗戰五年，困頓不堪的重慶立刻成為亞洲最大盟國中心，一切有了希望，我那中學生的「論點」全都正確，年輕的心確曾沾沾自喜了許久。

有一天在飯桌上，爸爸靜靜地對我說，「你贏了辯論會可真不容易，可見讀書已知道重點。但是最重要的不是能說什麼，而是能想什麼。」父親一生常在我頗為自滿的時刻說，「可真不容易啊，但是……」引領我進入深一層思索，雖然當時有悻悻然之感，但我一生處逆境時，多能在不服氣之後，靜靜檢討，實得之於父親的這種開導。

《時與潮》的業績蒸蒸日上，除了政論半月刊，後來又增加《時與潮副刊》（月刊，介紹生活、醫藥、社會等各方面新知）以及《文藝雙月刊》，創刊後銷路也很好。同時，又獲美國駐華大使出面將《讀者文摘》（*Reader's Digest*）中文版授權給《時與潮》出版，當然也廣受歡迎。

另外，編輯部以特約和兼任方式聘請文學界、學術界著名作者中譯許多英、美、法文著作，如：以分析現勢及歷史為主的《法國的悲劇》、《巴黎地下二婦女》、

《羅斯福傳》、《拉丁美洲內幕》、《世界大戰中的印度》等數十種專書，風行一時。純文學作品中，最暢銷的是《高於一切》（*This Above All*），描寫英國一位護士和軍人的戰爭生死戀，故事動人，暢銷到幾乎人手一冊。這本書還在翻譯時，我已先睹為快。我經常去編輯部湊熱鬧，當他們休息時，會把原文書借我看，由於只有一本，還是從印度經「駝峯」運來的，萬分珍貴，我像禿鷹一樣趁他們工作的空隙搶讀，有幾個晚上我把書帶回家，第二天清早趕快去還，因為人家要工作。

除了出版，父親於一九四一年初春在沙坪壩大街上最好地點租屋設立「時與潮書店」，寬敞明亮。除了陳列自己出版的書刊，也齊備古典作品及戰時能搜集到的各種書刊。因為不以營利為目的，所以歡迎學生翻閱，有的書甚至翻破再補。戰時，許多學生無錢買書，坦然地去「時與潮書店」一本本翻閱，吸收知識。有些人說，那眞是一座最「跟得上時勢」的圖書館；也有人（如趙淑敏）回憶，說那是她的啓蒙學校。

每週我由南開回家的路上必去「時與潮書店」還書，回校時再去借取新書。只要是能讀的書，我很少遺漏。國共合作那幾年，有不少俄文中譯作品，除了屠格涅夫和托爾斯泰令我敬讀膜拜之外，記憶深刻的還有高爾基的《母親》，另一本《露西亞之戀》，只記得書名很吸引我，內容、作者則忘了。當時左傾文壇捧得最厲害的一本書《鋼鐵是怎樣鍊成的》，奧斯特洛夫斯基（Nikolai A. Ostrovsky）著，是一九一七年俄國革命一個工人的自述，那種強烈鮮明的政治意識是當時的我讀不懂的。二〇〇二年左右，我突然在台北書市看到這本書，如遇舊友，捧回再讀。六十年前我所不懂的共產黨政治狂熱將我們趕出大陸，而他們自己也在各種大同小異的狂熱中自相殘殺多年，大躍進、文化大革命……，回首前塵，真感百年世事不勝悲。我基本反共之心大約早已有理性根源，那一類的書確實成為我判斷的基礎。

有「時與潮書店」這樣又大又新的書庫，我讀遍西方名著的中譯本。當年敢譯書出版的，多數是中文根柢深厚又研究西方文學的文學、教育界人士。在電視出現前的歲月，出版界沒有生存的威脅，彼此競爭亦不大，出書是唯一能出頭露面的方式，可以建立真正的社會地位。出版界的編輯者都有相當高的眼界與權威，不屑僅以銷路為考量。但是那時的白話文比較拘謹，不似今日的輕鬆流暢。

戰時因為紙張品質不好、印刷困難，有一些真正令我感動的書，多翻幾次就出現磨痕。高中畢業後等聯考放榜那段時間，我買了當年最好的嘉樂紙筆記，恭謹地抄了一本紀德（André Gide, 1869-1951）《田園交響曲》和何其芳、卞之琳、李廣田的詩合集《漢園集》，至今珍存，字跡因墨水不好已漸模糊。簡媜辦的大雁出版社在一九八九年春季出版了仿古典線裝本的何其芳《畫夢錄》，我也是以重逢老友之心珍藏的。

在我成長的關鍵歲月裡，《時與潮》帶給我的影響極為深遠：既奠定我一生追求知識的基礎，也打開眼界，學習從宏觀角度看事情。這是我最感謝我父親的地方，雖然我是女兒身，但他對我的教育非常認眞。

8 — 大轟炸

生命充滿反諷，今日思之，確實有許多令人啼笑皆非之時。

我開始談文論藝是在晴天和月夜逃警報的時候。初中時期思想單純，常在疏散四郊時講一講課本上的難題和同學間的小喜小悲，雖然害怕，有時覺得不上課（尤其早上的數學課）出去跑跑也很有趣。但是，跑掉的課都會在昏昏欲睡的晚自習時補上。

高一那年轟炸得最厲害，傷亡慘重。《時與潮》社在政府號召下，也在山坡下修了一個較堅固的防空洞，裡面置一張小書桌和許多木凳，可以容納二十人左右，裝了電燈，備有水與乾糧，讓編輯部可以一面躲警報一面趕稿子。父母親也叫我空襲時立刻由小徑穿過稻田回去躲警報，學校亦鼓勵高中的帶初中三、五人到安全地方躲避。我常帶爸爸好友洪蘭友伯伯的女兒洪嬋和洪娟回去，解除警報後順便回家吃一頓飽飯再回學校。防空洞外，死亡的威脅不曾停歇，但在活著的分分秒秒裡，聽大人們談論時局、分析時事，對我都是寶貴的啓發。那時，轟炸的聲音在耳內迴響，但防空洞內所讀書籍的內容也在心裡激盪。回校路上，常是我講述書中故事的時候，這大概是那個年代舒撫恐懼的唯一方式吧。

我有幸（或不幸）生在革命者家庭，童年起耳聞、目見、身歷種種歷史上悲壯場景，許多畫面烙印心中，後半世所有的平靜及幸福歲月的經驗，都無法將它們自心中抹去；這當中，最深刻、持久的是自十三歲到二十歲，在我全部成長的歲月裡，日本人的窮追猛炸。每一天太陽照樣升起，但陽光下，存活是多麼奢侈的事。

回憶六十年前種種暗夜恐懼的情景，至今仍歷歷在目。重讀抗戰歷史，即使是最簡單、一日數行的《民國大事日誌》（一九八九年，台北，《傳記文學》），翻到一九四〇年八月，除國際要聞、前線戰報外，記載著：

九日：日機六十三架空襲重慶。

十一日：日機九十架空襲重慶，被我擊落五架。

十九日：日機一百九十餘架狂炸重慶市區。

二十日：日機一百七十架又狂炸重慶，市區大火，民眾損失慘重。

二十三日：日機八十餘架空襲重慶。

九月十三日：日機四十四架襲重慶，被我擊落六架。

九月十八日：東北淪陷九周年，李杜報告，東北義勇軍上半年作戰共三千二百餘次，平均每日對日寇出擊二十次。

十月七日：昆明激烈空戰。

十二月二十九日：美總統羅斯福發表「爐邊談話」，宣示中、美、英三國的命運有密切關係，美國決心負起民主國家兵工廠之職務，美國將以大批軍需援助中國。

在他著名的「爐邊談話」中，羅斯福說，今日世上已無處可尋世外桃源的香格里拉——這是一九三三年英國作家詹姆斯・希爾頓（James Hilton, 1900-1954）所著《失去的地平線》（*Lost Horizon*）地名，舉世聞名至今。

一九四一年六月五日，日寇飛機夜襲重慶市，校場口大隧道發生窒息慘案，市民死傷約三萬餘人。報導指出，日機投彈炸大隧道各面出口，阻斷逃生之路，救難人員在大火中打通兩、三個出口，隧道內市民多已在窒息之前自己撕裂衣服，前胸皮肉均裂，臉上刻滿掙扎痛苦，生還者甚少。這一頁頁血跡斑斑的記載，可見日人之狠毒，這樣的殘忍，促使戰時抗日的更大團結。這段歷史上不容漏載的國仇，我至今仍感憤怒悲傷。

一九四一年八月七日，日機開始對重慶進行日夜不停的「疲勞轟炸」，幾乎每日一百多架分炸四川各地，有些小城半毀，其目的在摧毀中國人的抗戰心防。至十三日，一週之間，日以繼夜，無六小時之間隔。重慶市內飲水與燈光皆斷，人民斷炊，無家可眠，但在這種凌虐下，抗戰意志卻更為堅強。此日，八十六架又來狂襲，在蔣委員長駐紮的曾家岩三度投彈皆未命中。同月三十日，襲黃山軍事會議會場，死傷衛士數人，國民政府大禮堂被炸毀。

整個八月，在與南京、漢口並稱為三大火爐的重慶，仲夏烈日如焚，圍繞著重慶市民的又是炸彈與救不完的燃燒彈大火，重慶城內沒有一條完整的街，市民如活在煉獄，飽嘗煎熬。

有一日，日機炸沙坪壩，要摧毀文化中心精神堡壘；我家屋頂被震落一半，鄰家農夫被炸死，他的母親坐在田坎上哭了三天三夜。我與洪嬋、洪娟勇敢地回到未塌的飯廳，看到木製的飯盆中白飯尚溫，竟然吃了一碗她們才回學校。當天晚上，下起滂沱大雨，我們全家半坐半躺，擠在尚有一半屋頂的屋內。那陣子媽媽又在生病，必須躺在自己床上，全床鋪了一塊大油布遮雨，爸爸坐在床頭，一手撐著一把大油傘遮著他和媽媽的頭，就這樣等著天亮……。

那就是我最早的青春歲月的場景。死亡可以日夜由天而降，但倖存者的生命力卻愈磨愈強，即使只有十七、八歲，也磨出強烈的不服輸精神，也要發出怒吼。

9

千人大合唱

一九四一年的寒假在大轟炸中度過。開學後，南開合唱團每天抽一小時勤練由李抱忱老師指揮的「千人大合唱」歌曲。三月十二日先在大禮堂唱，後又加一場在重慶市中心被炸毀的廢墟上搭棚架（後為精神堡壘廣場），全城二十多個合唱團齊聚，同聲唱愛國歌曲，希望讓全城困頓的同胞聽到，讓全世界的人聽到，讓地下的亡魂也聽到。我們唱著：

「中國一定強！中國一定強！

你看那八百壯士，孤軍奮守東戰場，……」

「起來，不願做奴隸的人們，把我們的血肉，築成我們新的長城，

中華民族到了最危險的時候，每個人被迫著發出最後的吼聲。」❶

那一夜，歌聲震撼雲霄，所有人熱血沸騰，眼淚沒有乾過，高聲唱出積壓在內心深處國仇家恨的悲憤。李老師多年後回憶當時情況：「我上台指揮時，看見團員後面是日機轟炸後燃燒倒塌的樓房，聽見一千人雄壯的大漢天聲。」那股歌聲的力量，是太平時代的人無法想像的。

當晚由「千人大合唱」會場出來，有幾輛軍用大卡車送我們回沙坪壩。在一個轉彎，卡車後面門板被擠鬆脫落了，我們全都掉落地上，因為跌成一堆，似乎沒人受傷，只聽到一陣喊叫，大家趕快爬起來去追車子。掉下時被壓在最下面的一位男生姓胡，是南開著名的鋼琴天才，曾開過校內演奏會。我居然趕緊去拉他起來，急切地問：「你的手傷了沒有？」這些年中，我偶爾會想起他，連他的名字都記不得了，不知他後來有沒有成為鋼琴家？

那晚，我們在殘破的公路上一面追卡車一面笑，沿路流過的嘉陵江在月亮初升之時美如仙境，戰火死亡陰影下的青春有了片刻喘息，那短暫的歡樂令人永生難忘。

南開校風除了讀書風氣盛，才藝、社團活動也很多，校內常有各種音樂會、合唱團。個人音樂會中，最著名的是女中音曾憲恩，她唱的〈花非花〉、〈我住長江頭〉等直扣內心，有人稱她為「天使之音」，令我們如醉如癡。五十多年後我參加一九四三級同學會，知道她一直在杭州音專教聲樂。另一位難忘的是男高音朱世楷，他因為唱《茶花女》中的〈飲酒歌〉而風靡全校，許多人迷他迷得快發瘋了，每次他唱〈都納故鄉〉就成為更多女生的夢中情人。四十年後我在南開旅台校友會遇到他，仍有些歌迷情結，白頭宮女話當年，說我們女生曾多麼為他著迷。他回到美國寄了一張手抄的〈都納故鄉〉歌詞給我，大嘆前塵如夢。他深受高血壓之苦，不到七十歲就去世了。

南開的另一特色是話劇社，張校長創校後不久即成立，原意是演愛國劇激發愛國心，藝術文化是救國的方式之一。最早，張校長曾自編自導，一九二〇年代周恩來在校讀書時曾參加布景工作並飾演女角（男女不同台）。我在校時話劇社倒也不只演出愛國劇，有一年畢業公演演王爾德《少奶奶的扇子》，主角魯巧珍高我一班，平日穿著制服，清麗飄逸，在戲裡卻舉手投足盡是成熟風韻，令大家驚嘆。

南開的話劇社公演、音樂會和各種球賽常是沙坪壩盛事，很得中央大學、重慶大學等校支持，壩上有一些共同的「明星」，走在那條唯一的街上很吸引注意。有一年，南開籃球隊和同樣常出國手的東北中山中學籃球隊有一場轟動的比賽，中山險勝。我幸好已畢業，否則不知該為哪一隊加油效忠才對。

10 永別母校

高中三年除了學業另一項耕耘與收穫是友情。人長大了，志願漸漸成為友情的要項，從初一升到高三都在同甘共苦的人只剩三十多位，其他人大半在高二時上了理組，我和十來個人分到文組。

一般說來，文組的人是理科不行但文科也未必更好。我的國英文分數高，一直被選作壁報主編，又得過幾次徵文比賽名次，在不分組的宿舍裡，熄燈後講書裡的故事或電影頗受歡迎，保住了幾位理組的舊友。

我大約一、兩個月進城看一次電影，如《茶花女》、《月宮寶盒》、《出水芙蓉》、《晨之翼》、《天長地久》……等。有一次談論《茶花女》中演嘉寶（Greta Garbo）情人的勞勃泰勒，我說他只是個小白臉而已，引起他的眾多影迷憤怒，問我：「那你認為誰最漂亮？」我說亨利方達，日後她們稱他為「你的小黑臉」。想不到來台灣後看到他在《金池塘》中演老人，頗為傷心。因為他的緣故，我也一直很欣賞他那有頭腦的女兒珍芳達。

有一次講《天長地久》的故事，竟惹得她們一片唏噓。五十多年後，我去北京與她們重聚，尚有人提起當時情景。半世紀中多少世間悲歡捱過了，她們竟然還記得中學時的那種愛情嚮往。當年黑暗宿舍中的少女，怎樣走進政治風暴又如何從文革脫身，我都不敢詳問。

在那段眞正是聯床夜話的歲月裡，我和余瑜之常常上下句接續地背誦孟老師詩、詞課上的句子，有時我會加上何其芳〈花環〉詩中名句：「開落在幽谷裡的花最香，無人記憶的朝露最有光。我說你是幸福的，小鈴鈴，沒有照過影子的小溪最清亮。」有時也吟誦卞之琳〈斷章〉：「你站在橋上看風景，看風景人在樓上看你。明月裝飾了你的窗子，你裝飾了別人的夢。」等等。自從知道何其芳是北大哲學系畢業，卞之琳是北大外文系畢業，他們的詩句就更令我著迷了。

今日想來，令我們這幾個十七、八歲中學生驚喜得如天外綸音的詩句，如寫少女眼淚的「流著沒有名字的悲傷」，很可能是受了丁尼蓀（Alfred Tennyson, 1809-1892）的名詩〈眼淚，無由的眼淚〉（"Tears, Idle Tears"）中首句為「眼淚，無由的眼淚，我不知道它們意謂著什麼。」（"Tears, Idle Tears, I know not what they mean"）的啓發。中國詩詞裡當然也有如此意境，但新詩文字的表現清新脫俗，在那艱困閉塞的時代，對我們來說如同天籟。

上了高三，除了加緊準備聯考，同學間也漸漸瀰漫著畢業的離情。對於南開，我有說不盡又數不清的懷念，尤其是對同學和老師，因為住校，大家都有感情，想到要離開學校，我不知哭了多少天。

快畢業時，老師指定我寫一首級歌。我寫著：「梅林朝曦，西池暮靄，……而今一九四三春風遠，別母校何日重歸來……」都是那時一個高中女生傾心讀了兩年古典詩詞後，所能作出的幼稚多情的歌。我們的音樂老師為它配上曲譜，優雅動聽，在女中部立刻傳唱，頗受喜愛，她們把我當成一個小英雄似的。誰知男中部的老師人多，他們選了一位男生寫的「數載弦歌輟誦聲，紛飛勞燕漫飄零……破浪乘風勉自今。」後來在畢業典禮上唱級歌時，很多女生不願意唱，我的幾位死黨竟然也哭起來。只有我們自己知道當時的心情半是惜別半是氣惱。我自己半世執教，當然明白那時代的級歌必須沉穩，因為由南開畢業是件很莊重的事啊！想不到在畢業五十年的《四三通訊》刊物裡，仍有一位王世澤學長記得這事，寫了一篇〈關於級歌〉的追憶。

夏初畢業後，大多數人都留在學校作聯考前最後準備，學校並沒有任何補習，老師都已放暑假了。我們住在宿舍裡，各種規矩照舊，起床號、熄燈已不再令人痛苦。戰爭打到第六年，只剩下貴州、四川、西康、青海、新疆和雲南仍未落入敵手，每天的戰報都是在失陷、克敵的拉鋸狀態膠著。我們除了考上大學外，別無盼望，渺小的中學女生夢中都沒有「乘風破浪」的場景，晚上熄燈後躺在木板床上說不完離情依依，只是沒有鼓舞前途的話。

有一夜，我由夢中驚醒，突然睡不著，就到宿舍靠走廊的窗口站著，忽然聽見不遠處音樂教室傳來練唱的歌聲：「月兒高掛在天上，光明照耀四方……在這個靜靜的深夜裡，記起了我的故鄉……」那氣氛非常悲傷，我聽了一直哭。半世紀過去了，那歌聲帶來的悲涼，家國之痛，個人前途之茫然，在我年輕的心上烙下永不磨滅的刻痕。我日後讀書、進修、教書、寫評論文章時都不免隱現那月夜歌聲的感傷。

11 大學聯考

高三時，我決心考大學只填三個志願：第一志願是西南聯大哲學系，第二志願武漢大學哲學系，第三志願西南聯大外文系。中央大學因在沙坪壩我家門口所以不填，我希望上大學可以遠行獨立。據說男中部有人只填一個志願，當年的南開精神頗為過度自信，但似乎也很少失敗。我之所以選擇哲學系，乃是幼稚地想向父親挑戰：你到德國讀哲學，我至少也可以遠赴雲南昆明去讀哲學，探索人生深奧的意義。下定決心後，從此全心準備讀哲學系，連我最敬佩的孟志蓀老師勸我讀中文系，我都不聽，還力陳淺見哩。

我記得我們準備聯考，也和現在的考生一樣辛苦。南開中學裡有很多學生更辛苦，因為戰時他們的家不在四川、重慶，只能以校為家，所以學校的自修室每天開放到晚上九點，願意的學生可以留校讀書，直到聯考結束。不過不許點燈，因為怕火災，雖如此大家還是喜歡去學校讀書。我家就在沙坪壩，但我也到學校唸書。當年聯考也是七月，重慶是三大「火爐」之一，夏天極酷熱，我記得鐵椅椅背都曬得燙人，可是我們還是坐在那椅子上拚命讀，有時坐著還想打瞌睡。

靠著英文和國文遮補了奇慘的數學分數（只有四十八分），我考上第二志願國立武漢大學哲學系。但第三志願西南聯大外文系竟在放榜後不久，來信通知南開說我的英文分數高，歡迎我前往就讀，但是我當時一知半解，執意「追求眞理，思考人生」，決心讀哲學系。誰知一年後在武大受朱光潛老師勸告，仍轉入外文系，一生命運似已天定。終我一生，人生、眞理似乎都非我思考能解。

關於南開，使她揚名於世的是校友。南開著名的校友，自第一屆的梅貽琦（一九〇八年）和喻傳鑑（負責校務數十年）以及後期的周恩來、吳大猷、曹禺（萬家寶）、吳納孫（鹿橋）……等，名單可以達「一里路長」。一九四九年國府遷台時，南開出身的有大使十多人，部長四、五人。近年在自傳中敘述南開中學影響的有張忠謀和大陸總理溫家寶。南開大學與西南聯大的校友更多，但這已在我成長教育回憶的「感情範圍」之外。

我認為在南開中學已滿百年的歷史中，家長名單似乎更為精采，幾乎可以自成一本近代史。最早的梁啓超、袁世凱、黎元洪、段祺瑞、胡適、張學良、張自忠、翁文灝、汪精衛等，抗戰時，在重慶南開我與馬寅初的小女兒馬仰峯同班三年，抗戰時期的名將（大約都在四、五十歲年紀）泰半都有兒女送來，因為住校，免去他們的後顧之憂。同學間似乎沒有人注意到別人的家世，因為大家都差不多。我至今記得當時與華北名將傅作義的女兒傅？菊（比我高一班）在宿舍談文論藝的情形。抗戰勝利後，國共戰爭的轉捩點是，原在北平抗共的傅作義於一九四九年一月響應共產黨喊出的「停止內戰，和平統一」，後來我駭然地讀到他的女兒是勸降者之一。在我迷戀詩詞、神馳於文學，對政治除了抗日愛國之外幾乎是「無知」的那些年，原來另一場風暴已經在醞釀了。

12 來自雲端的信

在那個寫信是唯一通訊的時代，沙坪壩六年，張大飛成了我最穩定的筆友。

我上初中時他已開始飛驅逐機，前兩年參加重慶上空驅逐任務，大約曾去我家五、六次。我大妹寧媛已經上南開小學，小妹星媛每天也跟著去「玩」（她把小姐姐的書全背得出來）。那時的我是家中唯一愛寫信的人，大飛四哥（在他家中排行）不駐重慶時，每週用淺藍航空信紙寫信來，他的家人一直聯絡不上，他說，我們就是他唯一可報平安的家人了。他寫信如寫家書，我因此萬分感動，必回他的信，那些信如果帶出來了，當是多麼可貴的戰時青年成長史！

我們那樣誠摯、純潔地分享的成長經驗，如同兩條永不能交會的平行線。他的成長是在雲端，在機關槍和高射砲火網中作生死搏鬥；而我卻只能在地面上逃警報，為災禍哭泣，或者唱「中國不會亡！」的合唱。我們兩人也許只有一點相同，就是要用一切力量趕走日本人。

他的生活何等輝煌，而我只有中學女生那一片小小天地。初中時，我常抄些國文課本裡感時憂國的文章如〈李陵答蘇武書〉、司馬遷〈報任少卿書〉、韓愈〈祭十二郎文〉、袁枚〈祭妹文〉、史可法〈答多爾袞書〉等。漸漸地也寫些課外讀的，女孩子最迷的《冰島漁夫》、《簡愛》，甚至《葛萊齊拉》❷這種「多情得要命」的散文詩，他似乎都很有興趣地與我討論，但每封信結尾都說要注意身體，不要讓媽媽操心之類的訓勉。

我上了高中，他已身經百戰，信中內容也比以前初中生活大為拓寬。凡是校內一切有意義的活動，週會的名人演講，我辦的壁報，寄前線戰士慰勞信，為轟炸後重建新居的捐款活動……等，他都很有興趣。有時我也寄一、兩本「時與潮書店」的好書給他。這些信，他說，是他唯一的家書，最大的安慰。

漸漸地，他寫了更多關於《聖經》的話，並且很欣賞我抄寄給他孟老師詩選、詞選的課本，他說這是他靈魂又一重安慰（多年來，他是唯一常常和我談靈魂的人）。他幾乎和我平步修完孟志蓀老師的詩、詞選。他當然喜歡蘇東坡和辛棄疾，說那種豪邁是男兒所當有。也同意秦少游的〈踏莎行〉結語：「郴江幸自繞郴山，為誰流下瀟湘去。」有大氣魄，但是對於我很欣賞皇甫松〈夢江南〉：「蘭燼落，屏上暗紅蕉，閒夢江南梅熟日，夜船吹笛雨蕭蕭，人語驛邊橋。」卻不以為然，年紀輕輕，怎麼喜歡這麼蒼涼的境界！

他的信，從寄到湖南的第一封寫他入伍訓練的磨礪，到他由美回國選入飛虎隊

（The Flying Tigers），常常附有照片，從穿著棉軍服疾行軍到站在鯊魚嘴飛虎戰鬥機前穿飛行裝的各種照片，七、八年來也累積了不少。

在戰火中他已成長，開始他豐實的一生（如果那能稱為「一生」），這一切因為他被挑選參加了陳納德（Claire Lee Chennault, 1893-1958）的飛虎隊，與美國志願軍並肩作戰。一九四一年，在雲南的基地，他遇到了美國的隨軍牧師。多年來他陷於宗教與作戰之間的心理衝突，在與這位長老會牧師的談話中得到了一些紓解，到美國受訓時與基地隨軍牧師朝夕相見，他們認為保衛家鄉是正義之戰，減少民間無辜的傷亡，是軍人天職，給了他一條精神上的出路，使他能在殺伐與救贖間求取一些心靈的平安。

漸漸地，他不多寫戰爭的事，開始說打完仗後要去當隨軍牧師，但是仗要先好好打，絕不能讓日本鬼子打贏。他的語氣中全是英雄氣概，充滿了張校長演講勉勵我們「中國不亡，有我！」的氣概。

陳納德和中國空軍的關係，似乎只能說是一個緣分，他是在美國空軍一次競技小組的飛行特技表演時，受到中國空軍代表觀禮的毛邦初注意。一九三七年，陳納德已經四十五歲了，沒有功成名就，因病退役，五月底接受了中國航空委員會祕書長宋美齡顧問之聘，乘輪船在中日戰爭爆發前一個月抵達上海。

他在中國最艱困的時候幫助訓練初創的空軍。他所招募的美國志願隊，由昆明泥濘的機場迎戰，出擊日軍，成為舉世聞名的「飛虎隊」，但是飛機前艙漆的是張開大嘴的鯊魚頭，他們以少擊多打下了數倍的日機，減少了許多中國軍民的傷亡，在抗戰中成為家喻戶曉的神奇故事。有人稱他是冒險家，但是他講究戰略，訓練嚴格，與戰鬥員同甘共苦，大家才能以高超的技術升空驅敵。

兩年後，他回美國度假，坐在家中溫暖的壁爐前，竟不禁想著中國戰場上那些燃燒的城市，以及中國飛行員所駕駛的老式戰鬥機從空中掉下來的情景。看到滿桌精美的食物時，想到中國農民和他們可憐的餬口之糧，他開始和家鄉過著幸福日子的人話不投機了。兩個月後，他回到中國，得到蔣夫人和中國空軍全力的信託，加緊訓練年輕的中國飛行員，增強戰備。

珍珠港受突襲後，志願隊正式編入美國陸軍航空隊，陳納德於一九四二年三月被任命為駐華第十四航空隊指揮官，受蔣委員長領導，總部設在昆明，支援緬甸的英美盟軍，主要戰場在保衛西南各省。

張大飛於一九三七年底投軍，入伍訓練結束，以優良成績選入空軍官校十二期，畢業後即投入重慶領空保衛戰，表現甚好，被選為第一批赴美受訓的中國空軍飛行員。一九四二年夏天，他由美國科羅拉多州受訓回國，與十四航空隊組成中美混合大隊，機頭上仍然漆著鯊魚嘴，報紙仍舊稱他們為飛虎隊。

他到沙坪壩我家，媽媽說美國伙食好，他更壯了，也似乎還長高了一些。新晉階中尉的制服領上飛鷹、袖上兩條線，走路眞是有精神！此次告別，他即往昆明報到。由報紙上知道，中美混合大隊幾乎每戰必贏，那時地面上的國軍陷入苦戰，湖南、廣西幾全淪陷，空軍是唯一令我們鼓舞的英雄。

他的信，那些仔仔細細用俊秀的字寫在淺藍色航空信紙上的信，裝在淺藍的信封裡，信封上寫著奇奇怪怪的地名：雲南驛，箇舊，蒙自……，沿著滇緬鐵路往緬甸伸展。他信上說，從街的這一頭可以看見那一端，小鋪子裡有玻璃罐子，裝著我大妹四歲時在逃難路上最愛吃的糖球。飛行員休假時多去喝酒，他不喝就被嘲笑，有一次喝了一些就醉了，跳到桌子上大唱「哈利路亞！……」從此沒人強迫他喝，更勸不動他去跳舞，在朝不保夕的人眼中，他不肯一起去及時行樂，實在古怪。在他心中，能在地上平安地讀《聖經》，看書報，給慧解人意的小友寫家書比「行樂」快樂多了。

有一封信中，他告訴我：前天升空作戰搜索敵跡，正前方雲縫中，突然出現一架漆了紅太陽的飛機！他清清楚楚地看到駕駛艙裡那人的臉，一臉的驚恐。他來不及多想，只知若不先開槍，自己就死定了！回防至今，他忘不了那墜下飛機中飛行員的臉。——我沒有看見，但是我也忘不了那在火焰中的臉。

是的，不論在信上他是如何傾訴他的矛盾、苦惱和思家之情，在戰火燎燒、命如蜉蝣的大時代裡，他是所有少女憧憬的那種英雄，是一個遠超過普通男子、保衛家國的英雄形象，是我那樣的小女生不敢用私情去「褻瀆」的巨大形象。

高二那一年暑假，吃過中飯，我帶他穿過中大校園去看嘉陵江岸我那塊懸空小岩洞。太陽耀眼，江水清澄，我們坐在那裡說我讀的課外書，說他飛行所見。在那世外人生般的江岸，時光靜靜流過，我們未曾一語觸及內心，更未及情愛。——他又回到雲南，一去近一年。

一九四三年四月，我們正沉浸在畢業、聯考的日子裡。有一天近黃昏時，我們全都回到樓裡準備晚餐了，一個初中女孩跑上來找到我，說有人在操場上等我。

我出去，看到他由梅林走過來，穿著一件很大的軍雨衣。他走了一半突然站住，說，「邦媛，你怎麼一年就長這麼大，這麼好看了呢。」這是我第一次聽到他讚美我，那種心情是忘不了的。

他說，部隊調防在重慶換機，七點半以前要趕回白市驛機場，只想趕來看我一眼，隊友開的吉普車在校門口不熄火地等他，我跟著他往校門走，走了一半，驟雨落下，他拉著我跑到門口範孫樓，在一塊屋簷下站住，把我攏進他掩蓋全身戎裝的大雨衣裡，摟著我靠近他的胸膛。隔著軍裝和皮帶，我聽見他心跳如鼓聲。只有片刻，他鬆手叫我快回宿舍，說：「我必須走了。」雨中，我看到他半跑步到了門口，上了車，疾馳而去。

這一年夏天，我告別了一生最美好的生活，溯長江遠赴川西。一九四三春風遠矣。

今生，我未再見他一面。

註

❶這首歌原是我們的〈義勇軍進行曲〉，田漢作詞，全民抗日的歌，中共於一九四九年定都北平改名北京，以此作為國歌，來台灣後無人敢再唱。

❷《葛萊齊拉》法．拉瑪爾丁著，卓儒譯。法國詩人拉瑪爾丁（Lamartin, Alphonse-Marie-Louis de Prat de, 1790-1869）被認為是法國浪漫詩人之始。他最早也是最重要的詩集《和聲集》（*Les Harmonies Poetiques*）有註曰，在教堂廊柱的陰影中，見柱上懸著一幅童女出殯的圖畫，棺旁盛開著百合花。——此書為一散文詩體小說，吟詠一個旅行至意大利拿坡里海灣的十八歲法國青年與漁夫十六歲孫女之愛情，女孩因他離去，憂傷而死，中譯全書二百頁。中譯大約是譯者選譯，應是抗戰前一九三〇年左右出版，初讀版本全無記憶。到台灣後，畫家陳其茂將所藏台灣版本贈我。全書無序、無後記，版權頁載明台北新興書局出版，一九五五年。

第四章

三江匯流處

——大學生涯

1 —
溯江

長江全長六三八〇公里，是世界第三長河。我生命中兩大轉折都是由有家變無家，一路哭泣，溯江而上。從蕪湖搭上運兵船逃往漢口時，我剛小學畢業；現在，一九四三年的八月底，我由重慶溯江往川西嘉定（舊稱嘉定府）去，是剛剛中學畢業。

上船的那天中午，被媽媽形容忙得「腳後跟打後腦勺」的爸爸竟然親自送我。從家到朝天門碼頭大約三十里，車剛過小龍坎，天空就閃電打雷開始下雨。我帶著當年出遠門的標準行李，一個小箱子和一個行李捲；那行李捲用毯子包著被褥和衣服捲成一個橢圓形，上面反扣一個搪瓷臉盆，外面加一塊油布，用粗麻繩綁緊（一九七六年我在歐洲一飛機場行李盤上看到一個同樣的行李捲，從巴基斯坦來，看來這是個全球性的智慧吧，把它攤開來就是一個家）。

由朝天門碼頭走到船邊，似乎有走不盡的滑溜石階。那場雨可眞是傾盆而下，我們走上甲板之前，雨篷的水沿舷潑下，什麼傘也擋不住。爸爸穿的白色夏布長衫全溼透了，從頭髮往鞋上流成一條水柱。我自己是什麼光景已全然不知，只記得拚命憋住震撼全身的哭泣，看著他向我的學姐們道謝，下了跳板上岸去，在雨幕中迅即隱沒。

多年來我總記不全那趟長江之旅，只記得那場劈頭蓋臉的雨和全身溼透的爸爸，感懷「哀哀父母，生我劬勞」。

我隨著大家將行李放在半乾的統艙地上，打開，互相遮掩著把溼衣服換下。敲鐘的時候去前艙領來飯菜，坐在各自的鋪位上吃。不久就天黑了，燈光僅供照明，艙內的昏暗和江上的黑夜融合，漸漸人聲停歇，只剩上水江輪引擎費力的聲音。茫茫江河，我在何處？

第二天破曉之前，我由夢中驚醒；夢中有強壯的男子聲音喊著，「往右邊樹叢靠過去，愈快愈好，鬼子飛機來了！」我正幫著給媽媽換她身下的血墊子，出了艙門，到處找不到十八個月大、剛會走路的二妹妹——我鬆手之前，她還在哥哥、張大非他們學生隊伍和靠裡坐著的傷兵之間搖搖晃晃地走著……。醒來時，看到四周全是熟睡的陌生臉孔。六年之後，在同一條江上，我又流著一種割捨之淚。

黃昏時分，船靠宜賓碼頭，岷江由北來與長江合流。

魯巧珍同班的馮家祿是宜賓世家，那一晚，招待我們一行六人飽餐一頓，住在她家。那是我第一次見識四川被稱為天府之國的富庶與穩定。飯後去市街漫步，且到基督教內地會等地。我所見到的地方士紳宅院和商家行號都有一種世代相傳的文化氣息，比逃難初期在湖南所見的中國內地文化更多一層自信。

自宜賓再溯江航行的江面又窄了一些，上水船也小了許多。此時正是八月秋汛的時候，江水暴漲激流洶湧，好幾次船不進反而稍退，旅客們有人驚呼。我倚在船舷，自以為無人看見，又流下思家之淚，久久不止。我自幼是個弱者，處處需人保護。南開中學離家三里，從沒有一天「自由」，塡大學聯考志願時，重慶附近的全不塡，自以為海闊天空，面對人生可以變得強壯。而如今，僅只沙坪壩三個字即如此可愛，後悔離家，卻已太遲。這時魯巧珍靜靜來到我身旁說，「剛才一個男生說，你們這個新同學怎麼一直哭，像她這個哭法，難怪長江水要漲。」接著又說，「我去年來的時候也哭了一陣子，現在第二年來心裡已平靜多了。」在她一九四六年畢業前的三年中，她是我最好的朋友，心情、觀念契合，無話不談，也無事不能了解。

2

白塔街女生宿舍

我所記得的大學生活不是從美麗的樂山城開始，而是由女生宿舍開始。

我一生住了將近十年的女生宿舍，八年在戰時，兩年在勝利後「復員」初期。當時宿舍的設備很簡陋，都是晚上九點熄燈，但氣氛大不相同，大學宿舍當然比較自由，在熄燈以前可以自由出入。樂山白塔街的女生宿舍被稱為「白宮」，是一幢木造四層樓建築，原是教會為訓練內地傳教士而建的，所以勉強可以容納百人住宿，自成院落也相當安全。因在戰時無力修繕，已頗老舊，既不白也非「宮」，但比借住在寺廟或祠堂的六處男生宿舍好很多，大約因為座落在白塔街而得名吧（我也始終未見白塔）。

唯一的舍監是朱君允女士，她的作風與南開那位無時不在的嚴師王文田完全不同，很少管我們，連露面都不多。我那時以為她是名劇作家熊佛西的太太，而且離了婚，大約應該是孤高神祕的女子，不必「涉入凡塵」，管些衣食住行的瑣事。在我記憶中，管我們生活的只有坐在宿舍進門的工友老姚（據說男生稱他姚老爹或姚大帥）。今日想來，他豈止是那每天晚上準時拿把大鐵鑰匙鎖大門，放下木門栓的鐵面無私的小老頭；他裡裡外外什麼都管，一切都瞭若指掌。那一百多個女生的資料全在他的腦袋裡，簡直是莎士比亞喜劇裡的厲害人物。他長得甚矮，頭頂差不多全禿了，我不記得看過他的頭髮，成年穿一件黑灰色棉袍——暑假時我們都回家了不知他的穿著，笑和不笑的時候全排上牙都露在唇外。

我跟學姐們帶著那些可笑的鋪蓋捲進了宿舍大門，似乎是向老姚報到的。他告訴魯巧珍她們到二樓，領著我過一個小小的天井，左邊角落一間屋子，指著最裡面的一個上下鋪床位的上鋪說，「你住這裡。」那床靠著屋子唯一的窗子，我原有些慶幸，但很快發現，這窗開向白塔街，為了安全起見，由外面用木條封住了。這一夜，天一直沒有亮，亮了我們也不知道。

住在我下鋪的趙曉蘭是數學系的，比我早來三天。她帶我到廁所和咫尺之外的餐廳；小天井的右邊是一排木板搭蓋的浴室，隔成八小間，水泥地上有一個木架放臉盆。往門口走有一個架高的巨大鐵鍋，每天早上開了門就有水伕由水西門挑水來裝七分滿，在鍋下燒煤，我們拿臉盆走小石階上去舀水。

我們那間房是全宿舍最後的選擇（如果可以選擇的話），上下鋪木床相當單薄，學校倉卒遷來，全市的木匠都忙不及做課桌椅和床，但相較於男生，女生已得了很多優待。我們兩人都瘦，但是翻身或上下，床都會有些搖動。上鋪沒有欄杆，我總怕半夜會摔下去。有一天半夜，我突然發現床微微顫動已許久了，便向下問，「你也睡不著嗎？」趙曉蘭說，「我每晚聽你躲在被裡哭，我也好想家……」從此，我和她有一種相依為命的感情。每天吃完了宿舍的一缽菜和湯的晚飯後，一起到白塔街轉陝西街到縣街「探險」，找一點可以吃飽的零食。下雨天撐一把傘互相扶著走，石子鋪的路長年滑溜溜的，街的轉角處就是水西門，從清晨到日落，無數的人從大渡河挑水上來，扁擔兩端的木桶搖到各家水池大約潑了三分之一在石子路上。

第一天上課是魯巧珍帶路的，她讀經濟系二年級。文法學院在文廟上課，總圖書館也在文廟。武大是遷校後方時帶出最多圖書的大學，也頗以此自傲。此後四年，我們的教材多由班代表借出書，分配給同學先抄若干再去上課。所以由文廟出來，大家都先去買筆記本。

由文廟門前月珥塘石階左首上叮咚街，到府街、紫雲街，走許久才到嘉樂門大街找到嘉樂紙廠的門市部。進門第一眼所見，令我終生難忘，簡直就是樂園中的樂園景象！寬敞的平面櫃上、環繞四壁的木格架上，擺滿了各種雅潔封面的簿子，尺寸大小皆有，淺藍、湖綠、粉蝶、鵝黃……，厚册並列，呈現出人生夢中所見的色彩！

那著名於大後方的嘉樂紙有千百種面貌，從書法珍藏的宣紙，到學生用的筆記簿都是藝術品，是由精巧的手，將峨嵋山系的竹木浸泡在流經嘉定樂山大佛腳下的岷江水製成。一位博物館專家說，數百年後芳香仍在紙上。我何等幸運，由這樣一個起點記憶那住了三年的山城。

由嘉樂紙廠出來，她們帶我經安瀾門下石階到蕭公嘴去看岷江和大渡河交匯的洶湧激流。那樣宏偉開闊，留給我的印象遠勝於那座世界聞名，建於西元七一三至八〇三唐朝年間的大佛。由於它的歷史和觀光價值，樂山城在文革後，被「現代化」到難以辨認了。

3 哲學系新生

一年級那一年，大學功課幾乎全無挑戰，哲學概論和經濟學需要聽講，但講義簡單又沒有指定參考書，即使指定了也沒有書，圖書館裡專門的書由各系分配。武大老師似乎都有默契實行低分主義，考得再好也得不到九十分。大一國文和英文不比南開的程度高，進度又很慢。記得英文老師講一課書時用濃重的湖南口音唸"blackbird"，同學們就在背後如此稱他。必修的體育簡直就是笑話，我不記得有眞正的操場。

這一年我有足夠的時間想清楚自己的處境與心境。一整年似乎都在飄浮狀態，除了那上鋪的床和床前兩尺長的一片木桌，此外別無屬於我的空間。宿舍二樓有一間自修室，窗大明亮，晚上燈光較足，大約有三十座位，但永遠被高年級同學占滿。宿舍屋內電燈極為昏暗，白天又無日光，反而是在九點熄燈之後，有功課要做的人點起各人自己的小油燈（最原始的那種有座半凹的瓷碗，倒一些桐油，放二、三莖燈芯草用火柴點燃）。考試之前，奢侈一下，點小小的蠟燭。

冬天冷時，唯一的房門也不能開，空氣污濁，八個人也都得那麼過一週七天，只有盼望暑假回家吃飽一點，睡好一點。後來誇張地回憶說，那一年能活著回家是因為宿舍旁邊有一個小屋子裡詹師傅的家庭式糕餅，至今仍覺得是最好吃的麵包；在宿舍裡有老姚的花生米，五元一包，小小的紙筒封著一小把，解飢養身，香脆千古。當年女同學在半世紀後的回憶中，無人不提上一筆！

剛到樂山，我幾乎是亦步亦趨地跟著魯巧珍和余憲逸她們的腳步，認識了那個小城。南開校友會是我第一個參加的社團。他們的迎新活動，不只是吃喝，還有一些遠足；走二、三十里到名勝去坐茶館，如楠木林，是格調極高的私人庭園，比著名的烏尤寺和淩雲寺更令我流連。

我至今仍羨慕至極的茶館文化，大約是男生的專利吧。男生口中的女生宿舍「白宮」，據云比男生宿舍舒服多了，散布在小城的六座男生宿舍，一半是香火不盛的廟宇，一半是簡陋搭蓋的通鋪。它們的名字倒很啓人想像，如龍神祠、叮咚街、露濟寺、斑竹灣……。自修室都不夠用，但是旁邊都有茶館，泡一盞茶可以坐上半天，許多人的功課、論文、交友、下棋、打橋牌、論政都在茶館。他們那樣的生活是女生無法企盼的，在那個時代沒有任何女生敢一個人上街閒逛，也沒有人敢上茶館。在一千多學生中，男女生的比例是十比一，卻是兩種截然不同的世界。多年後我讀到維吉尼亞・伍爾芙（Virginia Woolf, 1882-1941）《自己的房間》（*A Room of One's Own*），知道世上女子尋求知識時，現實的困境相同。不同的時代有不同的期待、不同的困境，但男女很難有完全的平等。

4 淺藍的航空信

由於南開學長帶領，我在一年級下學期參加了珞珈團契。

由重慶去樂山的江輪停在宜賓的那一夜，我們在馮家祿家遇見了基督教傳教會內地會陳牧師的兒子陳仁寬，他在武大讀法律系四年級，第二天與我們同船去樂山。他不漂亮，也不太高大，但是有一種青年人身上看不到的俊逸、自信，在眾人之中十分挺拔出眾。大約有人告訴他，我從上船哭到宜賓，他就以傳教者的態度坐到我旁邊對我說了一些安慰的話，說他去重慶唸南開的時候多麼想念宜賓的家。我將隨身提包中的《聖經》給他看，不知他那時說了什麼話，使我又泫然欲淚地告訴他，我不僅十分想家，也十分惦念送我《聖經》的人，他正日夜在空中逐敵作戰……。世界上大約確有一些緣分，使你在第一次相遇即敢於傾訴心中最深的感覺。

學校開學之後，他介紹我給珞珈團契的顧問，武大理學院長桂質廷先生，帶我參加了團契，使我經常獲得溫暖的照顧。在校四年之間，我在每年例行的慶祝聖誕演出「耶穌誕生」默劇中，被指定演瑪利亞。契友說我瘦瘦高高，有一種憂鬱的神情，所以適合此角。

陳仁寬在畢業之前一年，除了在團契聚會之外，從未到女生宿舍找我，始終維持一種保護者的兄長態度，畢業後立即去歐洲留學，常寫長信給我。信中鼓勵我成熟地融入眞正的大學生活，常說些讀書、思考之事，歐洲和中國一樣在翻天覆地的激戰分裂之中，他也有深於年齡的觀照。多年後他回到共黨中國，全斷了音訊，大約十年前校友通訊《珞珈》有楊靜遠的文章，說一九八〇年間與已改名為公綽的陳仁寬小聚，他在對外翻譯公司和外交學院工作，想來應是順遂吧。

那一年間，我內心生活的重心集中在與南開同學的通信上，從不同的學校寫來不同的活法。共同之點當然是懷念沙坪壩。

在我踏進女生宿舍，向門房老姚報到的時候，他看了我的名字，從左邊一個櫃格取出一封信給我，說，「人還沒來，信就先到。」然後看了我兩眼，好似作了特殊登記。信封上的字跡是張大飛的，寄信地址是雲南蒙自一個軍郵的號碼。同樣淺藍的航空信箋，多了一種新的，濃密又壓抑的牽掛，不言相思，卻盡是相思。他惦念我的長江航程，惦念我離家後的生活，「你作了大學生是什麼樣子呢？寄上我移防後的新通訊處，等你到了樂山來信，每天升空、落地，等你的信。」據我多年的了解，他所說的「落地」，就是作戰平安歸來的意思。

他的信幾乎全是在備戰室裡寫的，在溽熱潮溼的雲南邊陲之處，面對著搶工修復的飛虎隊跑道，一個身經百戰的二十五歲青年，用一貫寫家書的心情，安慰著一個十九歲的想家女孩，不要哭哭啼啼的，在今日烽火連天的中國，能讀大學，是光明前途的開始。

每個星期一下午由文廟回來，老姚都笑吟吟地給我一封寄自雲南的信，淺藍的紙上除了想念，更多是鼓勵。也寄來一些照片，全副武裝和漆著鯊魚嘴的戰鬥機的合照：三個精神奕奕充滿自信的漂亮人物，起飛前在機艙裡的照片，很難令人聯想「生命是死亡唇邊的笑」。飛虎隊在那些年是傳奇性的英雄，陳納德說，「昆明的中國人，怎麼會從 **P-40** 飛機頭上的鯊魚徽得出飛虎這個名字的，我永遠也鬧不清。」美國參戰後，飛虎正式改編為中美空軍混合大隊。

他收到我那些蒼白貧乏的信，大約也無話可說，和我一樣共同懷念起南開中學的詩詞課了。每次升空作戰，風從耳邊吹過，雲在四圍翻騰，全神凝聚，處處是敵機的聲息，心中別無他想。但是，一切拚過，落地回來，一切的牽掛也立刻回來。營地有三天前的舊報，戰爭陷入苦戰階段，川西離戰場遠，什麼消息都沒有。他說，「我無法飛到大佛腳下三江交匯的山城看你，但是，我多麼愛你，多麼想你！」

連續兩週未接航信，白天擁擠的小小方庭，月亮照進來的夜晚，可供憂思徘徊，困在山水邊城，與世界隔絕，只剩下遐思噩夢。終於收到他由昆明來信，說受了點傷，快好了，下週就回隊上去。從此我寫信再也不寫自己太平歲月的煩惱，也不敢寫自己擔憂，儘量找些有趣的事說，如邏輯課的白馬非馬之辯，如經濟學各派理論的衝突，樂山土話把一切單位皆用「塊」——一塊星期，一塊房子，一塊筆記本……，男生第八宿舍是兩年前大轟炸後罹患昏睡症死亡的學生公墓等等。最大的浪漫是告訴他，我去找了叮咚街水滴落地發出叮咚聲音的樹洞……。無知如我，終於開始悚然警覺，正因為我已成年，不論他鍾情多深，他那血淋淋的現實，是我所觸摸不到的。

他回到隊上，信上郵戳又是蒙自、箇舊、雲南驛、騰衝……。我在地圖上追蹤，從戰報上看到，飛虎隊正全力協助滇緬公路的保衛戰，保持盟軍對日戰爭補給的生命線。

傷癒之後，他對死亡似乎有了更近距離的認識。他的信中亦不再說感情的話。只說你已經二十歲了，所有學習到的新事物都是有用的，可以教你作成熟的判斷。

剛進大學的我，自己的角色都扮演不好，除了想家念舊，和對偏遠隔絕的抱怨，一切都沒有想清楚的時候，一年就要過盡了。

5

大成殿上
——初見朱光潛老師

我這樣的飄浮狀態，到了一年級將結束時有了急遽的變化。

全校的大一國文和英文最初是考試後不分院系以成績編班，最後以共同考試算成績作升級或轉系的標準。武大沒有醫學院，一直以外文、經濟、法律和電機系為最熱門科系，淘汰率也最高。考試後不久，有一天一位同學回宿舍說在文廟看到剛貼出來的布告，大一英文全校統考我考了第一名，分數很高。我聽說後，並沒有太大的意外或激動，因為心中只想著如何對父母說，允許我去昆明，轉西南聯大外文系。此心已不在樂山。明知是十分難於開口，也不易得到同意，當晚一夜難眠。全宿舍的人都在收拾行李，過十幾天就放暑假，大家都要回家了。我面臨這一生第一次自己要解決的難題。

第二天下午，老姚鄭重地給了我一份毛筆寫的教務處通知，命我去見教務長朱光潛先生。

朱先生當時已是名滿天下的學者。十五歲以前，他在安徽桐城家中已背誦了十年的經書與古文才進入桐城中學，二十一歲公費就讀香港大學。畢業後到上海教書，和匡互生、朱自清、豐子愷、葉聖陶、劉大白、夏衍等人辦雜誌，創立「達學園」，創辦開明書店。二十八歲，公費進愛丁堡大學進修英國文學，也修哲學、心理學、歐洲古代史和藝術史，又到法國巴黎大學修文藝心理學，在德國萊茵河畔的斯特拉斯堡大學加強德文，並寫出《悲劇心理學》論文。留歐八年中，他經常流連大英博物館圖書館，一面讀書一面寫作，官費常斷，為了稿費在開明書店《一般》和《中學生》刊物寫稿，後來輯成《給青年的十二封信》，這本書和《談美》是中學生以上都必讀的「開竅」之書。

這麼一位大學者怎會召見我這個一年級學生呢？說眞的，我是驚駭多於榮幸地走進他那在文廟正殿，大成殿，森然深長的辦公室。而那位坐在巨大木椅裡並不壯碩的穿灰長袍的「老頭」（那一年朱老師四十七歲，我那時的年紀眼中，所有超過四十歲的人都是「老人」）也沒有什麼慈祥的笑容。

他看了我，說，「你聯考分發到哲學系，但是你英文很好，考全校第一名，你為什麼不轉外文系呢？」

我說我的第一志願是哲學系，沒有塡本校的外文系，不是沒有考上。高中畢業的時候，父親和孟老師都希望我上中文系。

他又問了我為什麼要「讀」哲學系，已經唸了些什麼哲學的書？我的回答在他聽來大約相當「幼稚無知」（我父親已委婉地對我說過），他想了一下說，「現在武大搬遷到這麼僻遠的地方，老師很難請來，哲學系有一些課都開不出來。我已由國文老師處看到你的作文，你太多愁善感，似乎沒有鑽研哲學的慧根。中文系的課你可以旁聽，也可以一生自修。但是外文系的課程必須有老師帶領，加上好的英文基礎才可以認路入門。暑假回去你可以多想想再決定。你如果轉入外文系，我可以作你的導師，有問題可以隨時問我。」

這最後一句話，至今縈繞我心頭。

6 外文系的天空

暑假我與同伴歡天喜地由五通橋搭岷江江輪到宜賓，由長江順流而下回了重慶。家，對於我有了更美好的意義。被聯考沖散的中學好友也都在各家相聚，有說不完的別後經驗要傾訴。一年前我獨自一人被分發到遙遠的川西，回到沙坪壩，好似失群的孤雁回到大隊棲息之地，歡唱不已。戰事方面，日本飛機因為美國參戰而損耗太大，已無力再頻繁轟炸重慶，主力移到滇緬路，每次出襲都被中美十四航空隊大量擊落。這一年夏天，重慶雖然仍是炙熱如火爐，因為不再天天跑警報，重建與修復的氣氛，很適合我們這群嘰嘰喳喳到各家重聚的大一女生。有月亮的晚上，我們常去嘉陵江邊唱歌和談心。那大約是我一生中最快樂的夏天，也是眞正無憂的假期。

回到家當然要和父母商量轉系的事。爸爸雖未明說「我早就知道你唸不了哲學系」，但他說，你感情重於理智，唸文學比較合適。我又故作輕鬆地說西南聯大去年發榜後曾歡迎我去外文系，南開同學在那裡很多，我也很想去，如果戰爭勝利，我也可以回到北大、清華或南開大學……。爸爸面色凝重地說，美國參戰後，世界戰局雖大有轉機，我們國內戰線卻挫敗連連；湖南淪陷，廣西危急，貴州亦已不保，「你到雲南，離家更遠。樂山雖然也遠，到底仍在四川，我照顧你比較近些。其實以你的身體，最好申請轉學中央大學，留在沙坪壩，也少讓我們懸念，局勢如變更壞，我們一家人至少可以在一起。」

我回家不久收到大飛哥的信，他堅決不贊成我轉學到昆明去，他隨時遷移駐防基地，實在沒有能力照顧我；戰爭現況下，連三天假期都沒有，也沒有辦法回四川看我，望我安心地回樂山讀書，大家唯一的生路是戰爭勝利。這時他的口氣又是兄長對小女孩說話了。

在這期間，我也曾請教《時與潮文藝》的主編孫晉三教授，有關朱光潛先生的建議。孫先生當時是中央大學外文系的名教授，極受我父親的尊重。在他主持之下，《時與潮文藝》登載沈從文、巴金、洪深、吳組緗、茅盾、朱光潛、聞一多、朱自清、王西彥、碧野、臧克家、徐訏等的新作品，他們不僅當時廣受讀者歡迎，亦是現代文學史上的重要作家。而柳無忌、李霽野、方重、李長之、徐仲年、于賡虞、范存忠、陳瘦竹、戴鎦齡、俞大絪、葉君健等人翻譯的各國經典作品，也都可以看出那個時代文人的高水準。每期都有文壇動態和國內外藝文情報，是一九四二至一九四五年間的珍貴記錄。可惜抗戰勝利不久國共戰爭即起，我父親已無力支撐三份期刊，《時與潮文藝》於一九四五年停刊。

孫先生說，「一九四四年五月版，朱光潛先生有篇〈文學上的低級趣味〉，是從文學教育者立場寫的，很清楚也很中肯，在武大外文系上朱先生的課，該是很幸運的事，何況他親自勸你轉系，還自願擔任你的導師，更是求之不得的事了。文學教育貴在靈性（或慧根）的啓發，武大外文系有方重先生、陳源（西瀅）先生、袁昌英先生、陳寅恪先生等，根基是很充實的。西南聯大外文系並不更強，而且也沒有朱先生注意到你的這種緣分。」

孫先生的分析使我下定決心回武大，說不出什麼原因，那溯江數百里外的江城，對我也有一些世外桃源般的魅力吧。

暑假結束，我早一週回樂山，準備辦轉系手續，而且與趙曉蘭約好，早些去登記宿舍房間——二年級已升至餐廳上木造的一排新屋，希望能有一靠窗書桌。

父親安排我與一同學搭郵政送信快車去樂山；戰時為了公務和大學生便利，每車正式收費搭載二人，需驗證件，以保障信件安全。我們兩人和郵務員輪流坐在駕駛台和數十袋郵件之間，覺得自己都重要起來。靠在鄭重捆紮、綁牢的郵包上打瞌睡，想像袋中每封信的情愫與收信人的喜悅。每到一站，郵務員呼叫郵袋上的地名，然後他姿態優美地擲下一包，下面投上一包。我後來讀到一本清朝史，說中國郵政是最早現代化的政府制度，服務人員水準高最可信賴。到台灣後，郵政仍是安定的力量之一。千百年來書信傳遞由驛馬到綠色郵車，在在都引起我的豐富想像，我曾有幸被當作郵包由川東快遞到川西，這段特殊經驗不可不記。

第一晚到成都，我們去住南開好友的宿舍。戰時遷去成都華西壩的有北平的燕京大學、南京的金陵男大和金陵女大，山東的齊魯大學，加上當地的華西大學，十分熱鬧。第二天清晨再上車，郵政車絕不拋錨，沿路有保護，安全穩妥，經過眉山也裝卸郵袋，但只能在飛馳而過之際看看路樹而已。當日全天不停，直接駛往樂山郵局門口。這一次旅程我已知道前面的生活是什麼樣子，自己將如何面對，到成都又見識到四川眞正的古都風貌，心情較去年舒緩許多。

7
朱光潛先生的英詩課

進入外文系二年級即有朱老師的「英詩」全年課，雖是緊張面對挑戰，卻也有些定心作用，立刻開始用功。朱老師用當時全世界的標準選本，美國詩人帕爾格雷夫（Francis T. Palgrave）主編的《英詩金庫》（*The Golden Treasury*），但武大遷來的圖書館只有六本課本，分配三本給女生、三本給男生，輪流按課程進度先抄詩再上課。我去嘉樂紙廠買了三大本最好的嘉樂紙筆記本，從裡到外都是夢幻般的淺藍，在昏暗燈光下抄得滿滿的詩句和老師的指引，一年欣喜學習的筆跡仍在一觸即碎的紙上，隨我至今。

朱老師雖以《英詩金庫》作課本，但並不按照編者的編年史次序——分莎士比亞（William Shakespeare, 1564-1616），彌爾頓（John Milton, 1608-1674），葛雷（Thomas Gray, 1716-1771）和浪漫時期（The Romantic Period）。他在上學期所選之詩都以教育文學品味為主，教我們什麼是好詩，第一組竟是華茲華斯（William Wordsworth, 1770-1850）那一串晶瑩璀璨的〈露西組詩〉（"Lucy Poems"）。

那幽雅靜美的少女露西是誰，至今兩百年無人確定，但他為追憶這早夭的十八歲情人所寫的五首小詩，卻是英國文學史的瑰寶，平實簡樸的深情至今少有人能超越。最後一首〈彼時，幽黯遮蔽我心〉（"A Slumber Did My Spirit Seal"）是我六十年來療傷止痛最好的良藥之一。我在演講、文章中背誦它，希望證明詩對人生的力量，當年朱老師必是希望以此開啓對我們的西方文學的教育吧。這組詩第三首〈我在陌生人中旅行〉（"I Travelled among Unknown Men"），詩人說我再也不離開英國了，因為露西最後看到的是英國的綠野——這對當時愛國高於一切的我，是最美最有力的愛國情詩了。

朱老師選了十多首華茲華斯的短詩，指出文字簡捷，情景貼切之處，講到他〈孤獨的收割者〉（"The Solitary Reaper"），說她歌聲漸遠時，令人聯想唐人錢起詩，「曲終人不見，江上數峯青」的餘韻。

直到有一天，教到華茲華斯較長的一首〈瑪格麗特的悲苦〉（"The Affliction of Margaret"），寫一婦女，其獨子出外謀生，七年無音訊。詩人隔著沼澤，每夜聽見她呼喚兒子名字，"Where art thou, my beloved son, ……"（你在哪兒，我親愛的兒啊？）逢人便問有無遇見，揣想種種失蹤情境。

朱老師讀到"the fowls of heaven have wings, …… Chains tie us down by land and sea."（天上的鳥兒有翅膀……，鏈緊我們的是大地和海洋），說中國古詩有相似的「風雲有鳥路，江漢限無梁」之句，此時竟然語帶哽咽，稍微停頓又繼續唸下去，唸到最後兩行：

If any chance to heave a sigh, （若有人為我嘆息，）
They pity me, and not my grief. （他們憐憫的是我，不是我的悲苦。）

老師取下了眼鏡，眼淚流下雙頰，突然把書闔上，快步走出教室，留下滿室愕然，卻無人開口說話。

也許，在那樣一個艱困的時代，坦率表現感情是一件奢侈的事，對於仍然崇拜偶像的大學二年級學生來說，這是一件難於評論的意外，甚至是感到榮幸的事，能看到

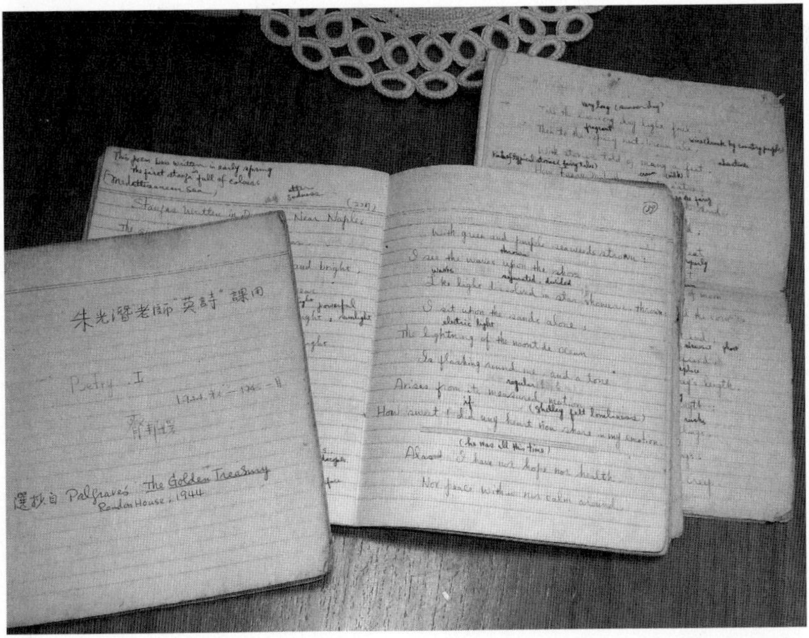

在武漢大學上朱光潛老師英詩課的手抄筆記，紙頁泛黃脆裂，齊邦媛珍藏至今。

文學名師至情的眼淚。

二十多年後，我教英國文學史課程時，《英詩金庫》已完全被新時代的選本取代，這首詩很少被選。不同的時代流不同的眼淚。但是朱老師所選詩篇大多數仍在今日各重要選集上。

英詩課第二部分則以知性為主，莎士比亞的幾首十四行詩，談到短暫與永恆的意義，雪萊（Percy Bysshe Shelley, 1792-1822）的〈奧茲曼迪斯〉（"Ozymandias"）也在這一組中出現：威武的埃及君王毀裂的頭像半掩埋在風沙裡，"boundless and bare, The lone and level sand, stretch far away."（寂寞與荒涼，無邊地伸向遠方的黃沙。）

朱老師引證說，這就是人間千年只是天上隔宿之意，中國文學中甚多此等名句，但是你聽聽這"boundless"和"bare"聲音之重，"lone and level"聲音之輕，可見另一種語言，不同的感覺之美。

至於〈西風頌〉（"Ode to the West Wind"），老師說，中國自有白話文學以來，人人引誦它的名句，「冬天到了，春天還會遠嗎？」（"If Winter comes, can Spring be far behind?"）已到了令人厭倦的浮泛地步。雪萊的頌歌所要歌頌的是一種狂野的精神，是青春生命的靈感，是摧枯拉朽的震懾力量。全詩以五段十四行詩合成，七十行必須一氣讀完，天象的四季循環，人心內在的悸動，節節相扣才見浪漫詩思的宏偉感人力量。在文廟配殿那間小小的斗室之中，朱老師講書表情嚴肅，也很少有手勢，但此時，他用手大力地揮拂、橫掃……口中唸著詩句，教我們用 "the mind's eye" 想像西風怒吼的意象（imagery）。這是我第一次眞正地看到了西方詩中的意象，一生受用不盡。

8 ─ 眉山的明月夜

這一年的寒假開始，我和同班同學參加一個在五通橋活動中心辦的冬令營。第一天晚飯時，突然有人找我，是一位工學院的南開學長，他們二十多人被徵召去重慶作專業工程支援，車子直開重慶，我可以搭便車回家，他們開學時返校再帶我回樂山。

世界上會有這麼好的事情！由於樂山和重慶沒有直達車，我提著小小的行囊跟他們上車時，興奮得頭昏眼花，差點掉到路邊的土坑裡。車上有四位南開學長，所以很「安全」。原是打算在午夜前開到成都，第二天直駛重慶。誰知開出九十里左右到眉山郊外車子就拋錨了，全車的工程「專家」也修不好，只好分批找店過夜。

我和八位男生待在一間最好的旅舍，其實是一家大茶館，裡間有一些床鋪，給公路上經常拋錨的行旅過夜。冬天的夜晚，沒有路燈，屋子大而深，有一股陰森森的寒冷。老闆安排我住在他們夫妻的外間，剛要收拾床鋪時，突然外面傳來呼喊說，「來了，來了，快收拾起！」

他驚慌地告訴我們，最近年關難過，山裡有些股匪夜裡出來到處搶劫，已經來過幾次了，給點錢大約可以應付應付，但是這個女學生可不大方便，怎麼辦呢？

老闆娘急中生智，從櫃台下面拖出一個很大的、古色古香的長方形木櫃對我說，「你就藏在我們的錢櫃吧！」叫我立刻進去躺平，蓋上巨大的木蓋，再請一位矮胖的學長打開鋪蓋睡在上面——我們那時的青年人皆營養不夠，大多數都瘦，所以我記得他，他性情開朗，也很英俊。

幸好錢櫃把手下面各有一孔，我躺在裡面不致窒息。外面呼喊嘈雜的聲音，桌椅推翻的聲音令我恐懼得心臟幾乎停止跳動，來不及想睡在柩材裡的恐怖。終於漸漸靜了下來，聽得出關上木大門沉重的聲音，那位余學長掀開錢櫃的蓋子說，「過去了，可以出來了。」

我出來的時候，發現所有躺著的同學頭下都有幾本書。因為他們知道四川強盜都不搶書，「書」、「輸」同音，而且據說四川文風鼎盛，即使盜匪也尊敬讀書人。

他們之中有人一年多前曾和我同船由重慶到樂山，看我從長江哭到岷江，這一晚遇到這麼可怕的事，居然沒哭，還問他們有沒有受傷，頗感驚訝。實際上，我成年後，在遇到危險或受到威脅時是不哭的。

第二天天亮即開車，不經成都，採近路，直開重慶，有人去沙坪壩，可帶我到家門。車子駛出眉山縣界的時候我頭腦才清楚，眉山，眉山！這不是蘇東坡的故鄉嗎！不就是他悼亡詞〈江城子〉，「十年生死兩茫茫，不思量，自難忘。……」的眉山！昨天晚上，在那樣戲劇性的情境，我曾落腳在蘇東坡詩詞中鄉愁所繫之鄉，但全然不知是否是明月夜，更夢不到短松岡，連三蘇祠堂都無緣一瞥。那時也想，既在岷峨區域上學，再去不難。在當年，這其實是很難的事，年輕女子想望旅行都是奢侈的。

意外地回家度了一個寒假，眞是福分啊！父母關切，幼妹逗趣，每天豐衣足食，睡在溫暖的厚褥子上，常是充滿著感恩之心。這是我在父母家中過的最後一個年，再能團聚已是到台灣之後了。

9

戰火逼進時

——初讀濟慈

回到學校最企盼的是重回英詩課。

寒假中我曾向孫晉三先生請教英國文學浪漫時期的詩，主要是雪萊（那時我尚不知濟慈），由他借給我的書上也抄了一些深層次的資料。這樣的事使我全神貫注，忘了戰爭的威脅。

太平洋的英美盟軍已漸占上風，轉守為攻，美軍收復菲律賓（麥克阿瑟當年撤退時，曾有豪語：「我會回來！」）登陸硫磺島後，逐島血戰開始。但是國內戰線令人憂慮，已無路可回的日本人打通了我們的粵漢鐵路，全國知識青年呼應蔣委員長「十萬青年十萬軍」的徵召，有二十萬學生從軍，我在武大工學院的南開校友王世瑞已在放寒假前投考空軍官校去了。在那陸軍戰事失利，漸漸由貴州向四川進逼的危急時刻，只有空軍每次出擊都有輝煌戰績，可嘆人數太少，傷亡亦重，中美混合十四航空隊成為人人仰望的英雄。

南開校友為送王世瑞（前左二）參加「十萬青年十萬軍」合影留念。後排右二為齊邦媛。

我已許久沒有收到張大飛的信了，我無法告訴任何人，那寄自奇怪地名的淺藍信紙的信，像神蹟一樣消失了。三江之外的世界只有舊報上的戰訊了。

回到英詩課，朱老師先講英國浪漫詩的特色，教我們抄八首雪萊的詩。所有初讀雪萊詩的年輕人都會被他奔放的熱情所「沖激」吧，愛情和死亡的預感常在一行詩中以三個驚嘆號的形式出現，那種坦白單純的喊叫是我在中國詩詞中沒有讀過的，如〈印度小夜曲〉中的"I die! I faint! I fail!"（我死了！我昏了！我敗了！）而我那青春苦悶心情的最高共鳴是他那首詩〈哀歌〉首句："O World! O Life! O Time!"（「啊，世界！啊，人生！啊，光陰！」後來的版本刪去驚嘆號）簡直就是我喊不出來的鬱悶。我所惦念的不僅是一個人的生死，而是感覺他的生死與世界、人生、日夜運轉的時間都息息相關。我們這麼年輕，卻被深深捲入這麼廣大且似乎沒有止境的戰爭裡！朱老師說這詩不算太好的詩，但有雪萊本色。青年人為情所困，想突破牢籠而如喊叫。純宣洩性的詩總有點淺，經不起歲月的沖刷。自從一九四五年二月我讀了這首詩後，國家和我個人生命都不斷地在劇變之中，數十年間，"O world! O life! O time!"仍不斷地在我心中激盪，沒有更貼切、更簡單的語言能如此直述迷茫。

英國哲人羅素（Bertrand Russell, 1872-1970）七十五歲時寫完他的《事實與虛構》（*Fact and Fiction*），講述十五到二十一歲，心智成長過程中，影響他最大的書。其中有一篇是〈雪萊的重要〉，說他少年時讀到雪萊詩中如真似幻的情境，深感著迷。成年後見識日增，遇到一些深沉寧靜的境界，會有似曾相識的感動。雪萊短的情詩，他都熟讀在心，也渴望會產生那樣癡迷雖然有些苦澀的愛情，「我愛他詩中的絕望、孤立和幻想景致之美。……」成為他想像力和感情的光源。據說馬克思和恩格斯當年談天時最愛談雪萊，對這位出身貴族、才情飄逸的詩人的反傳統精神十分傾慕。

朱老師堅信好文章要背誦，我們跟他唸的每首詩都得背。英詩班上不到二十人，背書和私塾一樣，無人能逃。「教」和「背」之際，每首詩由生變熟，有老師幾句指引，確能得其眞意。幾首小詩之後，教到雪萊那首自怨自艾，充滿悔憾的〈沮喪〉（"Stanzas Written in Dejection-December, Near Naples"），此詩亦因他相當正確地預言了自己溺海死亡，而令後世珍惜。

一九四五年，極寒冷的二月早上，我們四個同班同學由宿舍出來，走下白塔街，經過溼漉漉的水西門，地上已有薄冰，每人手裡捧著手抄的英詩課本，仍在背那首〈愛字常被褻瀆〉（"One Word Is Too Often Profaned"）和這首〈沮喪〉，它的第三節有一行貼切地說出我那時無從訴說的心情：「沒有內在的平靜，沒有外在的寧謐」（nor peace within nor calm around）。

四個人喃喃背誦，有時互相接續，從縣城轉入文廟廣場，由寬闊的石階進了廟門，迎面看到櫺星門旁石柱上貼了一大張毛筆布告，墨汁淋漓似乎未乾：

二月二十五日早晨，美國巨型飛機一千八百架轟炸東京，市區成為火海，日本首相惶恐，入宮謝罪。

站在這布告前的數百個中國大學生，經歷戰爭八年之後，大多數的人全靠政府公費生存；衣衫襤褸，面黃肌瘦，在大石板鋪的文廟正庭，無聲無言地站著，讀到這樣的復仇消息，內心湧出複雜的欣喜。

終於，這些狂炸我們八年的日本人，也嘗到自己家園被別人毀滅的痛苦，也知道空中災禍降臨的恐怖了。自侵占東北以來，他們以征服別人為榮，洋洋自得地自信著，他們家鄉的櫻花秋葉永遠燦爛，卻驅趕別的民族輾轉溝壑，長年流離！

我也無言無語，沉痛而歡欣地站在那石柱之前，想像一千八百架轟炸機臨空時遮天蔽日的景象，似乎聽到千百顆炸彈落地前尖銳的呼嘯，爆炸前灼熱的強風，房屋的倒塌和焚燒，地面土石崩濺的傷害，……啊，難以忘懷的青春歲月！死亡在日光月明的晴空盤旋，降下，無處可以躲藏！……

那些因菊花與劍而狂妄自信的男人，怎樣保護那些梳著整齊高髻，臉上塗了厚厚白粉，大朵大朵花和服上拴著更花的腰帶，穿著那種套住大腳趾的高蹺木屐的女人，踢踢踏踏地跑呢？有些女人把在中國戰場戰死的情人或丈夫的骨灰綁在背袋裡，火海中，這些骨灰將被二度焚燒……！

上課鐘把我們帶回現實人生，從石柱走向右排配殿第二間教室，又接續著背雪萊那首和我們完全不同的太平世界裡優美的〈沮喪〉。我們所有的人都知道，若能像他那樣在往復的海浪聲裡死亡，是多麼美麗。

朱老師上課相當準時，他站在小小的講台前面，距我們第一排不過兩尺。他進來之後，這一間石砌的配殿小室即不再是一間教室，而是我和藍天之間的一座密室。無漆的木桌椅之外，只有一塊小黑板，四壁空蕩到了莊嚴的境界，像一些現代或後現代的studio，心靈迴盪，似有樂音從四壁匯流而出，隨著朱老師略帶安徽腔的英國英文，引我們進入神奇世界。也許是我想像力初啓的雙耳，帶著雙眼望向窗外浮雲的幻象，自此我終生愛戀英文詩的聲韻，像山巒起伏或海浪潮湧的綿延不息。英文詩和中國詩詞，於我都是一種感情的烏托邦，即使是最絕望的詩也似有一股強韌的生命力。這也是一種緣分，曾在生命某個飄浮的年月，聽到一些聲音，看到它的意象，把心拴繫其上，自此之後終生不能拔除。

當然，最強烈的原因是我先讀了雪萊〈雲雀之歌〉，再讀到濟慈〈夜鶯頌〉（"Ode to a Nightingale"），忘記了朱老師英文中的安徽腔，只看到人生萬萬千千的不同。多年之內一再重讀，自己上講台授課，讀遍了能讀到的反響，深深感到人生所有「不同」都可由〈雲雀之歌〉的歡愉，〈夜鶯頌〉的沉鬱找到起點。命運、性格、才華，人生現實亦環環相扣，雪萊那不羈的靈魂，一面高飛一面歌唱，似星光銀亮與明月的萬頃光華，像甘霖、像流螢，像春日急雨灑上大地，而我們在人間，總是瞻前顧後，在眞心的笑時也隱含著某種痛苦。詩人說，「我若能得你歌中一半的歡愉，必能使世人傾聽！」

10
雷・馬・屛・峨

在讀和背〈雲雀之歌〉的時候，校長王星拱突然在文廟前廣場召集師生，宣布一個重要的訊息：戰事失利，日軍有可能進犯四川，教育部下令各校在緊急時往安全地區撤退。指定武大由嘉定師管區司令部保護，在必要時撤退進入川康邊境大涼山區的「雷馬屛峨」❶彝族自治區。同學們都已成年，不可驚慌，但必須有心理準備。

在大學很少見到校長，更少聽他訓話。我記得那天在初春的寒風中，中國早期的化學學者、武大創校人之一的王校長穿著他的舊長袍，面容清癯，語調悲戚，簡短地結語說，「我們已經艱辛地撐了八年，絕沒有放棄的一天，大家都要盡各人的力，教育部命令各校，不到最後一日，弦歌不輟。」

這之後六十年，走過千山萬水，「雷馬屏峨」這四個字帶著悲壯的聲音在我心中不時響起，代表著一種最後的安全。人生沒有絕路，任何情況之下，「弦歌不輟」是我活著的最大依靠。

我給父母寫了一封信，如果重慶失守，我到雷馬屏峨如何找到回家之路？十天之後，爸爸寫來一封快信，簡短有力地寫著，「國內戰線太廣，目前確實費力，但盟軍在太平洋及歐洲局勢日漸好轉。吾兒隨學校行動可保安全，無論戰局如何變化，我在有生之年必能找到你。」

那是一段真正惶恐的日子，夜晚睡在木板床上，想著必須步行三百里旱路的艱困情景。女生宿舍中有高班同學傳說，嘉定師管區的軍人說：這些女學生平時那麼驕傲，隨軍進山的時候就驕傲不起來了。也有人說，這是左派「前進分子」故意製造分化的謠言。有些高班的男同學向學校建議，指派二百男生和女生隊伍一起隨軍進山。

在這樣惶然不安的日子裡，一九四五年四月初，在弦歌不絕的文廟，我第一次讀濟慈的詩，〈初讀查普曼譯荷馬〉（“On First Looking Into Chapman's Homer”）大約是所有人讀他的第一首，用人們稱為「戴著腳鐐跳舞」的十四行詩的格律寫他初讀史詩新譯時，如同探險家發現了新山峯的狂喜。

我讀不懂他的狂喜。炸彈正在我的世界四面落下，落彈的呼嘯和迸發的火海，由近而遠，又由遠而近，將我困在川西這座三江匯合的山城裡。如今連這裡也沒有安全了。我不懂他怎麼能與朋友「發現」了新的詩體，由天黑讀到天亮，黎明時，在星光下步行三英里回到寄居的小樓，一口氣寫了這十四行不朽的喜悅，託快郵送到朋友眼前……。自從這首詩後，他五年間用盡了一生的才華，二十六歲嘔血而死。

五年，對我是很長的時間，二十六歲也尚遙遠，而我過了今天不知明天是什麼樣子？爸爸信中說在他「有生之年」必能找到我，他今年四十六歲，「有生之年」是什麼意思？我心中有不祥之感。

朱老師再上課時，對我們的處境一字不提，開始進入第二首濟慈詩，〈夜鶯頌〉的講解。他說，世人讀過雪萊的〈雲雀之歌〉再讀這〈夜鶯頌〉，可以看到浪漫時期的兩種面貌，以後你讀得愈多愈不敢給 Romanticism 一個簡單的「浪漫」之名。濟慈八歲時父親墜馬死，十四歲時母親肺病死，二十四歲時，在病重的弟弟病榻旁，面對漸逝的生命，悲傷無助，嘗試在藝術中尋求逃離人生之苦，遂構思此詩。在溫柔之夜聽夜鶯之歌，如飲鴆毒而沉迷，如嘗美酒而陶醉，然而夜鶯必不知道人間疾苦："Here, where men sit and hear each other groan"（這裡，我們對坐悲嘆的世界）。詩人坐在花果樹叢，「在黯黑的濃郁芳香中傾聽，在夜鶯傾瀉心靈歡欣的歌聲中，迎向富足的死亡，化為草泥。」（"Still wouldst thou sing, and I have ears in vain–To thy high requiem become a sod.”）

閱讀和背誦這首〈夜鶯頌〉都不是容易的事，濟慈的心思出入於生死之間，詩句長，意象幽深豐富。相較之下，讀雪萊〈雲雀之歌〉則似兒歌般的輕快了。此詩之後，又讀三首濟慈小詩，〈懼詩未盡而死亡已至〉（“When I have fears that I may cease to be / Before my pen has glean'd my teeming brain,”）另一首，〈為何歡笑〉（“Why did I laugh tonight ? No voice will tell.”）和〈星辰啊，願我如你恆在〉（“Bright star, would I were stedfast as thou art”）在這短短的兩個月中，我經歷了人生另一種境界，對濟慈的詩，有心靈呼應的知己之感。

11

前進的讀書會

在樂山的兩年，我的生活似乎分成了兩個世界。由水西門作界線，左轉出去往文廟走，上課，看布告，讀壁報，看各種展覽（名家如徐悲鴻、關山月、豐子愷、凌叔華等，當然以地方人士和師生作品為主）；從水西門右轉白塔街回到宿舍，則是一個吃喝起居與人共處的現實世界。

我與趙曉蘭搬到新房間不久，同房一位法學院同學邀我倆晚飯後去「讀書會」。我想去讀些新書多麼好，便興沖沖地去了。

會場有三十多人，男生多於女生，那天正在討論俄國作家高爾基（Maksim Gorkey, 1868-1936）的《母親》（*The Mother*），這本書我在南開時讀過，很感動。下一次指定的是蕭洛霍夫（Mikhail Sholokhvo, 1905-1984）《靜靜的頓河》（*Silent Don*）。書由大家傳著輪流看，女生宿舍由我同室的侯姐姐（她休學回來復學，比我們大二、三歲）負責。我跟她去了三次，會場的討論非常激昂熱烈，充滿了政治控訴，唱很多俄國民謠和〈東方紅〉等歌。

在南開中學時沒有晚上的活動，我週末回家，也從未聽說有讀書會，所以對我而言是新鮮事，在家書中很興奮地提到。不久，父親來信說，「現在各大學都有『讀書會』，是共產黨吸收知識分子的外圍組織，如今為了全民抗日，國共合作，所有社團都公開活動，吾兒生性單純，既對現在功課有很大興趣，應儘量利用武大有名的圖書館多讀相關書籍，不必參加任何政治活動。國內局勢仍在低潮，前線國軍眞可說是在浴血守土。吾兒隻身在外，務望保持健康，面臨任何事時都必須沉得住氣。」（這樣的信，這些年中我仍字字默記在心。）

自此以後，我便不肯跟侯姐姐去讀書會，推說功課忙要背書，還把抄的筆記給她看，濟慈的〈夜鶯頌〉又長又難，我剛去圖書館借了本冷門的原文書，時時在查字典。她便只帶趙曉蘭去了。回來後更大聲地唱那些〈喀秋莎〉、〈東方紅〉等歌。從此不跟我說話，在走廊上碰到我，故意把頭猛然扭過去不看我。而真正令我傷心的是，趙曉蘭也漸漸不理我了，住在咫尺之內卻形同陌路。

於今回顧，共產黨藉由讀書會吸收年輕學生是有跡可尋的。

抗戰時期，有一半的年月是國共合作的，毛澤東與周恩來都曾在重慶。毛澤東本人曾被選為一九三八年成立的國民參政會參政員（張伯苓任副議長，當年任議長之汪精衛竟於一九四〇年一月與日本簽訂賣國密約，不久去南京組成僞國民政府！）之後，毛前往重慶開會表示支持一致抗日的立場，同為參政員的我父親曾與他相遇有過簡短談話。

共產黨的《新華報》，自一九三八年初在漢口正式出刊後亦移至重慶，直到抗戰快結束才停刊。在報紙是唯一新聞來源的時期，他們的言論影響了許多知識分子與學生。

周恩來是南開校友，常到學校看張伯苓校長，也多次以校友身分在週會演講。大家最喜歡學張校長介紹他時的天津腔，「現在，我讓恩（Neng）來跟你們講話。」充滿了對這位傑出學生的溫情。

他顧念老校長的立場，只談建國強身，趕走日本倭奴，成為世界上文化大國等等，似乎從未為共產主義宣傳。事實上，他本身獨特的吸引力就是最好的宣傳，很多人藉由他溫文儒雅、充實淵博的風格認識了共產黨。青年人怎會想到當政府正規軍在全力抗日的時候，他們用種種方式滲透了後方，勝利後，再由傷亡疲憊的政府手中奪取政權，然後用大躍進、文化大革命等極權控制穩固了政權。

一九四三年我唸高三，正是轟炸最厲害的時候。高三時分到理組的傅綺珍，多年在校與我友好。她高高壯壯的個子，俊秀樂觀，終日笑口常開，功課人緣都好。後來她考上中央大學，留在沙坪壩，我遠走川西樂山。暑假我回家，初時也見面談談，後來聽說她與陳春明等六人與中大的一些男同學去延安了——這件事當時令我非常驚詫與難過。我一直認為她是我的好朋友，看課外書，寫壁報，辦活動等等都常在一起，她跨了這麼一大步，竟然從不曾給我一點暗示，臨行也沒有一句告別。直到武大這讀書會我才漸漸了解，傅綺珍是不可能告訴我的。她們也許早就參加讀書會之類的活動，被左傾團體吸收，成為「前進分子」，而「幼稚」地癡迷文學的我，早已不是她的「同路人」，更何況趙曉蘭這新交。

就在這時，校長宣布了教育部命令準備緊急時撤退到「雷馬屏峨」的指示。女生宿舍人人驚慌，幸好上課時老師態度穩定；他們都是有家眷的，說大家共患難，不要怕。有幾位四川本省的同學請假回家去了（學校允許補課、補考）。我們宿舍三樓有兩間閣樓，因為順著屋頂斜了一邊，裡面可以擺兩張平床，兩個小桌，只有一面有窗，另一面開著一片天窗，愛熱鬧的同學不喜歡住，而且低班的也輪不上。她們和我這間共用一座樓梯，有一天在樓梯上遇見歷史系的李秀英，她說她的室友被未婚夫接回敘永去了，說兵荒馬亂的，先結婚再說。所以她那間閣樓空了一個床位，她知道我一直羨慕人少的屋子，歡迎我去與她同室。我幾乎是跑步去舍監室，申請到了那個床位。那小小的木板床、小木桌，頭頂上一尺半見方的天窗，對我簡直是華美的宮殿！

在我收拾行李和書籍搬房的時候，侯姐姐用她慣有的大嗓門，不指名地說，「有些人家長在重慶作高官，還每個月領公費，享受民脂民膏，真是臉皮厚！每天口中唸著雲雀夜鶯的，不知民間疾苦，簡直是沒有靈魂！」其他的人都低下頭假裝看書，沒有說話，我想了想，也不知道該說些什麼，只有和趙曉蘭說聲再見，趕快把東西搬到三樓去。

把新的鋪位安好，坐在床上想想剛才的那一幕，心中十分難過。記得剛住進時，她要我們叫她姐姐，對我殷勤照顧，有時連洗澡小室都幫我先占一間，吃飯時在板凳上留個空位給我。還不到兩個月，怎麼就如此凶惡攻擊呢？當天晚上，躺在小床上，看到天窗外，繁星滿天，第一天想到也許是上帝給我訊息，叫我看看廣大的穹蒼，原諒別人的傷害？但是我年輕的心卻無法吞噬那翻臉無情的攻擊。

第二天到文廟上課，我到生活指導組去問，「伙食公費是給哪些學生？」那位半工半讀的職員很不耐煩地說，「開戰以來所有公立大中學的戰區學生都有公費。」我問，「如果戰區學生的家長在政府工作，有固定收入，也給公費嗎？」他注意地看了我一陣子說，「從來沒有人來問過這個問題，你叫什麼名字？什麼系的？」他寫下我的名字後，板著臉說，「你回去寫個呈文來說要放棄公費，學校給你轉呈教育部。」然後就把諮詢窗口關上了。

不到三天，文法學院同學間便傳說我去申請放棄公費。魯巧珍問我怎麼回事，我告訴她只是去問了一下公費的資格而已，並沒有多說一句話。她聽說前進（左傾）的同學要拿這做個題目攻擊教育部。當天晚飯後，我上樓經過原來房間，那位姓侯的「姐姐」在她靠門的座位上看到我，大聲說，「有的人怕別人不知道他是權貴餘孽，自己在到處炫耀呢！貪官污吏的女兒！滾出去！不要以為你有什麼了不起！」——這是我獨立為人第一次見識到政治的可怕與謊言。在我生長的家庭，革命與愛國是出生入死的，有情有義的，最忌諱翻臉無情，出賣朋友。

從此以後六十年來，我從不涉入政治，教書時連校園政治也不參與。

12

三江匯流之處

住在小閣樓的斗室一年三個月，眞是一生難得的歡暢，心情比屋子更感窗明几淨。李秀英有個固定的男朋友，在城裡找了個工作等她畢業，每天晚飯後到宿舍來找她出去，每晚舍監必來各室點名，她常常在九點鎖門之前飛跑回來。所以晚上我有三小時獨處，可以聽不到紛雜的干擾。第一次可以自在地讀書或清理滿腹心事，是以前從來沒有的幸福時光。小小的天窗開向大渡河岸，夜深人靜時聽見河水從窗外流過，不是潺潺的水聲，是深水大河恆久的洶湧奔流聲。漸漸地，在水聲之上聽到對岸有鳥鳴，就在我小窗之下也有呼應，那單純的雙音鳥鳴，清亮悅耳，卻絕沒有詩中雲雀之歡愉，也沒有夜鶯的沉鬱，唱了不久就似飛走了，又在遠處以牠那單調的雙音唱幾聲。初聽的夜晚我幾乎半夜不眠地等牠回來。這怎麼可能？在我雖然年輕卻飽經憂患的現實生活裡，竟然在這樣的夜晚，聽到眞正的鳥聲伴著河水在我一個人的窗外歌唱！

白天我問同學，現在河岸唱歌的是不是杜鵑鳥？她們說是布穀鳥，你聽到牠唱的是「布穀！布穀！」是催農人插秧了。用「暮春三月，江南草長，雜花生樹，群鶯亂飛。」這樣的美文也寫不出這江岸之美。白天我把小天窗斜斜地開著，無數不同的鳥聲隨同陽光流瀉而入，令人竟至坐立難安，必須走出這斗室去尋找歌聲的來源！半日沒課的日子，我常抓起待背的詩本，出水西門，由水伕們挑水上下的石階下去，往右邊河岸走去。在那看似荒草湮沒的河岸，有一條依稀可辨的小徑，引向一堵廢磚牆下，如果有勇氣跨過去，便可以發現一片小小草坪面對河水。草坪後面是一叢樹，樹後面是我宿舍的樓，在三、四樓之間斜建而上的，是我那間斗室。那扇小小的天窗，在陽光下閃閃發光，似在反映我的驚喜！再往前走二十尺，河岸轉折，就無路了。這是一塊不可能被人發現的，我私有的樂園，和嘉陵江畔岩壁上的石窟一樣，是我的避世淨土。

我發現到這地方卻純由一個「緣」字。

一年級下學期某個早晨，我由那間陋室出來稍晚，走向大門時，看見一個挑水的老者在上鍋爐的石級上摔倒，頭撞在階上血流滿臉，旁邊的水伕扶起了他，卻不知如何止血。我當時立刻奔回房間，拿出家中帶來的藥盒，棉花、紅藥水、紗布、膠帶，幫他止血包上，用的全是童子軍的重慶救災訓練。在南開六年全無我用武之地，如今能在自己落難離家時「日行一善」，自己也感動了一番。

我把那瓶紅藥水和紗布等送給傷者，兩位水伕在旁邊對我說這是他們的領班，因為老婆生病，兒子不爭氣，他都五十歲了還得出來挑水。這之後每天早上我都注意看他有沒有換藥，直到傷口結疤。在那個時代，藥護觀念是相當原始的，我那童子軍知識，在此已不算太落後了。那天早晨，當我站在水西門外的草叢中張望時，那位老水伕正在河裡用水桶挑水。他看我拿著書，便走過來，小聲的指給我繞右一條小徑再轉前行，可以找到一塊讀書的地方，「這邊人雜，我會告訴他們不打擾你。」

這眞是我最富足的產業啊！在樂山之後的兩年，我從沒有告訴人這個地方，和那江上的岩洞一樣，對我是聖靈之地。那一年我二十歲，面對重重威脅的人生，覺得隨時可能失去一切，孤苦無依。唯一必須留下的是自己的心靈，這一顆切切思慕知識、追尋善和美的心靈，而這河岸小片淨土，曾是我安心置放心靈之地。

初搬上閣樓時，夜聞布穀鳥啼，竟似濟慈在租屋院內聽到院裡築巢的夜鶯歌唱心情，很想去找找鳥兒築巢的樹，在河岸窗下方向搜尋多次，當然是找不到的。暮春三月，豈止江南雜花生樹，鶯飛草長！坐在河岸那裡，晴天時遠遠看得見青衣江上帆船順流而下，後面是無垠的江天。青衣江至今仍引人遐想，千年前李白初過樂山，有詩〈峨嵋山月歌〉：「峨嵋山月半輪秋，影入平羌江水流。夜發清溪向三峽，思君不見下渝州。」平羌就是青衣江。羌族與彝族是川西原住民，不知在哪個朝代被漢人「平」了，把江名改了，紀念征服，但是世世代代的人仍以清溪般的心情稱它原名青衣江。這來自神祕西康邛崍山脈初溶的雪河，注入在我腳下濁流洶湧、咆哮的大渡河後，左轉流進岷江，在山岬角沖激之後，到了全城取水的水西門外，江水變得清澈，流過唐朝依山所建高七十一米的大佛腳下，溫柔迴盪，從沒有渾濁的時候，天晴正午可以隱約看見江水中橫過一條清濁的分界。

面對這樣壯麗的江山，不由得我不千百遍地唸著劉若虛〈春江花月夜〉中「江畔何人初見月，江月何年初照人？」的詩句，我自知如此渺小，如此無知，又如此徬徨無依；但是我也許是最早臨此江流，背誦英國詩人濟慈的中國女子吧。我沿著自己那一段河岸前前後後地踱著，背誦了濟慈的〈夜鶯頌〉，〈希臘古甕頌〉（"Ode on a Grecian Urn"），〈秋頌〉（"To Autumn"），背到〈無情女〉（"La Belle Dame Sans Merci"）的最後幾句❷：

I saw their starv'd lips in the gloam
With horrid warning gaped wide,
And I awoke, and found me here
On the cold hill's side.

在幽暗裡，死亡勇士的癟嘴
大張著，預告著災禍；
我一覺醒來，看見自己
躺在這冰冷的山坡。

背誦間竟因它的陰森感覺而匆匆跑回宿舍，第二天又去背。既長又難且迷人的〈聖亞格尼節的前夕〉（"The Eve of St. Agnes"）第一段。詩句的背誦和我青春迸發的詩思，與那樣的季節那樣的天地融合成一種永遠不能淡然處置的人生情懷。在當時曾被同學嘲為「不食人間煙火」的恍惚者，於日後漫長的一生，卻轉為一種無法解釋的不安現狀的孤僻。

濟慈的詩只有〈秋頌〉是我樂於與人分享的，它是溫暖、認命，成熟完美的詩篇。麥子收割後的田壠，呈現季節的自然悸動，傻蜜蜂在夏末遲凋的花間，以為夏日永無止境，而蟋蟀低唱，燕子繞空飛鳴，秋已深了——達到了完成之境（completion）。

讀了大約十首濟慈的詩後，朱老師返回《英詩金庫》的第一部，講了一些莎士比亞和彌爾頓的十四行詩，讓我看到抒情詩的又一種寫法。

這時，五月已經過完，進入六月了。有英詩課的日子，我仍與同班同學三、四人出白塔街過溼漉漉的水西門，一路喃喃背誦往文廟走去。但我們也已知道，外面的世界全變了。

13

張大飛殉國

盟軍在五月二日完全占領了柏林，日本境內也在美空軍密集轟炸之下開始疏散，自殺飛機成了他最後最殘忍的武器。我國漸漸在廣西收復失土，六月十二日戰報，日軍勢孤，湘西會戰，我軍大勝，殲滅日寇一萬餘人，正朝桂林進軍……。

宿舍瀰漫著歡欣的氣氛，所有人解開了準備步行去「雷馬屏峨」的背包，準備大考及暑假回家。合唱團、音樂會、送別會，郊遊的活動又開始熱烘烘地舉辦，休學和請假的人很多都帶些羞愧的表情回來上課了。四月十二日，美國羅斯福總統突然逝世，對中國的衝擊很大，有一天朱老師在英詩課突然唸了一首美國詩人惠特曼（Walt Whitman, 1819-1892）的詩〈啊，船長！我的船長！〉（"O Captain! My Captain!"），追悼他不及見戰爭勝利。此時讀此詩，覺得響亮有力，如鼓聲送別。然而不到百日之內，我竟第二次清晰地想起這首詩，刻骨銘心，沉重的，不甘心的哀傷。

我最後一次到水西門外我的河岸是六月初。春天已經過完，岸邊的草長得太高，已漸湮沒小徑。我去那裡讀哥哥寫給我的信，這封信我已經收到兩天了，那兩頁信紙內容也已經背熟，但是我必須找一個地方，好好地想一想……。

哥哥信上說，張大飛在五月十八日豫南會戰時掩護友機，殉國於河南信陽上空。他在重慶戰報上看到前線的消息，週末回到家收到雲南十四航空隊寄給他的通知，我們家是張大飛的戰時通信地址之一。他留下一封信給我哥哥，一個很大的包裹給我，用美軍的帆布軍郵袋裝著，大約是信件。他說我快放暑假回家之前，最好有個心理準備——他的信裡附上了張大飛寫給他的信。

這是一封訣別的信，是一個二十六歲年輕人與他有限的往事告別的信。我雖未能保留至今，但他寫的字字句句卻烙印我心。他說：

振一：

你收到此信時，我已經死了。八年前和我一起考上航校的七個人都走了。三天前，最後的好友晚上沒有回航，我知道下一個就輪到我了。我禱告，我沉思，內心覺得平靜。感謝你這些年來給我的友誼。感謝媽媽這些年對我的慈愛關懷，使我在上不著天，下不著地全然的漂泊中有一個可以思念的家。也請你原諒我對邦媛的感情，既拿不起也未早日放下。

我請地勤的周先生在我死後，把邦媛這些年寫的信妥當地寄回給她。請你們原諒我用這種方式使她悲傷。自從我找到你們在湖南的地址，她代媽媽回我的信，這八年來，我寫的信是唯一可以寄的家書，她的信是我最大的安慰。我似乎看得見她由瘦小女孩長成少女，那天看到她由南開的操場走來，我竟然在驚訝中脫口而出說出心意，我怎麼會終於說我愛她呢？這些年中，我一直告訴自己，只能是兄妹之情，否則，我死了會害她，我活著也是害她。這些年來我們走著多麼不同的道路，我這些年只會升空作戰，全神貫注天上地下的生死存亡；而她每日在詩書之間，正朝向我祝福的光明之路走去。以我這必死之身，怎能對她說「我愛你」呢？去年暑假前，她說要轉學到昆明來靠我近些，我才知道事情嚴重。爸爸媽媽怎會答應？像我這樣朝不保夕，移防不定的人怎能照顧她？我寫信力勸她留在四川，好好讀書。我現在休假也去喝酒，去跳舞了，我活了二十六歲，這些人生滋味以前全未嘗過。從軍以來保持身心潔淨，一心想在戰後去當隨軍牧師。秋天駐防桂林時，在禮拜堂認識一位和我同年的中學老師，她到雲南來找我，聖誕節和我在駐地結婚，我死之後撫卹金一半給我弟弟，請他在勝利後回家鄉奉養母親。請你委婉勸邦媛忘了我吧，我生前死後只盼望她一生幸福。

這一年的大考延後一些，給請假的人補課的時間吧。我於七月六日與許多同學搭船回炎熱如火爐的重慶，看到書桌上那個深綠色的軍郵袋時，即使媽媽也難於分辨我臉上流的是淚還是汗。種種交糾複雜的情緒在我心中激盪，好似投身入那三江匯合的激流。兩天後我才打開那郵包。上面有一封陌生筆跡的信，裡面寫著：

張大飛隊長已於五月十八日在河南上空殉職。這一包信，他移防時都隨身帶著。兩個月前他交給我，說有一天他若上去了回不來，請我按這個地址寄給你。我在隊上擔任修護工作，隨著他已經兩年，他是很體恤人的好長官，我們都很傷心。從他留在待命室的上裝口袋裡找到一封你的信，也一併寄上。望你節哀。

周□□敬上

他的信封裡裝了一張摺了多次，汗漬斑斑、淺藍已褪至黃白色的，我在南開高三時寫的信，那是一封純粹的文藝青年的信，說：

很羨慕你在天空，覺得離上帝比較近，因為在藍天白雲間，沒有『死亡的幽谷』……你說那天夜裡回航，從雲堆中出來，驀地看到月亮又大又亮就在眼前，飛機似乎要撞上去了，如果你真的撞上了月亮，李白都要妒忌你了。……而我現在每天要在教室至少坐八小時，幾何那麼難，幾乎令人生趣全無，幸虧有孟老師的詞選，不必只為了考大學活著。今天看高一的同學忙著把被單縫成裙子，要去參加全市運動會的團體舞，那就是我們以前做的事，幼稚得要命。我現在都不敢看課外書了，星期六回家經過時與潮書店門口，我都快步走過，以免受到誘惑。……

這樣的信我寫了好多年，直到我去樂山讀哲學系。對於他，這些信大約像菸酒跳舞對他隊友一樣，有幫助忘卻猙獰現實的用處吧。我從樂山想轉學到昆明西南聯大去找他時，他急著來信阻止，其中有句說：「你對我的實際生活，知道的愈少愈好，對我『光榮』的實質情況愈模糊愈好。」初讀時，我看不懂，以為他「變」了。多年後才全然了解，善良如他，驀然覺醒，要退回去扮演當年保護者兄長角色雖遲了一些，卻阻擋了我陷入困境，實際上仍是保護了我。

我那一大包信，他曾仔細地按年分排好，第一封從湖南湘鄉永豐鎮扶稼堂寄的，小學畢業生的平安家書；最後一封是大學二年級外文系學生寫的，已承認自己沒有研究哲學的慧根，全心投入雪萊和濟慈的浪漫詩情。從閣樓的小窗看滿天星辰，聽窗外樹上鳥鳴布穀，你在哪裡？你怎麼像神蹟般顯現摯愛，又突然消失了呢？

從一九三八年到一九四四年，一個少女在殘酷戰爭中成長的心路歷程，詳詳細細地記錄在那一百多封信中，我留在家中櫃裡那一包他七年間寫的更大數量的信，是一個十九歲的青年由流離的困境投身最強烈的戰鬥的完整自述。他駕驅逐機擊落敵機的時候，有時會想：我這樣虔誠的基督徒，卻這樣長年做著殺戮的工作，上帝會怎麼裁判呢？祂不是說「生命在我，復仇也在我」嗎？耶穌說人若打你左臉，你把右臉也給他打嗎？但是日本人不但打我的臉，他們殺了我的父親，摧滅了我的家，將我全國的人在自己的土地上追殺至今。我每在郊區打下他們一架飛機，即可以減少犧牲於炸彈下的多少冤魂……。

這兩大包信，放在一起。這一年夏天，我沒有力量重看。他的死訊雖在意料中，但來時仍感意外，因而難於印證現實。

所有的跡象顯示，戰爭快要結束了。麥克阿瑟將軍收復了菲律賓，實踐「我會回來！」的豪語。我國在蘆溝橋事變後八年的七月七日軍事委員會宣布：「八年抗戰，截至現今，共計斃傷日寇及俘虜日寇達二百五十餘萬人。我陣亡官兵一百三十餘萬人，負傷一百七十餘萬人。戰局現已轉守為攻。」全國開始生活在期待中。

幾乎在此同時，陳納德將軍辭職的消息震驚了中國朝野。羅斯福總統逝世後，美國的三軍統帥艾森豪將軍由馬歇爾將軍繼任（「馬歇爾計畫」對第二次世界大戰戰後的世界局勢有很大的影響，中國國共戰爭時他前來調停，但是一般認為他偏向中共的「進步改革」，間接造成了國軍的失敗而失去大陸）。中國戰場的盟軍司令史迪威將軍與蔣委員長合作得不愉快，由魏德邁將軍接任，他收到總部指示說，陳納德以最少的資源已打了很長時間的游擊戰式的戰爭，「採用現代化進攻戰術和技術的最迅速和有效的辦法是撤換指揮官。」

陳納德在重慶的告別儀式幾乎是空前絕後的熱情感人，兩百萬人擠滿了街道和臨街的門窗，他的座車無法穿過人群，人們手推著他的車子到歡送廣場，全城傷痕累累的房屋上掛滿了各種旗幟，許多繡著飛虎的隊徽。蔣委員長親自授贈中國最高的青天白日大勳章，表示中國人民對他多年血汗相助的感謝，美國政府也在此授與特勳金十字勳章，並掛上第二枚橡樹葉獎章。這一年陳納德五十二歲。正因為他來到了神祕遙遠的中國，脫離了美國正規軍的律令，以近乎江湖闖蕩的個人魅力，聚集了千百個同樣的好漢，用驅逐機的戰術解救了地面上無數苦難的生靈。

四個月之內，羅斯福逝世，陳納德解職，張大飛戰死。這一場戰爭帶著無數人的憾恨落幕，惠特曼〈啊，船長！我的船長！〉，那強而有力的詩句，隔著太平洋呼應所有人對戰爭的悲悼：

O Captain! my Captain! Our fearful trip is done;
（啊船長！我的船長！可怕的航程已抵達終點；）
The ship has weather'd every rack,（我們的船渡過每一場風暴，）
The prize we sought is won;（追求的勝利已經贏得；）
The port is near, the bells I hear, the people all exulting,
（港口近了，聽啊那鐘聲，人們歡欣鼓舞，）

While follow eyes the steady keel, / the vessel grim and daring ;
（所有的眼睛跟著我們的船平穩前進，它如此莊嚴和勇敢；）
But O heart ! heart ! heart !（可是，啊，痛心！痛心！痛心！）
O the bleeding drops of red,（啊，鮮紅的血滴落，）
Where on the deck my Captain lies,（我的船長在甲板上躺下，）
Fallen cold and dead.（冰冷並且死亡。）

14

戰爭結束

盟軍在歐洲勝利之後，急欲結束亞洲的對日戰爭，在中國和太平洋島嶼的日軍明知大勢已去，卻仍在作困獸死鬥。在那些荒涼的小島上，雙方死傷數十萬人，直到美國以數千架轟炸機密集轟炸日本，東京已半成廢墟。

七月二十六日，中、美、英三國領袖在盟國占領的德國波茨坦發表宣言，促日本無條件投降（同一日，英國領導戰爭至勝利的邱吉爾首相大選失敗下台，亦未見終戰果實）。第二天日本內閣會議，從早上到深夜，主戰派主張準備本土保衛戰，大和民族寧可「玉碎」拒絕投降。英美新的領袖艾德禮和杜魯門發表聯合對日作戰聲明。三天後第一顆原子彈投在日本廣島，日本仍拒投降；八月八日，第二顆原子彈投落長崎。全世界的報紙頭條是巨大的照片上原子彈升起的蕈狀雲和下面的一片火海。

八月十四日，在各種戰壕中垂死掙扎的日本兵，聽著他們的昭和天皇廣播，叫他們放下武器，「日本業已戰敗，無條件投降，依照開羅及波茨坦宣言，將台灣歸還中國。……」

八月十五日，蔣委員長向全國軍民發表廣播演說：「國人於勝利後，勿驕勿怠，努力建設，並不念舊惡，勿對日本人報復。……」這個寬宏的態度，後來成了戰爭賠償中「以德報怨」的寬宏條文，至今仍是中國人的一個困惑；日本與德國在盟國的扶助下迅速復興，而中國國軍卻在戰後，疲兵殘將未及喘息，被迫投入中共奪取政權的內戰，連「瓦全」的最低幸福都未享到。

日本正式投降時重慶的狂歡，是我漫長一生所僅見。

隨著廣播的聲音，愁苦的大地灌滿了歡樂，人們丟掉平日的拘謹矜持，在街頭互相擁抱，又跳又笑，聲嘶力竭地唱「山川壯麗，國旗飛舞……」這樣的愛國歌，說是萬人空巷還不夠，黃昏不久，盛大的火炬遊行燃亮了所有的街道。

我跟著哥哥和表哥們也拿著火把往沙坪壩大街上跑去，左連小龍坎，右接瓷器口，幾乎沒有一吋黑暗的路，人們唱著，喊著「中華民國萬歲！」真正是響徹雲霄。我跟他們走到南開中學的校門口，看到門口臨時加了兩個童子軍在站崗，手裡拿著和我當年胳臂一樣細的軍棍，臉上童騃的自信，正是我當年跟著張校長唸的「中國不亡，有我！」的自信。校門裡範孫樓的燈全開著，我想到當年張大飛自操場上向我走來，這一瞬間，我突然感到萬聲俱滅，再也不能忍受推擠的人群。竟然一個人穿過校園，找到回家的小徑，走上漸漸無人的田埂，往楊公橋走，快到那小木橋的山坡是個多年廢棄的亂葬崗，我哥哥常常向他的朋友挑戰，看誰敢去掀那個露出一半的棺材蓋，他們又說許多鬼火的故事，比賽誰最勇敢。平常我都由前面大路回家，白天偶爾同大夥走過。走過小木橋上坡，就是我們去年為躲警報而搬去的家。我一面跑，一面哭，火把早已燒盡熄了。進了家，看到滿臉驚訝的媽媽，我說，「我受不了這樣的狂歡！」在昏天黑地慟哭中，我度過了勝利夜。

從此之後，我不再提他的名字。我鄭重地把他寫來的一大疊信和我寫去的一大郵袋的信包在一起，與我的書和僅有的幾件衣服放在一起。我想，有一天我會堅強起來再好好看看。但是第二年夏天，我意外地由成都直接「復員」回到上海，媽媽帶著妹妹由重慶搭飛機復員回到北平，除了隨身衣物只帶了一些極具紀念性的照片，那些信和一切的痕跡，全留給苦難時代的狂風。它們的命運，在我家日後播遷的歲月中，連想像都難了。

這一年的十一月，在他從軍時贈我《聖經》整整八年後，計志文牧師從成都寫了一封很長的信給我，說他由珞珈團契的一位朋友處得知我在深沉的悲哀中，他勸我振作，抄了〈啓示錄〉第七章最後一句，「在主寶座之前穿白衣的人是從大患難中出來的⋯⋯因為寶座中的羔羊必牧養他們，領他們到生命水的泉源，上帝也必擦去他們一切的眼淚。」

計牧師不久到樂山傳道，我在衛理公會受洗成為基督徒，我在長期的思考後，以這樣嚴肅的方式，永遠的紀念他：紀念他的淒苦身世，紀念他真正基督徒的善良，紀念所有和他那樣壯烈獻身地報了國仇家恨的人。

註

❶雷波、馬邊、屏山、峨邊，四地在四川宜賓縣境。政府早作原住民生存集居規畫，且裝備若干國防安全設施，有相當軍事保護

❷中譯參考查良錚先生一九五〇年代中譯〈無情的妖女〉（"La Belle Dame sans Merci"），洪範書店二〇〇二年《濟慈詩選》。

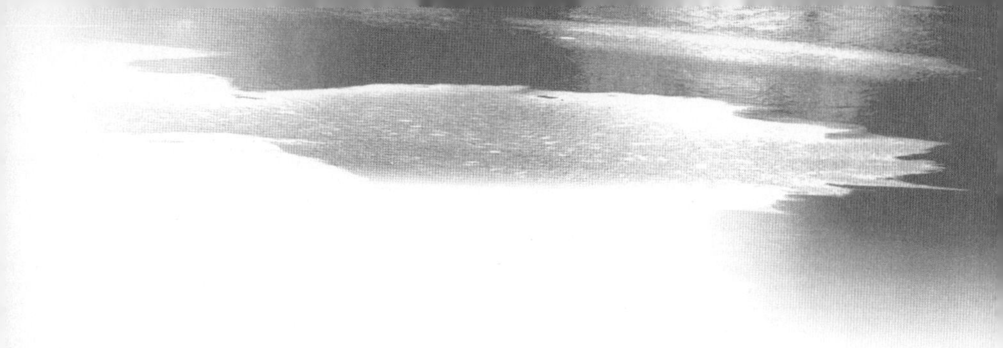

第五章

勝利

——虛空，一切的虛空

1 戰後新局
——失落的開始

在舉國歡騰的那幾天，我父親竟然常常深鎖眉頭，沉思不語。

有一天在晚餐桌上，他對幾位老友說，蘇俄在停戰前五天搶著對日宣戰，立刻就越過邊界攻入我國滿洲里，深入東北境內百餘公里，十天內占領哈爾濱、長春、瀋陽等城市，俘虜滿洲國傀儡皇帝溥儀。史達林在八月二十三日宣稱：「滿洲國全部解放」，完全不顧我國的政治主權。中共的朱德以「延安總部」名義，連發七道命令，指示共軍全面發動，爭城奪地。並命呂正操、張學詩、萬毅等及若干朝鮮人，率人開赴東北，配合蘇俄軍作戰，先奪東北三省。

然而，毛澤東卻在一個月後的九一八紀念日來到重慶參加國民參政會，對蔣主席邀其前來重慶表示感激，致詞說：「今後當為和平發展，和平建國之新時代，必須團結統一，杜絕內爭，因此各黨派應在國家一定方針之下，蔣主席領導之下，徹底實行三民主義，以建設現代化之新中國。」

這是我今生聽到的最大謊言之一。

為了行政管理之效率，國民政府設立軍事委員會東北行營，將東三省分成九省——遼寧、安東、遼北、吉林、松江、合江、黑龍江、嫩江、興安（中共占領後恢復為原三省）。當年興沖沖去「接收」那九省的人，夢想不到三年半之後會被中共「內爭」戰敗，逃到只有東三省疆域三十五分之一的台灣，終生未得返鄉。

勝利日不久，各級學校即將開學，教育部公告說戰區各校多遭日軍破壞或徵用，校舍設備須待修復，遷至大後方各校留在遷居地，待明年暑假復員原校，本學年按學曆開學，安心上課，詳作復校計畫。

這一年我哥哥已由政治大學外交系畢業，等待分發駐外使館工作，最初派往南美烏拉圭大使館三等祕書（因為那個國名，他成為朋友取笑的對象）。他一直以未能參加什麼革命為憾，一年前參加「十萬青年十萬軍」被阻，耿耿於懷，既不想去烏拉圭，就去報考《中央社》作隨軍記者，要求派往東北戰區，與戰士同甘共苦，體驗作戰生活。

我大妹寧媛已經小學畢業，上了南開初一，愛打壘球。小妹星媛上南開附小三年級。父母也決定留在四川，明年等我們放假再搬回北平——第一件事是安葬我的祖母，她於一九三七年逝世後，棺木浮厝在北平郊區一所廟裡。

2 再遇名師

嘉定距峨嵋山只有百里，山水鍾靈自古聞名，大渡河、青衣江、岷江三江沿岸世代有文人雅舍，如眉山的蘇東坡，樂山的郭沫若。抗戰時期在武大任教而住在樂山的有朱光潛、陳西瀅、凌叔華、袁昌英、蘇雪林等作家。一九四一年武大聘請錢穆先生講學，主題是中國歷史上的政治問題。因是全校講座，又為避警報，上課時間為早晨六點到八點（前一年日機大轟炸，樂山城區半毀，死傷很大，之後又流行一種「趴病」及傷寒，埋葬病死的武大學生之地被稱為「第八宿舍」）。當時全城電力尚未恢復，學生由各宿舍去最大的那間教室，須拿火把照路，摸黑去聽錢穆先生的課，往往晨光初露時座位已被火把占滿，後來者即無法進去。女生宿舍低班學生似乎無人敢去。我升入高班三年級時，抗戰勝利，錢先生回到重慶。我聽高班男同學講當年盛況，非常羨慕。然而當時絕未想到三十年後在台灣，我為國立編譯館公事拜謁錢先生，且有二十年單獨請教，暢談，傾聽的緣分和榮幸。

當年國學大師馬一浮先生在岷江對岸烏尤山上設復性書院，熊十力先生亦曾在書院居住講學，書院研究者一百人，亦曾請錢先生演講。錢先生晚年回憶當年有一段時間與朱光潛先生同進中、晚餐，「暢談甚相得」。

九月初我回到樂山，覺得學校的氣氛全變了。原來凝聚著共患難、同歌哭的維繫力，如今似乎渙散了。由全國聯考招來的學生，將回到天南地北的家去，每個高年級的人有著寬廣的就業理想（那時的大學生占人口比例太小），而政治的氣氛已經籠罩到所有的課外活動了；壁報、話劇，甚至文學書刊都似乎非左即右，連最純粹的學術講座也因「前進」程度而被劃分為不同的政治立場。二十年後中共的文化大革命利用這種劃分方式作為殘酷鬥爭的根據，隔著台灣海峽所聽到的一鱗半爪，和在海外讀到的鐵幕消息，都令我有似曾相識之感。

大學三年級開學後，朱光潛老師已辭掉院長，專任外文系教授兼主任，他邀我們幾個導生去他家喝茶。

那時已秋深了，走進他的小院子，地上積著厚厚的落葉，走上去颯颯地響。有一位男同學拿起門旁小屋內一把掃帚說，我幫老師掃枯葉。朱老師立刻阻止他說，我等了好久才存了這麼多層落葉，晚上在書房看書，可以聽見雨落下來，風捲起的聲音。

這個記憶，比讀許多秋天境界的詩更為生動、深刻。由於是同一年的事，我一生都把那一院子落葉和雪萊的〈西風頌〉中的意象聯想在一起。在我父親去世之後，更加上濟慈的〈秋頌〉，深感歲月凋零之悲中有美，也同時深深感念他們對我生命品味的啓發。

外文系的學術功課到三年級才算開始，以朱老師的水準，原也安排很好的陣容，可惜最重要的「英國文學史」名師陳西瀅和方重教授一九四三年前均已離校去了英國。新聘來教我這班的孫家琇先生剛從英國回來，應該可以勝任。她上課不久，即把重點放在喬叟（Geoffrey Chaucer, 1343-1400）《坎特伯瑞故事集》（*The Canterbury Tales*）的中古世紀英文上。

她是位很壯的女子，用渾厚的嗓子唸中古英文（medieval English）的原文，唸了大約兩星期，把我們震懾住了——用一句今日台語來形容是「鴨子聽雷」。好不容易到了郎蘭（William Langland, 1332?-1400）的〈農夫皮爾斯〉（“Piers Plowman”）和瑪拉瑞（Sir Thomas Malory, 1405-1471）的《亞瑟王之死》（*Le Morte D'Arthur*）。從十五世紀到了十六世紀的穆爾（Thomas More, 1478-1535）的《烏托邦》（*Utopia,* 1516），匆匆掠過最早的十四行詩，飄過史賓塞（Edmund Spenser, 1552-1599）“Poet of Poets”就放寒假了。下學期介紹了馬婁（Christopher Marlowe, 1564-1593）的《浮士德》（*Doctor Faustus*），讀了莎士比亞的十四行詩幾首代表作、重要劇本的名單和梗概，彌爾頓的《失樂園》（*Paradise Lost*）與《聖經．創世紀》的關係，即到了德雷登（John Dryden, 1631-1700）。不到三堂課，突然老師請了病假，她和我們再也沒有回到英國文學史那門課，然後大家都「復員」回下江去了——四川人稱所有外省人都是「下江人」。

我大學畢業時，主課英國文學史只修到一七○○年，對德雷登之後兩百五十年的無知，是我多年的憾恨。第二次到美國印第安納大學進修，我用一整年時間苦修英國文學斷代史四門課：十五世紀以前，十六、七世紀，十八世紀，和十九世紀。我自己教英國文學史時（台灣國立大學外文系已改為兩年課，大二、大三必修），用一切安排，使時間足夠教到二十世紀中葉，絕不讓我的學生有此憾恨。

另外兩門課比較穩定，小說課的戴騮齡先生是典型的文人學者，他也是《時與潮文藝》的定期作家，言語不太流利，但課程內容充實，分析層次頗高。他講到狄更生（Charles Dickens, 1812 -1870）《雙城記》（*A Tale of Two Cities*）時，特別教我們注意英國人怎麼看法國大革命時的暴民政治，我至今想到書中描寫巴黎的家庭主婦坐在廣場上，一面織毛衣一面數著斷頭台上砍下的人頭，把刀斧落下的次數織進她們溫暖的毛衣裡，仍令我不寒而慄。他結結巴巴地說，那個英國記者為了愛情上斷頭台，站在台上居然會看到一個美好的未來世界，簡直是不食人間煙火的小說寫法（我原來以為愛情就該是那樣）。他是最早教我們由不同角度讀小說的老師，他開的書單對我以後閱讀也很有幫助。

在現代文學課上首次認識了繆朗山教授。在那幾年，他大約是對學生最有魅力的人了，專長是俄國文學，所以幾乎全以俄國文學做為現代的代表。

他的課很受學生歡迎，抗戰國共合作時期，這樣的課比任何政治宣傳都有用。繆先生身體壯碩，聲音洪亮，對俄國文學確有研究，所以授課演講內容豐富，上課時如上舞台，走過來跑過去，從不踱步，臉上都是表情，開口即是諧語，一男同學形容他是「大珠小珠落鐵盤」。他熱切地介紹高爾基的《母親》，蕭洛霍夫《靜靜的頓河》，和伊凡．岡察洛夫（Ivan Goncharov, 1812-1891）的《奧卜洛莫夫》（*Oblomov*），此書是一本極精采的寫懶人之書，說到那貴族懶人的僕人，因為太懶，伸出的手掌和鞋底一樣髒，繆教授居然把他的破鞋脫下一隻與手掌並列——在他之前和之後，我從未見過那麼起勁的教書人。

3 — 奏錯了的樂曲

大三開始，我在樂山的生活有了一個很大的變化——有人到女生宿舍給我「站崗」了。

一、二年級我參加的課外活動只有南開校友會和團契，在那小小的圈子裡似乎都知道我已心有所屬，在那個尊重「感情專一」的時代，從未有任何人能邀到我出遊。

勝利不久，我將由重慶回校上課前，突然收到一封信，寄來一首以我的名字譜曲的創作，作曲者是剛畢業的黃君。他在信中說已愛慕我一年多了，看我那不理人的態度，鼓不起勇氣去找我。畢業後，認識他的人少些，如不被峻拒，他會在就業前悄悄回到樂山來看我，試試能不能培養出感情。

武大除了幾個大合唱團之外，有一個比較接近專業水準（或者是受過專業訓練）的愛樂團體，由三人到五人不定期開個小型音樂會。在那個沒有任何音響的時代，很受歡迎與尊重。兩把小提琴，一個男中音，黃君是第二小提琴，他拿著琴上台時，頎長儒雅，許多女生為他著迷。

南開校友話劇社一九四四年六月初為歡送畢業同學公演話劇《天長地久》，是由《茶花女》劇情改編的抗戰名劇。他們敢於演出而且轟動全校的原因是有魯巧珍和幾位在沙坪壩即已演出成功的校友。在幾乎完全沒有音響設備的學生社團，全靠幕後的眞人支援；他們說演曹禺的《雷雨》時，後台幾位男同學站在梯子上拿盆子往地上倒水，一位壯漢架好一大塊鐵板，另一位用錘子拚命的敲，又有閃電又有雷聲。而這位第二小提琴黃君，雖不是校友，但性情溫和（另一位不好伺候），被請來在幕後奏樂。導演同學跟他說，你們提琴的曲名我不太懂得，你只要準備一首輕快的，一首悲傷的，到時候我告訴你拉哪一首就是了。那晚上，我們所有校友都被派了工作，我和另一個大一新生王世瑞，上台在鞦韆上坐了兩分鐘，代表純潔無憂，然後就到後台去幫忙提詞。不知是導演喊錯了，還是提琴手聽錯了（後台又黑又窄又髒），當男女主角戀愛幸福的時候，有人推黃君說，彈那個「悲的」，他就很有情調地拉起舒曼的〈夢幻曲〉（"Traumerei"），前台演員聽了簡直笑不出來了。

第二天城裡小報說，南友話劇社這次演出一場糊塗，男主角不知愛為何物，只有女主角魯巧珍一人獨撐全劇。黃君雖未表示震怒，但是南開校友看到他有些尷尬，有些虧欠。

開學不久，他就千里迢迢地由重慶回到樂山，專程看我。那實在是令我很有光彩，也令知道的人都很感動——在那小小的縣城，很快地大家都「知道」了。他每天下午必然到老姚門房報到，老姚以他那令人忘不了的權威口音，向三樓大喊一聲，「齊邦媛先生有人會！」老姚「喊」所有二年級以上的女生為「先生」，他說女生上了大學就得有個樣子，但是在宿舍裡面他很少這麼稱呼，大約看透了女孩子日常生活中的眞面目吧。

我到了三年級才第一次跟男生單獨坐在江邊的木排上。樂山是岷江口的木材集散地，山裡的林木紮成木筏形式，推成一排排的，等水漲了由岷江順波而下到長江大港城市去。黃昏後是同學們喜歡攀上去坐著，唱歌說話的、有情調的地方。不久，雙十節，他突然又來。

黃君如此熱切表示愛慕，卻在最糟的時候來……。

自六月以來，我心中對張大飛的悲悼之情，沉重又難言。我不知如何恰當地稱呼他的名字，他不是我的兄長也不是我的情人，多年鍾情卻從未傾訴。想到他，除了一種超越個人的對戰死者的追悼，我心中還有無法言說的複雜沉痛與虧欠，談到他的任何輕佻語言都是一種褻瀆。正如柯立芝（Samuel Taylor Coleridge, 1772-1834）在〈沮喪：一首頌歌〉（"Dejection: An Ode"）所言的悲痛（grief）：

A grief without a pang, void, dark, and drear,
A stifled, drowsy, unimpassioned grief,
Which finds no natural outlet, no relief,
In word or sigh, or tear–

（沒有劇痛的哀傷，是空虛幽暗而沉悶的，這種窒息，呆滯，又不具激動的哀傷，既找不到自然的宣洩途徑，也無從得到慰藉，不管在言詞，嘆息甚或是眼淚中——）

在正常情況下，任何一個女孩子，在我那個年紀和見識，都會被一個風度翩翩，為你譜曲作歌，為看你溯江三日或是跑五百里旱路的人感動乃至傾心吧。但也許凡事早由天定，當黃君為《天長地久》配樂的時候，在快樂幸福的場面誤奏了悲傷曲子，即是一個預兆吧。我們註定無緣。

在樂山的最後一年，至少上學期，大家還認眞地上課。武大維持著相當高的水準，以外文系為例，朱老師不僅自己教英詩、現代文學批評和翻譯，擔任系主任時規畫的課程也夠強，使前六年的畢業生出了社會進可攻退可守。可惜到了下學期，很多老師都有了新的工作，三、四月就開始趕課，提前走了，而那時也開始許多大大小小以遊行方式出現的學潮。

4 學潮

抗戰的勝利，是中國八年血淚堅持奮戰得來，但由於原子彈而驟然來臨，使政府措手不及，「勝利」二字所帶來的期待未能立即實現，前線後方共患難的日子一去不返。自華北開始，共產黨在戰線後方，以土共和農村宣傳的力量急速擴張，對不滿現狀、充滿改革熱情的知識分子具有強烈的滲透與說服魅力。勝利後三個月，十一月二十九日，昆明的西南聯大、雲南大學等校「前進」學生，以反對內戰、反對美軍干涉內政為名發動學潮，有激進分子投手榴彈炸傷學生十三人，造成四人死亡。教授決定罷課，數十人發表告各界書，同情反內戰學生，至十二月十七日才復課。

學潮在全國各大學擴散，一九四六至一九四八年大學校園充滿了政治動盪與叫囂，一九四九年共產黨占據全國，之後的四十年，中國大陸的大學教育成為政治工具，學術傳授及專業標準近於切斷。

在我所親身經歷的學潮中，最具影響力的是西南聯大的聞一多（一八九九～一九四六年）教授。他是著名詩人，其感時之作〈死水〉和哀悼夭折幼女的葬歌〈也許〉是當年文藝青年爭誦之作，我至今仍能記憶〈也許〉十六行的全文，仍很受感動：

也許你眞是哭得太累，
也許，也許你要睡一睡，
那麼叫夜鶯不要咳嗽，

蛙不要號，蝙蝠不要飛。

不許陽光撥你的眼簾，
不許清風刷上你的眉，
無論誰都不能驚醒你，
撐一傘松蔭庇護你睡。

也許你聽這蚯蚓翻泥，
聽這小草的根鬚吸水，
也許你聽這般的音樂，
比那咒罵的人聲更美。

那麼你先把眼皮閉緊，
我就讓你睡，我讓你睡，
我把黃土輕輕蓋著你，
我叫紙錢兒緩緩的飛。

聞一多自幼有文才，十三歲由故鄉湖北考入清華大學前身的清華學校，讀完中學及大學課程，西學亦打下根柢。他的愛國情懷強烈，參加過「五四運動」，在美國進修藝術時，與同學組織「大江學會」，奉行中華文化的國家主義。回國後從事藝術教育，積極參與文化活動，豐富的詩作使他成為名詩人。

抗戰初起，他與清華、北大、南開的學生由湖南徒步跋涉到雲南新成立的西南聯合大學，任教文學院，研究《楚辭》頗有成就。戰時昆明，教授生活清苦，聞一多有子女五人，薪水之外刻印補助生活所需。日軍的轟炸，民生的困頓和中共對知識分子的積極滲透，使聞一多自一九四四年起，由閱讀埃德加・斯諾（Edgar Snow）《西行漫記》（*Red Star Over China*）一書開始研究共產黨制度，地下黨的朋友勸他參加中國民主同盟，更有利於民主運動。《聞一多》（作者聞立鵬、張同霞，為聞一多之子、媳）書中提及，他是抱著「我不下地獄誰下地獄」的精神迎接新的鬥爭生活。他的老朋友羅隆基說：「一多是善變的，變得快，也變得猛。」

聞一多開始寫文章、演講，激烈批評、攻擊政府及一切保守的傳統，如罵錢穆等為冥頑不靈。一九四六年七月十五日，在一場追悼李公樸殉難的紀念會後的下午，聞一多被暗殺，留下五個未成年孩子。

聞一多之死成了全國學潮的策動力量，對延安的中共而言，他的助力勝過千軍萬馬，對於中國的命運更有長遠的影響。因為他所影響的是知識分子對政治的態度，更値得文化史學者的研究，但是在目前兩岸的學術界，尚少見有超脫自身範圍的回顧與前瞻。

我記得常聽父親說，一個知識分子，二十歲以前從未迷上共產主義是缺少熱情，二十歲以後去做共產黨員是幼稚。我常想聞一多到四十五歲才讀共產制度（不是主義）的書，就相信推翻國民黨政權換了共產黨可以救中國，他那兩年激烈的改朝換代的言論怎麼可能出自一個中年教授的冷靜判斷？而我們那一代青年，在苦難八年後彈痕未修的各個城市受他激昂慷慨的喊叫的號召，遊行，不上課，不許自由思想，幾乎完全荒廢學業，大多數淪入各種仇恨運動，終至文革……。身為青年偶像的他，曾經想到衝動激情的後果嗎？

《聞一多》一書記載，他的遺物中有一枚沒有完成的石質印章，印面寫著「其愚不可及」！無論怎麼詮釋，說是他在生死關頭，「黎明前最黑暗的時刻」，留下這枚「自勵章」表白心志，決心以「追屈原、拜倫蹤跡的莊嚴表示」作最後的遺言，正常的讀者很難不聯想到懊悔與自譴；到底他曾經寫了許多情深意明的好詩，深研過文字的精髓，正要刻上石章的五個字，應是先在內心琢磨過它的意義的。雖然，在那狂熱的兩年中，他未必預見到自己的死亡，並未能給他深愛的國和家換來幸福。

一九四五年的中央政府，若在戰後得以喘息，民生得以休養，以全民凝聚、保鄉衛國的態度重建中國，是否可以避免數千萬人死於清算鬥爭、數代人民陷於長期痛苦才能達到「中國站起來了」的境況？

這是多年來我回想在四川、武漢多次被迫參加遊行時，內心最大的困惑與悲憤。

5 最後的樂山

在這個喜憂無界，現實混亂的十一月，佈道家計志文牧師應衛理公會內地會之邀到樂山來。他勸我受洗，定下心來走更長的路，也可以保持靈魂的清醒。他的佈道會既以武大師生為主要對象，所講內容的知識和精神層次頗高，未引起或左或右的政治嘲諷。那幾天，他常常用江浙國語帶頭唱讚美詩，其中有一首，我比較不熟悉的，一再重複一句副歌，「求主將我洗，使我拔草呼吸。」那時的教會並沒有大眾使用的聖詩本，我在南開中學長大，聽慣了帶天津腔的「標準」國語（他們有時笑我的東北口音），心裡想，大約是如同我坐在河岸，心靈隨自然脈動而舒暢呼吸吧。後來到了上海，有人贈我一本《普天頌讚》，才知道原來是「白超乎雪」，喻洗禮使人潔淨之意。但「拔草呼吸」的初感仍較難忘。

這一年的聖誕前夕，教會的美籍韓牧師請一些教友學生去他家共度佳節，晚餐後安排餘興節目，其中一項是由男女生各抽一籤，同一數目的兩人一組，共同回答已寫好的一些問題，競賽答對的冠軍。寫答案的時候，為了保密，須用一件唱詩班穿的袍子蓋住兩人上半身，商量好了，寫出來再從袍子裡拿出來。我抽到和電機系四年級的俞君一組，他領了一件袍子走過來找我的時候，我心中有一陣從未經驗過的緊張與興奮。

記得剛到樂山那年冬天，對一切尚懵然不知的時候，有一天晚上在余憲逸、翟一我、馮家祿、魯巧珍的宿舍窗前，看著音樂會散場後男生舉著火把經過白塔街回工學院的第六宿舍。近百人在石頭路上快樂地喧嘩呼應，中段有一大群人唱著當晚節目中的歌，這時，學姐們指著一個高高的漂亮男生說，「啊，看看，俞XX走過來了！」

他正在唱《茶花女》中的〈飲酒歌〉，那充滿自信的男中音，漸漸凌駕眾聲，由街上行近窗下，又漸漸遠去。我可以清楚地看出窗內學姐的欣賞與傾慕之情。此後兩年，這名字在女生宿舍很響亮。

如今，我和這樣一個「陌生人」並肩罩在一件袍子下面，悄聲商量機密，簡直羅曼蒂克得令我窒息！更何況第一個題目我就答不出來，問的是寫出西方最重要的三個古典作曲家，第二個是寫出最重要的指揮家。在黑暗中，他寫了六個名字。接下來問幾個《聖經》中的故事、神話的名字，我全不知道，只答出了《簡愛》男主角的名字作一點點貢獻，那種羞愧即使有袍中黑暗遮蓋，仍可列為平生十大恨事之一。當晚我們得分最高，其實全是他贏得的。種種沖激之外，這樣的「聚首」奇緣，讓我看到了我二十年生命之外又一個世界。

南開中學的音樂教育在當年是比較好的，我們的歌詠團名聞後方，"One Hundred and One Songs" 我們幾乎用原文唱了一半；抗戰歌曲更是我們的看家本領。我沒有讀過音樂史，課內和課外都沒有。南開和《時與潮》社的收音機只播戰情、政論，沒有播系統性的音樂節目。

俞君是抗戰中期，不願受日本教育，輾轉由上海到後方來的淪陷區學生。和他同時分發到武大的還有姚關福和蘇漁溪。我大學畢業時，姚關福自上海寄贈我一大本《莎士比亞全集》，至今仍在我書架上，蘇漁溪後來也成為我的朋友，勝利初期死於政治鬥爭。他們在上海受很好的教育，西方文化藝術知識豐富，是我的益友。俞君的男中音是經過名師訓練的，他的父親曾是上海聖公會的主教，當時已去世。

新年元旦黃昏，他突然現身女生宿舍（據說以前沒來站過），由老姚的宣告把我「喊」下來，交給我一本英文的《偉大作曲家》（*Great Composers*），祝我新年快樂。又說，考完了，我來找你好不好？我剛點點頭，他立刻邁著大步走出大門（後來他說很多眼睛看他，很令人緊張）。

放寒假時，他來邀我到浸信會的草坡上走了幾圈，我倆二十年的人生其實非常不同；他講上海淪入日本手中後的變化，我敘述南開中學的愛國教育和重慶跑警報的情況……。他說寒假要到成都去看他二姐，她大學畢業和他一起來四川，在成都的美軍顧問團工作，很喜歡文學。

那年二月底，開學不久，遠在樂山的武大也響應了全國大、中學生愛國大遊行，抗議「雅爾達祕密協定」，要求俄軍退出東北，追悼張莘夫。

張莘夫是工程專家，原為我父東北地下抗日同志。勝利後被派由重慶回遼寧接收全國最大的撫順煤礦，一月十六日赴瀋陽途中，被共軍由火車上綁至雪地，同行八人全被殘殺。俄共迅速拆遷東北大型工廠的機器，每遷出一地即協助中共軍隊進駐。這是繼去年十一月底響應昆明西南聯大、雲南大學等校發動的反對內戰、反對美軍干涉內政為名的遊行後，第二次全國性學潮。同學中政治立場鮮明的，積極組織活動，口號中充滿強烈的對立。遊行的隊伍擠塞在一九三九年大轟炸後仍未修建的殘破道路上，路窄得各種旗幟都飄不起來，只聽見喊至嘶啞的各種口號，「打倒……打倒……萬歲！……萬歲！！！」自此以後，隔不了多久就有遊行，只是換了打倒的對象，除了經常有的「中華民國萬歲」之外，還有別的萬歲，每次換換即是。

我參加了張莘夫追悼遊行，因為他是我父親多年的抗日同志，他們的孩子和我們一起在戰爭中長大。但是我既未參加遊行籌備工作，又未在遊行中有任何聲音，只儘量地跟上隊伍，表達眞正哀悼誠意，但是從白塔街走到玉堂街就被擠到路邊了。後來我自己明白，原來我不屬於任何政治陣營，如果我不積極參與活動，永遠是被擠到路邊的那種人。如果我敢於在任何集會中站起來說，「我們現在該先把書讀好」，立刻會被種種不同罪名踩死，所以我本能地選擇了一個輕一點的罪名，「醉生夢死」。

半世紀後，隔著台灣海峽回首望見那美麗三江匯流的古城，我那些衣衫襤褸、長年只靠政府公費伙食而營養不良的同學力竭聲嘶喊口號的樣子，他們對國家積弱、多年離亂命運的憤怒，全都爆發在那些集會遊行、無休止的學潮中，最終拖塌了抗戰的政府，歡迎共黨來「解放」。他們的欣喜，事實上，短暫如露珠。開放探親去大陸回來的同學說，當年許多政治活動的學生領袖，由於理想性太強，從解放初期到文化大革命，非死即貶，得意的並不多。我們這一代是被時代消耗的一代。從前移民，出外流亡的人多因生活災荒所迫，挑著擔子，一家或一口去墾荒，希望是落戶。而我們這一代已有了普及教育，卻因政治意識形態的不同而聚散飄泊或淹沒。五十年後我回北京與班友重聚，當年八十多個女同學人人都有一番理想，但一九五〇年後，進修就業稍有成就的甚少，沒有家破人亡已算幸運，幾乎一整代人全被政治犧牲了。

在遊行隊伍中被擠到路邊的時候，我與原來勾著手臂一起走的室友也沖散了，我像個逃兵似地背靠著街牆往回走。

這時，隔著舉臂吶喊的隊伍，我看到了俞君。他站在水西門石牆的轉角，穿著一件灰黑色大衣，臉上有一點獅身人面的表情，望著我。

隊伍過完了，他走過街來說，「你也參加遊行啊！」我說，「張莘夫伯伯是我父母的好友，多年來一起做地下抗日工作，我應該來參加這場遊行，實際地哀悼。」他說他的父親在心臟病發突然去世之前，一直希望他們到自由國土來受教育，不要留在被日本占領、控制的上海。但是在這裡，政治活動無論左右都沒有找他，他們大約想，從上海來的人只是英文好會唱歌吧。

當遊行越來越頻繁的時候，我們每天早上仍然從女生宿舍走到文廟去看看，有時有布告，有時沒有。課室、走廊寥寥落落地站著些人，有時老師挾著書來了，學生不夠；有時學生坐得半滿，老師沒有來，所以一半的時間沒有上課。全校瀰漫著渙散迷茫的氣氛。

期待多年，生死掙扎得來的勝利，卻連半年的快樂都沒享受到。

6

林中鳥鳴天籟

這樣的早晨，九點鐘左右，我們從二年級背英詩即同路的三、四個人就由文廟出來，從廣場左邊石階往叮咚街走。石階旁有一個永遠坐在那裡的老頭，賣烤番薯。買個半大不小的握在手裡，一路暖和，回到宿舍再吃正好。縣街有一家小店，賣土製小麻餅，新鮮鬆脆，每過必買一小包。我們拉拉扯扯地經過水西門走上白塔街，過了浸信會大院門口，看到俞君從男生第六宿舍高西門那一端大步走過來。我的同伴丟下我匆匆進了宿舍，剩下我面對著他。

在那樣的早晨，春寒無風的時候，他會帶我到河邊坐「划子」（平底渡船）過大渡河或岷江，到對岸最美的堤壩走走，四野景色全在腳下。右邊是峨嵋山起伏的輪廓，左邊是樂山大佛烏尤寺和緩緩綿延的山麓。這是我在此仙境的最後一個三月，那種壯觀美景豈止是雜花生樹、群鶯亂飛可以描繪！而我卻是第一次得以近觀又永遠失去。我手裡握著那已冷了的烤番薯和小麻餅，很佩服地聽他講音樂，才知道音樂也可以用「講」的！我們在堤岸上上下下地走著，總會碰到鄉下的小茶館，粗木桌，竹椅子，熱沱茶，有如天堂。這時他會問我，「你的『小貓餅』呢？」只有在笑他的江浙國語時，我比較有自信。

遊行學潮自此未曾停過，我也幾乎每週會「碰」到他由白塔街那一端走過來，漸漸也有些期待吧。

在那兩個月裡，他帶著我走遍了近郊河岸，去了幾次我最愛的楠木林，坐了羨慕許久而未坐過的鄉村茶館，吃了無數的「小貓餅」。除了談音樂，我們也談《聖經》；那時我參加了查經班，受洗前後更殷切地希望深入了解教義。至今記得他坐在堤岸上講四福音之不同，〈詩篇〉為何不易直接譜曲，在茶館木桌上用茶水畫出〈啓示錄〉中七印封緘的層次。清談的口氣，明快的刻畫，跳動式的分析，當然和查經班不同。他所說的是他生長在傳教佈道家庭的基礎知識，而我渴於學習，是個很好的聽衆。也許在我傾聽之際，他也紓解了一種思家之苦？

復活節前數日，團契辦了山中自然崇拜之旅。午餐之後衆人自由活動，他悄聲說，「我帶你到林中聽鳥叫。」走不多遠，到一林中空地，四周大樹環繞，鳥聲不多，一片寂靜。

我們在一棵大樹樁上坐下。他開始輕聲吹口哨，原有的鳥聲全停，他繼續吹口哨，突然四周樹上衆鳥齊鳴，如同問答，各有曲調。似乎有一座懸掛在空中的舞台，各種我不知道名字的樂器，在試音、定調，總不能合奏，卻嘹亮如千百隻雲雀、夜鶯，在四月的蔚藍天空，各自競說生命的不朽——隨生命而來的友情、愛情，受苦和救贖……如上帝啓發我，在這四月正午的林中空地，遇到了我願意喊萬歲的天籟。

冬初至春末的百餘日中，我們走遍了半日來回可遊之地，凡是年輕雙腳所能達到之處，小雨亦擋不住（那時最好的油布雨衣，也是很重的），粗糙的油紙傘下仍然興致勃勃。對於他，對於我，這些郊遊都是最初與最後認識樂山美景的機會。他剛來插班兩年，這個暑假就要畢業回上海，我也將隨校去武漢，都盼望順長江而下的時候，經過巨麗的長江三峽。

在這麼多的同遊時日，別人不會相信，我自己也多年未得其解，即是我們從未談情說愛。在所有的時代，這種「理智」很難令人信服，最主要的原因，我想是我幼稚的誠實傷害了他強烈的自尊心。

在我們最初的郊遊中，他有時會問我查經班的功課，我即將心中最大的困惑說給他聽。我說我不懂為什麼上帝要那麼殘酷地考驗約伯，奪走他的兒女、家業，使他全身長滿毒瘡，坐在爐灰中，拿瓦片刮身體，求生不能，求死不得……。俞君的回答和我後來遇到所有的回答一樣，是必須了解，整部《約伯記》是試探、懷疑和堅守信心的故事，重點是在約伯與朋友的辯論後，耶和華從旋風中回答說，「我立大地根基的時候，你在哪裡呢？……你能向雲彩揚起聲來，使傾盆的雨遮蓋你嗎？……」約伯因穩住信心，得見新的兒孫，直到四代，又活了一百四十年，滿足而死。但這個原典的答案在當時和以後多年都不能說服我。

他問我，你這麼憤憤不平是為什麼呢？我告訴他，張大飛自十四歲至二十六歲悲苦、短暫但是虔誠的一生，至死未見救贖。（或許他自有救贖？）他又問我，你為何在他死後受洗？我說希望能以自己信奉體驗基督教義，了解我自幼所見的各種悲苦，當年堅持投考哲學系也是為了尋求人生的意義。我這番述志中，有一個明顯的思念對象。他後來告訴我，他無法與一個死去的英雄人物「競爭」。他連眞正的戰爭都沒有看到過，自覺因沒有「壯志凌雲」而比不上那種男子氣概。在我那種年紀，作此告白，犯了「交淺不可言深」的大忌，自己並不知道，而最初也以為與他僅只友誼而已，大家在樂山都只剩一學期了，接著各自天南地北，並不曾想到後果。

所以他和我談音樂、談《聖經》，談一些小說和電影，不談個人感覺，不談愛情。上下堤岸時牽我護我，風大的時候，把我的手拉起，放在他大衣口袋裡握著，但是他從不說一個愛字。

五月我們都忙著考試，他畢業班更早考，電機系和外文系都是功課重的，全校提前考大考，以便各自復員。文廟的辦公室全在裝箱，公文、檔案，學生的學業資料全都要去裝船。

六月初圖書館也空了，宿舍多已半空，曾經在轟炸、飢餓、戰爭逼近的威脅中弦歌不輟的武漢大學，師生、家屬數千人將從這座美麗的山城消失。我也收拾了三年的行李，小小的一個箱子，裡面最可愛的一個盒子是張大飛到美國科羅拉多州受訓期滿回重慶帶給我的禮物，藍色有拉鍊的小皮盒子，裝了小瓶的胭脂、口紅和兩條繡花手帕。這些東西在戰時很少人看過，放在潮溼的床下箱子裡，也只是無人時拿出來摸摸看，又放回去，小心地蓋好。我的棉被、枕頭都已贈人，只留下離家時向母親要來的深藍繡花被面，一直帶在身邊。數年後有一天在溫州街台大單身宿舍，在太陽下打開小箱子收拾自己所有的「財產」，華麗的緞面和繡花上全是發白的斑點，都是一九四三年冬天在武大宿舍上鋪蒙頭哭的眼淚，那是在半睡半醒之際，年輕豐沛的眼淚斑痕啊！

這一年夏天，魯巧珍也由經濟系畢業了，她比我早幾班船回重慶，找工作常須面試。我新的室友唐靜淵也畢業走了，巧珍便在上船前到我屋裡住了一晚，聯床夜話，講了整整一晚的話。

這一年來，我們生活中都有一些感情的債。她當然有許多愛慕者，其中有一位南開校友陳緒祖，淳樸有禮，是少數祖籍樂山的同學，常有人用樂山土話氣他。在我們小圈子，他稱她「小魚日」。他那默默看著她的眼神令我們全很感動，卻幫不上忙。有一次，他來邀我與小魚日到他家吃午飯。我們都是第一次到他那被前進同學罵為地方惡勢力的祖居，那座落在岷江對岸的房子，比我在宜賓看到的老宅更大更講究。臨江一排落地窗是一九三九年轟炸後新裝的，滿屋子的字畫文物，父母說一口濃重的嘉定話，卻是很雅致的人。飯後在庭前欄杆看到的江山氣勢，眞是我們住在宿舍所不能想見的。陳緒祖對我們說，當初父母在重慶大轟炸時疏散還鄉，回來發現這裡園林之雅是外面沒有的，人生有很多活法，就安心留下來。巧珍與他自始無緣，此後大約也沒有人生交會的可能，但是我有時會在塵世喧擾中想到他們那種可羨的活法。中共當權之後，他們可能逃不了迫害吧。可悲的中國人，常常不能選擇自己的活法。

7 — 告別世外桃源

巧珍走後，有一天俞君突然陪他的姐姐到宿舍來找我。她剛從成都來，臨時決定在離開四川前到峨嵋山一遊，與她同來的是美軍顧問團駐成都區一位主管M中校。她是位極友善的美麗女子，看到我，說聽她弟弟說到我已經半年多了。她邀我第二天早上和他們一起去峨嵋山，住一宿再回樂山。

我在峨嵋山的山影水域中三年，未曾前往一遊。常有同學團體以各種方式作三日遊，我竟未遇到合適旅伴！在這最後幾天，竟有如此意外的機緣去登山瞻拜，遂欣然接受邀請，一夜興奮。

第二天清早，由M中校開吉普車九十里，很快就到了山下小城，登山到報國寺。那青蒼宏壯的寺院，走不完的大石塊鋪成的庭院，那青灰色、珠灰色的大塊石板像海浪般不斷「湧」來，將我雙腿和全身捲進去。進了一重又一重的廟門，高高的門檻之內，高深的棟樑之上，仍更有無限的幽深，迴響著數千年的誦經聲。自此以後，我曾參拜過很多雄偉寺廟，但總比不上初見報國寺時內心的讚嘆。

午餐後再往山中走。剛起步，童年時常犯的「心口痛」發作了，我臉色煞白，全身冷汗，坐在路旁石階之上。俞君姐弟當然十分緊張，但是M中校以戰地軍人本色鎮定地說，這大概是高山症心臟初步缺氧的現象，他的行軍囊中有藥，立刻拿出來給我吃下，不久即感到舒解。

他們堅持要我坐滑竿上去。滑竿是兩根竹竿貫穿一座軟椅，前後兩人抬著，是極輕軟的轎子，轎夫兩腳可以踩穩之路，都可到達。所以二十一歲的我，是這樣不光彩地朝拜峨嵋山的。俞君一直在我滑竿前後走著，不時地過來握著我的手，他說生病的時候最怕手冷。我說自從高中以後我幾乎沒有生過病，「心口痛」的威脅已近忘記，今天竟以這樣的方式登峨嵋山，真感到羞愧、掃興。

到了半山腰，我們投宿在一家建在溪澗上的旅舍。晚餐後，俞君和他姐姐（她唱alto，女低音）合唱了幾首可愛的小歌；小小的旅舍客廳，風從四面來，似在伴奏，爐火溫馨，油燈閃爍，素樸的四壁光影晃動，令我想起朱光潛老師英詩課的密室上課的早晨，陽光金色燦爛。他們唱到〈羅萊河之歌〉時，深山溪澗的流水從屋下流過參加伴奏，行走坐臥都似有擺動之感。

這一夜山中有月，俞姐姐與M中校過溪上小橋到對面空地散步，留下我們坐在雨簷下。他問我感覺好些嗎？我說坐滑竿上峨嵋山，被同學知道了不知會怎麼說。實際上我在樂山三年未登峨嵋，也是怕會半途而廢，拖累遊伴。由此，我竟然說出終生恨事——十歲住肺病療養院，說到張姐姐病房撒石灰和老王給我煮土豆的時候，他竟捲起袖子，給我看只有醫生和家人看過的他傷殘的左臂。兩人肯將俊秀挺拔的外表下最隱密的傷痛相示，終至無言相依，直到他姐姐回來。

山中月夜，純潔的相知相惜情懷，是我對他最深的記憶。

回程路上，俞姐姐邀我和他們一起到成都搭M中校的飛機回上海。我說父親現在南京，我應該先回重慶跟母親相聚至七月底一起回北平。但是我漸漸被她說服，到上海先住她家，接著要去南京和北平都容易，何必又坐江輪，上下碼頭回沙坪壩……。

回到樂山，我立刻給母親寫了封信，附了俞家上海的地址。

俞姐姐約好來接我之前，我早一些提著箱子到門房與老姚道別。我全心誠懇地去向他道別，沒有人比他更清楚我那三年的生活。宿舍裡滿處破書廢紙，同學們差不多都散了。巧珍和余憲逸走的時候，老姚告訴她們，他以後會回湖北黃陂鄉下，家裡已沒有什麼人，如果景況不好，也許會回樂山找個小房子養老，武大已給了他資遣費。

我坐在門房等車的時候，老姚說，「你剛來的時候，成天就等那空軍的信，對不對？唉，他死了已經一年多了吧。後來那個黃先生白跑了兩趟，沒有緣分。這三年你倒是很本分的。這個俞先生的姐姐親自來接你，看來他們家很有誠意，我看了都很放心。」

我說，「老姚，他們又不是來求婚的，我還要讀一年書才畢業啊！」

老姚笑了笑，極和藹地向我揮手道別。

我離開樂山時帶走的是老姚的祝福。他是那三年中唯一登記了我最後的淺藍色信和信潮後的沉默的人，對最近一年出現的兩位男子，用他近乎全知的評估，嘉許了我的「本分」。但是，我的「本分」是什麼？

就這樣，我腳不沾地似的乘上美國軍機，「復員」到了上海，只幾個小時之後，我就成了另一種異鄉人。

8—上海，我照的另一面鏡子

到上海俞家的時候，天已經黑了。

俞伯母看到女兒和兒子突然回家來了——那時沒有任何人家有長途電話，所有的事都是「突然發生」的，上海和四川更沒有聯絡之路——還帶了一個土土的女孩子，歡喜了一陣子。把我安頓在俞君的妹妹房裡，他們全家再去客廳詳細述說別後。

俞君的妹妹比我小一歲，是我進入上海生活的關鍵人物。第二天早上，我在她對面的床上醒來，趕快穿上我那件比較好的布旗袍和比較新的車胎底圓頭皮鞋，看到她正以詫異的眼光看著我。生長在上海上流社會的她，即使在日軍占領的八年中，父親也去世了，卻沒有吃過什麼物質的苦。勝利一年之後，上海已漸漸恢復了國際都市歌舞昇平的生活。她是五兄妹中的老么，生性雖然善良卻很率性，有話直說，倒也縮短了我摸索適應的時間。在全家早餐的時候，她說下午要帶我出去買些衣裳——事前她並未與我商量，事後我才漸漸全然了解，走在上海街上，我那些「重慶衣裳」使她難堪；沒有腰身的布旗袍，車胎底的皮鞋，在六月的上海街上行走，說一口沒有人懂的話——八年艱辛的戰時生活中，人人如此，學校的男同學說，「藍旗袍也有幾百種穿法」，從來沒有人覺得我「土」。

下午出門之前，她半強迫地要我換上一雙她的淺色涼鞋。我拿了大飛哥由美國受訓回國時送給媽媽的白色塑膠皮包，那時後方尚未見過，我上大學時她送給了我，到樂山後，根本未從箱中拿出來，不久在全宿舍爆發的大竊案中被偷走，失物又全部在一個女同學床下「發現」，找回來發還。幸好那書形的皮包是好的舶來品，尤其好的是裡面裝著回重慶的船票錢和足夠的盤纏，還有一筆「惜別費」——第一次去武大時，臨行爸爸在家中即告誡我說，「如果有男生請吃飯應設法還請，不可以占小便宜。」所以我自信可以付治裝費用。

記得在那間服裝店的鏡子裡看到的，眞是一個我所不知道的自己。雖然只是米色短袖襯衫，赭色裙子，卻是我有生以來第一次買的時髦衣服。初中的童軍制服是學校發的，升高中後穿的長袍，從冬到夏都是媽媽按學校規定到鎮上小裁縫店做的。到了大學只是多了兩、三種顏色的素面長袍而已。我們所有女同學都沒有胸罩，內衣內褲也全是手工縫製的，高中以後，在上衣縫了幾條「公主線」，形成兩個小小的凹形渦渦罷了。換裝後的我，有好幾天連走路都不知手腳怎麼放。俞家妹妹對於我「現代化」的結果大為讚賞，竟然更進一步坦白地說，「我二姐昨天帶你進門的時候，我眞不明白 Peter 是怎麼回事，剛才看你笑的樣子，我才知道他為什麼喜歡你。」

回到上海家中，俞君的名字恢復作 Peter，似乎除了我之外，沒有人叫他中文名字。他的母親叫我齊小姐。那些天裡他是我唯一的依靠，兩人一起由遙遠的四川來，臨行曾在深山將自己心中最大的痛苦和隱密相告，形成一種 closeness。由於他的緣故，我對那巨大、陌生，處處以冷眼看人的上海也有了初識之美的印象。

白天，他帶著我四處走走，看許多種了法國梧桐的街道，他讀過的學校，教他聲樂的老師家和從外灘的揚子江口到長江入海之處。晚上飯後在客廳唱歌、禱告，他帶我到閣樓他父親藏書之處也是他的房間，給我看案上開卷未闔的吉卜齡小說《消失的光芒》（Joseph Rudyard Kipling, 1865-1936, *The Light That Failed*），那一頁是他父親逝世前正在讀的。然後我們在窗下的長椅坐著，悄悄地說些心裡的話。

到上海的第四天是星期一，早餐之後，由俞君帶路去找我父親。未逢亂世，無法了解我那時的心情。未經世事艱難的我，驀然來到上海那樣的世界，才明白自己與家人的聯絡鍊子是多麼脆弱。我只知道自從勝利之後，爸爸多半的時間在南京，準備政府復員「還都」。他回重慶時曾告訴媽媽，他去上海會住在丁家，有事寫信請他多年老友吳開先轉交（他的兒子也讀南開中學）。吳伯伯最早回到上海故鄉，任社會局長，負責由日本人手中收回英、法租界及日本人強占的一切資產，重新安頓百姓等地方工作。我見到吳伯伯，說要找我爸爸，他嚇了一跳說，「你這小囡本領倒不小，戰區各級學校剛剛放假，長江船由四川到漢口和上海的，一艘艘著一艘，還沒有輪到學生呢，你怎麼就跑到上海來了呢？正好，這幾天你爸爸就要由南京來了，我給他一個驚喜吧！」就這樣，幾日之內我父親來到俞家，找到他的女兒，感謝了俞家對我的照顧。三天後，乘京滬鐵路夜快車，我隨他去南京。

9 — 再讀〈啓示錄〉

南京是我記憶中最接近故鄉的地方，除了在那裡讀完小學，最重要的是我看到父母在南京重逢，母親經營一個舒服幸福的家，三個小妹妹平安地誕生，家中充滿歡笑。寧海路齊家，曾是黃埔軍校無數思鄉的東北學生星期天來吃道家鄉菜，得到我父母關懷的地方。因此，一九三七年初冬我們倉皇地逃離，國破家亡的悲愴和日軍進占後的南京大屠殺，不僅是我的國仇，也是我的家恨。

到南京後，住在政府的臨時招待所。那時許多機構都加上「臨時」兩字，擠在南京和上海等地。早上爸爸去上班，我就一個人在雨中出去走路，尋找八年前的舊居和小學。

經過八年異族盤據後，逃生又回來或者新遷入的居民，其「臨時」活著的態度在曾經倡導新生活運動、充滿蓬勃氣象的首都變得一片殘破，年輕如我，也不免腳步躊躇了。只有鼓樓仍可辨認，由它的草坡下來右轉，漸漸走進一條破舊的大街，擠滿了破房子，是當年最繁榮的市中心，新街口，這裡是我從小學三年級起每週日由爸爸那不苟言笑的聽差宋逸超帶著去買一次書，跟姥爺看了第一場電影（默片《聖經的故事》）的文化啓蒙地。往前走了不久，突然看到一條布帶橫掛在一座禮拜堂前，上面寫著大字：

紀念張大飛殉國周年

那些字像小小的刀劍刺入我的眼，進入我的心，在雨中，我癡立街頭，不知應不應該進去？不知是不是死者的靈魂引領我來此？不到十天之前，我剛剛意外地飛越萬里江山，由四川回到南京——我初次見到他的地方——是他引領我來此禮拜，在上帝的聖堂見證他的存在和死亡嗎？

教堂敞開的門口站立的人，看到我在雨中癡立許久，走過街來問我，是張大飛的朋友吧，請進來參加禮拜，一同追思。

我似夢遊般隨他們過街，進入教堂，連堂名都似未見。進門有一塊簽名用的絹布，我猶豫了一下，簽了我哥哥的名字，齊振一。至今六十年我仍在自我尋思，那一瞬間，我為什麼沒有簽下自己的名字？也許自他一九四四年秋天停止寫信給我，到一九四五年五月他由河南信陽上空殞落，那漫長的十個月中，我一直不停地猜想，什麼樣的一些人圍繞著他生前的日子，如今又是哪一些人在辦他的追思禮拜呢？這些人能夠明白我的名字在他生命中的意義嗎？

戰爭剛剛停止，萬千顆流血的心尚未封口。那場禮拜極莊嚴肅穆，有人追述他在軍中朝不保夕的生活中，保持寧靜和潔淨，因而被尊重。在許多經文之中，又有人讀《新約．啓示錄》，「我又看見一個新天新地，因為先前的天地已經過去了。……神要擦去他們一切的眼淚，不再有死亡，也不再有悲哀、哭號、疼痛，因為以前的事都過去了。」這些經文在我一生中幫助我度過許多難關。我坐在後排，禮拜結束立刻就離開了。

那一天我為什麼會走到新街口，看見那追思禮拜的布條，我終生不能解答。每個人生命中都有一些唯有自己身歷的奇蹟，不必向人解說吧。我自一九三七年底逃出南京城，今生只回去過兩次。這一次參加了大飛哥的追思禮拜，第二次，二〇〇〇年五月去了三天，由中學好友章斐之助，找到了航空烈士公墓，拾級上去，摸到了那座黑色大理石的墓碑，上面刻著他的出生地和生卒年月。

10 北平，「臨時」的家

三天後，爸爸又帶我回上海，他正積極籌備《時與潮》在上海、北平、瀋陽復刊。他料想不到的是，在勝利的欣喜中大家各自離開重慶，抱著今後有全國發行的宏偉遠景，誰知輝煌的歲月竟一去不返。

在火車上，我告訴他張大飛追思禮拜的奇遇，父女相對嗟嘆不已。

爸爸說，自從郭松齡兵諫失敗之後來到南方，幸能在中央有說話力量，負責組織地下抗日工作，使淪陷滿洲國的百姓不忘祖國。當年招考青年入黃埔、讀中山中學，即是為了培植復國力量。如今十五年，許多當年由東北出來從軍，像張大飛這樣以身殉國連屍骨都不能還鄉的，盼望我父能早日回去，設法撫卹他們的家人。蘇俄在日本投降前一星期才對日宣戰，十三天後，日本關東軍接受盟國波茨坦宣言，在哈爾濱向蘇俄投降，蘇俄俘虜滿洲國皇帝溥儀，並將日軍五十九萬四千人全部俘走，宣稱「滿洲全部解放」。勝利後一整年，搶拆境內工業設備運往俄國，將重要地區、港口、軍事設備交給中國共軍，幫助他們與中央軍對抗。今後東北的局勢相當艱困，抗戰中的犧牲尚未必能換來家鄉的安寧和幸福，對殉國者遺族何日才能照顧？

火車上這一席話，是父親第一次把我當大人看待，與我長談。直到他在台灣去世，我們一生中有許多對人生、對時局值得回憶的長談。

回到上海，我仍住在俞家，那似乎是我與俞家的約定。我雖只走了三天，但南京之行給我的衝擊使我重見上海的心情和十天前初來時不同。那虛張聲勢的繁華令我不安，知道自己是融不進去的局外人。希望帶我見識上海的俞君，仍是那個舉著火把從白塔街窗下高歌走過的他，是那在河堤上有說不完「外面的故事」的他，但是他已漸漸走回他原來的朋友圈子，走回他生長的城市。走在繁華的街上，我竟常常想念重慶，想念三江匯合處的樂山。

大約一星期以後，爸爸給我買到運輸物資的軍機票（戰後復員，允許公務人員和大學生搭乘），讓我去北平與剛由重慶回去的母親、妹妹團聚。上海郊外那座臨時軍用機場只有幾間鐵皮平房，除了條跑道之外，四周長滿了半人高的蘆葦。俞君送我到門口，看我跟著全副武裝的士兵進入停機坪。螺旋槳的飛機起飛前滑行時，我由小窗往外看，看見他穿著卡其褲的兩條長腿在蘆葦中跑著，向飛機揮手，漸漸消失在視野之外。

這架小型的運輸機在駕駛艙後面裝了兩排靠牆的鋁板，八個座位，上面有帆布帶把人拴穩，後半艙裝貨。飛行一段時期，我仍在恍神狀態，想著在蘆葦中跑著的人，但是也知道鄰座的人一直在看我，終於，他說話了。

他說，「小姐，你的安全帶沒有拴緊。」我看看那帆布帶的環子已經扣到最後一格，仍然有些鬆動，只好歉然地說，「大約我體重只有四十多公斤，不合軍機座位標準吧。」他居然大笑起來，連機艙的人都回頭看我。他又道歉又安慰我，飛機還未過黃河，他已查清楚我的姓和學歷，他給了我一張我有生以來第一次收到的名片，上面的頭銜是「東北保安司令部少校參謀」。他說大學畢業時響應「十萬青年十萬軍」參軍的，我說我是東北人。他立刻問，「齊世英先生是令尊吧？」我大吃一驚說，「你怎麼知道？」他說，「我雖然是廣東人，但跟著梁華盛將軍派駐東北。勝利不久，令尊代表中央回鄉宣慰同胞，報紙上有顯著報導，他自滿洲國時期即組織領導地下抗日工作，大名鼎鼎，我當然知道。姓齊的人不多，能拿到這軍機票的更不多。」

飛機到北平機場降落的時候，他堅持用他的吉普車送我到東城大羊宜賓胡同。我母親看我從天而降似地突然回家，身旁站了一位全副戎裝的漂亮軍官對她立正敬禮，大概差點昏倒（以前她常常昏倒）。她花了好幾天時間也沒有想明白，像我那樣勉強長大，瘦乾巴巴的女兒，怎麼會有人從四川帶到上海，從上海坐飛機下來還有人堅持送我找到家？

北平的「家」從來沒有給我家的感覺，不僅因為我只住了兩個暑假，而是那種沉鬱的氣氛。我母親由重慶直接乘民航機回到北平，有兩個重要的目的，第一個是和爸爸儘早安葬浮厝在廟裡的祖母，第二個是去安排今後如何照顧兩位姑姑。

大姑父石志洪，原是鐵嶺縣世家子，是富有、英俊的知識分子，夫妻一同到日本留學回國，因我父親而參加了地下抗日工作，捐了很多錢。二姑父張釀濤原來已是工作同志，蘆溝橋事變後不得不離開北平，留下大姑姑帶五個小孩，二姑帶兩個小孩，八年中極為艱困，還侍奉我祖母至逝世。兩位姑父到四川不久竟然相繼病死，我父親對兩位妹妹有極深的虧欠感。先到北平租了一個足夠三家人住的大院子，雇了一位做家務的劉媽，看門的李老頭，和爸爸的司機李鑫。我回到北平第二天就換回了四川的布旗袍，適應北平城的沉鬱格調和我自己的心情。

在那個時代，北平和上海眞是天南地北，一封信往返需十天。南北分離之初，俞君差不多每天都有信來，說不盡的想念。他的姐姐收到我的謝函，也立刻有信來，說她弟弟在我走後那幾天，連上樓梯的力氣都沒有了。他給我那十歲的小妹寄了幾本英文的精美童話。正好爸爸由上海、哥哥由瀋陽同時回到北平，我們去照了唯一的全家合照，我和小妹合照一張小的，心想是專門寄給他的。不久，他說在上海發電廠找到工作了，每天到郊區的眞如上班。漸漸地，他每天晚上寫些長長短短的工作環境的信息，寫他去參加的 parties 和朋友，開始生活在一個我完全不知道的上海了。而我生活在一個他完全無法想像的大家庭裡，很少有獨處的天地。我們在北平那大宅院，隨著東北戰況的惡化，漸漸變成了親戚、朋友、地下工作同志們出山海關的一個投靠站，

顛沛流離的年代，拍張全家福極為難得，這是唯一的珍貴紀念：前排左起：母親裴毓貞、父親齊世英、小妹星媛。後排左起：大妹寧媛、哥哥振一、邦媛。

一批又一批狼狽的逃難者，無數悽愴的故事。我們的信漸漸缺少共同的話題，不同的生長背景，不同的關懷，對未來有不同的期待。我們終於明白，也許傾三江之水也無法將我融入他在上海的生活。我不能割掉我父母的大關懷。

九月中旬我去漢口，回學校註冊上學，漸漸信也寫得少，甚至不再寫了。我去漢口前已把他所有的信包好，放在讀交通大學的南開好友程克詠處。十一月間，我託她幫我送還給俞君，寫一短簡說今後路途將不同，就此別過，寄上祝福。

四年級的那一年，我的心也渙散了。三個月的暑假中，發生了太多的事情，多到我年輕的心幾乎無法承受的程度。三個月內，我從長江頭到長江尾，又回溯了一半長江航程，在中國的三大火爐——重慶、南京、武漢——之中經驗了我生命中最早的眞正悲歡離合。常常似到了一種見山不是山，見水不是水的眞幻之界。自幼崇拜的英雄已天人永隔，留下永久卻單純的懷念。這乘著歌聲的翅膀來臨的人，在現實中我們找不到美好的共駐之處。我常在歌聲中想念他，當年歌聲漸漸隨著歲月遠去，接下來的現實生活中已無歌聲。中年後我認眞聽古典音樂，只有在心靈遙遠的一隅，有時會想起那林中空地的鳥鳴。

11——珞珈山——一九四六

我們是復員第一批回到武漢大學的學生。

初次踏進著名的武大校園珞珈山，充滿了失望。它不僅滿目荒涼，且是被日人與村鄰破壞得不宜居住的狀況了。

在四川的時候，總聽老師們說宮殿式的建築多麼宏麗，面臨的東湖多麼浩瀚美麗。但是一九四六年九月我找到女生宿舍的時候，工人仍在趕工裝窗玻璃和木門。我被分配在最後一間，同室原有同班的況蜀芳，在校四年，她一直對我很好。不久後，復學的謝文津由山西來住。

那一年間我們三人一起上課，週末常常搭渡輪由武昌到漢口去，在沿長江邊的大街上地攤買美軍軍用剩餘罐頭，最常買大罐的冰淇淋粉，回宿舍沖開水喝，代替比較貴的牛奶。冬天晚上舍監查房之後，偷偷生個小炭火盆烤許多不同的東西吃，小番薯和白果眞是人間美味啊，比起樂山宿舍生活，簡直是富裕了。謝文津兩年前與青梅竹馬的情人孟寶琴結婚休學，生了一個兒子後來復學。她心情安定，一心讀完書與夫、子相聚，所有的功課都認真，給我們寢室帶來一種穩定的力量。蜀芳與我都很羨慕她那樣的婚姻。

武大的校訓是「明誠弘毅」，和大多數學校的校訓一樣，四個字，原都有些深意，卻記不得它的真意，但至少其認真務實的態度是處處可見的。一九四七年的中國，好似有一半的人都似螞蟻搬家東西南北地奔跑卻又似看不到來去的目的。我們外文系的老師有一半都另有高就了，朱光潛老師已在北大文學院籌畫新局，他臨行聘請吳宓（字雨僧）教授來武大作系主任。

吳先生未隨西南聯大回北平清華大學，而來到武漢，大約是與朱老師的私誼。我大四這一年選了他兩門課，一門是「文學與人生」，開放全校選讀，據說是他當年由哈佛大學回國在清華大學開的很著名的課，在武大重開也只教了兩年。他自己讀書既多，理想又高，所列課程大綱和講課內容眞是縱橫古今中外，如在太平盛世，當可早啓中國的比較文學研究。可惜一九四七年的學生多是憂心忡忡，在現實中找不到安頓的早衰的青年人，不如上一代那樣能單純地追求被稱為「現實主義的道德家」的理想。他辦《學衡》雜誌，一生主張文學須「宗旨正大（Serious Purpose），修辭立其誠」，但是他癡情的故事也是當時傳說不已的。

我所記得的吳老師，更鮮明的是他為本系三、四年級開的「長詩」，似是接續朱老師的英詩課。

剛開始教彌爾頓的“L'Allegro”（〈歡愉者〉152行）和“Il Penseroso”（〈憂鬱者〉176行），用字精深，用典甚多，對於我們是難極了。只有篇名意大利文讀起來順暢好聽，所以我至今記得。

由於朱老師課上背詩，記憶猶深，這兩首我們以為也得背，所以一面念咒一面背，至今仍記得大半，對我後來進修與所教的英國文學史課頗有用處。

彌爾頓的《失樂園》只能教些梗概，讀些關鍵名句，直到他教到柯立芝的〈古舟子詠〉（“The Rime of the Ancient Mariner” 1797-1799）才知道長詩是不要背的，但是考試的題目卻要求從更廣的角度和觀點加以詮釋。後來讀了雪萊的“Alastor”、“Adonais”和濟慈《*Endymion*》，解說這兩位詩人早期的浪漫思想和現實的衝突。

吳老師開學後宣布接下指導朱光潛先生導生的論文，包括我的。朱老師去北大臨行前曾告訴他，我很想進一步研究雪萊或者濟慈作論文題目。朱老師很可能也告訴他，我正困在悲傷中走不出來——老師們背後也會談到關心的學生們的「私情」吧！

吳老師建議我以雪萊的長詩“Epipsychidion”（希臘文，意為「致年輕靈魂」）作論文，我寫信請爸爸託人在上海幫我找了一本，因為學校的圖書還沒有完全復原。《時與潮》已在上海復刊，主編鄧蓮溪先生是外文系出身，後來見面調侃我說，「怎麼研究起雪萊的愛情觀來了，原來是換了吳宓作指導教授啊。」我收到書先翻了一

在武漢大學唸書的知識女青年。「當時舉國艱困，腳上穿的都是輪胎底的厚重皮鞋。」背景是武大著名的宮殿式建築。

陣，覺得雪萊那種戀愛觀和我的「鍾情派」不同，很想換濟慈的一篇，但是時間和知識都不夠。

不久，吳老師召我去，把我擬的大綱幾乎改了一大半。他用毛筆寫了兩頁英文大綱，並且加上一句中文：「佛曰愛如一炬之火，萬火引之，其火如故。」告訴我，要朝一種超越塵世之愛去想，去愛世上的人，同情、悲憫，「愛」不是一兩個人的事。

我努力讀一些相關的書，按老師修改過的大綱寫了幼稚的初稿，四月中旬繳上去，然後將修改近半的初稿，工工整整地手抄（當時尚未見過打字機）成我的畢業論文。

袁昌英先生教我們四年級的「莎士比亞」課，她仍以一貫的穩健步伐定了全年進度。莎氏的三十七本劇本，分悲劇、喜劇和歷史劇三種，選代表作逐本介紹，但是沒有書，只有講義上的梗概及專心聽講作筆記。在作筆記方面我頗為專長，如能進一步閱讀，確有助益。莎士比亞一課廣博精深，需一生時間，這是我未敢嘗試的。

袁老師領我們進了殿堂的大門，正如三年級「戲劇」課一樣，先教導讀，再讀一些劇本，所用課本 *Continental Dramas* 和英詩課的《英詩金庫》一樣，也是世界性的標準課本。我清楚地記得她導讀霍普特曼《沉鐘》（Gerhart Hauptman, *The Sunken Bell*）和羅斯丹的《西哈諾》（Edmond Rostand, *Cyrano de Bergerac*，王若璧譯《大鼻子情聖》，遠流，一九九四）等劇的神情，生動感人，給我終身的啟發。後來讀到同學孫法理寫的〈恩師遺我莎翁情〉一文，更具體憶起袁老師當年分析劇本時常用的「第五象限」（The Fifth Dimension），線、面、體三個象限是空間象限，時間是第四象限，而關係（結構）是第五象限。在那個兵荒馬亂的戰時，我的文學生涯有那樣高的起步，實在幸運。

12

落伍與「前進」的文學

開學不久，我們教室門口貼了一張告示，剛由意大利回國的田德望博士來校任教，為三、四年級開選修課「但丁《神曲》研究」（Dante Alighieri, 1265-1321, *La Divina Commedia*）。

我們很有興趣，七、八個人嚷著要選，結果只有三個人去登記，上課前幾天有一人退選，只剩我和一位男同學，他說也要去退選，實在沒有心情深入研究這深奧的經典。系主任叫我們去懇談，說在此時此地能爭取到真正有實學又合教育部聘任標準的意大利文學教授應該珍惜，你們三個人務必撐著讓系裡開得出這門課，留得住人才。我們走出來時，我又苦苦求他們勿退。他們妥協說，等到退選日期過了，再去以衝堂為理由退掉。總之，只剩下我一個人面對一位老師。

九月的武漢已是仲秋，剛剛裝上門窗的教室，雖是最小的一間，仍是冷風颯颯的。

田先生全套西裝，瘦瘦斯文的歐洲文人形態，他原站在講台後面，也寫了些黑板字，後來找了把椅子坐下，我一個人坐在下面，只看到他的肩部以上。聽講兩週之後，大約都覺得有些滑稽。有一天老師說：「你既然必須從女生宿舍走到教室來，到我家住的教師宿舍的路程差不多，不如你每週到我家上課，沒這麼冷，我家人口簡單，只有內人和一個小孩。」

我去問了吳宓老師，他說，「你去試看看也好，教室實在不夠分配。田先生家裡是安全的。」

從此，我就爬半個山坡去田家，上課時常有一杯熱茶。田師母相當年輕，亦很簡樸溫和。男同學們傳說田先生是去梵諦岡修神學，未當神父，抗戰勝利前修得文學博士，回國娶妻生子的。他們又說，從前在樂山時，哲學系張頤（眞如）教授的「黑格爾研究」課上，常見一師一生對坐打瞌睡，你到老師家書房研讀天書一般的《神曲》，不知會是怎樣一個場面！

我清晰地記得，那個一學期的課，一師一徒都盡了本分。田老師確實認眞地帶我讀了《神曲》重要篇章，當然，和一般文學課程的重點一樣，他分配在第一部〈地獄篇〉（"Inferno"）的時間遠多於第二、三部的〈煉獄篇〉（"Purgatorio"）和〈天堂篇〉（"Paradiso"），著重在詩文韻律之美和意象營造的力量。在地獄第二層中，聽狂風疾捲中的情人，保羅和芙蘭切絲卡的故事，詩人但丁寫著：「為此，我哀傷不已，刹那間像死去的人，昏迷不醒，並且像一具死屍倒臥在地。」❶使我在日後得以懂得西方文學與藝術中不斷重複的罪惡與愛情，其源自《神曲》的種種詮釋。田老師也不斷出示他由意大利帶回的各種版本與圖片，是一般教室所做不到的。他是位相當拘謹的人，在上課時間內從不講書外的話，力求課業內容充實。

但是，他的宿舍並不大，田師母抱著孩子在鄰室聲息可聞，而我到底是個女孩子，常去熟了，她會在沒有人接手時把小孩放在爸爸懷裡。田老師常常漲紅了臉一臉尷尬，我便站起去接過來，幫他抱著那七、八個月的小男孩，一面聽課。後來田師母到了五點鐘就把小孩放到我手裡，自己去搧爐子開始煮他們的晚飯。有一次，一位同班同學來催我去開班會，他回去對大家說，看到我坐在那裡，手裡抱個小孩，師母在搧爐子，老師仍在一個人講著〈地獄篇〉十八層地獄不知哪一層的詩文，當時傳為笑談。

但是，初讀《神曲》算是打下相當扎實的根基，而且使我避開一門繆朗山教授的「俄國現代文化」的課，那在當時是爆滿的大熱門（我已讀過必修的俄國文學一年）。我堅持選讀《神曲》是一個大大的逆流行為，在很多人因政治狂熱和內心苦悶，受惑於狂熱政治文學的時候，我已決定要走一條簡單的路。我始終相信救國有許多道路。在大學最後一年，我不選修「俄國現代文化」而選修冷僻的《神曲》，對我以讀書為業的志願，有實際的意義。

13 六一慘案

在教室、宿舍、餐廳甚至運動場上，左派同學們已半公開活動，讀書會、歌詠團，既不再有抗戰心情，竟大半狂熱於蘇俄書籍和革命歌曲如〈東方紅〉等等。那一年在珞珈山最紅的女同學王雲從，大概是領導人之一，很亮麗，很酷，從不在女生宿舍與人作「小女子語」。有一天下午我從操場經過，看到一場排球賽，場外可以說是人山人海，大家全注目著王雲從，只見她不但球技好，且全場指揮若定，絕非一般大學女生姿態，那種戰鬥的魅力我至今記得清楚。

繆朗山教授所發揮的影響則更巨大，但比起西南聯大聞一多和李公樸、潘光旦等人當然是小巫見大巫。他們在聯大罵現狀批政府的演講、激烈活動，乃至身殉，引起全國學潮，幫助中共影響知識分子，意義是不同的。

繆教授自抗戰中期起到武大任教，上課、演講、座談都很吸引學生。由內容豐富的俄國文學作品引申至罵中國時局，罵政府，穿插許多詼諧言談以自嘲嘲人，聽時很「過癮」，場場客滿，也引領許多不滿現狀的學生「前進」，投入左派陣營。但他自稱並非共產黨員。

一九四五年二月初，警備司令部要逮捕他，他去見王校長，請校方保護，校長說無法保證，請他離開以保安全。學生對這件事的反應很激烈，有些老師認為他太愛說話，在文學課上講太多政治是不太妥當的。系主任朱光潛老師想挽留他，但校方認為沒人敢保證繆教授究竟是什麼背景。然而因前線戰局轉折，正式公文並未發出。寒假後開學，盟軍在歐洲大勝，蘇俄搶先進占柏林城，保住了繆教授的職位，所以我三年級讀了他一年的俄國文學。那一年，一九四五年秋季到一九四六年夏，他還很顧及課程的內容與進度，守住了文學教授的本分。但回到珞珈山，繆教授的課演變成三分之一文學，三分之二政治。他的政治攻擊語言配合戲劇性動作，在中共由敵後到公開的攻城奪地開始之時找到了著力點，更具有煽動力。外文系師資剛復員武漢還不夠充實時，他的舞台擴張至全校。那是一種潮流，一種趨勢，幾乎沒有人敢公開批評他的言論。

袁昌英教授的丈夫楊端六教授留學英國，是貨幣理論專家，與劉迺誠教授聯手將武大經濟系辦成培養數代經濟人才的重鎮。夫妻倆與武大相守二十多年。在抗戰艱困中，這一批學術報國的讀書人守住學術標準和學者尊嚴。當他們研究「前進」的女兒楊靜遠攻擊現狀時，做父親的娓娓相勸，「固然現在政府缺點很多，可是轉過來想想，如果現在沒有它，我們還能好好地在這裡過日子嗎？日本人早把中國滅了。國民政府雖不好，我們完全靠它撐持，才打這七年仗。而且要說它沒有做一點好事也是不公平的，自民國以來已經有相當的建設，你只和清代比一比就可以看出這進步。」女兒回說，「大學教育有什麼用？專門讀書有什麼用？一點不能和現實結合起來。」父親說，「一個人不讀書怎麼能懂得世界上的事情，怎麼曉得分辨對與不對？人對於問題的看法完全要靠他的腦筋來判斷，而腦筋不經過讀書怎麼訓練？」❷

楊教授這一席話，即是我在樂山三年，幾乎所有學校集會時校長和老師們說的話。危急時考慮把學生撤至「雷馬屏峨」山區去，教育部的指示也是說要「弦歌不輟」。即使在俄國文學課上，繆教授也是規定我們讀那些重要著作，才能認識那個文化的深度和演變。也許，他對中國的文化演變反而沒有深思。他和其他的左傾教師如聞一多等，在各校園中煽動青年人反政府的效果，遠勝於共軍初期的兵力。當年在校如有人敢反駁他們的煽動言語，先會被嘲罵為國民黨的職業學生，以後會有更實際的侮辱。到了一九四七年「六一慘案」發生之後，男生宿舍的同學已有人拳腳相向了。

一九四六年起，國共內戰全面展開，至一九四七年，在共產黨領導下，高舉「反內戰、反飢餓」的學生運動風起雲湧，遍及各地，已具有燎原的態勢。五月，京滬蘇杭學生六千多人示威遊行，遭到鎮壓，隨後武大一千七百多名學生舉行另一波示威遊行、請願，隊伍衝進省政府，震驚武漢當局，埋下六月一日武漢警備司令部進入武大校園逮捕共產黨師生的行動。

「六一慘案」發生在那一日清晨大約六點鐘。男生宿舍靠校門的那一幢，有同學起床洗臉，發現門口停了幾輛軍車，荷槍實彈的士兵正把繆朗山教授帶上車。他大聲求救，一些學生衝出去攔阻，拉扯之間，兵士開槍，立刻有三人中槍倒地死亡，有一人手裡還抓著臉盆，受傷者數人。

一時之間，學生愈聚愈多，拉回了繆教授，軍車受令疾馳撤離。大家把傷者送醫務室，用門板將死者抬到大禮堂，以被單蓋住身體，全是頭部中彈，所以胸部以上露在外面，沒有遮蓋。

全校師生都擁聚到大禮堂，校長和老師帶著大家，全場一片哭聲。這時一位領袖型的同學跳到台上，大聲地說，我們知道學校會處理後事，但是必須有同學代表參加。當時有人提了幾個名字，寫在講台黑板上，女生宿舍也有三、四人被提名，其中有王雲從。突然間，我聽到我的名字被清晰地提出來，在千百個人頭中，我看不到提名的人，只看到我的名字被寫在黑板上。

散會後，這些人要留下來，參加校方的善後工作。散會之前，所有的人排隊由死者身前走過致敬。我記得其中一位的傷口很大，血還沒有凝住，在我數吋之外，雙眼也未闔上。

我在逃難路上看過不少死者，在武漢和重慶的轟炸中也看到很多炸死燒焦的屍體，但從未如此近距離地看過。那種震撼的感覺是終生無法忘的，也不是哭泣可以紓解的。

留下來開會的時候，我因從未參加過南開校友會和團契以外的任何校園活動，不知為何此時會被提名，心中明白並不單純。這是一個挑戰，也不能逃避。想著爸爸常常訓示的「要沉得住氣！」先不要說話，看看再說。果然，這十幾個學生代表討論一些大事項後，有人提議由齊邦媛寫追悼會的悼文。

我站起來說，我恐怕沒這個能力在兩天內寫這麼重要的文章。有一位男生大聲說，你不是朱光潛的得意門生嗎？這事難不到你吧。另一個較小的聲音說，小布爾喬亞的《神曲》裡沒有革命和暴行。

在近乎廢寢忘食兩天之後，我繳出了一篇悼文。我寫的時候，眼前總閃著那流血的傷口和半闔的眼睛，耳旁似乎響著朱老師誦唸："O Captain! My Captain!" 詩裡的句子，"The ship has weather'd every rack, / The prize we sought is won; / The port is near, the bells I hear, / . . . ." 所以我寫這三個年輕的生命，不死於入侵敵人之手，卻死於勝利後自己同胞之手，苦難的中國何日才能超脫苦難的血腥、對立仇恨，能允許求知的安全和思想的自由？如此，他們的血即不白流……。

那篇短短的祭文是我以虔誠之心寫的，他們拿去抄成大字報，又油印了許多份，反應都不錯。我由人心開始寫起，到知識、思想的自由止，誠實地說出大多數人的想法，也預言了我一生的態度。在激昂慷慨的追悼會上宣讀時，似乎也有一種至誠的尊嚴。前進的同學也許不夠滿意，但是也沒法再罵我什麼。

我的導師吳宓教授，以外文系主任的身分保全了繆教授的安全，並且親自護送他到機場乘飛機赴香港。中央政府下令武漢警備司令彭善撤職，執行捕人開槍者嚴辦。武大六一慘案成了中共奪取政權的一大文化武器，然而二十年後在文化大革命慘死的無數大學師生，又該如何控訴？

14—大學畢業，前途茫茫

我參加學生代表會後一天中午，與同寢室的況蜀芳、謝文津和她的丈夫孟寶琴，還有幾位常參加英語會的香港同學，一起到校門口一家小餐館聚餐慶祝畢業且惜別。

大家興致頗高，居然要了一大瓶高粱酒（大約那裡只有那種酒）。店家拿來的是小茶杯作酒杯，並且端來小碟子的花生米和豆腐乾，連那粗瓷碟子上的花紋都與樂山河堤下茶館的相同（大約是長江文化吧）。

三江匯流的古城，暮春三月，雜花生樹的美景，攜手漫步的朋友已成陌路，一年之間，我竟置身這樣喧囂複雜的情境，恍如隔世！大家舉杯之際，我竟端杯全乾，一連乾了六杯，把大家嚇得不知如何是好。文津和蜀芳把我夾著走回宿舍，路並不近，大家連腳踏車都沒有，我兩隻腳好似騰雲駕霧一般，踩著虛空，竟然走了回去，進了宿舍房間倒在床上立刻人事不知。

第二天醒來，思前想後，今後何去何從？

大學畢業了，工作、愛情皆無著落。蜀芳先回四川家鄉，文津急著回山西與家人團聚。我從有記憶以來，就沒有可回的故鄉。父親在京滬忙碌，媽媽在北平暫居，哥哥在國共拉鋸戰的東北戰場作隨軍記者。那時女子就業的職場極窄，我仍想讀書進修，桂質廷院長因團契的關係為我申請到美國霍利約克學院（Mount Holyoke College）的入學許可，但父親不同意我出國，他認為我應先考慮婚姻再談出國進修，否則以國內局勢之變幻莫測，一生與家庭隔絕，會成為孤僻的「老姑娘」。

繳了畢業考試最後一張考卷出來，是個炎日當空的正午。如今連最後奮鬥的目標也沒有了，我大學畢業了，身心俱疲回到宿舍，在半空的房間裡，痛哭一場，為自己茫茫前途，也為國家的迷茫，悼亡傷逝。我父親在我這年紀一心要救的中國，如今處在更大的內憂外患中不知何去何從？當年幼稚狂妄地想讀哲學了解人生，如今連自己這渺小無力的心靈都無處安放了。

尚好在迷茫之中，理性未滅。父母尚在，他們在世之日，我就有家可歸。終於到了最後航行長江之日。六月下旬，我與幾位香港僑生同學余麟威等人由漢口搭船回上海。那艘江輪有船艙，艙裡悶熱，令人坐臥難安，而沿著全船的欄杆，用粗麻繩連環綁著近百名年輕男子（新兵），去支援在北方的剿共戰爭——那時不可以說「國共戰爭」。

船行半日一夜，艙門外綁著的士兵看到我們喝水，眼睛裡的渴，令我們連水都喝不下去，有時就偷偷給他們喝一些，另一段的兵就求我們也給他們一些。

這舉動被巡察的軍官聽到，過來察看，他說會定時發放飲食，請我們不要破壞軍紀，軍隊調動的時候，最怕鬆動和逃兵。

在那樣的大太陽下，有些兵的臉和嘴焦黑乾裂，我們把悶熱的艙房關上門，才敢吃飯喝水，因為吃喝每一口都自覺有罪惡感。

當天晚上倦極睡去，朦朧中聽艙外人聲喊，「有人跳水了！」軍官用大電筒往水裡照，長江正在漲水期，滾滾濁流中，一個小小的軀體哪有生路？

有一個兵開始哭泣，引起更多哭聲。一個粗重的聲音厲聲說，「再有人哭就開槍！」哭聲戛然而止，黑暗中一片死寂。

在我有生之年，忘不了他們枯乾的顏面，忘不了他們眼中的渴。有時在電影看到西洋古戰場上，威武戰將後面舉著盾牌奔跑的兵，我都流淚。古今中外，那些在土地上沙沙地跑、「一將功成萬骨枯」的兵都令我悲傷，它具體地象徵了戰爭對我心靈的傷害。

又見上海！不過是一年時光，對於我卻似隔世前生，不堪回首。

我有了家，爸爸在上海復刊《時與潮》，由北四川路遷至原英租界的極司斐爾路（勝利後改名梵王渡路）的一所大房子，是租住的市產，曾是市長官邸，日據時期有許多神祕的傳說。《時與潮》與東北協會在重慶的工作人員和家眷住了大半房間，給爸爸留了三間。漸漸有許多當年地下抗日的同志，到上海來也住在裡面，人氣旺盛，

一九四七年，大學剛畢業時的齊邦媛（右一），與母親（中坐者）、大妹寧媛、小妹星媛。

每天進進出出，無數多年睽隔的老友重逢，說不盡別後的驚險歷練……。

我在上海住了一星期就去北平與母親相聚，爸爸希望我在北平找個工作，也幫忙照顧家庭。在那時，似乎也是我唯一合理的路。

我大學畢業回到北平，對於我母親是一大安慰。在她心中，我長大了，可以自立了，而且也成了她可以商量心事的女兒。

她回到北平一年，似乎所有的「還鄉夢」都幻滅了。東北家鄉的剿共戰爭打得激烈，兩軍在長春四平街四出四進，眞正在血戰。許多在滿洲國那十四年中忍氣吞聲作「順民」的人，也往關裡逃難。我家在北平大羊宜賓胡同的家成為親友投奔的目標，所有的房間都住滿了人，每頓飯開兩桌，有時還開第二輪。兩位姑姑家十口，我家四口，三位堂兄弟（振庸、振飛、振烈），兩位表兄和家鄉新來的鄉親。那時物價已經不斷漲高，我們餐桌上的菜已只能有三、四種大鍋菜，茄子燉土豆、白菜燉豆腐加肉塊，量多就不是小鍋精緻的好菜了，姑姑的孩子和我兩個妹妹都是十四、五歲到十歲左右，正在成長又不懂人間疾苦的年紀。

爸爸每月寄來的錢都跟不上物價波動，我母親的角色就很難演了。她趁我回去，就跟因公回東北的父親走了一趟東北，而且冒險一個人回了她的娘家新臺子給姥爺、姥娘、三位舅舅上墳，住了幾天。在那段時期我幫兩位姑姑買菜，應付開門七件事，才知道開銷之大，我父親每月定時匯來的錢已不敷支出。

北平城裡謠言四起，津浦路常常被挖了路基或起了戰事而不通。我母親從家鄉回到北平，萬分憂愁。她連可以變賣的首飾都沒有，當年陪嫁的首飾和多年節儉存下不過數千元銀洋，都在抗戰末期被銀行奉命換成當時貨幣，後來只夠買一匹陰丹士林布。津浦路若斷了，飛機票更別想買得到，爸爸那時在京滬工作，她一個人帶兩個小女孩如何生存？更何況還有兩個姑姑的十口人？夜晚我睡在她房裡臨時搭的床上，聽見她一直在翻身、嘆氣，我就說，「媽，你不要嘆氣好不好，我都睡不著。」

15
渡海

過了幾天，我到北京大學紅樓看朱光潛老師。

他見到我，十分高興，帶我去看他新配的宿舍，說家眷不久可以由南方來。那幾間臨時宿舍，空蕩蕩新蓋的水泥平房，其實還不如他在樂山聽庭院落葉雨聲的老房子溫馨，但他似乎很滿意，說如今勝利了，以後可以好好做些學術發展。他也問了我畢業後的計畫，我只說想繼續讀書，家裡又不讓出國，但沒提想做助教的話，也許當時不願朱老師認為我是為了找工作才去看他，或是我內心並沒有決定要留在北平。自童年起，我記憶中的北平古城就是一座座陰鬱的古城門，黃沙吹拂著曲曲折折的胡同，往遠看就是荒涼的西山和撒石灰的屋子……。

當天晚上，媽媽問我到北京大學拜望老師的情況，她很嚴肅地說，「既然你未向老師求職，我希望你到南京或上海去找事，北平和京滬切斷的話，我和你兩個妹妹活命都難，你哥哥在東北戰地到時候也不知什麼情況，你去跟著爸爸近的地方，也讓我心裡少一份牽掛。」

我又回到上海。因為《時與潮文藝》的孫晉三先生的關係，我向南京的中央大學外文系申請助教工作，但他們已留了自己的畢業生。在上海教書，我不會上海話，實用英語也不夠，想都不要想，所以也沒去申請。何況我不喜歡上海那種虛妄的繁榮。

八月過去了，九月也過了一半，我在上海，思前想後，真正不知何去何從。

突然有一天，在南來北往的客人中看到了馬廷英叔叔。

抗戰初起，他放棄了在日本長達十七年地質學者的工作，回國獻身文化報國，曾任由瀋陽南遷的東北中學校長。自一九三七年起，每次到南京以及後來到重慶都住在我家，因他一直單身，我母親特別照顧他的衣食。他身軀壯碩，笑聲洪亮，我們全家都很喜歡與他親近。他曾帶給我一小袋我一生第一次看到的海貝蚌殼，講他去海底探測珊瑚礁的故事，很給我們開眼。他到四十歲才結婚，生了一兒一女，男孩馬國光筆名亮軒，在台北長大成為作家。

我在上海再看到他，倍感親切。他看到我在那十里洋場的邊緣晃悠徬徨，就說他此來為台灣大學找理學院教授，聽說外文系也正在找助教，「他們什麼都沒有，只剩下兩個日本教授等著遣送回國！你就去作助教吧。」

對我父親和《時與潮》的叔叔們來說，我一個單身女子要渡台灣海峽去剛發生二二八動亂的台灣，是不可思議的事，都不贊成。但在我心中，孤身一人更往南走有自我流放之意，至少可以打破在南北二城間徘徊的僵局。況且，整個中國都在非左必右的政治漩渦中，連鴕鳥埋頭的沙坑都找不到了。每一個人都說，你去看看吧，當作是見識新的天地，看看就回來吧——大家都給我留一個寬廣的退路。一九四七年九月下旬，我隨馬叔叔渡海到台灣，想望著一片未知的新天新地。

爸爸給我買的是來回雙程票，但我竟將埋骨台灣。

■註

❶《神曲》，黃國彬譯，台北九歌出版社，二〇〇三年出版。
❷引自楊靜遠《讓廬日記》，湖北武昌武漢大學出版社，二〇〇三年。

—第六章—

風雨台灣

1 台北印象

一九四七年十月第一次乘螺旋槳飛機過台灣海峽時，心中很是興奮，因為這是地理書上的地名，好似在地圖上飛行的感覺，兩小時很快就到了。

台北這名字很陌生，飛機場相當簡陋，大約也是「臨時」的吧。既然大家都說台灣是個很小的海島，應該立刻可以看到比較熟知的「雞蛋糕」（吳振芝老師地理課上的基隆、淡水、高雄），至少可以先看到眞正的香蕉與鳳梨。

初見台北眞是有些意外，既沒有椰樹婆娑的海灘，也沒有色彩鮮豔的小樓，整體是座灰撲撲的小城。少數的二層樓水泥房子夾在一堆堆的日式木造房子中間，很少綠色，也沒有廣場。來到台北，我借住在馬廷英叔叔家。

馬廷英叔叔，號雪峯，一九〇二年生於遼寧金縣農家。少年時立志科學報國，考取日本東京高等師範博物科，以第一名畢業入仙台東北帝國大學地質系。畢業後，跟隨著名地質古生物學家矢部長克博士研究，專攻古今珊瑚礁生長率變化及相關古生態、古氣候、古地理及古大地構造問題，發表多篇卓越論文，獲德國柏林大學、日本帝國學術院雙重博士學位。一九三六年衝過日人之阻撓，以所學回報祖國，擔任中央大學地質系教授。第二年蘆溝橋事變起，內陸各省缺乏食鹽，馬叔叔應政府之請，親赴沿海及其他各產鹽地勘量，並指示開採井鹽和岩鹽之道，有功於抗戰之國計民生。

戰起，京滬各機構學校紛往西南後方遷移，自九一八事變後，我父親在中央負責東北地下抗日的東北協會主持人，敦請馬叔叔出任東北中學校長（該校成立於瀋陽，不留在滿洲國而遷移到北平，原有自己的師生，與後來成立專收流亡學生之國立東北中山中學不同），帶領該校出山海關到北平又移南京的原有師生跋山涉水，由湖北、湖南、貴州各省到四川，辛苦跋涉，也到自流井靜寧寺復校。他辭職後回到研究工作，抗戰八年間登山下海，研究冰川問題、準平原之成因、紅土化作用、珊瑚礁之古生態與變化等，完成七部專業巨著。

抗戰勝利，他應教育部之請，擔任接收台灣教育機構特派員，尤以台北帝大為重要工作。因他在日本二十年，深知日本民族之心理，以中國知識分子的豁達大度，對台大的一切設備、資料、制度之維護，可謂盡心盡力。當時日本人尚未遣返，對馬教授之學術地位及處理方式皆極尊重，但他堅不任官職，創辦地質系、海洋研究所，帶領學生，潛心研究，並組調查團隊前往蘭嶼、南沙、釣魚台各島，寫〈石油成因論〉，對台灣資源之開拓有莫大影響。之後發表「古氣候與大陸漂移之研究」系列近二十篇論文，證明地殼滑動學說，引起國際地質界的研討與肯定。

馬叔叔的家在青田街，當時是三條通六號。一條條窄窄的巷子，日式房子矮矮的牆和木門，門不須敲，推開就進去了。有個小小的日式庭院，小小的假山和池子，像玩具似的，倒是沿牆一排大樹有些氣派。開了門是玄關，上面跪了一個女子（不是坐，也不是蹲的，是跪的），用日本話說了一大堆大約是歡迎之類的話。那位名喚「錦娘」女子的面貌，我至今清晰地記得，因為她那恭謹中有一種狡黠，和她的日本話一樣，是我以前未見過的。每個人都脫了鞋，穿上錦娘遞上的草拖鞋，進了房間，走在榻榻米上好似走在別人的床鋪上一樣，連邁步都有些不安。她做的菜是眞正日式的魚，烤、炸、味噌湯，第一次吃頗覺得可口。

坐在廚房外面走廊上，有一個很瘦的中年車伕，腰帶上繫了一條白色毛巾，他們稱他「秀桑」，側院裡停了一輛黃包車，是台大派給馬叔叔的公務座車（他那時代理理學院長）。馬叔叔大約重八十公斤，高一百八十公分左右，秀桑大約重五十五公斤，高一百七十公分。但這不是重點，重點是那輛公務車的手拉桿，馬叔叔第一次坐上就斷了，修復後再坐又斷了，所以不能修好後再坐，而車伕是校方正式名額的員工，每天要上下班。我到後，去台大外文系「看」工作，馬叔叔吩咐秀桑拉我去學校，下午送我回青田街，他即可以「履行公務」，否則可能被刪除名額，而他一家數口靠此薪水活命。

我坐了兩次，秀桑一路用日本話（他們不懂中文國語）對我表示感謝之意。我「就職」後，把米、煤、配給票都給他，還引起同住馬家的一對助教嘲諷「擺闊」。我第三次坐院長座車時，「行駛」在新生南路的田野小路上，突然警覺，幼年時父親不許我們坐公務車的原則，立刻下車走路。

2 新天新地——友情

我來台大只是一個懵懵懂懂的助教，因為初到，落腳住在馬家，卻看到台大初具規模的大局。不久即出任校長的陸志鴻教授和另外幾位早期教授，住在前面兩條巷內，幾乎每天往返與馬叔叔等討論校務，有時也與尚住青田街等待遣返的日本教授詢問原有各事。走到門口就常聽到馬叔叔宏亮的笑聲，他們想的都是未來遠景，最早的重點是保持台北帝大最強的熱帶生物科學研究和醫學院，切實地充實台大醫院的教學與服務。當年奠下的基礎至今仍是堅強的。

到台灣三個月之後，在台大外文系面對著那兩屋的書，開始一堆一堆地整理，一本一本地看，大致作個歸類，其實是個很能忘我的幸運工作。但是，我的心是飄浮狀態的，下了班，沿著瑠公圳往和平東路、青田街走，心中是一片空虛，腦中起起伏伏想著：寒假要不要回上海的家？回去了要不要再來？再來，除了搬書，沒有任何需要我的事。在台灣大約只有六個人知道我的存在。滿懷愁緒，落寞孤獨的一個人，在黃昏的圳沿走回一個鋪著日本草蓆的陌生房子。

除夕那天，鎖上外文系的門往回走，天黑得早，到了青田街巷口，靠街的一間屋子燈已亮了，由短垣望見屋內一張桌子圍坐了一家人，已開始吃年夜飯。那情景之溫馨令我想念北平的媽媽、妹妹和上海的爸爸，思及我自己這種莫名其妙的「獨立」，眼淚湧出，疾行回到馬叔叔家，餐桌坐著幾位單身來台的長輩，喝著日本人的溫熱的清酒。

新年後某一天午後，我這全然的孤獨有了改變。

那天，雨下得不停，百無聊賴之際，我穿上厚重的雨衣，到巷口和平東路搭公共汽車去榮町（今衡陽路、寶慶路、博愛路一帶）買一些用品，那時只有三路公車在警察派出所門前（六十年後的今天仍未變）。

雨下得不小，只有我和另外一個女子等車。她全身裹在雨衣裡，雨帽也拉得很低。車子許久不來，我就看看她，在那一剎那，我看到了一張似曾相識的臉，她也看我，我們幾乎同時問道，「你是武大的楊俊賢嗎？」，「你是武大的齊邦媛嗎？」

如此奇妙，我找到了連綴過去的一環。

楊俊賢是早我兩屆的經濟系學姐，在女生宿舍見過，但並沒有交往，她隨姐姐來台灣進入電力公司會計處工作。同來台灣的還有她的同班同學佘貽烈，在台灣糖業公司營業處工作，兩人已訂婚，那時都住在姐夫戈福江（我們叫他戈桑）農林處的日式宿舍，大約是青田街九條通，與馬家只隔三、四個巷口。楊大姐希賢在師大家政系任教，是前三屆的系主任。他們夫婦二人豪爽熱誠，女兒戈定瑜（乳名寧寧）當時四歲，和父母一樣經常笑口常開，有時給我們唱個幼稚園新歌加上舞蹈。戈家漸漸成為對我最有吸引力的溫暖之家。許多年後我教英國文學史時，每讀到十三世紀比德（Bede）的《愛德溫皈依記》（*The Conversion of King Edwin*），唸到他們形容信奉基督教前後的景況就如飛進宴飲大廳的麻雀，廳裡有爐火有食物，飛出去則只有寒冷和朔風，正如我一人在台初期的感覺。

過年後，俊賢和貽烈邀我同往參加武漢大學旅台校友會。那時在台數十人，多數是理工學院和法學院的早期學長，在政府機構工作，或者教書。知道我剛畢業，來台灣不久，會長李林學（化工系畢業，在石油公司任高職，對來台校友幫助謀職安頓，照顧最多。享高壽，可以說是校友會的靈魂人物）請我報告一下近兩年母校情況。我站起來就我所知作了個報告。當時在座的有一位電機系學長羅裕昌，在鐵路局工作。據他日後告知，當天他在校友會看到我，下定決心要娶我回家。

校友會後三、四日，他和譚仲平校友（機械系畢業，在樂山團契與我見過）到青田街馬叔叔家來看我。客廳中坐了一陣，我並未在意，但下個星期又來一次，邀我去拜訪楊俊賢，在她家坐坐談談來台校友近況。他們三人同屆，是在樂山畢業的最後一屆，又都是最早來台灣的技術行政人員，所以共同話題很多，對我這不知世事的文藝青年都有些識途老馬的架勢。我們在台灣相聚整整五十年，他們對我的這種保護心理始終未變。

這時是寒假了，我自除夕在街角看到那家人吃年夜飯的情景，心中就盤旋著回家的念頭，先回上海，也許媽媽終會和爸爸再回南京重建我們自己的家，我也可以安定下來找一個工作。所以我就去航空公司用回程票訂了一個一週後的機位。回到青田街，馬叔叔說，「台大給你發一年的助教聘書，你才來了一學期就走，學校不易找到人，外文系一共不到十個人，你應該做到暑假再說才好交代。」俊賢也說，「你還沒看到台灣是什麼樣子就走，太可惜了。」過了兩天，羅裕昌和譚仲平也到馬家，說了許多挽留的話。

我正在猶豫難決的時候，到馬家來拜年清談的郭廷以教授（台大歷史系任教，後轉中央研究院創辦近代史研究所）是我父親朋友，勸我留下幫外文系整理那些散滿兩室的書，自己也可以靜下心看看書。他說，「現在大陸情況相當混亂，北方尤其動盪不安，各大學都仍在復員過程，你到那裡也讀不了書。」郭伯伯正好要退掉台大溫州街的一間單身宿舍，搬到家眷宿舍。他去和總務處說，把那間宿舍撥給我住，可以安定下來，走路上學也很近。

在這樣多的規勸聲中，我去退了機位，準備搬到單身宿舍去。

那時台大和許多公務機構一樣，仍在「接收」過程。我收到那張毛筆寫在宣紙上的是「臨時聘書」，今日大約有一點「文獻」價值。人事和校產也尚未有明文規章，所以我以一個助教身分，可以正式接住一位教授的單身宿舍。我原曾申請一間單身宿舍，是台大剛剛在瑠公圳旁空地用水泥蓋的一幢軍營式平房，一溜八間，但當時均已住滿。經濟系的助教華嚴，中文系的裴溥言和廖蔚卿也住在那裡。

搬去溫州街宿舍那早晨，俊賢來幫忙。實際上我並沒有什麼可搬的，仍只是一個小皮箱，前兩天在榮町買了一床棉被和枕頭，還有剛來時在騎樓下，日本人跪在那裡擺的地攤上買的一個一尺高的小梳妝箱，有一面鏡子和兩、三個抽屜，像扮家家酒用的衣櫃，可以放一些小物件。秀桑幫我用洋車拉了送去。以前郭伯伯住在裡面，所以我並沒有去看過，第一次看到沒有桌椅和床的日本屋子（馬家有床和一切家具），眞是憂愁。

早上俊賢來的時候，羅裕昌也與她同來。他看了那房間一下，和俊賢說了幾句話就走了，說他等一下再來。在中午之前，他又來了，帶來一床厚重的日式榻榻米用褥子，一把水壺，一個暖水瓶，兩個杯子和一個搪瓷臉盆。並且在小小的公用廚房給我燒了第一壺開水，灌在暖瓶裡。這些東西我從來沒有買過，也沒想到它們是生活的基本要件。

中午，戈家請我們午餐。我出去買了一些必需品，晚餐回馬叔叔家吃飯，俊賢和貽烈送我回溫州街。他們走後，從屋外走廊的落地窗往院裡看，假山和沿牆的大樹只見森森暗影。第一次睡在榻榻米上，聽窗外樹間風聲，長夜漫漫真不知置身何處。那時期的我，對黑夜的來臨又恢復在西山療養時的恐懼。我住那間在最右端，大約有八坪，外面還有單獨的走廊，與別的房間有些距離，白天也很少看到人走動。直到兩個月後，鄰近那間住進了一對助教夫婦，夜半他們家的嬰兒哭聲，成了我每夜期待的甜美人間訊息！

過了幾天，羅裕昌與另外兩位同學來看我，他帶來一個木盒的自製收音機，他們說他現在是台北朋友圈中有名的修收音機專家。他說，在校時電機系分電力、電訊兩組，他主修電訊（telecommunication），所以來台灣前考取經濟部技術人員的交通部門，分發志願塡的是鐵路，因為在四川時受到外省同學嘲笑沒有見過火車，決心從事鐵路通訊的工作，而不去電力公司。在當時，電力公司的一切條件都比鐵路局好，那時的鐵路通訊設備還相當落後。閒暇時，他自己裝設收音機玩，也免費為熟人服務。

他送我的這一台大約是比較成功的，可以收聽台北本地電台的節目。它大大的驅散了我寂靜中的孤獨感。每晚除了新聞、音樂，多為日人留下的古典音樂和日本歌，其中我多年不能忘的是夜間聽〈荒城之夜〉，在音樂中忘記它是日本歌，有時會想起逃難時，荒郊寒夜的風聲犬吠，想想那數百萬死在侵略中國戰場上的日本人，雖是我們痛恨的敵人，家中也有人在寒夜等他們回家吧。初到台灣時處處仍見待遣送的日本人，看著他們瑟縮地跪在台北街頭擺地攤賣家當，心中實在沒有什麼同情，但是也知道他們不是該償還血債的對象。

3 舖育者

——戈福江先生

台大外文系數十個學生，主要的課仍由兩個日本教授上課，他們從未到系辦公室來，我搬書到樓下圖書室，看到有幾個中年人出入，無人介紹也從未打招呼。不久剩下一位，第二年也遣送回日本了。

週末我總是回青田街，馬叔叔常在台大醫院餐廳請大陸新來的教授吃飯，有一些也是我父親朋友。那位大廚是台大剛由大陸請來的，在台北很有名。那時幾乎沒有內地口味的營業餐廳，所以去台大醫院吃飯是很高興的事。

有時，我也會到戈家吃一頓家常晚餐。那時貽烈和俊賢開始迷上橋牌（他們後來代表台糖和台電橋牌隊，賽遍台灣，是常勝軍）。我在大學四年級曾和理工學院幾位助教在團契學過，當然技藝不精，但他們請羅裕昌與我一組，耐心配合，有時戈桑在家有空亦與其他同學另成一桌。我以研究貫注的態度投入，也跟著他們看些專書，興趣大得很，直到後來搬到台中，戛然而止。

那一年四月一個週末，我又去戈家。剛進門，俊賢說，來看看貽烈的房間。我說，「他不是已搬去台糖的宿舍了嗎？」

這時，戈桑從另間出來，打開那房間的紙拉門，眼前景象眞令我驚訝莫名：在那原是八個榻榻米的地板上，繁花開遍似的是一簇簇，金黃的，啁啾叫著的小雞！

原來是戈桑近日來神祕忙碌，期待的第一批人工孵育的來杭雞，我們有幸成為這戲劇性成功的第一批見證人！這些在手釘木箱，拉了電燈泡在固定溫度下孵出的雛雞，對長年飢餓的國人而言，簡直就是黃金！

前排左起：戈福江、佘貽烈、楊俊賢、楊希賢
後排左起：孟昭瑋、謝文津、齊邦媛、羅裕昌、孫經畹
一九七五年左右，台北。

由此開始，兩年後，戈桑辭去台大畜牧獸醫系的專任教職，四十歲到台糖創辦最新科學養豬事業。利用蔗糖生產過程所有資源，生產飼料，又與美國合作成立氰胺公司，研究畜產生長及防疫酵母粉，改良品種，大規模外銷日本和香港，使台灣的豬肉更充裕。當中國大陸正在土法煉鋼，數百萬人死於災荒的那些年，台灣實行九年義務教育，一九七〇年至一九八〇年，國民中學的教師薪津是由全省的屠宰稅支付的！

戈福江先生（一九一三～一九八三年），河北人，河南大學農業系畜牧組畢業。一九四六年來台灣農林處工作，成立畜產公司、畜產試驗所。因多年擔任聯合國發展之山坡地畜牧發展計畫的我國代表，而台灣的研究成績已引起國際注意，所以很早即開始做國際科技交流。之後，創立台糖公司畜產研究所、養豬科學研究所，在竹北增設牛養殖場，三十六年間全心壹志投入。因工作長年辛勞，罹患氣喘痼疾，即使夜晚病發不能睡，白天仍奔波赴竹北，親自照料初創的各種試驗，觀察評估各項成果。

一九八一年退休後，客居美國加州，原以為加州氣候有助於氣喘的療養，未料兩年後突以心肌梗塞症猝逝，剛滿七十歲。

噩耗傳來，我也十分悲痛。數年後我們再去竹北，走進學生為紀念他所蓋的福江樓（後為新計畫所拆），似乎看到壯碩的戈桑迎面走來迎賓，又似聽到他洪亮的笑聲，如同一九七〇年研究所初創時，他親自為我們講解他的理想時一樣，我一生以曾分享那個理想且見證其實現為榮。

4

姻緣

在戈家的聚會日益增大，因為謝文津與孟寶琴帶兩歲的兒子也來台灣了。她原是俊賢好友，到台北建國中學教英文，孟兄進鐵路局機務處工作，住在羅裕昌的單身宿舍。大陸局勢不好，漸漸地來台灣的人更多了。

羅裕昌有時和同學一起，有時獨自一人，常常去溫州街找我，而且幾乎每天上午打電話到台大。那時文學院只有兩座電話，一在院長室，一在共同辦公的總務室。電話一來，那位中年的陳祕書會到走廊上喊一聲，「齊小姐電話！」我在眾目注視之下實在很不舒服，更不知說什麼才好。有一天，約在中山堂對面的朝風咖啡室見面（也許是唯一或僅餘的有古典音樂的地方），我坦白說，勝利後這兩年我無法投入新的感情，到台灣來是對大陸政治情況不滿，父母南北分離，自己隻身一人來此，明知有許多不方便，但既是自我流放心情，甘於孤獨，暑假仍想回去隨父母生活，不能接受他的好意。

過了幾天，他寫了一封長信來，說他剛看了《居禮夫人傳》電影，感動得流下熱淚，很欽佩她的毅力與堅忍不懈的努力。他信上寫人的理想，應有計畫，有步驟去實現；先決定生活的重心，講求效率，節省精力，甚至於無意義的交談亦應當儘量減少。

這樣的人生態度是我過去從未聽過的，這樣的宣示，伴隨著強烈的愛情語言，在當年仍是文藝青年的我讀來，是「很不一樣」，甚至很有趣的。將近六十年共同生活之後，我在整理一生信件時重讀，才恍然明白自己當年對現實人生之無知。在我們相識之初，他已清晰地寫下他處事為人的態度，和我敏感、好奇，耽於思慮，喜好想像的天性是很不同的。但是，吃夠了自己「多愁善感」的苦，處在困境中的我，心中也佩服別人的理智與堅強，甚至是願意得到那樣的保護吧。

我在台灣的朋友，俊賢、文津，和在基隆港務局工作的程克詠都覺得羅裕昌穩妥可靠，勸我應該少些幻想，早日安定下來。一九四八年暑假快到時，我給父親寫信，希望他來台灣看看這個人如何。

我信上說，「羅君二十八歲，武大電機系畢業，來台灣即在鐵路管理局工作，現在任台北電務段長。九歲喪父，家境清寒，有姐妹四人，弟一人，母親現居四川資中縣家中。他很努力上進，很有毅力……。」

我父親兩次訂期來台都臨時不能來。到了暑假，我必須決定下學期是否留在台大。這時我母親終於離開北平到了上海，連我那一向樂觀的父親，也承認大陸局勢不好，囑我暫不必回去謀職，可先收下台大聘約。媽媽希望我放假先回上海商量，不能一人在台灣結婚。

所以我八月回上海，得了父母同意，十月十日在上海新天安堂由計志文牧師證婚定此一生。結婚前三日，裕昌受洗為基督徒。那時許多人已從北方到了上海，有些是政府派往東北，尚未接收，已經失守（或淪入土共手中，或仍在拉鋸戰中）。大多數都只能困坐愁城，不知何去何從。那時上海的物價每日早晚都不一樣，法幣已貶值到提一袋也買不到食物的地步，所有的物資都被囤積起來。我們的結婚戒指是14K金，因為金子已買不到了。婚禮的賀客坐滿了禮拜堂（原不想鋪張的宴客飯店，臨時加不出雙倍人數的食物，分兩批上菜，令人窘甚），其中有抗日地下工作最後的「十大天王」中的六位。我父母去世後我在遺物中看到王非凡先生在獄中寫的〈鑼鼓喧天〉及一幅字：

鐵公，我敬愛您，十五年如一日。
十五年來，於快意時未忘您，於失望時未忘您，
飢時寒時哭時笑時更未忘您。

今在獄中遙祝您身體如春風般的強健，
默禱您事業如秋月般的光輝！

王非凡　敬書　於北平敵牢
一九四五、七、七

這幅字寫於勝利前一個月，我珍藏至今。這些人在偽滿洲國做國民政府的地下抗日工作，九死一生，終熬到抗戰勝利，由廣闊的東北家鄉到上海來，我的婚宴是他們最後一次聚會。幾十條熱血漢子，大聲地談著「挾著腦袋打日本」的艱辛往事。在上海所見，他們心中大約也明白將進入另一場噩夢。這些當年舉杯給我祝福的人，也就是我父親晚年縈繞心頭，使他端起酒杯就落淚的人。

婚禮後十天，我乘船回到台灣。此時已全無猶豫，回到原有工作，在已熟悉的台北建一個自己的家。父母不再擔心，朋友們覺得我離開人心惶惶的上海，在「海外」有一個生活的目標竟是可羨之事。我也從此對人生不再有幻想。

回到台北，先借住在鐵路局電務科長鄭兆賓先生的家。大約一個月後，帶著我們最早買的家具，一桌、兩椅、一張雙人床和小櫃，搬入我們的第一個家——奉准將台北電務段一間大倉庫用甘蔗板隔成兩家，暫用宿舍靠街的一戶，另一戶是新科長李枝厚先生一家，有六個小孩，全是很好的中小學生。

台灣糖業公司出產蔗糖，賺回大量外匯是國家收入最大的經濟來源之一。榨糖副產品用來大規模養豬，製甘蔗板等等，對台灣的貢獻眞是巨大無比。而台糖生產的甘蔗板，在當年解決了無數新來人口的居住問題。唯一缺點，當隔壁家孩子嬉戲玩鬧，推了隔間用的甘蔗板，我這邊的屋子就變小了……。

我記得那隔成三小間的新家，外面是厚重的木板牆，位於很熱鬧的延平北路口，右邊是警察派出所，與鐵路局隔街相對。牆外一條街通往後火車站，半條街擺滿了攤販，最多是布販，還有一些菜販。早上買菜人潮之後，布販開始大聲用閩南語吆喝，「一尺二十塊！一尺二十塊！眞俗！」伴隨著把裹著木板的布匹展開，啪啪地摔在攤子上的聲音，十多個聲音此起彼落地一直喊叫到下午兩點左右，拉黃包車的嚷著「邊啊！邊啊！」灌滿了我的陋室。

不去上班的週末，牆外的生意更是鼎沸，常常我只得逃出去到處逛，沿著延平北路往下走，到迪化街，再遠望淡水河入海口。看熟了台北開埠的商業舊街，和在湖南、貴州、四川逃難時所見的城市很不相同。台北的店面比較小，緊緊靠著，很少門洞、橫匾之類的間隔。前半段以布店和金店最多，後半段以乾貨為主。有時，我們會走一半路右轉到圓環，開始喜歡肉羹和炒米粉。但這些吃食和東北人的餃子一樣，在四川人心中，是不能當飯吃的。我們晚上一定要在那加搭的小竹棚廚房燒飯煮個湯才像個家。

晚上飯後，裕昌去修各種送來的真空管收音機，我讀著帶回家的書。有時我會寫一點日記，每提起筆，心中就洋溢著悲秋意味的憂傷，過幾天再看看就撕掉，不合自己的文學標準。

這樣的日子過了將近兩個月，突然接到爸爸寄來快信，說媽媽帶兩個妹妹將在月中到台灣來看看，上海生活已很不易應付了。

聖誕節前數日，媽媽先帶小妹乘飛機到，大妹跟韓春暄伯伯一家帶著家中行李搭太平輪隨後亦到。住在我那陋室雖不夠舒適，卻是我一九四四年離開重慶去樂山上二年級之後，眞正和媽媽一起過自己的日子，吃自己想吃的「小鍋飯」，喜怒哀樂可以如此單純，幸福的團聚。

大陸是回不去了，爸爸在台灣的朋友幫我兩個妹妹辦台北一女中插班手續。寒假後，寧媛上初三，星媛上初一，比後來的人早一些安頓。京滬漸漸撐不住了，政府遷至廣州辦公，事實上已作遷台打算。爸爸直到大勢已去才搭最後飛機來台灣。

5 — 一九四八，接船的日子

大約自一九四八年底起，我們開始忙於「接船生涯」。

差不多每次中興輪或太平輪由上海開來，裕昌就用台北電務段的卡車去基隆碼頭裝回一車行李，最多的時候，堆在另一個倉庫的行李有一百多件。包括曾經參加我們婚宴的長輩，《時與潮》同仁，勝利後回鄉當選立法委員、國大代表者，有一些是來教書的，辦報和雜誌的文化人，大多數都來台灣了。爸爸囑咐我們盡力幫忙。省政府也下令各運輸單位協助，所以裕昌向鐵路局報備用卡車接船，也是責任範圍。

我們那距台北火車站只有三百公尺的家就成了一個最方便的聯絡站，那小小的三坪左右的「客廳」總是坐滿等人、等車的客人。最初媽媽還留人吃飯，後來實在應付不了，就只能準備永不枯竭的熱茶。客廳甘蔗板牆上，釘了無數的聯絡地址，遍及各市的客棧、機關名字，……那種情況和十年前我們逃難到漢口的情況十分相像，只是台北沒有警報，沒有轟炸而已。

由勝利的歡愉到如今這般景況，很少人想到從此將在海島度過一生。幸運的，帶了父母和妻子兒女，有一些是單身先來「看看再說」，自此與家人終生隔絕，那堆在台北電務段倉庫的幾件行李就是他們全部的故鄉了。

我最後一次去基隆接船是一九四九年農曆除夕前，去接《時與潮》社的總編輯鄧蓮溪叔叔（鄧嬸嬸因生產，先帶兒女已來台灣）和爸爸最好的革命同志徐箴（徐世達，戰後出任遼寧省主席）一家六口。我們一大早坐火車去等到九點，卻不見太平輪進港，去航運社問，他們吞吞吐吐地說，昨晚兩船相撞，電訊全斷，恐怕已經沉沒。太平輪船難，前因後果，至今近六十年，仍一再被提出檢討，我兩人當時站在基隆碼頭，驚駭悲痛之情記憶猶如昨日。

這一段「接船生涯」是個很奇特的新婚生活！我們兩個原是相當不同的人，天南地北來到海外島嶼相逢，還沒來得及認識彼此，也幾乎還沒有開始過正常的小家庭生活，就投入我父親最後的「革命行動」的激流了。他自一九三一年九一八事變開始，就組織、動員抗日革命，如今一切努力成為泡影，而有些多年同志仍說在他領導下東渡台灣，續求再起。在我父親心中，女婿全力接待來台之人，和我母親在南京每週照顧黃埔的東北學生一樣，都已被他納入革命組織成為支援義勇軍，潰敗時上陣去抬傷兵的。我那時看著裕昌在基隆、松山機場輪流跑，倉庫裡行李堆積至房頂，工人們搬進搬出，他指揮、安排一切，從未對我抱怨，與我母親和兩個妹妹也相處融洽。這個局勢絕非結婚時所能預見，奠定了我們婚姻中的「革命感情」，我稱它為「穩定基金」的第一筆存款。

這一年我父親終於來到台北，哥哥隨《中央社》到廣州，與新婚的嫂嫂王序芬也先後來台，在我陋室落腳一陣子後，父子合力以十多兩黃金在建國北路小巷內「頂」了一所日式房子，比我甘蔗板隔成的宿舍略大一些而已。兩代同住至爸爸得到立法院配給的板橋自強新村一戶水泥平房，將建國北路房子「頂讓」出去，所有錢投入遷台後《時與潮》復刊，他仍然樂觀地認為奮鬥必有前途。

數月後，鐵路局在台北調車站後方空地蓋了幾幢水泥牆和地板的宿舍，配給我們一戶。我們喜孜孜地去住了三天左右，才知道每次調動火車頭，黑煤煙就灌進屋內，尚未消散，下一輛又來灌滿。我咳喘復發，無法住下去，又逃回甘蔗板的家，但也沒有權利再要求配發宿舍。

臨時住此當然不是長久之計，我的身體竟日漸羸弱。那時有一位大陸來的名醫韓奇逢，他在抗戰時曾捐飛機報國，在火車站前方應診。爸爸覺得中醫不夠科學化，媽媽半強迫帶我去看他。他不費勁地把把脈說，「你這女兒，先天不足，後天失調。」我母親連連點頭說，「對，對，這孩子先天不足月，小時候長年生病。」他叫我吃他那著名的烏雞白鳳丸，一定強壯。我回去也沒有認眞吃多久，身體瘦到只有四十公斤出頭，卻在新年前發現懷孕了，必須找個定居之所。

6—青春作伴還不了鄉

這時大陸已全淪陷，毛澤東在天安門宣布成立中華人民共和國，定都北京（民國十七年北伐成功時改為北平），聲言要「解放」台灣。台北成了謠言之都，在我們「接船生涯」的極盛期（實際上，六十年後明白，那是中華民國最衰敗的年月），經常在我們那甘蔗板客廳出沒的，有幾位《中央社》的記者，是我哥哥的朋友。他們在勝利那一年大學畢業，對國家前途充滿了樂觀的期待。全國都認為，八年艱困的抗日戰爭都打過了，延安出來的共產黨不是太大的問題。而這些年輕記者嚮往著自己也有機會像他們所欽佩的《中央社》名記者律鴻起，在抗戰初期冒長江上日艦之砲擊與槍林彈雨，隨守軍步行於硝煙瓦礫中，通過即將炸毀的橋口，寫出著名的採訪稿〈暫別大武漢〉鼓舞國人：「我們決在長期抗戰中戰勝日軍。」全國報紙均予刊載，一時洛陽紙貴。

陳嘉驥和我哥哥這一代的隨軍記者，在另一場戰爭中，看到杜聿明、關麟徵、孫立人、鄭洞國、廖耀湘等名將，指揮作戰，深入戰場，見證那數十萬人在嚴寒中的艱苦與犧牲。其中與我全家最好的楊孔鑫，自重慶時代孤身離開河南家鄉到大後方讀書，與我哥哥政大外交系同學，抗戰時是我沙坪壩家中常客，是我母親惦記著不能讓他餓著、凍著的人。他後來派駐巴黎、倫敦特派員，回台北公差時，到我家如同回家。另一位我全家老少全喜歡的鄭栜，戰後派往希臘大使館，已升任二等祕書，跟著文學譯著名家溫源寧大使，練就一身極好語言、外交基礎，可惜隨著國勢，失去了發展的機會。他未來台灣，在國外謀生、漂流，未能伸展志業。

和我哥哥同去東北的隨軍記者陳嘉驥，性格明朗，河北人，但是他的國語也不合北京人標準，速度也不夠快捷。對事愛作研討，最愛辯論。他辯論有一獨特難忘風格，即奮戰不休，今日輸了，明日再來，繼續辯個暢快，但是他語不傷人，不傷和氣。來台灣之後，仍難忘情東北戰地記者三年所見，曾寫了《白山黑水的悲歌》、《廢帝，英雄淚》、《東北狼煙》等書。二〇〇〇年自費重印《東北變色記》，以親臨目睹且曾報導之史實整理成一份相當翔實且客觀之信史，在自序中說，「退休多年，轉眼已屆八旬，每在閒時閉目遐思，仍多為東北往事。在撰《東北變色記》時，每因東北不應變色，而竟變色，擱筆長嘆！始則誤於蘇俄背信，再則誤於美國之調停，三則誤於將帥失和。……終導致號稱三十萬大軍，在俄頃之間崩潰於遼西！」那三年所見，場面之大，風雲之詭譎，是他三十年也忘不了的血淚史。

這些《中央社》的記者當然有許許多多新聞，能上報的和不能上報的，洶湧而至；傳聞，共匪說解放台灣之時，不降者北經淡水跳海，中部去新竹跳海，南部去鵝鑾鼻。這時，我在武大團契的契友彭延德在台灣找不到合意工作要回上海，裕昌和我送他去基隆碼頭搭船。那艘船上擠滿了人，連船尾都有人用繩子綁著自己的身子半懸在外，只求能回到上海，至少可以和家人在一起面對變局。我們有穩定的工作，已經決定留在台灣，把僅有的六個銀洋送給他作盤纏，分別時未想到今生不能再相見。

在失去一切之後，來到台灣時，他們全仍未滿三十歲，那時尚不知，輝煌的大篇章永遠無緣寫出了。台灣局勢最混亂的時候，我哥嫂第一個女兒出生，為了應變，他在台北南昌街租了一間小木屋準備開一小型碾米廠（在西南逃難途中，他看到在變局中，各地的碾米店皆可存活）。那木屋上有一個相當矮的二層樓，他的幾位好友和我們常常在晚飯後去看看；他們的辯論會與棋局同樣熱烈，記者資料多，對往事，對現狀，意見充沛，言語激烈。青年人的豪情在那陋室中迴盪不已，有時客人一面走下木梯，一面仍在回頭辯論，相約明日黃昏再來，大家悲憤、徬徨之心暫時得以紓解。當日情景，半世紀後回首，反而成了溫暖的記憶。之後各自成家四散，再也沒有那般風雲際會了。

7 台中，冒煙火車的年代

我在台大的助教工作忙碌起來，大陸來的教師多了，文學院長由沈剛伯先生接任（錢歌川先生回了大陸，後來轉赴美國），外文系由英千里先生擔任系主任。他由北平輔仁大學來，單身在台，初期也不定時上班，我仍須每天早上去開門，黃昏鎖門下班。系上的公文、教材仍由我經手，打字、分發，新來的助教侯健和戴潮聲在樓下研究室上班。

台大在舟山路與羅斯福路一巷內，新接收了一批小型的日式教員住宅，「資深」助教可以申請，經濟系的華嚴配得了一戶，告訴我快去申請。外文系只有我一個資深助教，所以我也可以配到一戶。那小小的榻榻米房間有全扇窗子開向種了花木的院子，我很開心地向裕昌說這好消息，原以為他也會高興，不料他聽了沉吟不語。第二天，他很正式地對我說，他不能剛一結婚就作妻子的眷屬。我們兩個公教人員，只能分配到一處公家宿舍，他若去住台大宿舍，今後便不能申請鐵路局的房子。最重要是，他的工作是全年無休，要隨時保持鐵路暢通，不可能每天搭換兩路公共汽車準時上班，唯一自己能調度的是腳踏車（我的嫁妝裡有一輛菲利浦腳踏車，在那時很帥，差不多像今天的汽車一樣），若遇到工程有急需，從景美到台北站需騎半小時，會耽誤公事。台北段近百里鐵路，實在責任太大，所以他不贊成搬到台大宿舍。他的意見，我父親完全同意，他在我由上海回台灣前已多次鄭重贈言：「不能讓丈夫耽誤公事，也不能傷他尊嚴。」

不久，鐵路局台中電務段長出缺，裕昌和我商量，想調到台中段。他認為，那裡的段長宿舍很好，有相當大的院子，我們在那裡養育兒女比較舒服，台北段公事忙，事務多，局裡局外的人事複雜，厭於應付，而台灣面臨的政治局勢，也令人憂慮。到了台中，我們可以靜下來過自己的生活，靜心看看自己的書再想前途。台灣若能安定下來求發展，鐵路運轉的樞紐在中部而不是台北，也許將來電務段的工作並不只是修修行車沿線的電線桿和通訊而已。

他請求調台中時，鐵路局的人都說，「這個老羅眞奇怪，在台北首席段長做得好好的，卻自動要調往小段去！」我向台大辭職時，前一任的系主任王國華教授說，「Miss 齊，沒有人在台大辭職。」但我一生工作皆隨夫轉移，如此，我便隨他遷往台中，一住十七年。

一九五〇年六月五日，我第一次走進台中市復興路二十五號的前院，玄關門外的那棵樹開滿了燈籠花，好似懸燈結綵歡迎我們。

大約二十坪的榻榻米房子，分成兩大一小間，走廊落地窗外是個寬敞的院子，一端是一棵大榕樹，樹鬚已垂近地面。我立刻愛上了這個新家。

這時我已懷孕六個月，九月十九日在張耀東婦產科生了第一個兒子。由於分娩過程太長，掙扎至第二天夜晚已陷入昏迷狀態。我母親驚嚇哭泣，在旁呼喚我的名字，和當年舅舅在漢口天主教醫院呼喊她的名字一樣，從死神手中搶回我的生命。醫師用產鉗取出近四公斤的胎兒，我約二十多天不能行走。

嬰兒近三個月時，我母親必須趕回台北，嫂嫂在十二月底生她的第二個孩子。媽媽走後數日，裕昌下班時間仍未回家，屋內黑暗陰冷。我大約氣血甚虛，竟不敢留在屋內，抱著孩子拿個小板凳坐在大門口。房子臨街，復興路是條大路，有許多腳踏車和行人過往。

靠鐵路調車場，一直到台中糖廠，有大約三十戶鐵路宿舍，我坐在門口，將近九點鐘，電務段的同事廖春欽先生走過，他不知我因害怕而坐在門口，告訴我，「段長今天下午帶我們去漲水的筏子溪搶修電路，橋基沖走了一半，段長腰上綁著電線帶我們幾個人在懸空的枕木上爬過去架線，一個一個、一寸一寸地爬，這些命是揀回來的！」

不久，遠遠看到他高瘦的身影從黑暗中走到第一盞路燈下，我就喜極而泣，孩子餓了也在哭。他半跑過街，將我們擁至屋內時，他也流淚地說，「我回來就好了，趕快沖奶粉餵孩子吧。」

我的婚姻生活裡布滿了各式各樣的鐵路災難，直到他一九八五年退休，近四十年間，所有的颱風、山洪、地震……，他都得在最快時間內衝往現場指揮搶修。午夜電話至今令我驚悸，我得把沉睡中的他搖醒，看著他穿上厚雨衣，衝進風雨裡去。然後我就徹夜擔心，直到他打電話告知身在何處。

實際上，在他退休之前，凡是天災或火車事故之後他都不在家。十大建設凡是鐵路所到之處都是他的責任，他那衣物漱洗的隨身包放在辦公室，任何時間，一個電話，他就奔往高雄；再一個電話，奔往花蓮。去幾天呢？不知道。擴建蘇花線的時候，坐工程車沿線看著，車上放個板凳，可以坐在軌道旁監工；隧道塌了再挖，他就多日不回家，逢到假期節日他們奔波操心更無寧日。我們在台北麗水街的鄰居，陳德年先生，也是電機工程師，任局長五年內，從未在家過年，除夕晚上他坐慢車沿線到各站慰問回不了家的鐵路員工。他的太太病重去世之前，正逢鐵路電氣化工程一個重要關頭，他必須到現場打氣，不能整日陪在病榻前。我對普天下的工程人員充滿了同情與敬意。

8 永恆漂流的父親

我們搬到台中後二十天，外面世界突然發生劇變：韓戰爆發。美國杜魯門總統宣布，太平洋第七艦隊協防台灣，遏止對台灣的任何攻擊，使台灣中立化。接著，美國海、空軍及地面部隊加入戰爭（漢城已陷落），抗阻北韓越過北緯三十八度線進攻南韓。七月底，由聯合國授權統帥亞洲聯軍的麥克阿瑟將軍訪問台灣，受到極盛大的歡迎。他一年後解職回美時，紐約七百萬市民夾道歡迎這位二次大戰最偉大的美國英雄。蔣總統敗退來台，困頓數年之後，又回升至反共盟國夥伴，不僅有了安全保障，也開始眞想反攻了。那時台灣的人口一千萬左右（一九四六年民政廳統計六百三十三萬），一九五四年大陸人口統計有六億五千六百六十三萬人，如何反攻？

同年八月四日，自北伐後定都南京起即負責國民黨黨務的陳立夫受命去瑞士參加世界道德重整會一九五〇年年會，會後自我流放（self exiled），轉往美國在新澤西經營農場養雞（至一九七〇年回台養老）。在他啓程後第二天召開之國民黨中央改造委員會，全部摒除陳果夫、陳立夫兄弟的幹部，代之以政學系或青年團部的人，選陳誠任行政院長，蔣經國正式登場，負責紀律、幹部訓練等忠貞、情報工作。檢討戰敗過程中，認為軍人背叛和共黨煽動民間的不滿是主因，必須展開綿密的反共防諜網，鞏固蔣總統的領導權。

初到台灣時，立法院最大的同仁組織是「革新俱樂部」，約有一百七十人左右（東北籍立法委員來台的有三十多人），由陳立夫、蕭錚、張道藩、程天放、谷正鼎、邵華及齊世英等人召開，以民主、法治、人權、自由為主張，希望國民黨走上民主化的道路。陳立夫流寓海外後，部分人士進入陳誠的內閣，專職立法委員的革新俱樂部成員，對於戒嚴體制的施政有時會提出一些批評。

一九五四年底，齊世英在立法院公開發言反對為增加軍費而電力加價，令蔣總統大怒，開除他的黨籍。這件事是當時一大新聞，台灣的報導當然有所顧忌，香港《新聞天地》的國際影響較大，標題是〈齊世英開除了黨籍嗎？〉，認為國民黨連這麼忠貞二十年的中央委員都不能容，可見其顢頇獨裁，而蔣先生不能容齊，不僅因為他在立法院的反對，尚因他辦《時與潮》的言論較富國際觀，灌輸自由思想與國民個人的尊嚴，對確保台灣安全的戒嚴法不敬。……

一九五五年元旦，電力公司遵照立法院決議，電價增加百分之三十二。立法院當然會通過電力加價案，那反對加價者齊世英的政治生命和當年老革命者的頭顱一樣，砍下來掛在城門上哪！

在家裡，我那五十五歲的爸爸泰然自若地看書、會客，客人少些，書看得多些。那開會的時候，早上精神抖擻地搭交通車上班。自嘲房子越住越小，車子越坐越大。那十多年間，監視他的人在門外「執勤」，家裡沒有小偷光顧。他原未曾利用身分做過生意，也從未置產，幸而尚有立法委員薪水，家用不愁。我母親隨著他顛簸一生，清樸度日。

以這種方式離開了國民黨，在我父親來說，那時可以說是一種解脫。他自二十八歲以志趣相投入黨，一生黃金歲月盡心投入，當年將愛鄉觀念擴大為國家民族觀念，抗日救國，誰知勝利不過三年，失去了一切！蔣總統身邊的江浙政客怎能了解東北獨特的傷痛！齊世英一生理想豈是在這小長安的功名利祿！

但是，君子絕交不出惡言。他尊重領導抗日、堅持到底的蔣委員長，終生稱他為蔣先生，在《時與潮》上論政也對事不對人。他對多年政壇上的友情、義氣、風範，仍很珍惜。他當年在瀋陽同澤中學、黃埔軍校、政校、警校、東北中山中學的學生到台灣來的不少，多在教育、黨、政、軍方面工作。我父親與雷震、夏濤聲、李萬居、吳三連、許世賢、郭雨新、高玉樹等人聚會籌組新黨，一九六〇年雷震因《自由中國》案入獄之後，立法院革新俱樂部數十位資深委員共同公開表示「如牽連到齊世英委員，我等不能緘默，請轉告當局。」也許因此保護了我父免受牢獄災難。當時年僅三十四歲的梁肅戎在〈立法院時期的齊世英〉一文（見《齊世英先生訪問紀錄》）中說，此舉「表達了早期政治人物同志愛的節操，使人永世難忘。」

梁肅戎先生（一九二〇～二〇〇四年），二十四歲在瀋陽祕密參加國民黨，以律師身分掩護進行抗日地下工作，被日本人追捕入獄，幸兩年半後勝利出獄，次年當選遼北區立法委員。不久東北淪陷，他帶著老母幼子一家七口來台，與我父親關係最為密切，政治牽連也最大。但他是位有情有義有理想的人，最受中外政壇重視的是出任雷震叛亂案辯護律師；雖然雷震仍被判十年牢獄，但他在中外記者採訪及有關人士百餘人旁聽的法庭上侃侃為自由人權辯護，寫下台灣法制史的新頁。後又慨然擔任黨外前輩彭明敏教授之辯護律師，並且協助彭離開台灣前往美國。他為法制人權挺身而出的膽識與情操，展現了知識分子的風骨。可惜彭明敏在民進黨成立後回到台灣，竟然因為梁肅戎堅守國民黨體制內改革的立場，而否認梁對他曾做有效協助！統獨之辯起後，梁甚至成為他們的敵人了。

他自立法院院長任滿退休後，以個人名義成立「海峽兩岸和平統一會」時已七十五歲，早已不計個人得失。他忠誠對待一生投入的政治信念和朋友，更不可能相信共產黨，抱病猶在奔走呼號兩岸和平，希望幫助建立一個民主，自由，普享人權的和平世界，這也是他對東北故鄉半世紀懷念所化成的大愛。不論是他魁梧的身軀或是洪亮的聲音，生前死後，都令我想到「天蒼蒼，野茫茫，風吹草低見牛羊」在家鄉原野上馳馬千里的豪邁漢子。

冰凍三尺，非一日之寒，我父親對蔣之不滿起源於東北勝利後的變局。東北地區廣袤，其歷史、民族背景與中國兩千年來的興衰密不可分。二十世紀初清亡前後，接壤數千里的俄國和隔海近鄰日本對這塊土地侵擾不已。一九三一年日本發動九一八事變之前，他們知道必須先炸死張作霖和他的軍事高級將領才能侵占東北；因為張作霖用最了解當地民情的「智慧」建立了他的權力，維護地方安定已二十年，他集威權於一身，他若不死，日本人想占瀋陽都辦不到，遑論全東北！

抗日勝利來臨得太快，蔣先生也許來不及多加思索，派熊式輝作東北行轅主任，主持東北接收大局。熊既無任何大局經驗，又無政治格局，即使在軍中，他連個儒將也不是，最高資歷是江西省主席，曾協助過蔣經國贛南剿匪工作，所以得到蔣家信任。東北這一大塊疆土，他大約只在地圖上見過，既無知識基礎也毫無感情根基——這匆促或者私心的一步棋，播下了悲劇的種子。

對創深痛巨的東北，在這關鍵時刻，蔣先生如此布局的態度令有識者心知東北大禍即將來臨。

熊式輝就任之初，對原受中央黨部東北協會指揮的地下抗日的東北人士保持疏離，理由是不願引起搶先接收的俄國人誤會。一九四六年春，蔣經國以東北外交特派員身分由長春致私電給蔣先生，謂東北黨部不受約束，有反共情事，影響中俄外交（署名「兒經國叩」）。蔣先生下令給組織部，謂不受約束即押解來渝（重慶），並附上電文。組織部把它交給我父親去「約束」，過去二十年服膺三民主義思想、抗日以求復國的地下工作者，在各個分布遙遠的革命據點接到命令，全然迷惑不解；他們不懂為什麼苦盼到勝利了，竟然眼睜睜地看著老毛子（俄國人）來家鄉劫收，甚至姦殺虜掠。老毛子走了，中央派來的軍隊對東北多年的痛苦卻毫無體卹。

《齊世英先生訪問紀錄》談到東北接收大局敗壞之始：

我看熊式輝是小官僚而非政治家，有小聰明，善耍把戲，對東北根本不了解。那時中央調到東北的軍隊，除孫立人部而外都是驕兵悍將，熊一點辦法都沒有，而熊又不能與杜聿明、孫立人合作。中央派到東北去的文武官員驕奢淫逸，看到東北太肥，貪贓枉法，上下其手，甚至對東北人還有點對殖民地的味道，弄得怨聲載道。……中央在東北最大的致命傷莫過於不能收容偽滿軍隊，迫使他們各奔前程，中共因此坐大。林彪就是利用東北的物力、民力，配上蘇軍俘來的日軍和偽軍的武器組成第四野戰軍，一直從東北打到廣州和海南島。據說一直到現在（一九六八年），湖廣一帶的地方官不少是東北人，都是第四野戰軍。我們的人自己不用給人用，說起來實在痛心。我們那時東北黨務（主要是以地下抗日工作作核心）做得很好，如果能把這些人用在地方上做號召，我想共黨在東北是起不來的。中共過去在東北的組織力量微乎其微，早在張家父子時代對共黨就絕不優容，張作霖在北平就曾抄過俄國大使館、殺李大釗。就是日本進占中國也是反共，而偽滿又是執行日本的命令。……一直到我們收復東北時，中共在東北還沒有什麼力量，以後依賴俄國的扶持才坐大。俄國扶持中共固然是促成東北淪陷最主要的原因，而政府用人不當，方法不對，也須承認。尤其勝利後，東北人民不分男女老幼皆傾向中央，只要中央給點溫暖或起用他們的話，他們一定樂意為國效勞。

「溫暖」，在東北人心裡是個重要的因素，那是個天氣嚴寒、人心火熱的地方，也是個為義氣肯去拋頭顱灑熱血的地方。蔣先生自一九三六年張學良「西安事變」後即不信任東北人，任用來自江西的熊式輝接收東北。政府經略東北欠缺深謀遠慮，致使抗戰勝利後，中共在東北的軍力遠勝於國軍，國共「三大會戰」之一的「遼西會戰」（又稱遼瀋會戰）即在東北；從一九四八年九月至十一月，五十二天，中共人民解放軍東北野戰軍以傷亡不到七萬人的代價，消滅、改編了國軍四十七萬餘人，占領東北。會戰期間，東北已進入冬季，天寒地凍，難道不會令那些來自雲南、兩廣、湖南等地的軍隊感到困惑？勝利了，剩下這條命，不是該還鄉了嗎？他們進駐地廣人稀的東北各地，一天比一天寒冷，凍徹骨髓的酷寒，倒下的士兵幾曾夢過這樣的日子？在那一望無垠的黑土白雪地上，沒有一塊這些軍人的墓碑，因為他們是奪取了政權者的「敵軍」。

一九四八年十一月，東北全部淪陷，我父親致電地下抗日同志，要他們設法出來，留在中共統治裡沒法活下去，結果大部分同志還是出不來。原因是，一則出來以後往哪裡走？怎麼生活？二則，九一八事變以後大家在外逃難十四年，備嘗無家之苦，好不容易回家去，不願再度飄泊，從前東北人一過黃河就覺得離家太遠，過長江在觀念上好像一輩子都回不來了。三則，偏遠地區沒有南飛的交通工具，他們即使興起意願，亦插翅難飛。這些人留在家鄉，遭遇如何？在訊息全斷之前，有人寫信來，說：「我們半生出生入死為復國，你當年鼓勵我們，有中國就有我們，如今棄我們於不顧，你們心安嗎？」

我父親隨中央先到廣州，又回重慶參加立法院院會。一九四九年十一月二十八日在重慶開了一次國民黨中央常務委員會議，會後備了兩桌飯，吃飯時大家心情非常沉重，有散夥的感覺，次日搭上最後飛機飛到台灣。初來台灣時肺部長瘤住院，手術後一夜自噩夢驚醒，夢中看見掛在城牆上滴血的人頭張口問他：「誰照顧我的老婆孩子呢？」

二十年的奮鬥將我父親由三十歲推入五十歲，理想的幻滅成了滿盈的淚庫，但他堅持男兒有淚不輕彈。五十歲以後安居台灣，我終於可以確確定定的有了爸爸，風雨無間阻的能和父母相聚。他去世前兩年，我因車禍住院，他看到傷兵似的我，竟然哭泣不止。從此以後，他的淚庫崩潰了，我一生懂得，他每滴淚的沉重，那男兒淚裡巨大的憾恨，深深的傷痛。

9

灑在台灣土地上的汗與淚

五〇年代，台灣局勢漸漸穩定，喘息初定的政府開始改善島內生活（雖然反攻大陸的口號喊了多年，少數人也確曾幻想期待了許多年），而鐵路運輸的現代化是最重要的事。日本占領時期，所有鐵路局中級以上工作都由日本人擔任，他們戰敗遣送回去前，對一萬七千位台籍員工說，台灣鐵路六個月內就會癱瘓。那時火車進出車站仍靠站員揮動紅綠旗，各站之間全靠列車長身手俐落地在火車頭噴出的濃煙中接遞臂圈，他們是「看火車」兒童心目中的英雄。局裡下令電務方面研究科學技術設備以取代人力（那時城裡的道路連紅綠燈也不太普及），但是無人知道由何研究起。運務處長陳樹曦是交大畢業，相當驕傲，他對於部下的口頭語是：「你懂嗎？」，提到了西方鐵路有些已用CTC系統，但無人見過。當時大家默默無言散會。

裕昌回到台中後，心中對此念念不忘。中央控制行車制（Central Traffic Control，簡稱CTC）是電訊工程新觀念，只有在美國可以找到資料。我知道楊俊賢的哥哥在美國教書，也許可以幫我們尋找資料。那時極少人有親友在美國，是今日難以想像的。

我寫信給在台北的俊賢，不知楊大哥能不能幫這個忙？誰知兩、三個月後，一個又大又重的郵包送到我們復興路二十五號的門口，這個包裹開啓了裕昌一生工作的展望。

俊賢寄來的郵包裝著十多本美國鐵路協會出版之《美國鐵路號誌之理論及運用》（*American Railway Signal Principles and Practices*），其中第四章即為 Central Traffic Control 的詳細說明及圖表，共一百七十七頁。在扉頁寫著：「謹以此書贈給裕昌、邦媛以及思齊侄三周歲紀念。貽烈、俊賢，四十二年（一九五三）八月十四日」

此書得來不易，是美國在二次大戰中發展的新科技，台灣當年無法得知，楊大哥以學術研究之理由購得。

裕昌歡欣鼓舞地翻閱了第一遍，極有興趣，寫了些筆記，為了想深入研究，決定動手譯成中文，可以歸納、綜合，作整體了解。他認為我必定會幫他，所以將緒論、新設備目的、工作所需條件等敘述文字交給我中譯，他負責技術說明、電訊線路、操作運轉的重要圖表等。每天下班後，忙完家事，哄睡孩子（二兒思賢十五個月了），我們至少討論一小時譯文，約半年，完成全書一六六頁另加百多幅圖表的中譯。

裕昌去局裡開會，得知局裡已正式向美國鐵路協會購得一套CTC說明。但不知從何著手研究，計畫也無從做起，全部電務主管人員二、三十人都未受過全自動控制號誌的教育，甚至連聽也沒聽過。據說戰後日本國鐵在美國占領軍的協助下裝了一套半自動控車系統。韓戰開始後，台灣得到一些補給的生意，島內物資運往港口的運輸量大增，鐵路局的重要性也大幅提高，急迫需要現代化的設備。

局裡先派裕昌等人去日本，再由陳德年先生率領去美國考察。一九五四年後，以台灣鐵路實際情況開始擬出安裝CTC系統設備的計畫，先由裕昌詳列由彰化至台南（當時仍是單軌）一百四十二公里，二十七個車站的號誌機及行車轉轍器的第一期計畫。控制部招國際標，由瑞典的易利信公司（Ericsson）得標，自一九五七年開始在彰化動工裝設。動工前一年，鐵路局分批派許多電務員工前往瑞典實習。裕昌所譯的《中央控制行車制》（一九五九年正式出書）原為自己興趣研究的手稿，已被印成簡易手冊，作為工程有關人員必讀。到瑞典驗收待裝的設備時，Ericsson的負責人認為，Mr. Loh對此通訊系統之了解精確完整，「可以對話」，對台灣鐵路施工及使用有相當信心，雙方合作愉快。

但是，一九五六年的台灣，對瑞典人來說，大約是個完全神祕不可知的落後地區或未開發的亞洲叢林。他們派到台灣鐵路來的工程師 Jocobsson 先生，在斯德哥爾摩搭飛機到香港轉往台灣之前，在機場與家人告別時，他的母親哭得好似生離死別一樣。他到台中數月後，覺得可以活下去，才把太太接來。他說，用四百個英文字可以跑天下，他太太的英文比他多很多字，到了台中看到我可以用更多的英文幫助他們衣食住行，極為安心。

那時，台中（或者全台灣）的家庭還沒有人用煤氣（或瓦斯），仍是用一種直徑十七、八公分（七、八吋）上面鑿了許多洞通氣的煤餅放在瓦爐子裡煮飯，寬裕一點的人家間以木炭爐燒水煮茶。鐵路局的辦事員給 Jocobsson 夫婦租了一所新蓋的水泥小洋房，幫他們雇一個「會英文」的女傭，買了必需的家具。那時剛剛有三輪車代替黃包車，送他們進新家時，我指給他們看巷口的三輪車「站」，並且把我家地址寫在紙上留給他們，有事可以去我家（那時尚未裝市內電話）。

當天晚上，Jocobsson 先生就坐三輪車來敲門，他說蚊子太多了，怎麼能睡覺？女傭說自來水不能喝，燒了一大壺開水太燙不能喝，需要幾個瓶子裝冷開水。我把客房用的蚊帳借給他，再拿幾個乾淨的空米酒瓶給他。

過了兩天，換 Jocobsson 太太坐三輪車來看我，坐下不久就哭起來，說她丈夫早上去彰化工地上班，很晚才回家，她「terribly homesick」。我去找了一隻很漂亮的小貓送去給她，那隻剛剛三個月的小狸貓十分可愛，大約很能安慰她的思家之情。我也常去帶她走走，但是台灣和瑞典的文化、氣候差異太大，她可眞是舉目無親，半年後仍然回瑞典去了。

鐵路裝CTC的工地在彰化車站，距台中二十分鐘車程，那時公務工程兩用的汽車是裕隆公司最早出品的帆布篷大吉普車。每天早上，裕昌帶 Jocobsson 先生和副段長陳錫銘先生一起去，晚上再一起回台中。施工後，陳家搬到彰化的鐵路宿舍。星期日，工程亦不停，我和三個兒子常常坐他的篷車去陳家，最喜歡去彰化調車場閒置的空車廂。陳家小孩兩男兩女與我孩子一起長大，陳太太張瓊霞女士，和我成為共患難的好朋友，五十年來分享了生兒育女、為丈夫擔驚受累的年輕歲月，也一起看到他們凝聚智慧和毅力的工作成果。她帶我們去看她田中祖居，西螺妹妹家，去許多電務同事的家吃拜拜，眞正認識台灣的風土人情。

至今弄不明白陰極陽極磁場的我，看著那一批CTC工程人員，不分晨昏接受科技的挑戰，在那些迷魂陣似的電器線路間理出脈絡，登山涉水地架設台灣鐵路現代化的最早聯絡網，分享他們大大小小的失敗與成功，我眞感覺榮幸，又似回到抗戰時期，願盡自己所有的後援之力。

一九五九年，工程進入最艱困階段。八月，彰化與台中之間的大肚溪鐵橋被颱風沖垮，大水淹沒了彰化市，CTC的主機房岌岌可危，幸好那晚裕昌在彰化留守趕夜工。八七水災是台灣史上最大颱害之一，大肚溪流域一片汪洋，直到第三天早晨，兩岸露出堤岸，有少數搶修工程的隊伍用小木筏來往。

裕昌打電話給我，主機房的問題嚴重，要我把 Jocobsson 先生和另一位瑞典人，線路專家 Andersson，從他們家帶到河邊，有台中電務段的同仁會用小船把他們送到彰化。另外，需買些水瓶、餅乾、電筒、換洗衣服，他們得在彰化住到水退。我必須去辦此事，因為需用英語說明他們將面對的狀況，而且只有我認識河邊接應的人和地點。

那天早晨，我坐著裕隆篷車，帶著臉上難掩不安的兩位瑞典人到達台中大肚溪岸，在剛泡過水，踩上去仍鬆軟的一小塊臨時「打」出來的土堤上，把他們交給接應人員，望著那小小的木船載著那兩位工程師，在一望驚心的洶湧的黃濁洪水中「跳舞」似地橫划過洪流，終於到對面一處乾土地上了岸，我第一個要做的事是告訴他們啼哭的妻子，他們已平安渡河了。

第二年（一九六〇年）七月二十五日，是台灣鐵路史上極具紀念意義的日子。在盛大的啓用典禮之後，由省主席或是行政院長那一類的大官按鈕，一列火車自彰化站開車，由全亞洲第一座全自動控制行車的號誌指揮駛往下一站——六點六公里外的花壇站，火車開到那懸燈結綵的站台時，裕昌回家說，他們的工程夥伴，站在層層官員後面的鐵軌上（站台太窄），全都熱淚盈眶，當天晚上全體喝醉酒。

但是，快樂的日子還不滿一天。第二天早上，總控制房裡的調度人員和工程人員即互相喊叫，所有人的心臟都捏在調度員的手指間；按錯一個鈕就是災禍，而那像銀河星系的控制板（control board）是他們一生從未夢過的複雜，火車行進每一里，他們都似在跟著跑。那時候，他們幾乎不回家，回到家，電話立刻追蹤而至，常常聽到裕昌對著牆上的鐵路專用電話喊：「他們怎麼這麼笨！叫他不要亂按，我立刻就來！」然後抓起雨衣衝進篷車，自己開車往彰化飛奔。那時公路上大約只有他和公路局車，常常有公車司機伸出頭來問他們是不是不要命了。

那時的我，帶著三個男孩，大的九歲，小的五歲，白天要上課，晚上備課，改作業，活得和陀螺一樣，如果有禱告的時間，只禱告不要撞車，因為汽車和火車似乎都在災禍的邊緣疾駛。

果然，盛大啓用後不久，行車控制已到二水站，因颱風來襲，一年前八七水災沖毀的大肚溪堤防再次崩潰，彰化又泡在洪流中，一片汪洋，鐵路多處沖壞，CTC機器失靈，所有的客貨車全誤點。有一輛軍事專車被迫停在斗六市的石榴站（距彰化四十七公里），那原是專為裝載石碴的小站，災後用水全無，小站在荒郊野外，數百乘客在炎陽之下困了半日，苦不堪言。車上電話催發也動不得，有一位軍官說再不開車，就用大砲轟調度室。但是，一切仍以安全為重，到黃昏才得進目的地潭子站。

在天災巨大的摧毀力之下，長期不分晝夜活在緊張狀態中的工程與調度人員，漸漸產生了患難相共的情誼，互相支持，二十四小時輪流當班，儘量解決問題，雖極辛苦，都以能參與此項劃時代的革新工作為榮。但是，水災後四個月，當一切漸「上軌道」（on the track）時，突然發生人為災禍：兩列貨車在濁水溪橋上追撞，後列的火車頭傾倒在大橋的桁樑上，拖吊搶修極為困難，而且追撞的第二天原定全面行車改點，新時刻表已印發。據當年調度員蔡仁輝先生在他《閒話台鐵五十年》一書中回憶說：「這時所有與CTC有關係的人『都進了一場可怕的夢境裡』。列車運作失常，可說是壞到極點，工作人員的『罪過』眞難想像，這裡可拿一句話來說，是空前絕後（願不再發生）。」

在鐵路幾乎是唯一大量運輸工具的時代，車站上貨物堆積如山，貨車和客車同樣重要。淹水後又逢調整班次，CTC總機無法「自動」時，就得退回舊制用人工指揮，貨車停在中間站等候的時間往往比行走的時間還長。彰化的總調度室有二十四個車站，五十八座「站場繼電室」的電話揚聲器，這些時日中，工程檢修人員，車站，列車的人都在嗓門比賽，調度室輪班四小時下來，人人聲嘶力竭，七厘散（潤喉中藥）不離身，回家休息，有時夢囈呼叫，令家人惶恐。那時那一批人幾乎沒有家庭生活，總局最初反對改革的人也認為電務部門自不量力，讓大家丟臉。報紙上（幸好尚無電視）每天責備，冷嘲熱諷，有一張漫畫上畫一位乘客，下車打著雨傘走路，比火車早到車站。

10 同甘共苦的鐵路人

那些年月，眞是磨難重重的日子！但也是我們生命紮根的關鍵時期。一個在中學被同學稱為「羅幾何」的四川青年，因為嚮往火車的奔馳而進入台灣鐵路局，在台中邊緣化的冷落日子裡，自己尋求工作與生活的焦點，貫注研究，開創一生的事業，也實際帶出了台灣鐵路現代化自己施工的隊伍。最艱苦的彰化到台南CTC工程由跌跌撞撞到站穩腳步，使用調度成功之後，一九六四年由原班人馬裝設第二條海線CTC設備，由彰化到竹南。一九六九年完成山線CTC，一共三百二十三公里。

這一批曾經一起吹風泡水，不眠不休同甘共苦的夥伴，一起工作到退休。他的第一位副段長陳錫銘，一九二八年生於彰化縣田中，一九五〇年自台灣大學電機工程系畢業，進入鐵路台中電務段，先後七次赴歐、美、日等國考察鐵路號誌、電化技術。在台鐵服務四十二年，歷任工務員，各級工程司，兼任股長、段長，副處長、處長、總工程司，副局長等職務，於一九九三年二月退休。三十多年間與他一同「打拚」，成為終身至交（互相最佩服的是對方的頭腦）。陳家和我家共七個孩子由襁褓到青年一起長大，如今皆已進入中年，天南地北有時重聚，最愛回憶的是彰化廢軌道上推空列車的快樂。

一九五〇年到一九六〇年，笑淚交迸的奮鬥日月，眞是我們所有人的「黃金十年」！在台中復興路，那座小小的日式房樑上，繫繩垂下的搖籃裡的三個嬰兒，半歲後移往我們請木匠依照 Dr. Spock 的 Baby Care 書中畫圖所裝的小木床，四周有紗窗，上面有紗蓋，當時被親友戲稱為紗櫥，比一般木製嬰兒床安全。「一瞑大一寸」，三個嬰兒長大後陸續由台中國民小學畢業（校名「台中」，也許不是全市最早的小學，但是以市名為名，必是有些道理吧）。林海峰是校友，他贏得圍棋名人本因坊榮銜後曾回母校懷念童年，我們都感覺非常光榮。

那十年間，我在那大操場邊上看了無數場躲避球賽，那種球的打法，對我是新鮮事，至今我總覺得它對人生有嘲諷的況味。我上過那麼多小學都沒有看過這種球，它似乎不講究球技，只以擊中敵人數目定輸贏，是一種消極的運動。好像在擁擠的地方消滅過多的人，自己才能生存。我心中一直凜然於躲避球的人生觀，悲傷地看著那些孩子在操場的塵土裡四面躲避，以免被擊中出局。我希望普天下的孩子平安穩定地生長，不必為躲避災難而培養矯健的身手。

他們童年環境的安詳，很令我羨慕。那紗櫥嬰兒床，滿院子各形各色，大大小小，世代相傳的貓，和後院那棵大榕樹是台中羅家三景。那榕樹鬍子又多又長垂至地

一九六九年的全家福，齊邦媛、羅裕昌夫婦與三個兒子。

上，樹幹上有一個洞，每逢有他們喜歡的客人來了，我的三個兒子就到玄關，把他們的鞋藏到洞裡，然後進房說：「現在你走不了啦！」客人一定作大驚失色的樣子。這樣的玩法多年不厭，直到他們上了中學。那十七年！我們五個人都在成長。台中其實是我和孩子們擁有童年回憶的故鄉，我自己的童年幾乎沒有可拴住記憶的美好之地。

11

聽不見的濤聲

一九六六年，鐵路局突然調派裕昌前往台北總管理處，參加國家十大建設，鐵路電氣化計畫工作。第二年，我們離開居住了十七年的台中，搬到台北。兩個讀高中的兒子必須參加轉學考試，小兒子剛由小學畢業，面臨競爭激烈的台北初中入學考試。

自此到一九七九年，裕昌全副精神投注在電化工程上。鐵路全面現代化，不燒煤不冒煙的火車將在通了電的軌道上飛馳！那是政府監督，全國百姓矚目之事。剛剛進入所有家庭的電視，每天幾乎都要報告它的進度，身為工程負責人的他，常常也必須在現場說清楚——那些年，他和他的家庭過的日子也並不容易！職務頭銜由電務處長到總工程司，到副局長，只是配合工作的名稱而已，三萬員工的鐵路局是有老傳統的「衙門」，階級森嚴，不到層級，連說話的機會都沒有（我認為是個極不溫暖的地方）。但是，裕昌生性淡泊，沒有徵逐名利的興趣，這麼大的工程由他執行，是對他能力的肯定。他在一場又一場的線路、圖表、系統中全神貫注地使用精緻細密的思考，看著它們一站又一站地施工成為實體。看到火車在新的軌道上行駛，他所得到的滿足就是最大的報償了。自一九五〇年代的中央行車控制號誌工程到電化鐵路，可以說是一個工程師轟轟烈烈的日子。

但是想不到在這最忙碌的時候，情報機構的「兩路案」竟延燒過來。

據我個人僅知，「兩路案」是調查局一九七〇到一九八〇年間，兩岸隔絕時期，對公路局和鐵路局一些高級技術人員的審訊。起因於台灣榮民工程處在泰國和印尼修公路時，有幾位工程人員寫信給在大陸家鄉的家人，致使大陸交通界對台灣工程師喊話，召喚他們回歸祖國服務，遂引起有關單位懷疑他們對國家的「忠貞度」；被拘捕、審訊、判刑的全是一九四六年與裕昌同船來台的運輸人員訓練班同學，大約四十餘人。當時電化工程正在緊鑼密鼓的施工階段，繼任的鐵路局長董萍至警備總部力保他毫無牽連可能，並言現階段無法失去執行負責人。調查局同意讓裕昌先詳細寫來台後行蹤、工作、家庭、交往的自白書繳上後再議。

我記得那幾個星期，眼睜睜地看著他拖著疲憊不堪的身體回家，晚上在餐桌上寫至午夜。最初的十四頁自白書繳去後，又受命再補資料……。他少年曾患中耳炎症，在憂勞過度、睡眠不足情況下復發。白天只能到鐵路醫院打消炎針，實在沒有時間進一步治療。一九七九年，電氣化鐵路現代化工程輝煌地完成，通車典禮標示著十大建設的大成功。他獲頒五等景星勳章，且被聘為國家建設研究會研究員。但他的耳朵卻只剩下一半聽力，勉力完成北迴和南迴鐵路的擴建工程，看到台北到花蓮直接通車，但是他已聽不見那美麗的海岸海濤擊岸的聲音。一九八五年退休的時候聽力只剩十分之一、二。他與我有事相談時也多半靠筆寫，退休後不易與人交往，淡泊之外，更加沉默了。

一第七章一

心靈的後裔

1

台中一中

一九五三年農曆年後，我在台中重逢的南開同班同學沈增文介紹我到台中一中代她的課，教高中英文。她考上了美國國務院戰後文化人員交換計畫獎學金，六十年來世人皆稱它為「傅爾布萊特交換計畫」（Fulbright Exchange Program），對國際文化交流有深遠悠久的影響。她去受英語教學訓練，半年即回原職。

我對教書極有興趣，除了父母之外，我最念念不忘的就是南開中學的老師。我最敬愛的孟志蓀老師，和其他的老師，無論學識和風度都是很好的典範。而在武漢大學，朱光潛老師不僅以高水準授業，且在我感情困頓之時為我解惑，使我一生有一個不易撼動的目標。如今我已在「家裡蹲大學」（我母親的自嘲語）蹲了三年半了，這個代課的工作開啟了我人生又一個契機。

我第一次走進育才街台中一中的大門，就看到那座創校紀念碑，五年間多次讀碑上文字都深受感動。正面刻著：

吾臺人初無中學，有則自本校始。蓋自改隸以來，百凡草創，街庄之公學，側重語言，風氣既開，人思上達，遂有不避險阻，渡重洋於內地者。夫以髫齡之年，一旦遠離鄉井，棲身於萬里外，微特學資不易，亦復疑慮叢生，有識之士深以為憂，知創立中學之不可緩也。歲壬子，林烈堂，林獻堂，辜顯榮，林熊徵，蔡蓮舫諸委員，乃起而力請於當道。……

募捐二十四萬餘元，林家捐地一萬五千坪，一九一五年建成，是日治五十年裡以台灣子弟為主的中學！即使為了維持台中一中的校名，亦經多年奮鬥。

這樣值得驕傲的立校精神，令我極為尊敬，在那裡執教五年，成為那可敬傳統的一分子，也令我感到光榮。台中一中，讓我時時想到教育我成人的南開精神，也常常想到父輩創辦東北中山中學，不僅為教育「以髫齡之年，遠離鄉井」的家鄉子弟，並且要在國破家亡之際引導他們，在顛沛流亡路上養護他們。而中山中學於抗戰勝利回鄉，竟更無依靠，校名、校史埋沒四十六年，直至一九九五年才由早期校友協力在瀋陽恢復校名，重建校史。台中一中能秉持創校理想，作育一流人才，近百年穩定發展，風雨無憂，校友多為台灣社會中堅分子。

這樣以憂患精神立校的學校，都有相當自強自信的氣氛。那時日本殖民者離去不到十年，幾乎所有教員都是由大陸歷經戰亂來到台灣，大多數出身名校，教學水準與熱忱均高。台中一中即是安身立命之所。

能從菜場、煤爐、奶瓶、尿布中「偷」得這幾小時，重談自己珍愛的知識——用好的文字抒情、寫景、論述都是知識，我自己感到幸福。一班四十多個仰頭聽我講課的臉上似乎有些感應，令我有一種知音之感。

一年可以是很長的時間，除了寒暑假外，九個月的時間可以講很多，聽很多。如果善用每堂五十分鐘，凝聚學生的注意力，一個教師可以像河海領航一樣，以每課文章作為船舶，引領學生看到不同的世界。

教書實在是充滿樂趣的事，你一走進教室，聽到一聲「立正敬禮」的口號，看到一屋子壯漢「刷」地一聲站立起來，心智立刻進入備戰狀況，神志清明，摒除了屋外的牽慮，準備挑戰和被挑戰。

那時的高中英文課好似寫明白了，三分之二的時間講課文，三分之一講文法，大概當年大學聯合招生的英文考題是這個比例吧。文法一「講」就可能變得苦澀，這是我面臨的第一個挑戰——把文法教得簡明有趣，一步步融入課文。什麼詞類啊，時態啊，規則啊，都是語言樹上的枝幹，字、句都是葉子，文學感覺是花朵和果子，我不用中文翻譯字句，而鼓勵學生用自由的想像，可以印象深刻而增加字彙。風可以

一九五〇年齊邦媛（右）隨夫婿工作調動遷往台中，四年內三個兒子誕生，兼顧工作時，母親（左）一直是最大的救援。

由“whispering”到“sobbing”，“groaning”，“roaring” and “howling”（低語到悲咽，到怒號）；潺潺溪流由“rippling”到“rapid currents”，“over-powering flood”，“violent torrents”（激流，洪水，怒濤……）。形容詞比較級也不是只加 -er 或 -est 就對了。中國人愛說某人最偉大，英文說“one of the greatest”，因為人外有人，天外有天。我用自己學英文的方法講解課文，隨時擴展他們的文字境界，效果不錯。我一生教書，不同程度地使用這種方法，頗受學生歡迎。台中一中的學生程度好，求知心切，自信心強，從不怕難，是我教學生涯很好的開始。

暑假之後，沈增文由美國回來，我代課期滿，金樹榮校長很誠懇地邀我留下專任，聘書是高中英文教師。似是命運給我進一步的挑戰，但我必須評估自己的實際困難；必須先得丈夫同意，再得父母支持。這些年來，母親奔波在台北、台中道上，我在育兒、疾病、裕昌出國出差時都有母親及時支援，而爸爸那些年正開始陷入政治困境。他們擔憂我身體羸弱，無法應付家庭與工作的雙重負擔。但是，自恃年輕，在代課半年間又重新拾回南開精神，我終於接受了台中一中的聘書，從此踏上我自幼敬佩的教育路途。另有一個隱藏在後的原因是，三年後，我也要去投考「傅爾布萊特交換計畫」。我的中學同學和大學同班（謝文津，早一年）能考上，我大約也能考上。在那時，只有這樣的公費才能申請護照出國。這也是我前程的一大站。

像台中一中那樣的學校，除了一貫的高水準功課外，高三拚大學聯考的目標似乎滲入了每一口呼吸的空氣裡。他們不僅是要考上大學，而是要考上什麼大學、什麼科系。這件事難不倒我，我曾經呼吸那樣的空氣多年。高三甲、乙、丙、丁四班，據說是按學號平均分班，數學和英文是「拚」的重點。各班任課老師為了自己學生上榜的成績，暗自也有些課外題的競爭。

在這樣的環境裡，我遇見了終生好友，徐蕙芳。

她比我大十歲，滬江大學英文系畢業。她的父親是江蘇無錫著名的藏書家，哥哥徐仲年留法回國，曾在重慶沙坪壩時期任中央大學外文系教授，且是著名的小說家和文評家，我在「時與潮書店」讀過他幾本書。

台中一中的教員休息室很大，有幾大排長長的桌子，各科的同事都自成天地。我剛去的時候，由於林同庚老師（台大講師）由美國寫信介紹，認識曾任教台中一中的楊錦鍾（她不久隨夫胡旭光到駐美大使館任公使），她的朋友李韞嫻（國文科），孟文檻（歷史科），路翰芬和徐蕙芳（英文科）幾位資深老師對我相當照顧。徐蕙芳教高三乙班，我教丙班。她家住立德街，與我家相距不到兩百公尺，有時下課一起回家，漸漸約好早上有課亦同去，坐在三輪車上，最初只談功課已談不完，家裡還有一屋子事等著。她隨夫蔣道輿先生全家來台，三代同堂，數十年維持大家庭的規模。

高三下學期最後一個月，所有課程結束，開始升學輔導，由各科老師各按專長輪流到四班上課，要自編教材，專攻聯考可能題目，訓練學生敏銳思考，精確作答。徐蕙芳和我在開會時分配到翻譯和詞類變化等文法領域，每人尙需自選精練短文數篇，可供誦讀，增加閱讀能力。

我們竭盡所知地搜集資料，那時我開始跑台中的美國新聞處圖書室，我哥哥和他在《中央社》的老同學楊孔鑫有時會寄一點英文稿，有關文學和文化的新文章等。我們兩人討論之餘，晚上孩子睡了，她由立德街走到我家，在我的書桌上寫好，多數由我用鋼板刻蠟紙，第二天到教務處印成全班的講義或測驗題。鋼板刻出的講義相當成功，後來幾年的暢銷升學指南「盜」用了不少，當然我們那時代沒有人想到什麼版權。我的字方正，不瀟灑，很適合刻鋼板，那時不到三十歲，做那麼「重要」的事，覺得很快樂。

在台中十七年，家庭生活之外，最早躍入我記憶的，常常是放在走廊盡頭的小書桌：用一條深紅色的氈子掛在房楹隔著臥房，燈罩壓得低低的小檯燈，燈光中我們兩個人做題目寫鋼板的情景，既浪漫又辛酸。其實其中並沒有太多浪漫的情調，多半時間，我們只是兩個家庭主婦，在家人入睡後才能在走廊一隅之地，面對心智的挑戰。英文有一個最確切的字："Necessity"（必然性）。家人和自己都明白，一旦進去了，便必須打贏這場仗。在我那張小桌工作（一直到一九七二年到台北麗水街宿舍，我才有了一間小小的，眞正的書房），在我的小家庭，只須得到丈夫諒解，比較單純。我的丈夫「允許」我們那樣工作，因為他一週工作七天，經常出差，他不在家的時候，我從無怨言。

那張小書桌奠立了我們一生的友誼，直到她二〇〇七年二月高齡逝世，五十年間，人生一切變化沒有阻隔我們。她是我三個兒子至今溫暖記憶的蔣媽媽；而我，自台中一中開始教書，一生在台灣為人處世，處處都有俯首在那小書桌上刻鋼板的精神。

晚上十點鐘左右，我送她沿著復興路走到立德街口，常有未盡之言，兩人送過去送過來多次。直到我離開台中一中多年後仍未分手，功課之外，我們也談生活與家庭，她的雍容、智慧與寬宏對我影響很深。

在那五年中，每年暑假看大學聯考榜單也是我生命中的大事，好似新聘教練看球賽一樣，口中不斷地教他們不要想輸贏，心中卻切切懸掛，恨不能去派報社買第一份報紙。在那一版密密麻麻的榜單上用紅筆畫出自己的學生名字，五十年前和今天一樣，先找台大醫學院和工學院的上榜者，工學院又先找電機系，因為分數最高。我不能自命清高說我沒有這份「虛榮心」，尤其是擔任導師那一班的升學率，占滿我年輕的心。那幾天之內，只差沒有人在門口放鞭炮，上榜的絡繹不絕地來謝師，整體說來，成績夠好。但是也有些錄取不理想的和公立大學落榜的，他們晚幾天也有來看我的，有人進門即落淚，我不但當時勸慰，還追蹤鼓勵，第二年再考，多數都能滿意。

成功或挫折的分享，使我和許多當年十八、十九歲的男孩建立了長久的「革命感情」，在他們成長的歲月中，有寫信的，回台中家鄉時來看望的，尤其是他們到成功嶺當兵的那些夏天，我聽了許許多多新兵訓練的趣聞。學生絡繹不絕地按我家門鈴，每星期天我準備許多酸梅湯涼著，蒸許多好吃的包子，有些人多年後還記得。當兵的故事中最令我難忘的是石家興，他問我要一些短篇的英文文章，可以在站崗時背誦，簡直令我肅然起敬。他在台大生物系唸書時和幾位同學定期研討文學和文化問題，與簡初惠（後成名作家簡宛）相愛，也曾帶來給我看。畢業後教了幾年書到美國康乃爾大學讀博士學位時，邀我前往胡適的校園一遊，看到他一家安居進修。當晚他邀來幾位台中一中同學和她的妹妹簡靜惠等暢談當年樂事，五十年間，我看著他從少年成為國際級學者，二〇〇八年他獲頒四年一度的世界家禽學會的學術研究獎，我眞正分享到他們的成就感。

在台中一中的傳統中，以文科作第一志願升大學的似乎占少數，數十年間常有聯繫的有在外交界傑出的羅致遠，主持中國廣播公司的政論家趙守博，台大法律系教授廖義男等。台大外文系畢業的林柏榕、張和湧、張平男和陳大安等。林柏榕是我第一年教的學生，他在創辦立人高中和競選台中市長前曾與我談及他要為台中做事的理想。他任市長時，我已離開台中了，但是從競選文宣，看得出來文學教育的格調，雖然我也知道他所進入的政治和文學是兩個不同的世界。與他同班的張和湧，在大同公司服務時，曾幫「協志叢書」翻譯了許多世界經典人文著作。張平男是徐蕙芳的得意學生，中英文俱佳，文學作品涉獵亦深，我在國立編譯館時，邀他將文學課程必修讀本奧爾巴哈的《模擬：西洋文學中現實的呈現》（Erich Auerbach, 1892-1957, *Mimesis: The Representation of Reality in Western Literature*）譯成中文，一九八〇年由幼獅文化事業公司出版，是一本很有意義的書。

在我任教的最後一班，進入台大外文系的陳大安，是眞正喜愛文學的學生，讀文學書亦有很深入的見解。他讀大學時，常常請教我課外必讀之書，五、六年間寫了許多新詩，很有創意與深意，我都是第一個讀者。他後來也去了美國，從事文化工作。一九九〇年初期，我在電視上看到他與友人創辦的 Muse Cordero Chen 廣告公司贏得美國全國廣告協會的銀鈴獎，一九九四年又得美國銷售協會頒發廣告效果金獎（Effie Gold Award）。在這樣全國性的競爭中脫穎而出，必須有扎實的文學藝術根基和眞正觸動人心的創意。

台中一中學生日後在理工界和醫界都有傑出表現，大約是傳統的主流力量。那時成績最好的都以醫科為第一志願，有一位笑口常開的學生對我說，「老師，我將來作了醫生會照顧你。」我那時年輕，從未想到需要醫師照顧。多年以後看到他們成為名醫的報導，甚至在街上看到他們的診所招牌，但都未以病人身分求診。只有曾找我敘師生情誼的仁愛醫院副院長劉茂松，當時我胃部不適，他安排照胃鏡，我竟然在等候隊伍中溜走「逃跑」了，後來再不好意思去。幾年前我在和信醫院作一場最後的演講，題目是「疼痛與文學」。是台中一中的老學生蔡哲雄，在美行醫二十多年後回台灣，到那著名的癌症醫院任副院長，他念舊，找到了我，請我去作了那樣跨界的演講。我敘述自己在種種病苦關頭以背詩來轉移難捱的疼痛，而且，還不改教室舊習，印了一些值得背誦的英詩給聽衆呢。

二〇〇六年夏天，我在一中第一班的學生，在台灣水產養殖方面大有貢獻的中央研究院院士的廖一久，以及四十年來首次返台的雷射專家王貞秀與張和湧一起來看我。門啓之際，師生五十三年後重聚，不僅我已白頭隱世，他們也已年近七十，事業成就和人生滄桑之感湧上心頭，豈止是驚呼熱中腸而已！他們寄來的當日合照，我一直留置案頭。

數十年間我在台灣或到世界各處開會旅行總會遇見各行各業的一中學生，前來相認的都有溫暖的回憶；許多人記得上我的課時，師生聚精會神的情景，課內課外都感到充實。方東美先生曾說：「學生是心靈的後裔」，對我而言，教書從來不只是一份工作，而是一種傳遞，我將所讀、所思、所想與聽我說話的人分享，教室聚散之外，另有深意。他們，都是我心靈的後裔。

2 文化交流之始

一九五六年初夏，我在台中一中專任教書滿三年，考取美國國務院交換教員計畫（Fulbright Exchange Teachers' Program）獎助，九月去美國進修英語教學一學期，旅行訪問共半年，那時我已大學畢業九年了。

傅爾布萊特文化交流法案是第二次世界大戰結束後，美國最成功的國際和平促進計畫。外交委員會的參議員傅爾布萊特（William Fulbright）一九四六年提案，選派美國文化人士和各國教育文化代表，互相工作訪問，藉由不同文化的交流，撫慰戰爭的傷痛，增進世界和平。五十多年間，僅自台灣與美國互訪者即已超過萬人，全世界受邀者數十倍於此，是美國文化外交影響最深遠的計畫。我一生做文學交流工作，應是由此有了良好的開始。

那時在台灣的甄選由美國新聞處主辦，像考學生一樣，擺了一些長方木桌，七十二個報名合格的教員圍坐寫英文作文，回答許多問題。通過初選後，還有一個五人口試小組的個別面試。其中有一個我最想不到的問題，那時的美國新聞處長 Miss

Whipple問我，「你家裡有這麼小的三個孩子，你的丈夫會讓你去嗎？」我除了說母親會來照顧他們之外，一時急智竟加上一句話，“My husband encourages me to go. He is a domesticated man.”（我丈夫鼓勵我去，他是一個顧家男人）。此答引起全體大笑，大約對我得分幫助不小。在一九五〇時代，全世界的女性主義運動剛剛萌芽，「居家男人」這個說法只是她們的一個夢想而已。而我不過在台中一中圖書館唯一的英文週刊《時代》（*Time*）上讀到過一篇報導，對於“domesticated man”這個觀念印象很深，是我最有興趣的英文詞類變化的好例子。但是，這個問題若晚問兩年，我就不能這麼回答了。因為他自從投入鐵路CTC的工程建設到二十多年後退休，很少有居家的日子。

在戰後喘息初定，中華民國遷來台灣初期，全省生活都很苦，許多小孩確實沒有上學穿的鞋，夏天的電扇都是奢侈品。美國在太平洋的彼岸，是二次大戰英雄麥克阿瑟和陳納德的家鄉，是個遙遠美麗的夢土，而觀光旅遊只是字典上的字。如今我考取了這個交換計畫的獎學金，確是夢想成眞，得到一般人民難於申請的護照、簽證，還有展望未來的職業進修的最好安排。我到達華府那一天晚上，坐在一扇十八樓上的窗前，一切似眞似幻的感覺，激盪不已。

我這一屆的交換教員（大、中學都有），來自二十多個國家，歐洲和南美最多，伊朗和日本各來了四人（也許他們最需要和平交流？），落單的是韓國梨花大學的一位講師高玉南和來自台灣的我。我們先在華府接受十天的簡報和訓練，主持人是美國國務院一位專員 Mr. Shamblin。他對美國的生活觀念與方式和我們這些國家的不同，有許多精闢幽默的比較，他那種知識分子為國服務的態度令我佩服。

接下來我們被送到密西根大學 Ann Arbor 的英語教學訓練，扎扎實實地上了兩個半月的課，欣幸趕上創辦人 Dr. Fries 退休前最後一期課，聽到他對英語文法的改良見解。我們這三十多人朝夕相處，對於各人的國家文化有很多交流認識的時間，也有相當深入的了解。由於被安排住在不同的接待家庭裡，對於美國生活方式能親身經驗。我住的是密大生物系教授惠勒 Dr. Albert Wheeler 的家，那是我第一次看到美國高文化的黑人家庭。他在大學的綽號是陽光博士（Dr. Sunshine）。一九六〇年代，我在《時代》雜誌上讀到他是諾貝爾生物獎的候選人。我住在他們家的那一段時期，他夫婦待我很好，和我談了許多黑白種族的問題，也回答了我許多有關文化的問題。金恩博士（Martin Luther King, Jr.）是他們好友，他也是「美國有色人種促進會」（National Association for the Advancement of Colored People，NAACP）在密西根州最早的奠基者，他在七〇年代曾任 Ann Arbor 市長，城裡有一座公園後來以他為名。在語言教學的週末，我們參觀了汽車工業、中西部農場，看了好幾場足球，甚至學會了為密大加油的喊叫。

那一年冬季離開寒冷的密西根州，我選擇到更寒冷的懷俄明州 Evanston High

School 去實習教學，試用 Dr. Fries 的新文法。所有的人都訝異我為什麼作那選擇。一則是因為我的小妹妹那時在鄰州猶他（Utah）上學，再則是想體驗我從未回去過的故鄉，Manchuria（東三省）的嚴寒況味。懷俄明州的人非常熱誠地招待我這個少見的中國女子，有些牧場主人帶我去看他們的大漠牧場，有一位老先生說，他們鄰界五十哩外搬進一家新牧場，太擁擠了。那三個月，天氣一直在零下十度以下，而戶內設備之舒適，生活之正常，甚至興高采烈，充分顯示美國精神，有時會令我想起父親半生為家鄉的奮鬥。有一天降至零下四十度，我竟然下車步行想嘗受「冰天雪地」之美，五分鐘之內，便被警車追上，押回室內，「避免愚蠢的死亡」。

訪問結束時，我們三十多人又都回到華府，聚會座談，敘述了各人的經驗與感想，臨別竟然依依不捨。從美國東部，我搭乘著名的觀光火車「加利福尼亞春風號」（California Zephur），橫過美國中心各州到西岸的舊金山，沿途看到美國的山川壯麗，各州不同的風光，眞是大開眼界之旅啊。

一九五七年春天，結束了傅爾布萊特交換計畫課程，我搭機返台。回台飛機上，坐在我旁邊的是一位美國老先生，問我許多關於台灣的問題，我都盡我所知地回答。他臨下飛機前給我一張名片：安德森博士（Dr. Anderson），華盛頓美國大學（American University）校長。回台後，我再度回台中一中任教。當時的教育部長是張其昀先生，有一次他到台中來，通知台中一中宋新民校長，說要召見齊邦媛教員。

那時有地位的人才坐三輪車，校長很興奮，帶我坐他的公務三輪車去見教育部長。

張部長對我說：「安德森校長幾次演講都提到你，非常稱讚，說你們台灣的中學教員水準很高，教育部希望你到國際文教處工作。」我回家後與先生和父親商量，果然如我所料，他們都不贊同。後來教育部長又來封信，提到我若願意，他可以幫忙，將我先生的工作也調到台北，但他豈是肯受如此安排的人，我回信說志趣在教書和讀書，謝謝他的好意。

3 「我有一個夢」

第一次交換教員進修回來，回到台中一中教書滿兩年後，一九五八年秋天，轉任台中的台灣省立農學院教大一英文，事實是學術生涯的開始。

台灣省立農學院在一九六一年改為省立中興大學，而後才又改為國立中興大學。英文是共同科，除此之外還有國文、歷史、三民主義、體育等。在共同科的教員休息室聽多了「雜拌」的言談，下定決心一定要推動中興大學外文系，可以有切磋琢磨的文學同道。

一九六〇年左右，學校開設兩班大二英文課程，請我教一班，教材自定。

這一年正好是約翰·甘迺迪當選美國總統，他的就職演說以及一九六二年去世的胡適先生最後的演講稿，加上美國黑人民權領袖金恩博士一九六三年的著名演說「I Have a Dream」，我在台中美國新聞處取得這三篇稿子，我大約讀遍了那裡的文學書。當時台中圖書館、學校圖書館的英文資料少得可憐。

我拿這些篇章，再加上讀書時讀過的一些好散文，還有狄金蓀（Emily Dickinson）、惠特曼與佛洛斯特（Robert Frost）的詩作教材，並且比較中西文化的差異。學生對我講的都覺得很新鮮。尤其在甘迺迪總統和金恩博士被暗殺後的國際氛圍中，大學畢業去美國的留學潮已經開始，有關美國文化的，較有深度的新文章非常受歡迎。

這門課是選修的，約有七、八十個學生選，但上課時擠了一百多人。教室大約只有七、八十個位置，學生因為座位不夠，就把隔壁教室的椅子搬來坐，常起糾紛。

那時的校長是林致平和後來的湯惠蓀，劉道元校長時期我開始向校長要求設立外文系，他們也常常在重要場合請我出席。

一九六五年，諾貝爾經濟獎得主海耶克博士（Prof. Friedrich A. Hayek）到台中各校演講，我受命擔任現場翻譯。他對我說：「待會兒我講一段，你就幫我翻譯一段。」我心裡忐忑不安，因為我大一雖然修過經濟學概論，但並不懂，所以很緊張。到了會場，看到台北還有好多人陪他來，包括台大名教授施建生、華嚴等，整個會場都坐滿了人，我有些心慌。

海耶克先生沒有給我演講稿，而且他講的英文帶有德國腔，不容易聽懂；他往往一說就是五、六分鐘才讓我翻譯，這眞是很大的挑戰。還好，他偶爾會在黑板上寫幾個字。那是我第一次聽到「Closed Society」跟「Open Society」這兩個詞，我想「Closed」是封閉，「Open」是開放，所以就翻成「封閉的社會」與「開放的社會」，應該不會錯吧。後來大家果然繼續這麼用，這給我很大的鼓勵。

台大法學院長施建生後來對我說：「我帶他們走了這麼一大圈，你是當中翻譯得最好的。」而且也對別人這麼說。

後來，很多重要人士來台中，我曾為浸信會主教翻譯，這種翻譯我還能勝任。六○年代左右，蔣總統邀請《讀者文摘》總編輯來台，因為他曾寫過一篇關於台灣是個新寶島的文章，到台中來也曾請我幫他翻譯，這些經驗給我很大的鼓勵。當然，緊張的心情是免不了的，每次站在台上，我都像是戰士披著盔甲上戰場，總想怎麼樣能生還才好。文學作品的翻譯必須到達精深的層次，日後我推動中書外譯的一些計畫，那是更高的挑戰。

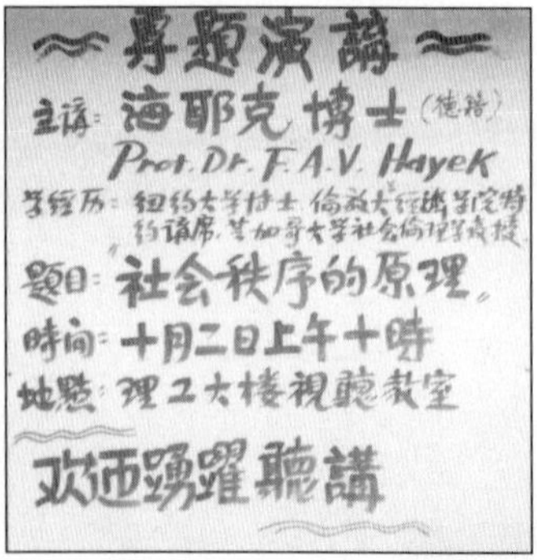

一九六五年，諾貝爾經濟獎得主海耶克博士(Prof. Friedrich A. Hayek)到台中各校演講，齊邦媛受命擔任現場翻譯。她第一次聽到「Closed Society」跟「Open Society」這兩個詞，就翻成「封閉的社會」與「開放的社會」，後來成為大家沿用的新觀念。

4 北溝的故宮博物院

可以稱為奇緣，在中興大學任教期間，我曾在當時位於台中縣霧峰鄉北溝的故宮博物院兼差六年。

一九五九年剛過完春節的時候，電話響了，有位武漢大學的黎子玉學長任職故宮博物院，急需一位祕書，他們把校友會名冊翻來翻去，符合外文系畢業，家住台中，又加上剛接受傅爾布萊特交換計畫進修回來，我似乎是最佳人選了。

當時我除了誠惶誠恐地備課上課，家中尚有三個唸小學、幼稚園的孩子，怎麼可能再去霧峰鄉的北溝上班？黎學長說，我只需把中、英互譯，公事文件會派人送到家裡，做好來取，不用天天到北溝。他的口氣不像商量，倒像派令，而且工作方式也定好了，由不得我說「不」。

這份工作為我帶來新的視野。為了要做出一件件文物的資料，我必須向專家請教藝術方面的問題，比如向莊嚴、譚旦冏及那志良先生等請益；我研讀相關文獻、做筆記，問他們各種問題，自己也意外地得到很多收穫。當年，為了熟記重要資料，一手抱幼兒一面猛背著名的窯名與特色的情景，如在眼前。

除了文書翻譯，遇到邦交國元首到故宮參觀，有時我也必須到現場口譯。其中，最難忘的是曾任外交部長的葉公超先生陪伊朗國王和泰國國王來訪的那兩次，我近距離地與他們接觸，留下深刻印象。

葉先生和汪公紀先生是老師輩，他常常側著頭問我：「那個東西英文叫作什麼？」簡直就是考我。他的性格使我不敢怠慢，他一問，我就趕快回應他。那時的主任委員是孔德成先生。最資深的莊嚴先生指教我最多。

那時是邦交國的伊朗國王是巴勒維，長得高大、英俊，皇室威儀中帶著現代紳士的優雅，簡直就是童話中白馬王子現身。

我幾乎是用一個愛慕者的心情，留意所有跟他有關的訊息，也想找幾本書看看歷史對他如何評價。因此，我想到那時能在故宮為他作解說，深感榮幸。猶記得那日，他很仔細地看銅器和瓷器；行進間，因為周邊都是男人，他怕我被冷落，就常跟我講話。看瓷器的時候他對我說：「我的皇宮裡有一些跟你們這裡一樣大的瓷器，但都不如這個好。」他還問我：「像你這樣工作的女人在台灣很多嗎？」我說：「大概不少吧。」其實我也不知道，我想這樣說比較有面子。伊朗是回教國家，他大概很難想像女人工作的樣子吧。

巴勒維在那時是一位英主，不是一位暴君，一九六八年我在美國讀書時看到各報的頭條都寫著：「不願做乞丐們的國王」（"He did not want to be the king of beggars"），標題底下有一張他的加冕照片，在繼位十幾年後才正式加冕，因為他立志要把伊朗變成一個沒有乞丐的國家，所以等到經濟改革成功了才正式加冕。我對這則新聞印象非常深刻。難以預料的是，多年的勵精圖治卻引發政變，他被迫去國，不久即抑鬱而終，死於流亡的異鄉。

那天黃昏由北溝回到自己日式房子的家，換上家居服用大煤球煮晚飯，灰濛濛的炊煙中，想著巴勒維國王英挺優雅的身影，突然想起灰姑娘的故事，送我下班的破汽車已變成南瓜了嗎？

那一陣子故宮接待好多貴賓，後來泰國國王和王后也來了。約旦國王胡笙，許多的總統、副總統……更重要的是，歐美各大博物館，大學的藝術史家都到北溝來了。那大大的榮華和霧峰到北溝的那條鄉村道路，時時令我想起北京的宮城黃昏和萬里江山。

胡適先生常到故宮，在招待所住幾晚，遠離世俗塵囂，清淨地做點功課。他去世前一年，有一次院裡為他請了一桌客，大概因為我父親的關係，也請我去。

那天他們談收藏古書的事，胡先生也和我談了些現代文學的話題，我記得他說：

「最近一位女作家寄了一本書給我，請我給一點意見，同時我又接到姜貴的《旋風》，兩本書看完之後覺得這位女士的作品沒辦法跟姜貴比，她寫不出姜貴那種大格局，有史詩氣魄的作品。」這些話對我很有一些影響，一九六八年我去美國，就選了兩次史詩（Epic）的課，一定要搞清楚是怎麼回事。後來胡先生又說自己的工作是介乎文學與歷史兩者之間的研究，寫感想時用的就是文學手法，他說：「感想不是只有喜、怒、哀、樂而已，還要有一些深度。深度這種東西沒辦法講，不過你自己可以找得到。如果你有，就有，沒有，就是沒有，但是可以培養。」這些話對我來說都是啓發。胡先生對我父親的事很了解，也很尊重，所以會跟我說一些相關的話。後來我給學生上課或演講，都覺得文學上最重要的是格局、情趣與深度，這是無法言詮的。

我在故宮也有過一陣子矛盾，想跟隨這些學者做藝術史研究，也許可以另外多學一門學問。後來想想，我的背景並不夠，而且我一心一意想深談文學，所以又回去教書，再圖進修。

一九六五年，故宮遷到台北外雙溪，偶爾我去參觀，還有很多人彼此都認得，直到他們一一去世。

5
教學領域的拓展

一九六一年有一天下午，下著大雨，突然有人按門鈴。我開門一看，是一位穿著密不透風的修服，五十多歲的老修女。她手裡拿一把很大的雨傘，一進門就大聲地問：「你是不是齊邦媛？」

我說：「是。」

她說：「我們現在需要一位教美國文學的人，請你來教。」

我嚇了一跳，說：「我沒有資格教，美國文學也沒有準備。」

她不聽我解釋，說：「你會教，你也可以教，我知道，因為我已經查過你的資料。」

原來她是當時靜宜女子文理學院（現為靜宜大學）的負責人 Sister Frances，靜宜是修會辦的學校，修會的負責人就是學校負責人。她來找我的時候，態度非常強硬，氣勢儼然。

我一再推辭，她似乎要發脾氣了，說：「你們中國人就是太客氣了，我告訴你，我是經過考慮才來的，我派了學生到中興聽過你的英文選課。」

我太驚訝，也太意外，不敢跟她辯論，連說："I'll try."的能力也沒有。

她立刻交代哪一天開始上課，說完，留下一份課表，撐起那把大傘，從玄關處消失。就這樣，在一九六一年的台中，我真正開始教文學課。

靜宜在當時是很受重視的，因為她是一所以英語為主的學院，學生一畢業都是供不應求地被搶走。

「美國文學」是大三的課，教科書由學校指定，厚厚的上下兩冊，三分之二是作品，三分之一是背景敘述，這稍微減輕我的壓力。

但不管怎麼說，「美國文學」是外文系的重課，我生性膽小，又很緊張，自覺沒有經驗，只有拚命下苦功讀書。當時靜宜圖書館相關的藏書頗豐，都是從美國直接送過來的，除了美新處，這裡也成為我尋寶的地方。我教這門課真是教學相長，把靜宜圖書館裡所有關於美國文學的書都讀遍了，筆記本、教科書上面寫了密密麻麻的小字。我雖然知道自己沒有像胡適先生說的要有八年、十年以上的研究（at least eight years ahead of students）才敢教一門課，但我那時總超前一、兩年。

靜宜的英文老師大都是洋人和修女，為了培養學生的英文程度，不用中文講課。教了第一年，學生反應很好，我猜想吸引他們的是我對文學的態度。

Sister Frances 是一個非常嚴格的人，拿著一把大傘，到處巡視，對老師的教學品質盯得很緊，經常去聽老師上課。她全心全意奉獻給學校，以校為家。她對學生也很嚴格，舉凡儀容、用餐禮儀、生活常規都要管，她曾說：「女孩子打扮得乾淨、漂亮不是為了好看而已，而是為了禮貌。」一九六〇年代從靜宜畢業的女孩子，一聽到Sister Frances都會發抖。但是她也制定了相當高的水準。

我到東海大學外文系任教，完全是個意外。就像Sister Frances拿把大雨傘敲到我的頭，我就去教一樣；不過，這次敲我的不是傘，是一封信。

有一天，我收到素不相識的杜蘅之教授的信。他說他在東海外文系教翻譯，因為太忙了，問我可不可以接這門課？我不知道他怎麼認識我的，我也不認識他。但是，我就又接受一個挑戰去了。

東海大學外文系在當年是比今天風光、受重視多了，因為他們做了很多開風氣之先的事情，加上學校的建築、規畫具有前瞻性，校長也是當時具有社會地位的人士，所以頗受矚目。

外文系最早的系主任是Miss Cockran，接著是Miss Crawford，她以前是圖書館館長，之後就是謝頗得教授（prof. Ian Shepard）接任。系裡老師幾乎都是外國人，我是唯一的中國老師。

為了教翻譯，我用我的老牛勁自己編教材。每個禮拜給學生做一次中翻英、英翻中作業。那是非常辛苦的，我拿回來批改，改完後下次上課時第一個鐘頭發還作業並且討論。每個段落，我都摘出重點，和學生談翻譯的各種可能性。

我不太贊成翻譯講理論，直到今天也不認為理論可以幫助人。我的翻譯課完全要動手去做的，有累積的英文能力不是平白就能得來，也要有很好的範例，我必須眼觀四面、耳聽八方似地找很多資料，才能教得充實。

有一次，我讓學生做一篇沃爾特．佩特（Walter Pater, 1839-1894）的〈給蒙娜麗莎〉（"To Mona Lisa"）的翻譯，大家坐在位子上做得「快死掉」了。那實在是很大的挑戰，那短短一頁，充滿文藝知識，深刻的描寫內在的奧祕。每個人都糾著眉頭，一副快要陣亡的樣子，眞是精采。

翻譯課這班是大三，每年有二十多個人，最早的學生有鍾玲、孫康宜、郭志超等。鍾玲曾寫了一首詩〈聽雨〉送我。

我一九六七年赴美國進修，在印第安納大學的郭志超處處照顧我，常請我去聽印大著名的音樂會和歌劇，由他認識了許多終身的朋友。

一九六七年，裕昌突然接到調差令，調往總局，負責鐵路電氣化的研究及準備工作，因此家必須搬去台北了。

這年初有一個美國很有份量的「美國學人基金會」（American Learned Society）經美國新聞處寄來一函，說他們開始給台灣人文科進修獎助二名（獎學金很高），在一切考量之中，有一項是「年齡在四十五歲以下」。這一年，我已經四十四歲了，自己由青年已進入中年，在進修這方面，竟十年蹉跎，渾然不覺！許多年來，父親不只一次說，你一生作個教書匠，很可惜啊。他似乎忘了我大學畢業時，兵荒馬亂之際，他反對我出國唸書，雖然當時已得到霍利約克學院的入學准許，怕家人失去聯繫，更怕我成為孤僻的書呆子，耽誤婚姻。這十年來，學校每年都有一些國際交流的通知，但是丈夫工作極忙碌勞累，三個孩子尚小，我收到那些通知連看都不敢看，更不敢想。而今發覺所有的公費資格都限在四十五歲。既然家必須搬往台北，可以搬在父母家附近，媽媽易於伸出援手。如果想留在大學教書將來不被淘汰，今年是最後的機會。

這個基金會初審通過了我的申請，但是必須在八月三十日之前到紐約面談再待決審。我同時也再申請傅爾布萊特交換計畫的旅費與書籍補助，那又是一場「三堂會審」式的考試！他們之中有一位是剛由哥倫比亞大學來台訪問的夏志清先生。他問我對於艾略特（T. S. Eliot）的戲劇有什麼看法？恰好在前一年暑假我讀了他的三個劇本，《大教堂中的謀殺》（*Murder in the Cathedral*）、《家庭聚會》（*The Family Reunion*）和《雞尾酒會》（*The Cocktail Party*），所以頗有可談。

這一年暑假，兩個大孩子辦了轉學高中一、二年級，小兒子考上了第一志願大安中學初一（當時自以為已經安頓，今日回想，何等無知），中興大學為我辦了留職留薪進修一年（當年薪俸以台幣換算，不足一百美金），我才有身分得交換計畫獎助。

但期滿必須回原校任教三年。這年暑假我由教育部審定，升等為正教授，距我來台整整二十年，我仍在奮鬥，求得一個立業於學術界的學位！

那個七月是難忘的炎熱，我們一家五口，放棄所有的貓，只帶了一隻小狗，由台中的大院子，高架的日式房子，搬到鐵路局代租位在金華街的三十多坪公寓，好似塞進一個蒸籠（那時還不普遍裝冷氣），三個青少年失去了伸展的空間，煩躁不寧。而我卻在「安頓」之後，立刻要渡重洋漂大海追求一個他們聽不懂，也許至今也仍不諒解的「學術理想」！許多年後，我只記得那不安的熬煎，焦頭爛額的夏天夜晚，已全然看不見天上的星辰。

6

樹林中的聖瑪麗

這年的八月二十八日我按補助機票的規定，乘美國西北航空公司經阿拉斯加州的安哥拉治（Anchorage），到西雅圖換機到紐約，二十多小時飛行之後，午夜一點半到機場。台北美國新聞處的友人幫我訂了旅館，他們保證紐約機場的計程車是全世界最安全可靠的。第二天上午（會面最後一日），我趕上與「美國學人基金會」的面會。但是，後來收到他們寄到我妹妹家的信，通知我，他們不能支持我讀學位的計畫。所以我就只好先到印第安納州首府印第安納波利斯（Indianapolis）西邊的特雷霍特市（Terre Haute），在「樹林中的聖瑪麗」（Saint Mary-of-the-Woods College）教半年書再說。

世間的緣分，環環相套，實非虛言，我當年意外到靜宜文理學院教書，遇見教英國文學的 Sister Mary Gregory，也是一位 Fulbright Exchange Scholar。她知道我的出國計畫，鼓勵我去印第安納大學（Indiana University）進修，三年前她在該系修得博士學位。印大的比較文學系當時可以說是美國最早也最有實力的開創者，美籍德裔的比較文學理論大師如 Ramak, Nina Weinstein, Horst Frenze, Newton P. Stalknecht 等都在印大開最好的課，良機不可失。她也借給我幾本這方面的原文書，使我有進一步的認識。她是第一位用英文作《紅樓夢》研究而得到比較文學博士學位的。一九六七年四月底，她知道我到美國作傅爾布萊特交換教授去訪問的學校尚未定，邀我去創辦靜宜的母校，距印大只有七十哩的「樹林中的聖瑪麗」教一門中國文學的課，一門專題研究的課。我可以一面教書，再安排到印大註冊選課，通勤去讀比較文學和英美文學。這個意外的邀請，對於我，是上帝最慈悲的安排。

「樹林中的聖瑪麗」是天主教在美國的一個修會（order），座落在美國中部印第安納州的修院，有一片占地三千畝的樹林。一八四〇年在樹林中創辦了這所女子文理學院，在那一區是有名的貴族學校。

十年前我已見識到美國的地大物博，這次在這「小小」的學院，更感受到土地的實力。那一望無際，鬱鬱蒼蒼的樹林簡直就是世外桃源！右邊是梨樹園，左邊是蘋果園。十月開始，蘋果成熟，沒有人採，落在地下草叢中如一片紅花，我們初去時會驚呼，彎腰去拾最紅的大蘋果，後來才知道自己拾起的只是滄海之一粟，採蘋果的人是開著小貨車去的，車子開出來時，輪胎是輾過萬千蘋果的鮮紅色！我台中家前院一棵龍眼樹，每年結實時，鄰里小孩用長竹竿劈了鉗形頭，越牆摘取，我的孩子追出去時，一哄而散，大家都很興奮，成了每年初秋的慶典一樣。最初看到那果汁浸透的輪子時心想，他們若來到這蘋果園，會怎樣想？

初到時又有一天黃昏前，餐廳外樹林外緣一片楓樹紅了，林裡升起輕霧，夕陽照來，實在是中國山水畫中極妙境界，我與一個由台灣靜宜去的學生韓韻梅從餐廳出去想靠近楓林看看，正在歎賞歡呼的時候，一輛警車從後面追來，把我們「押」回宿舍。我對他們說，你們看這樣的美景，怎能不盡情觀賞？校警板著臉說，樹林太大了，我們的責任是保護年輕女子不要走失。

從充滿魅力的樹林走進學院，可憶念之事更多。第一個讓我震驚的是我的朋友

Sister Mary Gregory 的身分。

我一生對官位相當遲拙，在台中她聘請我到美國她的學校教書時，拿大雨傘掌靜宜一切大權的 Sister Francis 在旁一直大力贊助，我以為那是她的權力也是她的行事風格，「說了就算話」，而 Sister Mary Gregory 是我談文學的朋友，只是出面邀請我的人。九月初我由紐約乘飛機到印第安納波利斯，再換灰狗公車到特雷霍特市的汽車站，她邀了在學院圖書館工作的胡宏蕤小姐來接我。她見我風塵僕僕地帶著行李等她，立即過來擁抱歡迎，幫我提了行李上她的汽車，開三十多哩小路進了樹林。校園不大卻很有氣派，高大的數幢紅磚大樓，不遠處有一所小小庭院和淺綠色的小樓，即是我將居住一年的極舒適的教職員宿舍。她提著我的箱子送我進了一間舒適的套房，要我休息一下，六點鐘會請鄰室的胡小姐（Janet）帶我去餐廳。

餐廳在叢樹深處，高敞明亮，可供全院師生近千人進餐。靠近聖母瑪麗抱著聖嬰的校徽的壇前有一區是教職員區，也是校務會議的場所。在這裡，我相當深入地看到了一九六〇年代天主教一個修會在某些體制上的改變，和改變過程的辯論、衝突與痛苦。

我們進了餐廳，坐在第二排長桌。晚餐極正式，總院的一位年長修女帶領謝飯儀式之後，說：「現在請校長介紹新來的老師。」

此時，只見我的朋友 Sister Mary Gregory 俐落地由正中間的座位站起來，引我向前，向全廳介紹了我——我想我當時必是滿臉困惑、張口結舌不知說什麼才好的樣子。因為我不知道她由台中回到美國是出任校長的（給我的聘書上簽名的是上一任校長）。到那餐廳之前，沒人告訴我，在我們多次談話和通訊中她自己也沒有提過。原來，邀請我開中國文學課程，也是她的「新政」。

我上課的內容和資料都與她充分討論，適合學生程度，省去雙方摸索的苦惱。選課的學生近二十人，算是很不錯的了。上課不久又舉辦了一個東方文化展，很成功地加深了我們文學課的背景。而在生活上，她對我處處照顧。和我同住宿舍的胡宏蕤小姐，會煮一手精緻的中國菜，這位新校長和一位韓國學生丁英慧（後來才知道她是韓國總理丁一權的女兒，也上我的課）與另兩位中國修女（其中的蔡瑛雲回國後在靜宜大學工作至今）常是我們座上高朋。她也幫我找了幾位定期去印大上課的教員，開車去時帶我去。但是，時間的配合並不容易，每週去一、二次是不可能的。從特雷霍特到印大開花城（Bloomington）之間沒有公共汽車，更何況須先走出三千畝的樹林！在美國人看，區區七十哩小事情，對於我卻似不能逾越的河漢。所以我去印大比較文學系拜訪了系主任 Prof. Horst Frenz，談了我的困境，取得了所開課程表，回到樹林，認命專心教書，下學期再說。

那四個月是我一生有系統地讀書的開始，樹林中的聖瑪麗學院辦學態度相當專業，教學亦是水準以上，絕不是只為養成高貴淑女而已，所以其圖書館雖不大卻品質不差，尤其英美文學方面，藏書相當充實，是主力所在。為了教課，我遍讀館中所有有關中國文學的書，看到中國現代文學部分，除「五四」後的新小說如魯迅的幾本，有茅盾的《春蠶》，巴金的《家》，老舍的《駱駝祥子》、《貓城記》，甚至還有中共的樣板作品《金光大道》等，只是沒有台灣的任何資料。當然，那時我們也沒有任何英譯作品——這也是我後來發願作台灣文學英譯的心願萌芽之地。我卻在此意外地親自看到天主教修女制度在一九六〇年代面臨形式與內涵「現代化」的一段過程。

我抵達樹林的第三天午餐後，修會在會場有一個歷史性的投票，決定是否卸除頭紗。投票前後都有激辯，充滿了「聲音與憤怒」（"sound and fury"），主張廢除頭紗的年輕修女一派得到勝利，有人甚至歡呼，而保守的元老派明顯地顯得悲傷、憤怒。過了幾天又將長裙藉投票縮短至膝下三寸，不久校園上即見到新裝修女步履輕快地來去，那些始終不變的面容更加嚴肅了。除此外，修院生活內規也放鬆了許多。第二年暑假，有相當多的年輕修女退會、還俗。西方文化與宗教息息相關，我有幸在近距離看到最核心的奉獻形式與內涵的變遷過程，以自己來自古老文化，眞是感慨良多。也因此結交了幾位天主教修會的朋友，終生可以談學問、談觀念，也談現實人生。一年後我由印大又回樹林教了一學期書，頗有賓至如歸之感。

7—開花的城

既然無法克服那七十哩的困難，我在一九六八年一月初便辭職，去到位於開花城的印大註冊，專心讀書。出國前在台北辦簽證時，遇到我在東海大學外文系教翻譯課上的學生郭志超，他正好也要到印大讀書，所以知道我先到「樹林中的聖瑪麗」教書。印大的宿舍是他幫我接洽的，以我學者的身分及年齡，配得一間眷屬宿舍。在那寒冷的一月初搬進去的時候，看到門上釘了一張紙，用中文寫著：「齊老師：我們是郭志超的朋友，他今天出城去了，我們上午十一點鐘來看你。徐小樺、蔡鍾雄留言。」進屋不久，由那扇大窗子看到，外面薄雪覆蓋的山坡上，有兩個二十多歲的中國男子抬著一個巨大的籃子朝我這面走上來。這兩位我終生的小友抬著的籃子裡，裝著大大小小的鍋、碗、杯、盤、水壺、瓶罐，還有一條眞正的窗簾！一個人基本生活所需全有了。

這間單間的宿舍，有大幅的玻璃窗，窗前芳草鋪至山坡之下，總有一種僅小於鴿子的紅胸鳥在上面散步，據說是知更鳥，但是我在英國文學中讀到的知更鳥是一種頗有靈性的小鳥，也許在美國中西部的穀倉變種，壯碩難飛了。

一九六八年是我今生最勞累也最充實的一年。自從一月八日我坐在那窗口之後，人們從草坡上來總看見我俯首讀書或打字，我自己最清楚地知道，每一日都是從妻職母職中偷身得來！在一學期和一暑期班時日中，我不顧性命地修了六門主課：「比較文學和理論」、「西方文學的背景與發展」是必修，「文學和現代哲學」、「十六世紀前的西方文學」、「文學與文化」、「美國文學——愛默森時代」是選修。

「文學與文化」的穆勒教授（Prof. Mueller）上課有一半時間問“why?”，催迫聽者思考書中深意，譬如由湯瑪斯・曼《魔山》（Thomas mann, 1875-1955, *Der Zauberberg*）和以歌德《浮士德》（*Faust*）主題不同書寫所呈現的文化變貌等，這種教法對我後來教書很有影響。「美國文學」由愛默森（Ralph Waldo Emerson, 1803-1882）的「自信」（self-reliance）作為連繫一切的至高存在，輻射出去，將美國文學提昇到更高的精神層次。他講得翔實生動，我更是有備而來，一點一滴全都了解吸收，那寶貴的求知歲月，只有在戰時的樂山有過——而如今我成熟冷靜，確切知道所求為何，也努力抓住了每一天。當年印大的文學課即使在美國也是一流的水準，我上這些課凝神靜氣地傾聽，儘量記下筆記，常覺五十分鐘的課太短。

「十六世紀前的西方文學」全班二十多人，說五種以上不同母語，在如此壓力的「災難」中互相安慰。有一位眞正嫻熟法、德、拉丁語的俄國同學，被師生羨稱為

「怪胎」（monster）的大鬍子竟然問那剛從哈佛拿了文學博士的教師 Gros Louis，英國史上的阿爾弗雷德國王（King Alfred）是誰？那簡直和問中國人秦始皇是誰一樣丟臉，旁邊來自各邦國的同學幾乎快把他推到椅子下面去了。

這些課最可貴的不僅是上課言談所得，尚有參考用書書單，少則數頁，多者竟達八十頁。這些參考書單，是我回台灣後最有益處的指導；尤其「西方文學的背景與發展」一課是全院必修，教授是英文系大牌，一刷白色的鬍子，給人很大的安全感。他那滿座的演講課在很大的教室，三個月間為我搭建了一個心智書架，教我把零散放置的知識和思想放在整體發展的脈絡上，不再散失，日後讀書，尋得來龍去脈，也啓發我一生愛好研究史詩和烏托邦文學的路徑。先識得源頭，再往前行。

在五月二十日學期結束之前，我沒日沒夜地在那小打字機上趕出了三篇報告，參加了一場考試後，回到宿舍立即倒床大睡，昏天黑地睡到午夜醒來，窗外竟是皓月當空，想到《紅樓夢》中，寶玉醒來所見當是同一個月亮。我這個現代女子，背負著離開家庭的罪惡感，在異國校園的一隅斗室，眞不知如何在此紅塵自適！起身在淚水中寫了一信給父母親，敘此悲情（當時父母已年近七旬，我怎未想到如此會增加他們多少牽掛！），第二天早上走下山坡將信投入郵筒，往回走上了一半山坡就走不動了，坐在草地上俯首哭泣許久。當時心中盤旋著〈春江花月夜〉：「昨夜閑潭夢落花，可憐春半不還家。」詩中情境。正好此時，小友蔡鍾雄和幸璣夫婦駕車經過，他們上來帶我去文學院 Ballentine Hall 後面，全條路盛開著椿花，紅白交植的椿花，茂密而不擁擠，每一枝都能自在瀟灑地伸展，恬適優雅，成了我一生詩境中又一個夢境。

過了幾天去系裡拿學期成績單，四門課三個 A，一個 A-，總計 4.0。我問另一小友徐小樺，這 4.0 代表什麼？剛拿到物理系博士學位的他說，是 straight A 啊！是我們中國人的光榮啊！我說，且慢光榮，你們剛開始人生，無法了解，我這麼晚才能夠出來讀這麼一點書，所付的代價有多高！暑期班各處來的名師如雲，我照修三門凶猛的課。我背負離家的罪惡感，得以入此寶山，一日不能虛度。

這段苦讀時間，我最大的世界是那扇大玻璃窗外的天空和變化萬千的浮雲；台灣的消息來自家信和七天前的《中央日報》航空版，開花城那間陋室是我一生中住過最接近天堂的地方。

我的唯一生活或社交圈子是幾位中國同學和他們的家庭。印大那時有大約三百個中國學生，十分之九是台灣去的，香港和東南亞的約占十分之一，尚沒有一個大陸學生，那一年他們的文革噩夢剛開始，台灣政治上尚未分本省、外省，大家心思單純，互相照顧。離校的人把可用的家庭物件裝在大紙箱裡，開學時分批送給新來的人。開花城外有幾個樹木蔥籠的小湖，他們開車去時常邀我。有一次為了撮合曾與我同住的楊巧霞和曾野的姻緣，曾有六車人開到湖畔「看月亮」，大唱中文歌，太晚了，被警察「驅離」。有幾次隨徐小樺、蔡鍾雄、胡耀恆幾家開車到芝加哥，到俄亥俄州、愛荷華州……長途所見，使我見識到美國地大物博的中西部，廣袤萬里的大穀倉，令我懷想我父祖之鄉的沃野。

印大著名的圖書館和她的書店是我最常去的地方。在占地半層樓的遠東書庫，我遇見了鄧嗣禹教授（Teng Ssu-yu, 1906-1988），是學術界很受尊敬的中國現代史專家。他的英文著作《太平軍起義史史學》、《太平天國史新論》、《太平天國宰相洪仁玕及其現代化計畫》皆為哈佛大學出版，是西方漢學研究必讀之書。鄧教授，湖南人，雖早年赴美，已安家立業，對中國的苦難關懷至深，我們有甚多可談之事。他退休時印大校方設盛宴歡送，他竟邀我同桌。在會上，校方宣讀哈佛大學費正清（John King Fairbank, 1907-1991）的信，信上說他剛到哈佛唸漢學研究時，鄧教授給他的種種指引，永遠感念這位典範的中國學者。

這樣單純、幸福的讀書生涯到一九六八年寒假即被迫停止。當初申請傅爾布萊特資助進修的條件是必須有教書工作，而且期限只有一年，不可因修讀學位而延期留在美國。我已申請延長半年，所以先必須回到樹林中的聖瑪麗學院再教一學期。那學期我去特雷霍特的州立大學讀了「十六、十七世紀的英國文學」，任課的 Mullen 教授是研究史賓塞詩的專家。另一「文學批評」課也非常充實，對我日後研究助益甚大，而且印大承認這六個學分。我且回到開花城去參加碩士學位考試通過，只待再修六個法文課的學分即可得碩士學位——但是我今生竟未能回去修學位。

交換學者簽證到期之時，我仍在猶豫，要不要再申請延長半年。這時，我父親來了一封信。他說，裕昌工作繁重辛勞，你家中亟需你回來。簽交換計畫的合法期限既已到期，已承諾的話即須遵守。

《聖經・創世紀》裡，雅各夢見天梯。我在印第安納大學那開花城的春花冬雪中也似夢見了我的學術天梯，在梯子頂端上上下下的，似乎都是天使。而在我初登階段，天梯就撤掉了。它帶給我好多年的惆悵，須經過好多的醒悟和智慧才認命，這世間並無學術的天梯，也無天使。我雖被現實召回，卻並未從梯上跌落。我終於明白，我的一生，自病弱的童年起，一直在一本一本的書疊起的石梯上，一字一句地往上攀登，從未停步。

8 — 築夢成眞

繁花落盡，天梯消逝。我回到台中的中興大學，履行我回原校服務三年之約。家已搬去台北，所以我每週二由台北乘早上七點開的光華號火車去台中；週五晚上六點搭乘自強號由台中回台北。星期六上午在台大教研究所的「高級英文」課。有兩天時間靠一位女傭協助，努力作一個家庭主婦，住在父母家對面，共用一個巷院，一切都在呼應範圍之內。但是父母已經七十多歲了，我的三個兒子都進了青少年階段，我每星期二早上五點多鐘起床，準備家人早餐，再去趕火車，內心萬千的牽掛，有時天上尚見下弦殘月，我離家時眞是一步三回頭——最初只是踐約，漸漸地，我回到台北，也會牽掛台中那一間小樓裡的系務了。

中興大學外文系的成立是我多年夢想的實現，在林致平、湯惠蓀、劉道元三位校長任內，我都不停地以一個教員的力量在推動。作為中部唯一的國立大學，總應該有文學院，文學院設立後先成立了中文系和歷史系，外文系最困難的是師資。那時全台灣合格的外文系教授人數不多，英美文學博士仍是「貴重金屬」，漸漸有少數學成歸國的，到了台北就被台大、師大、政大、淡江、輔仁等校留住了，不願到「外縣市」去。同在台中的東海和靜宜有他們自己的修會師資來源，國立大學有較嚴的資格限制。這個問題就是理想與現實的最大差異之處，我在過去那些年，侈言文學教育的重要時，並未預想到。

當我一九六九年春季班開學前回到中興大學時，發現我已被「發表」為新成立的外文系系主任，而且新招收的第一班學生四十五人已上課一學期，系務由教務長兼代，課程按教育部規定開設，幾乎全是共同科，與中文、歷史兩系合開選修課程，邏輯學、文學課程到二年級才有。我回國第一次進了校長室才懂，我由美國寫來的兩封信說學位尚未拿到，系務工作不懂又無準備，只能作個盡職的文學教員而已，不適合當主任的眞實話，在校長與教務長（那時尚無文學院院長）看來只是民族美德的謙辭。已升任正教授，且得到教育部的紅色教授證，多年來努力推動成立外文系，如今外文系已經「給你成立了」，系裡就這幾位老人（教大一英文、法文、德文等，六人中有一半已六十多歲），等了你半年，你不管系務誰管？

教務長王天民先生原是我的長輩，由校長室出來，看到我「惶恐」為難的神情就說，「我相信你是有能力做的，公事上的問題可以來和我商量。這裡對系主任有保守的期待，以後少穿太花的裙子。」那時流行短裙，而我長裙短裙都沒有，上課只穿我寬寬綽綽的旗袍。

就這樣，我由苦讀的書呆子變成了系主任，面對的全是現實問題。幸運的是，由大學聯合招生分發來的學生相當不錯。那時還沒有中山大學和中正大學，全台灣國立大學只有四校有外文系，而外文系錄取的分數比較高，學生資質都相當好，後來在社會上的表現也在水準以上。

我在系主任三年半的日子裡，最大的煎熬是文學課程的教師聘請。新聘專任的施肇錫、許經田和很年輕的張漢良，三位先生都證明了我的「慧眼」，很受學生歡迎，原任的丁貞婉、姚崇昆、孫之煊、唐振訓、蕭坤風也都鼎力合作，系裡有一股融洽的向心力，任何人走上我們向農學院借用的那小樓的二樓兩大間辦公室常會聽見笑聲。我的辦公室門永遠開著，老師、學生出出進進神情愉快。

那第一屆的元老學生一半是女生，一半男生。我剛就任時，那些女生在宿舍為我開了個歡迎會，擺了幾碟脆硬的餅乾和汽水，她們沒有唱歌等類的節目，只是把我團團圍在那兩排上下鋪的中間，問了我許多問題：考上了外文系很高興，但是上了一學期的課，不知外文系要學些什麼？現在上的課和高中的課差不多，國文、英文、現代史……，只是老師比較老一點……。這一場聚會，開啟了我與學生直接談話的作風，由大學新生的困惑，到後來三年功課沉重的壓力，我是陪著那四十多個青年走了成長的每一步。對於那個由無到有的系，我似乎有個築夢者的道義責任，對於那些十九、二十歲的尋夢者（如果他們尋的話），我不知不覺地有像「帶孩子」似的關懷。

對於這新系，我最大的道義責任是建立它的學術水準。第一年，台中的美國新聞處由於我多年借閱的書緣，以及我兩度作 Fulbright Scholar 的關係，捐給我們最初的一些文學書，配上丁貞婉借來她夫婿陳其茂先生的幾幅畫，我那空無一書的辦公室頓時有些文化的樣子。

他們指點我，在台中有個美國國務院訓練外交官中文的使館學校（Embassy

School），好多學員是具有英文系碩士以上學位的人，另外一處是台中水湳的清泉崗空軍基地，那時是越南戰爭期間，借駐的美軍數目很大，有不少醫護和通訊等文職人員，他們的太太有些是美國合格的教員，也許合於我們公立大學兼任的資格。經由這兩個途徑，第二年我將二年級分為四組，開設教育部規定的英語會話，請到四位在使館學校進修的學員每週來上兩小時課，之後兩年有六、七人來上課。課內課外他們頗為融洽，我們的學生純樸天真，有些課外活動郊遊帶著這些老師同行，還曾帶他們回家吃拜拜，深入認識台灣民間生活。經我認真申請而來教莎士比亞的是一位醫生的太太，教小說課的是一位軍中資訊官，他們合格而且有經驗，授課內容也達到我希望的標準，幫我度過了最早的難關。我自己教英國文學史，第二年請到了東海大學的謝頗得教授來教英詩。他是英國人，在東海已是最好的英詩課教授者，因為另有一種自然的深度與韻味，與其他老師不同，給我的學生極好的啓發。

外文系成立之初，原屬共同科的英文、法文、德文老師都成為基本師資。由農學院時代即教大一英文的田露蓮（Miss Tilford）和孫寶珍（Mary Sampson）是美國南方保守派的浸信會傳教士，她們的教會即蓋在學校門口的一排鳳凰木後面，多年來與我十分友善，但是很不滿意我聘來兼任的文學課程美籍年輕老師的教課內容，認為太自由派（radical）。我主編的大一英文新課本取代了幼獅公司出版的大一課本，也引起另一批眞正「老」教授的指責。但是我剛剛讀書歸來，對英美文學的基本教材曾認眞研究過，也搜集了相當多的資料，確知學生不能再用陳舊的標準選文，須加上二次大戰後的文化各領域新文章，幸好獲得多數支持（包括學生）。大一的課程只有一門「西洋文學概論」是本系的傅偉仁（William Burke）教，他是長老會傳教士，思想相當「前進」，很得學生擁戴，那一年我與他合編一本教材，解決了當年仍無原文書的困境。法文課的顧保鵠和王永清（衛理中學校長）都是天主教會神父，法文造詣深，教學極認眞。大一國文老師是中文系的陳癸淼先生，給他們出的第一個作文題目是〈給你一串串的陽光〉，剛從高中畢業拚完聯考的學生那裡見過這樣的境界！三十多年後仍然津津樂道。我留住他教外文系大一國文直到他去台北從政，他競選立法委員時，很多學生是熱心的助選者吧。另一位令他們難忘的老師是教「中國通史」的曾祥鐸先生，他對當代史的開放批評的角度有很大的啓發性，後來竟引來當年政治不正確的牢獄之災，出獄後主持一個政論節目，我與他在台北街頭相逢，眞不勝今昔之感，不知一切從何說起。

一九七〇年秋季開學後，我籌畫召開的「第一屆英美文學教育研討會」，準備在中興大學開會，在那些年這樣的會議甚少，各種學科會議都不多，在台中召開的更少。我很誠懇地希望各校在教學方面多些交流的機會，給台大以外的學校一些援助，全省只有四校有外文系，一直是文科學生的第一志願，而師資普遍不足，教材又需大幅汰舊換新，以適應新的時代。全省開文學課程的同行來了三十人左右，台大的朱立

一九七一年，齊邦媛負責籌畫召開「第一屆英美文學教育研討會」在台中中興大學開會，全省開文學課程的教授來了三十位左右，做教學方面的交流。「大家暢所欲言，日後所參加的無數會議中不復見」。前排：齊邦媛（中坐者）、顏元叔（左四）、楊景邁（左三）、朱立民（右四）、侯健（右三）。第三排：王文興（右六）、胡耀恆（右五）。

民和顏元叔自然是會中明星，人少，大家暢所欲言。我那小小的新系忙了許久，那股歡欣的熱情，是我在日後所參加的無數會議中不易再見到的。

裡裡外外忙碌到了一九七二年夏天，中興大學外文系的第一班學生畢業時，令全校意外的是，我也辭職了。我已按約定教滿三年。放下這個我推動、促成、創辦、奠基的系，我是萬分不捨，一草一木都似說著離情。我到台中一住二十年（全家住十七年，回國後我兩地往返三年），最安定的歲月在此度過。如今我終於看到許願樹上結了第一批果實，可是我必須走了！惜別晚會上，學生人人手持蠟燭，一圈圈圍著我，哭成一團。沒有人知道，一向積極，充滿活力的我，此時面臨一個全然陌生的未來，內心是如何的無奈與惶惑。

這一班學生，二十二歲左右年紀，從這日起要去開始一生了，四年來像獨生子一樣受到我一切的看顧與督促，在功課上達到應有的水準，氣質也相當自信明朗，他們以後也有很多人成為認眞的好老師，大半的男生進入貿易等行業也都相當成功，至今三十多年，李善琳、趙慧如、陳琬玫、王永明、丁義禎、李明朝、吳怡慧、徐春枝、徐淑如、丁振娟、徐松玉等人經常聚晤或來信，全班已產生手足之誼，對我仍存當年相依為命似的顧念之情。

最後的幾個月，我在校園中騎腳踏車來來去去，看到的一切都感到留戀，處處是自己年輕的足跡。

告別中興大學也就是告別了我的前半生。在台中十七年，生活簡樸，卻人情溫暖。我親眼看著國立中興大學的牌子掛上門口，取代了原來農學院的牌子，看見原是大片空著的校園蓋出了許多大樓。外文系成立之初，所有教室皆向別系借用，一年級上課的「基地」，是最早為政府援助非洲農業計畫的訓練教室，兩間瓦厝，小院有棵美麗遮蔭的大樹。二年級借用畜牧系一間緊靠牧場的教室。有一天我在上英國文學史最早的史詩《貝爾伍夫》（*Beowulf*）的時候，一隻漂亮的牛犢走進門來，我們雙方都受了驚嚇，幸好無人喊叫，牠終於好不容易地轉了身，由原門出去。事後畜牧系主任告訴我，那是剛進口的昂貴種牛，是為台灣改良農業的珍品，你對牠講文學，彼此都很榮幸呢。

事實上，自從農學院時代，各系對我都很好，我開大二英文課總是滿座的原因，是一九六〇年代台灣的農業學術研究已相當現代化，成為台灣發展的先鋒之一，各系都鼓勵學生出國進修。辦得最有聲色的農業經濟研究所所長李慶麐教授是立法委員，「派」他所有的研究生上我的課，並且以父執的口氣，令我多給他們改英文作文。他後來大約把他們都送去美國讀了專業學位，回來都有實際貢獻。

一九六〇年代，許多畢業學生在中部和嘉南平原開創了一些現代化農場，常常邀請老師去「指導」。農學院長宋勉南的太太劉作炎教授和我是英文科同事，也常常邀我們同去參觀。當時已有一些外籍交換教授住在校園宿舍，也常一起下鄉。那些年，深山僻野，上山下海眞是走了不少地方，認識了眞正的台灣，驗證了高等教育在台灣「十年生聚」的紮根力量和熱情。我們招待國際友人最常去的有一座在員林的玫瑰花圃，場主張君的妻子，後來當選為玫瑰皇后。初見那麼大規模的花圃和科學化養殖法，聽著他們講新品種的動聽的命名，大規模推廣及外銷的展望……那時沒有人會膚淺地問你「愛不愛台灣」？

我也忘不了一九六六年初冬，期中考剛過，突然傳來校長湯惠蓀先生，到南投縣仁愛鄉森林系的實驗林場視察，登山殉職的消息。他在攀登山頂時心臟病發，倚著宋院長，坐在林場土地上逝世。四十多年來，我每次看到惠蓀林場已成觀光景點的消息，就會想起他和宋院長那些溫文儒雅的早期開創者，也會想起台灣第一任農業委員會的主任委員余玉賢先生。我剛去上課時，他是農經系講師，娶了我最早的學生紀春玉。他們在為台灣農業奮鬥的時候，會和我談他農民十萬大軍的觀念，談他們為改良品種的水果命名為「蜜斯楊桃」、「楊貴妃荔枝」、「葡萄仙子」……和我分享開創的快樂。當我看到美麗的行道樹時，也想起他五十八歲與癌症奮鬥三年去世前，最後的希望是看到窗外有樹！

一九六八年我在美國進修的聖誕節，收到一張灰狗長途車票，信來自中興農學院的客座教授 A. B. Lewis 夫婦，路易斯太太的父親清朝末年在中國傳教，她出生在天津。她在台中時把我當北方老鄉，常和我分享讀文學書之樂。她邀我乘灰狗車作一趟

一九五八年秋天，齊邦媛轉任台中的台灣省立農學院教大一英文，是學術生涯的開始。那時的校長是林致平和後來的湯惠蓀，到劉道元校長時期，接受她的要求設立了外文系。圖為一九六五年海耶克博士(Prof. Friedrich A. Hayek)訪台，與中興大學的湯惠蓀校長（左）及宋勉南院長（左後）。

眞正的美國之旅，由印第安納州到康乃狄克州，坐兩天一夜的灰狗 Bus，然後他們帶我在新英格蘭跑跑，看看他們的農村。帶我穿上長筒雪靴在積雪中去看詩人佛洛斯特的樹林，追蹤雪中的灰兔。……有一天大清早開車說，「帶你去看一個人。」車子在狹窄的鄉村路上不停地開了六、七小時，一半的路被密密的玉蜀黍稈子和灌木叢交圍，充滿了神祕感。正午過後，突然眼前一亮，前面是陽光照耀的小山坡，山坡上有一所獨立的農莊，房子裡走出一個穿著旗袍、梳著高髻的中國女子，歡呼迎賓。一向寡言的路易斯教授給我介紹說："This is Mrs. Buck."，出現在大門口的是布克先生（John Buck），是寫《大地》得諾貝爾獎的賽珍珠（Pearl S. Buck）的前夫。賽珍珠自幼隨她傳教士父親賽兆祥（A. Sydenstrieker）曾住在我家南京寧海路附近，她一九二一年結婚後隨夫到安徽鳳陽一帶從事早期的中國農村復興聯合委員會的改良農村工作，搜集了荒災的小說資料寫出《大地》，一舉成名，後來離婚嫁了她的出版人。Mr. Buck 娶了一位中國淑女為妻。她到美國後，堅持穿旗袍會客，作為對故鄉的思念。在他農莊的壁爐前，我們興奮地談他曾獻身服務的，我生身之地的，苦難的中國。

這些人和這些事，緣中有緣，是忘不了的。

我家自一九六七年搬到台北以後，我一直在為自己的學業、工作忙著，有一半的時間都不在家，從美國回來這三年多都在台北、台中往返通勤，風雨無阻地每星期二坐早上七點的火車到台中去，星期五下午六點多搭自強號回台北。我不在台中的時候，系上有事都由丁貞婉先生率助教黃春枝代為處理，她寫給我的「救火情書」累積數十封。星期六早上，我去台大上三小時為中文、歷史兩系研究所開設的「高級英文」課，下午多半會去中山北路敦煌書店看新出的盜印版英文新書，看看可不可以用作教材。那樣的日子，身心俱疲而不敢言倦。家搬到父母對面有了照顧，但是拖累媽媽太多，裕昌的工作又進入鐵路電氣化工程的高峯，我內心的不安漸漸成為熬煎。那些年中，能靜下心想想事情、看看新書的時間反而是台北和台中間火車上那三小時，那種全屬於自己的獨處三小時，我終生感激！如今，這第一班畢業了，我堅持辭職的要求終於得到劉道元校長的同意。

離開中興大學後，我往何處去？那時也無暇安排，台北的那些外文系沒有人會相信，我會離開辦得那麼有勁的新系，我也並不想為找個工作而引起揣測，也許先在家安定一年再看更好。

這時，是不是命運之手又伸出來了呢？王天民教務長受新任教育部長羅雲平之邀，到台北出任國立編譯館館長。王天民先生（一九一一～一九八三年）字季陶，是我父親的革命同志，北京師範大學歷史系出身，在東北家鄉有良田數千畝，曾捐產報國。東北淪陷成滿洲國，他到北平成立的「東北中山中學」教歷史，由北平到南京、湖南、四川，流亡路上看到我由小長大。中山中學在勝利後由四川遷回瀋陽時他擔任校長，原以為可以服務故鄉，安定辦學，一九四八年共軍進城，他一家十口輾轉逃來台灣。他的學生說，他的歷史課從古史到現代史是一本本不同朝代的興亡史，內容極豐富。在一九七〇年代初期，國立編譯館在台灣的大、中、小學教育上有重要的份量。他知我確已離職，邀我去擔任人文社會組主任，可以施展一些書生報國的想法，尤其希望我去作編譯中書外譯的計畫，把台灣文學先譯出一套英文選集，讓台灣在國外發聲。他對我說，「一生在學校教書，也沒作過公務員，你先到編譯館落腳，幫幫我，若不行再說。」如此，我又走上一條從未夢想過的路。

第八章

開拓與改革的七〇年代

從多年的教書生活，突然進入一個政府機構作公務員，好像從一個安然自適的夢土遭到流放。即使在那個不把「生涯規畫」掛在嘴上的年代，也是大大的斷裂。現實考量之外，內心只有一個確切的安慰：我眞的可以將台灣文學用英文介紹給西方世界了。一直盼望有高人著手，如今竟意外地輪到自己接受挑戰，也許比創辦中興外文系更加艱難。

初到台北舟山路國立編譯館上班的日子，我變得非常脆弱，坐在掛著「人文社會組主任室」辦公室裡，有時會有中興大學的人來，他們拜訪曾經擔任中興大學教務長的王天民館長，也會過來看看我，我畢竟也在那兒十三年啊！即使是當年不熟識的人走進來，我都會熱淚盈眶，總是要很努力才能不讓別人看到我的眼淚。想念台中純樸的街巷，寬廣校園中友善的師生，宿舍前面延綿到山邊的稻田，風過時，稻浪如海濤般起伏……。

1

進軍世界文壇——英譯《中國現代文學選集》

面對全新的生活環境，唯一的方法是穩下心來，開始了解新工作。

第一件事是擬定英譯計畫，首先要找到合作的人。幸運的是邀請到名詩人兼中英譯者余光中、師大教授吳奚眞、政大教授何欣、台大外文系教授李達三（John J. Deeney），合組五人編譯小組。吳、何二位在重慶時代是《時與潮》的主力編輯，李達三在美籍教授中最早研究比較文學，對中國文學亦有深入研究，在台大教英國文學史。他們都對這套英譯選集計畫很有興趣，非常樂意合作出力。

自一九七三年二月起，我們五人每星期二下午聚會。先定了詩、散文、小說三個領域，然後選文、選譯者。漫長的審稿討論，無數的評讀，直到定稿，將近兩年時間。每一篇每一字斟酌推敲而後決定。在無數個午後認眞和諧的討論中，終於完成一千多頁《中國現代文學選集》（*An Anthology of Contemporary Chinese Literature*）初版的定稿，一九七五年由西雅圖華盛頓大學出版社發行。對歐洲及美國的漢學家而言，這是第一套比較完整充實地介紹中國現代文學創作的英譯本。自從一九四九年播遷來台，台灣文學作家得以在大陸政治文化的鐵幕之外，延續中國文學傳統，創造出值得傳誦的作品，好似開了一扇窗子。

作品的年代橫跨一九四九年至一九七四年之間，選錄台灣出版的現代詩、散文和短篇小說，約七十萬字。我在《中國現代文學選集．前言》對這二十五年的文學概況作了說明：

> 台灣自光復以來，由於中華民族的聰慧勤奮，各方面的成就，在全世界睽睽注視之下得到了應有的肯定。第二次世界大戰後的世界是個創深痛鉅的世界，種種興衰浮沉的激盪都深深影響了台灣一千多萬人的思想和生活方式。我們的割捨、懷念、挫折、奮鬥和成就是文學創作取之不盡的題材，使它能不斷地拓展領域，加深內涵，後世治中國史的人會作公平的判斷。二十世紀後半葉的文學不僅在此延續，而且由於處於開放社會的台灣作家們在思想深度和技巧上的努力，已使中國文學的主流更加波瀾壯闊了。

我認為，促進文學創作在台灣蓬勃發展的原因甚多，其中最重要的是教育的普及和提高，隨之而來的是強烈的文化使命感。由於政治與經濟方面的衝擊，作家們的視野更廣，筆觸更深，文學理想與現實人生有了更理性的平衡。另一個重要的推動力是報紙副刊與文學性雜誌的競爭。他們對文學作品的需要不僅量大，質的水準也日益提高，三十年來累積的成果自是可觀。除了政府行之有年的各種獎勵外，八年來《聯合報》與《中國時報》文學獎和吳三連獎相繼設立，應徵踴躍，評審公開，均已建立權威性，甚至對寫作方面都有長遠的影響。民國六十年以後，在外交的逆境中，台灣靠自己奮鬥創出了經濟的奇蹟，得以在國際揚眉吐氣。可是在國際文壇上，我們卻幾乎是喑啞無聲！有些人譏嘲台灣是文化沙漠，而我們竟無以自辯！實際上，三十年來中國大陸文壇除了抗議文學和備受攻擊的朦朧詩外，可說是寒蟬世界；而台灣的文學創作，由於題材和內容形式的多樣性，卻有自然的成長，無論是寫實或純藝術性的作品，反映的是政治不掛帥的眞實人生。

這套選集既是為進軍世界文壇而編，選稿的原則就與國內選集略有不同。作品主題和文字語彙受西方影響越少越好，以呈現台灣人民自己的思想面貌。過度消極與頹廢的也不適用，因為它們不是台灣多年奮鬥的主調。限於篇幅，題材與風格相近的作品盡量不重複。作品先後次序依作者年齡長幼排列，這種排列方式，除了極少數例外，自然地劃分了這段時間創作發展的各個階段。

編選的三種文類中，以現代詩的發展最穩健，成就也最顯著。早期詩人組成重要的詩社有現代派、藍星社、創世紀、笠、龍族、大地、主流等，這些詩人以極高的天賦才華書寫意象豐沛感時憂國的新詩，唱和、論辯、競爭，成為互相的激勵，共創了中國新詩的一片榮景；題材和技巧出入於西洋詩派與中國傳統之間，至今影響巨大。

似乎是一種巧合。我初到台灣不久，曾讀到覃子豪〈金色面具〉，其中一行：「活得如此愉悅，如此苦惱，如此奇特」，這行詩句令我難以忘懷，成為我數十年來自況的心情。在新詩選集中它是第一首詩。許多詩人最有名的詩已成為五十年間人人傳誦的名句，如紀弦〈狼之獨步〉、周夢蝶〈還魂草〉、蓉子〈燈節〉、洛夫〈石室之死亡〉、余光中〈蓮的聯想〉等。楊喚〈鄉愁〉最後兩行：「站在神經錯亂的街頭／我不知道該走向哪裡」，竟似一語成讖地預言他死於車輪之下。鄭愁予〈錯誤〉名句：「我達達的馬蹄是美麗的錯誤／我不是歸人，是個過客」。瘂弦〈如歌的行板〉由「溫柔之必要／肯定之必要」起，至今仍處處以「必要」為言語之機鋒開路。敻虹〈白鳥是初〉和〈水殘〉用最純淨的語言寫深遠的情境。選集中最年輕的詩人是楊牧，剛剛放棄已讓青年人喜愛的筆名「葉珊」，走學者的路；由研究《詩經》出發，隔著太平洋回頭看故鄉台灣，寫出更為沉穩的散文和《海岸七疊》等十本詩集。

儘管長篇小說能更完整更深刻地探討既定主題，但由於篇幅和人力的限制，未能選譯長篇小說。我們先翻譯二十五篇短篇小說，希望主題各異、涵蓋面廣的短篇小說，能從更多角度呈現台灣這個萬花筒似的時代。初期十年的作者，剛剛遭逢家國巨變渡海來台後喘息未定，作品中充滿了割捨的哀痛與鄉愁，如林海音〈金鯉魚的百襉裙〉和〈燭〉，孟瑤（楊宗珍）〈歸途〉和〈歸雁〉，潘人木（潘佛彬）〈哀樂小天地〉，彭歌〈臘臺兒〉等，藉小人物的故事寫新舊制度間的衝突、對故鄉與往事的懷念，與毅然接受現實的心情，他們那個時代深入骨髓的憂患意識與後繼者當然不同。稍晚十年，一批少年隨軍來台筆健如劍的青年作家，對他們曾捍衛過的家國河山有一份更為強烈的懷念與熱情，如朱西甯〈破曉時分〉和〈狼〉，司馬中原〈紅絲鳳〉和〈山〉，段彩華〈花雕宴〉等，描寫大陸鄉土故事更有一份豪邁、震撼，動人的力量。

黃春明〈兒子的大玩偶〉、施叔青〈約伯的末裔〉、林懷民〈辭鄉〉等短篇小說出版於六〇年代初期，為小說創作開啓了另一種風格與境界。他們敏銳地觀察了本省鄉里生活在傳統與工業化衝突之際所產生的急劇變化，塑造出的人物常似剛從輪軸飛轉的機器房裡出來，立刻投入傳統的祭典裡，或者回到古城的窄巷裡，與迂緩的歲月擦身而過。這些戰後出生的青年作家，一面冷靜客觀地批評祖傳的生活形態，一面在字裡行間流露出對鄉土根源的眷戀。他們作品另一個重要特色是使用了一些台灣方言，使寫景和對話更加生動，增加了眞實感。

就一個文學選集的主編而言，小說最費經營，寫詩需要天賦才華，散文最貼切心靈，至今仍是台灣創作的主流。編選之時，林語堂剛由國外來台定居，梁實秋由《雅舍小品》建立宗師地位，當時是台灣文壇常見的人物。選錄他們的作品不只因為盛名，而是因為他們眞正活在我們中間。那一代的文采，從林語堂、梁實秋、琦君，到中生代楊牧、曉風等，到最年輕的黑野，文字洗鍊精緻，內容貼切生活與思想。也許因為是第一套有規模的英譯選集，出版之後，華盛頓大學出版社轉來十六篇評論文章，幾乎全是肯定的讚譽。最令我們欣慰的是 A. R. Crouch 的書評（China Notes, Summer, 1976），其中有一段說：「譯文是流暢的好英文。所選的作者都在台灣的中華民國，或許有人認為這是侷限一地的缺點（limitation），但這些作者並沒有受到政府壓力而寫作宣傳文章，這是他們的長處。除了兩、三首詩以一九一一的國民革命和越戰為題材外，選集中很少有表達政治意識之作，與當前中國大陸文學中的單調宣傳形成顯著對比，是一種令人愉悅的解脫（a welcome relief）。」對於我們這些非母語的英譯者而言，這篇評論讓我們格外喜悅（special delight）！

在那個沒有電腦的時代，我幸有一位得力可靠的助手莊婉玲祕書。當我決定到編譯館時，在中興大學外文系第一班畢業生中，我選她，因為她寫字端麗，性情溫婉，為人穩重和悅。她以資聘祕書職幫助我與館中同事建立良好的工作關係，我在工作上、精神上都倚重她甚深。那時報上連載漫畫〈安全桿是什麼？〉有一天登出一則：「安全桿就是我說什麼，你聽什麼。」我拿給她看，兩人相視而笑。在險惡的環境中，她是我很大的安慰。選集完成後，她結婚隨夫赴美定居。直到兩年後我自己也離職，她走後無法補上的空座，令我懷念師生共同工作的日子。

編譯這套選集的第一年，真是我在國立編譯館五年中最幸福的時光！人文社會組的例行工作，在王館長的指導和支持下，我已可以穩定應付。思緒心神可以全力運用在選集中大大小小的考量，尤其快樂的是可以與作者、譯者、編者進行直接的、同行的對話。作品的內容風格，文字的精密推敲，全書的布局呼應，都經過五人小組深思熟慮，使自己對文學作品的評估與取捨也到達應有的思考高度。三十年後自己重讀當年心血灌注的英譯選集，覺得尚可無憾。當年我若未「流放」到此，在校園教書或許不能實踐多年的夙願吧！

2

文學播種

——國文教科書改革

人世所有的幸福時光都似不長久。編譯館第二年，我那運指如飛的打字機上，擁有唱歌心情的日子就驟然停止了。

原任教科書組主任黃發策因病辭職，而業務不能一日停頓。教科書組不僅須負責中小學所有各科教科書的編、寫、印刷、發行，還有一把「政治正確」的尚方寶劍祭在頭頂。王館長令我先去兼任，以便業務照常進行，他努力尋找合適的人。於是，我勉為其難兼任教科書組主任之職。

那時所有教科書都只有部定本一種，一九六八年，蔣中正總統下手令實施九年義務教育，由國立編譯館先編暫定本教材，一九七二年正式編印部定本，這一年也就是我隨著王館長走進舟山路那座門的時候。

全國萬所國民中學要實施九年義務教育，因此教育部明智決定：教科書有三年暫用本的緩衝。緩衝期間，教學的實際建議和民間輿論的具體反應，都是編部定本最有助益的根據。我們接任之初，國立編譯館是輿論最大的箭靶，樣樣都不對，最不對的是教科書，編、寫、印刷、發行，全有弊病，惡罵國文教科書更是報章大小專欄文章的最愛，從「愚民誤導」到「動搖國本」，從種種文字討伐到立法院質詢，館裡有專人搜集，一週就貼滿一巨冊。

我們遭遇到最大的困難是國民中學的第一套部定本國文教科書，它幾乎是衆目所視、衆手所指的焦點。三年來，社會輿論對已編國中三年六冊的暫定本有許多不滿的指責和批評。表面上都只說選文不當、程度不對，也有稍坦白的說，學生沒有興趣。究竟哪些課不當、不對？為什麼沒有興趣？沒有人具體地指出，只是轉彎抹角繼續呼籲：救救孩子！給他們讀書的快樂！培養他們自由活潑的人格！這些批評沒有一個人敢直截明白地說：暫用本的教材太多黨、政、軍文章。即使有人敢寫，也沒有報紙雜誌敢登。

我到國立編譯館之前，對自己的工作已做了一些研究。台中的教育界朋友很多，那才是眞正的「民間」。國民中學的各科編審委員會全是新設，可聘請切合時代精神的專家學者，而不似過去只以聲望地位作考慮。在這方面，王館長和我在大學校園多年，應已有足夠的認識和判斷能力。我的工作之一就是掌理人文社會各科的編寫計畫。既被迫兼掌教科書組，又須負責計畫的執行，包括各科編審委員會的組成，編書內容的審定。在一九七二年，那並不只是「學術判斷」的工作，也是「政治判斷」的工作。

我第一件事是仔細研究，分析暫定本國文的內容編排。每學期一冊，各選二十篇課文。翻開暫定本第一冊篇目表，前面兩課是蔣中正〈國民中學聯合開學典禮訓詞〉和孫文〈立志做大事〉，接續就是〈孔子與弟子言志〉、〈孔子與教師節〉、〈民元的雙十節〉、〈辛亥武昌起義的軼聞〉、〈示荷蘭守將書〉、〈慶祝台灣光復節〉、〈國父的幼年時代〉、〈革命運動之開始〉。政治色彩之濃厚令我幾乎喘不過氣來，更何況十二、三歲的國一學生！

是什麼樣的一群「學者」，用什麼樣「政治正確」的心理編出這樣的國文教科書？這時我明白，我所面臨的革新挑戰是多麼強烈巨大了。但是走到這一步，已無路可退，只有向前迎戰。

第一件事是組成一個全新的編審委員會，最重要的是聘請一位資望深、有骨氣、有擔當的學者擔任主任委員。不僅要導正教科書的應有水準，還需擋得住舊勢力可能的種種攻擊，編出符合義務教育理想的國文課本。我心目中的第一人選是台大中文系系主任屈萬里先生（一九〇七～一九七九年）。

屈先生字翼鵬，是國際知名的漢學家，從普林斯頓大學講學返台，擔任中央圖書館館長，其後轉任台大中文系系主任，不久又兼任中央研究院歷史語言研究所所長，而後膺選為中央研究院院士，學術聲望很高。

這時我在台大文學院教「高級英文」課已經三年了，我的學生一半是中文研究所的學生，有一位學生認為我課內外要求閱讀太多，隨堂測驗不斷，對他本系的研究無用，徒增負擔，寫信請他的系主任屈萬里先生向外文系反映。屈先生與文學院長和外文系主任談過之後，認同我的教法，回去安撫了抗議的聲音。因此屈先生對我有一些印象。

屈先生在學術上屬於高層的清流，我在文學院迴廊上看到他，總是莊重儼然、不苟言笑的清癯學究形象。國文教科書是為中學生編的，那時又正是各界嬉笑怒罵的箭靶子，我怎麼開口向他求援？

天下凡事也許都有機緣。我剛回台大教書的時候，除了外文系幾位同事之外，尚有一位可以談話的小友——中文系助教柯慶明，認識他的經過非常戲劇化。

一九七一年入秋，我在中興大學擔任外文系主任，施肇錫先生氣沖沖到系辦公室告狀：「上課二十分鐘了，學生都不見，一個也沒來！我派人去查，全班去聽演講了，至今未回。」我心想何方神聖有此魅力？連受他們愛戴的施先生，居然都集體蹺課？我與施先生到演講廳一看，果然座無虛席，台上的演講者是個二十多歲的青年人，興高采烈地，從《詩經》講到現代文學的欣賞。

我悄悄地坐在最後一排，聽完這一場吸引「新人類」的演講，看到一個年輕文人對文學投入的熱情，也忘記「抓」學生回去上課了。這位演講者就是柯慶明，應中文系陳癸淼主任和中興文藝青年社之邀而來演講。他那時剛從金門服役退伍，已由晨鐘出版社為他出版一本散文集《出發》，擔任台大中文系的文學期刊《夏潮》的主編和外文系白先勇等創辦的《現代文學》執行主編，對台灣文學創作、評論已經投入頗深。他回台北後寫了一封信，謝謝我去聽他的演講。

機緣是連環的，那時柯慶明是屈萬里先生的助教，誠懇熱情的二十七歲，初入學術界的助教，與外表冷峻內心寬厚的屈主任，在中文系辦公室日久產生了一種工作的信託，師徒之情，可以深淺交談。在《昔往的輝光》散文集之中〈談笑有鴻儒〉，柯慶明寫下這份情誼。

柯慶明對於文學，是個天生的「鼓舞者」。自從在中興大學聽他演講，三十七年來，我與他無數次的談話中心是書。教書、讀書，三十年來西方文學理論的創新與冷卻，圍繞著台大和重慶南路書店的特色及其新書，可談的事太多了。他很耐心地聽你講述心中的觀念，然後興高采烈地回應，眞是「知無不言，言無不盡」。許多老、中、青三代的朋友，都記得他鼓勵別人寫書的熱誠，包括林文月初期翻譯《源氏物語》，以及我的散文寫作。他使遲疑的人產生信心，使已動筆的人加快速度。而他自己，自從建國中學讀指定課外書，讀到林語堂所說：「兩腳踏東西文化，一心評宇宙文章」起，就大展思維疆界；讀梁啓超的《飲冰室文集》，熱血沸騰，感動落淚。以第一志願考入台大中文系，從文藝青年到文學教授，豈止讀了萬卷書！書中天地，海闊天空，更增強他助人「精神脫困」的能力。小自行文，有時卡住一句，過不了門，轉不了彎，他總是擅於引經據典，引出一條通路來；大至人生困境，他常有比較客觀的勸解，助人走出低潮深谷，找回一塊陽光照耀的小天地。

柯慶明對我在國立編譯館要做的事很有興趣，也深深了解其重要性，所以他以接續編輯《現代文學》的心情，提供許多幫助，助我建立了第一批台灣文學作品的書單，開始公正而不遺漏的選文作業。譬如他最早告訴我，司馬中原早期作品如《黎明列車》等，由高雄大業出版社印行，已近絕版，我寫信去才買到他們尙稱齊全的存書。因他的協助，我們建立與作者的聯絡與認識通道，日後選稿能站住國家編書的立場。對於國民中學國文教科書的改進和定編，他有更眞摯的關懷。他深感民間普及教育的重要，願意幫我說動屈先生領導這艱巨的工作。終於有一天，屈先生同意我到中文系辦公室一談。

在那次相當長的面談中，我詳談舊版的缺點和民間輿論的批評與期望，這原也是王館長和我在台中淳樸校園未曾深入了解的。現在，不僅是基於職責而編書，更是為國家文化的前途，為陶冶年輕世代的性靈，必須用超越政治的態度。當然，這樣一套新書是與舊制為敵的，雖無關學術立場，但將來不免會為主持者引來一些政治立場的敵人。但是，不論付出什麼代價，為了未來國民教育每年每冊三十萬本的教科書，是義不容辭的。我清晰地記得，屈先生坐在那間陳舊的辦公室，深深地吸著他的菸斗，然後嘆了口氣，說：「好罷！我答應你！這下子我也等於跳進了苦海，上了賊船。」他語氣中有一種不得不然的複雜情緒。我覺得其中有種一諾不悔的豪情和悲壯，從潔淨超然的學術天地，走進政治、文化立場的是非之地，應是也經過許多內心交戰的思量決定。

屈先生主持「國民中學國文教科用書編審委員會」，由台大、師大、政大各三至五位教授和幾位中學老師組成。主編執筆者是台大中文系張亨教授、師大應裕康教授、政大戴璉璋教授，他們都是中文系普受肯定四十歲左右的年輕學者。

為了一年後即須使用正式部編本教科書，第一、二冊必須編出定稿，在次年八月前出版。國立編譯館所有會議室，日日排滿會程，有些委員會晚上也開會。國文科委員開會經常延長至黃昏後，當時還沒有便當簡餐，編譯館就請屈先生、執編小組和編審委員到隔壁僑光堂吃很晚的晚飯。屈先生有時主動邀往會賓樓，杯酒在手，長者妙語如珠。

一九七三年以後，數代的國民中學學生至少是讀了眞正的國文教科書，而不是政治的宣傳品。想來屈先生未必悔此一諾，他當年付出的心力和時間是値得的。可惜屈先生逝世後的追思文章，甚少言及他在這方面的貢獻。

三位主編初擬國文課本第一、二冊目錄之後，我們的編審委員會才算眞正開始運作，屈先生掌舵的船才開始它的苦海之旅。在那政治氛圍仍然幽暗的海上，他不僅要掌穩方向，注意礁岩，還要顧及全船的平穩航行。開會第一件事是由主編就所選二十課的文體比例及各課內容、教育價値加以說明，然後逐課投票，未過半數者，討論後再投票。如我們預料，這個過程是對屈先生最大的挑戰。有兩位委員嚴詞責問：為什麼原來課本中培育學生國家民族思想的十課課文全不見了，現擬的目錄中只有兩篇，由二分之一變成十分之一，其他的都是些趣味多於教誨的文章。楊喚的新詩〈夜〉怎麼能和古典詩並列？《西遊記》〈美猴王〉、沈復〈兒時記趣〉和翻譯的〈火箭發射記〉都沒有教學生敦品勵學……。解釋再解釋，投票再投票，冗長的討論、爭辯、說服，幾乎每次都令人精疲力竭。最後審訂兩冊目錄時，屈先生、三位主編和我的欣喜，只有附上新舊課本目錄的對照表可以表達明白，新版實在有趣多了：

舊版國中國文第一冊

課別	篇目	作者
一	國民中學聯合開學典禮訓詞	蔣中正
二	立志做大事	孫文
三	孔子與弟子言志	論語
四	孔子與教師節	程天放
五	民元的雙十節	王平陵
六	辛亥武昌起義的軼聞	章微穎
七	示荷蘭守將書	鄭成功
八	慶祝台灣光復節——台灣省光復一周年紀念訓詞	蔣中正
九	瘞菊記	朱惺公
十	大明湖	劉鶚
十一	國父的幼年時代	吳敬恆
十二	革命運動之開始	鄒魯
十三	慈烏夜啼	白居易
十四	燕詩示劉叟	白居易

新版國中國文第一冊

課別	篇目	作者
一	我們的校訓	蔣中正
二	我的母親	胡適
三	夜	楊喚
四	美猴王	吳承恩
五	五言絕句選 1靜夜思 2登鸛鵲樓 3塞下曲	 李白 王之渙 盧綸
六	草的故事	林間
七	立志做大事	孫文
八	空城計	羅貫中
九	父親的信	林良
十	楊朱喻弟	韓非子
十一	料羅灣的漁舟	王靖獻
十二	兒時記趣	沈復
十三	給朋友的信	蔡濯堂
十四	孤雁	佚名

課別	篇目	作者
十五	我的父親	段永瀾
十六	沈雲英傳	夏之蓉
十七	自由與放縱	蔡元培
十八	納爾遜軼事	梁啓超
十九	白馬湖之冬	夏丏尊
二十	自發的更新	中學生雜誌

舊版國中國文第二冊

課別	篇目	作者
一	我們的校訓	蔣中正
二	論語論學	
三	為學一首示子姪	彭端淑
四	春	朱自清
五	春的林野	許地山

課別	篇目	作者
十五	七言絕句選 1黃鶴樓送孟浩然之廣陵 2楓橋夜泊	 李白 張繼
十六	謝天	陳之藩
十七	鋼鐵假山	夏丏尊
十八	黔之驢	柳宗元
十九	匆匆	朱自清
二十	火箭發射記	海因茲・合貝爾著 重明譯

新版國中國文第二冊

課別	篇目	作者
一	家書	蔣中正
二	鵝鑾鼻	余光中
三	奕喻	孟軻
四	哀思	陳源
五	絕句選 1鳥鳴澗 2鹿柴 3從軍行	 王維 王維 王昌齡

六	哀思	陳　源	六	最苦與最樂	梁啓超
七	世界道德的新潮流	孫　文	七	五柳先生傳	陶淵明
八	黃花岡烈士紀念會演說詞	陳布雷	八	王冕的少年時代	吳敬梓
九	舍生取義	易家鉞	九	太行山西麓	丁文江
十	岳飛之少年時代	佚　名	十	背影	朱自清
十一	觀刈麥	白居易	十一	愛蓮說	周敦頤
十二	過故人莊	孟浩然	十二	廬山憶遊	蔡濯堂
十三	愛迪生	佚　名	十三	運動家的風度	羅家倫
十四	詹天佑	佚　名	十四	志摩日記	徐志摩
十五	示子孝威孝寬	左宗棠	十五	後出塞	杜　甫
十六	北堂侍膳圖記	朱　琦	十六	記張自忠將軍	梁實秋
十七	緹縈救父	劉　向	十七	火鷓鴣鳥	吳延玫
十八	初夏的庭院	徐蔚南	十八	張釋之執法	司馬遷
十九	愛蓮說	周敦頤	十九	蟬與螢	陳醉雲
二十	夏天的生活	孫福熙	二十	人類的祖先	坡耳・安德孫著 明君譯

舊版大多選取含有政治歷史節慶、民族英雄色彩的文章，即使選了一些白話文，也都偏屬議論文；屬文學性質者，篇數略少。新版只保留孫文〈立志做大事〉，並將

舊版第二冊蔣中正〈我們的校訓〉挪移到第一課，其餘古典現代小說、散文、詩歌，全是新增；此外，更選入翻譯文章〈人類的祖先〉和〈火箭發射記〉，讓國中生有人類文化史觀與尖端科技的世界觀。

想不到我當初萬般委屈接下兼任教科書組，被屈先生稱為苦海「賊船」的挑戰，是我付出最多心力感情的工作，也是我在國立編譯館最有意義的工作成果之一。為達到改編的理想，恢復國文課本應有的尊嚴，讓每一個正在成長學生的心靈得到陶冶與啓發，在那個年代，我的工作是沉重的，不僅要步步穩妥，還需要各階層的支持。

在政治高階層，我們必須尋求一些保護。我曾以晚輩的身分，拿著新舊國文課本目錄拜望早年教育部長陳立夫、黃季陸；也以學生身分去看望武漢大學第一任校長王世杰，希望他們在輿論風暴之前，能對我們的改革具有同理心，因為他們自己是文人從政，對文學教育和學術尊嚴也有理想。我尤其記得黃季陸先生，對我侃侃而談民國以來，國民教育的種種利弊得失，他很贊成政治退出語文教材，一談竟是兩小時，還說歡迎我以後再去談談我們編寫的進展。可惜不久他即病逝，我未能再聆聽教益。老國民黨有不少被歷史定位為政治人物的文人，很希望在穩定社會中以書生報國之心從政，卻生不逢辰，生在政爭的中國。

在編審委員會中，我最需要資深委員的支持，當時代表編譯館最資深的編審者是洪為溥先生。我初到館時，他對這個外文系的女子敢來作人文社會組主任頗感懷疑，甚至反感。經過幾次懇談後，對我漸漸轉為支持。討論第三冊篇目時，我大力推薦黃春明〈魚〉。沒想到首次投票，未能通過，我和屈先生商量：「下次開會，能不能讓這個案子復活，再討論一次？」屈先生說：「還討論什麼呢？投票也通不過。」我說：「我為它跑票。」我第一個去跑的就是反對最激烈的洪為溥先生。他的辦公室和我的相隔一間，窗外都對著舟山路台大校牆外一棵高大豐茂的台灣欒樹，太陽照在它黃花落後初結的一簇簇粉紅色果子上，美麗中充滿自信。他說：「這篇文章講小孩子騎腳踏車，在山路上將買給爺爺的魚掉了，回到家反反覆覆不斷地喊，我真的買魚回來了！相當無聊，怎麼講呢？」

我想起在美國普林斯頓大學一本語文教學書，讀到一位中學老師寫他教初中課本選了莎士比亞《馬克白》（*Macbeth*）一段：

Tomorrow, and tomorrow, and tomorrow,
Creeps on its petty pace from day to day,
To the last syllable of recorded time.

明天，又明天，又明天。
一天又一天在這碎步中爬行，
直到註定時刻的最後一秒。❶

這位中學老師問學生：「為什麼連用三次『明天』？」學生的回答形形色色，但是多半抓住一點：活得很長，會有許多明天。老師聽完後說：「你們想著，那麼多明天可以去騎馬、打獵、釣魚，馬克白因為今天和昨天做了太多惡事，所以他的許多『明天』是漫長難捱。」用一個簡單的字，一再重複，它所創造的意境，老師大有可講之處。就像〈魚〉，小孩不斷重複「我眞的買魚回來了」，也有令人玩味低迴之處。

下一次開會時，屈先生果然將上次未通過的幾課提出再討論，洪先生突然站起來說：「我們的學生百分之八十在鄉鎮，對〈魚〉中祖父和孫子之間的感情應是很熟悉，這樣樸實的情景會讓他們感到親切。」第二次投票通過，我記得自己感動得熱淚盈眶……。

另一個重要的支持來自我們舉辦的幾場全省老師試教大會，聽到來自各地數百位代表的意見，幾乎一致認為新編課文較易引起學生的興趣，這給了我們選材更大的空間和面對批評的勇氣。

在那個漸開放而尚未完全開放的社會，文化界籠罩著濃厚的政治氣氛，教育部統編本的國文和歷史課本往往是社會注意的焦點。我因緣際會，恰在漩渦中心，得以從不同角度看到各種文化波濤，甚至時有滅頂的危機。

到編譯館任職前，高中國文課本剛換主編。有人攻擊高三下第六冊國文最後一課選的是清代孔尚任《桃花扇》續四十齣〈餘韻〉：「眼看他起朱樓，眼看他讌賓客，眼看他樓塌了。這青苔碧瓦堆，俺曾睡風流覺，將五十年興亡看飽。」認為這段曲文分明是諷刺國民黨。擔任主編的師大周何教授是台灣第一位中國文學博士，他說：「我選的是清代戲劇，並不是我的作品。」攻擊者說：「劇本那麼多，你為什麼偏要選這一課？」周教授差一點進了我們稱之為「保安大飯店」的警備總部。

我剛組織國中國文編審委員會時，從不同的來源聽到這件事，提醒我水中暗礁之多，聽說原任館長就是因此而退休。我的處境，若非親歷，很難預測。一位資深館員張傑人先生，曾在東北協會任職，看過童年多病又愛哭的我，知道我進館工作，問我：「你來這種地方做什麼？」後來我讓他吃驚的是，在進入「那種地方」之前，我已然歷經人生波濤，不再哭泣了。

第一個不能哭的經驗，是國中國文一、二冊初擬篇目提交編審委員會討論不久，館長交給我一份教育部的公文，命我們答覆林尹委員的信。他指責我們新編國文的方向堪憂，忽略了國家民族意識，選文有幼稚的新詩和翻譯報導文章，不登大雅之堂等等，館長讓我先去拜望林教授當面解釋。我在約定時間到他家，進了客廳，他既不請我坐，也不寒暄，來勢洶洶訓斥新編篇目內容悖離教育方針。譬如楊喚的新詩〈夜〉，說月亮升起來像一枚銀幣，簡直離譜，教小孩子看到月亮就想到錢；《西遊記》哪段不好選，偏偏選猴子偷桃子；沈復〈兒時記趣〉有什麼教育價值？我剛辯說了兩句，他似乎更生氣，說：「你們這是新人行新政了，我看連大陸的課本都比你們編得好！」說著說著，從內室拿出一本中共的初中國文給我看。我不知為何突然福至心靈說：「那麼請您把這本書借給我，我帶去給執筆小組作個參考，說是您的建議。」他突然覺得，我這個外文系的女子，敢來接這件工作，想必不簡單，如今他對我誇獎「共匪」的教科書，倒是有了麻煩，如果我認眞，他就有可能進「保安大飯店」。於是他請我坐下，用現代警員溫和的口氣問我哪裡人？跟什麼人來台灣？結了婚沒有？丈夫做什麼？三個兒子讀什麼學校？然後問我，你父親做什麼？什麼大名？我只好回答我父親的名字和職業，誰知他竟說：「你怎麼不早說！我和齊委員兄弟一樣！」然後他向內室喊道：「倒一杯茶來，倒好茶！」

我原以為許多故事是虛構的戲謔，沒想到在現實裡確實眞有。

二〇〇三年一月二十四日《中國時報》有一篇報導，標題是「老教科書總複習，網路正發燒」，許多網友在網路上回味中學時代琅琅上口的文章，如朱自清〈匆匆〉：「燕子去了，有再來的時候；楊柳枯了，有再青的時候；桃花謝了，有再開的時候……。」他們也記得〈木蘭詩〉，尤其以白居易〈慈烏夜啼〉獲得最熱烈的討論。

還有一篇我個人非常喜歡的〈孤雁〉也選入課本。沙洲上一隻孤雁，為一對對交頸而眠的雁兒守更。蘆叢後火光一閃一閃，孤雁立即引吭呼叫，睡夢中驚醒的雁兒發現無事，以為孤雁故意撒謊，如是兩回。第三次，獵人拿著香炬矗立眼前，孤雁飛到空中，拚命的叫喚，瘋狂的迴旋，但酣睡的雁兒毫不理會。眼睜睜看著獵人伸出殘酷的手，將一隻隻熟睡的雁兒放進了網羅。從此，孤雁多了起來。

二十餘年之後，柯慶明〈一篇序文，二十年歲月——齊邦媛老師在編譯館的日子〉，提到他多年後閱台大研究生入學考試的作文卷，題目是「影響我最深的一篇文章」，許多人寫的竟然是〈孤雁〉，讓他感動莫名。

屈指算來，當年讀這套新編國文的讀者，現在也已是四、五十歲的人了，許多人大約還記得閱讀這些作品的喜悅吧！

住在麗水街三十多年，我把這第一版六冊國中國文教科書和英文本《中國現代文學選集》兩厚册，放在書架最尊貴的地方，抬頭即見。國中國文的封面，是我去求臺靜農老師題寫的。當時臺老師竟然親自穿過台大校園送到我辦公室來，令我驚喜得連怎麼謝都說不明白了。記得臺老師說了一句勉勵的話：「敢這麼編國文課本，有骨氣！」給我的支撐，勝過千言萬語。

編書第二年，教師大會建議編譯館編一本書法輔助課本，屈先生和臺老師都推薦莊嚴先生。莊伯伯一九二四年畢業於北京大學哲學系，一九四八年，押運故宮文物抵台，曾任台北故宮博物院文物館館長、台北故宮博物院副院長，是我在故宮博物院兼差時的恩師。那時莊伯伯大約七十多歲，為了寫這本書很費精神。因為讀者的藝術層次太低，書法背後的文化素養尚未培養起來，進不了他們曲水流觴、詩酒風流的境界，所以他遲遲不能交稿；教科書組的辦事人員，按照程序，常常催稿。每週五下午，我在台大教「高級英文」課程，常常在文學院迴廊遇見他老人家夾個布包去中文系上課，也會向他催稿。他常常說：「太累了！做不出哄孩子的事了，你趕快找別人吧！」下了課，他邀臺老師和我去溫州街一間日式房子開設的「老爺飯店」吃雞腿簡餐，要把稿約還給我。我跟兩位老先生吃了三次雞腿餐，後來終於把書稿「逼」出來了，雖然印出來只是薄薄一小本《中國書法》❷，每年發行量卻是三十多萬冊，多年來受它指引的少年總有數百萬人吧！

3 ——紅葉階前

——憶錢穆先生

世間之事，常有峯迴路轉的奇妙現象。我在武大時，沒能趕上錢穆先生講學的盛況。沒想到在編譯館這位置上，卻因「武聖岳飛事件」，讓我有機會與錢穆先生聯繫上。

在我進館之前，「大學叢書」收到一份台大歷史系林瑞翰教授的書稿，尚在審查階段，是否出版未定，卻有報紙報導：林瑞翰教授所著《中國通史》是台大一年級必修的中國通史課本，竟誣蔑岳飛跋扈，說將在外，君命有所不受，要十二道金牌才召得他回朝。宋高宗為什麼殺他，並不是那麼單純的事。如此不敬之言，台大竟作教材，而國立編譯館竟然接受林教授《宋史要略》書稿，將要出版，簡直是動搖國本！

有一位自稱是岳飛小同鄉的李某，連續寫了數篇，說：「你們侮辱武聖，就是數典忘祖！」還有一位罵得最凶的立法委員吳延環，不但以筆名「誓還」在《中央日報》專欄不停地討伐，並且在立法院正式提案，令教育部答詢。王天民館長雖在各報來訪時詳細說明：「館裡接受書稿，既尚未審查，更未有出版計畫。」但是各報繼續登載責罵的文章，有一則報導竟然說：「據聞該館負責此事者，係一女流之輩，亦非文史出身。」王館長是歷史教授出身，知道當時各校學者無人願審，亦無人能抵擋此政治意識的洶湧波濤，命我去拜見由香港來台灣定居的錢穆先生，請他作個仲裁，說幾句話，指引一下國立編譯館對此書處理的態度。

我對於前往錢府的事感到萬分躊躇，不願再遭遇坐與不坐、茶與不茶的場面。待我一向非常客氣的王館長說：「沒別的辦法，委屈你也得去一趟。」

錢先生來台灣居住的素書樓，位於台北士林外雙溪東吳大學後面一個小山坡上，有一條依坡而建的石階路。我去外雙溪的路上實在不知是何場面，深悔誤入宦途。車到外雙溪，沿東吳大學山徑到山坡盡處，按了門鈴，心情忐忑地走上石階。錢先生出見時，尚未坐下便說，「我已在電話中說不能審查。」我困窘至極，囁嚅而言：「我剛由學校來國立編譯館三個月，這份書稿是前任所留，如今輿論責難不止，請您看看，我們當如何解此僵局？」大約全出於同情心吧！錢先生接過書稿，放在几上。我道謝後倉皇辭出，幾乎是奔下石階，心想大約再也不用來了。

誰知三天後意外接到錢先生電話，說請林瑞翰教授去談一談。再過數日，林教授親自到館裡，他毛筆工整細密的手寫稿二十二頁，綜合加添了錢先生面談時給他的六種新資料，補充他書中岳飛部分。資料非常充實穩妥，提供了多面的論述。

但是仍救不了我們，教育部來了一道公函，轉來立法院的質詢提案，「國立編譯館擬靠錢穆先生的聲望，將詆毀武聖岳飛的作品，作大學用書出版，動搖國本……。」命令館長隨教育部長羅雲平去立法院說明。質詢之前數日，我帶了許多資料去立法院圖書館謁見吳延環委員，詳細說明《宋史要略》一稿原是前任留下，至今無人肯審，更不會近期出版。質詢日，我坐在備詢官員最後一排硬椅子上，王館長高高胖胖，厚墩墩地坐在官員席；他有多年教學經驗，對答時如在課堂，不慌不忙，質詢者雖然來勢洶洶，但亦不知應控以何罪，一本未出版的學術著作如何「動搖國本」？我自大學時期在學潮中開始（直到今日台灣的選舉文宣），看盡了政治意識控制學術思想之猙獰面貌，沒想到我「三更燈火五更雞」苦讀、進修，好不容易取得部定正教授資格，在大學教文學課程，竟到這裡來看著我的老師王館長被這些人指手頓足地以政治意識形態指責，如此傷尊嚴，多麼不值得！我心中充滿憤慨和悔憾，回到館裡，即寫辭呈，館長問我：「你覺得在這種局勢下辭職是保持尊嚴麼？你此時離開能說明什麼立場呢？」他從桌上拿給我一封剛收到的掛號信，是錢先生寄來的，退還我隨書稿送上的審查費兩千四百元，一紙便箋上寫：「無端捲入貴館書稿輿論漩渦，甚感煩惱。茲退回審查費，今後請勿再牽涉本人意見……。」館長說，這本書我們短期內不能出版，但是你必須去對錢先生致歉，這才是負責任的態度。

就這樣，我開始了登上素書樓石階十八年的緣分。轟轟烈烈的岳飛事件之後，是國民中學國文教科書部編本，再接著是高中《中國文化史》的新編，每件事都是新聞的焦點。在那一段時期，我身兼人文社會組和教科書組主任的雙重責任，隨時有去住「保安大飯店」的可能，幸好生長在我那樣的家庭，經歷過許多大風大浪，父兄常常幽默地說，你當了這麼芝麻大的官，卻惹上了天天上報的麻煩，必須記住蔣總統文告裡指示的，應當時時「莊敬自強」、「處變不驚」。爸爸以前曾說：「我這個女兒膽子小，經常『處變大驚』。」想不到，一九七〇年代的國立編譯館竟是我的「壯膽研究所」。

其實，輿論界也不是一面倒，民間希望學術中立的革新理想者人數並不少，那時仍健在的陶百川、黃季陸、陳立夫、王世杰等長輩，也贊成國中與高中的國文教科書，以文學情操教育為主，少宣揚政治理念。至少，那時的教育部長羅雲平實際上是支持的。在陳述編書理想時，我終於有勇氣面對錢先生這個人，而不是他「國學大師」的盛名。他面容溫和，傾聽人說話的時候，常常有一種沉思的寧靜，也是一種鼓勵。

從那時起，我原是為公事去爬素書樓的石階，送稿、送書、請益，去得很勤。後來錢先生知道我是朱光潛老師的學生，談到他三十年前去四川樂山為武大講學之事。我告訴他，我聽學長們談到，清晨持火把去禮堂上他的課的情景。因此，有時錢先生也留我坐談當年事。沒有公事時，逢年過節和他壽誕前我仍去看他，直到他被迫離開素書樓。十八年間我在那石階上下近百次，階旁兩排楓樹長得很高了。一九八五年我車禍住院時，錢師母去看我，說老師很惦念。一年後我再去看他，慢慢爬上石階時，才看到路旁小溝裡積滿了台灣少見的紅楓葉。

那些年，錢先生的眼睛已漸漸不能看書了。和錢先生真正談得上話以後，雖然時時感到他自然具有的尊嚴，也感到一種寬容和溫熙，也許我沒有歷史學問的背景，也就不知道什麼是不能越過的界限。當他問我坊間有什麼新書時，我有時會以外文系的知識，冒冒失失、糊里糊塗地帶給他館裡出版的書，也買些坊間話題論著，如柏楊的書，送給他。

我回台大之後，也常與他談到我用作教材的一些書，譬如最早先用《美麗新世界》、《一九八四》和《黑暗之心》英文本時學生的反應，談得最多的是《寂寞的追尋》。對於追尋寂寞這種文化現象，錢先生感到相當「有趣」（他的無錫發音至今難忘）。其實，一九八三年他親自贈我的《八十憶雙親與師友雜憶》書中，錢先生回憶他一生重要著作多在園林獨處的寂寞中構思完成，尤其詳述任教於抗戰初遷昆明之西南聯大時，在雲南宜良北山岩泉下寺中，獨居小樓一年，在「寂寞不耐亦得耐」的情境下完成《國史大綱》，七十年來此書仍是許多人必讀之書。只是他那種中式文人之寂寞和西方社會意義的孤獨，情境大不相同。

當然，一九七五年後，錢先生面對蔣總統去世前後的種種變局，憶及抗戰前後中國之動盪，以史學家的心情觀察，感慨更自深沉，他一直盼望而終於失望的是一個安定的中國。《國史大綱》完成之時，昆明、重慶在日本轟炸下，前線將士血戰不休，該書〈引論〉說：「以我國人今日之不肖，文化之墮落，而猶可以言抗戰，猶可以言建國，則以我全民文化傳統猶未全息絕故。」此段文章，使我更具體地了解他為什麼肯在蔣總統邀請下，捨香港而來台灣定居，以為可以安度餘年，因為他也和那時所有中國人一樣，有八年之久相信抗日救國的必要，而一九五〇年後台灣仍是捍衛中國文化的地方。

我不敢進入史學範疇，但是對於文化史極有興趣，尤其注意知識分子對政治變局的影響。大學時代《國史大綱》曾是我們的教科書，在人生許多不同階段也曾重讀。近日知《國史大綱》在大陸又成必讀之書，果眞如此，書中首頁「凡讀本書請先具下列諸信念」的要求：「所謂對其本國歷史略有所知者，尤必附隨一種對其本國已往歷史之溫情與敬意。」對中國半世紀動盪，飽受摧殘的人性應該有增加溫厚自尊的影響吧。

如今回憶近二十年，隔著小方桌，聽錢先生說話，如同他的〈引論〉，都曾以不同方式，在不同變局中，對中國文化重作剖析。錢先生說話有時平靜，有時激昂憤慨，在座有時僅我一人，有時和錢師母三個人。他的無錫話多半圍繞著這個心思意念，並不難懂。

我記得後來一次談到文革紅衛兵對師長和文化人的摧殘，待這批人長大，統治中國，他們的暴戾人性會將中國帶到何處去？我深以為憂。錢先生說，文革結束後，五十歲左右的人仍會保存一些國粹，他們有說話的一天，中國文化仍有延續的希望。

那些年錢先生也常談到台北的政局，尤其是文人對變動政局的態度。談到抗戰勝利後，西南聯大由昆明遷回平津，還鄉者幾乎行李尙未安頓，戰禍又起，人心惶惶。文人和一般百姓一樣，亦不知何去何從。錢先生回到無錫家鄉，在太湖畔之江南大學，教中國思想史等課，兼任文學院長。他在《師友雜憶》中回憶當時：「學校風潮時起，蓋群認為不鬧事，即落伍，為可恥，風氣已成，一時甚難化解。」每日湖裡泛舟，或村裡漫步，心憂家國，以五彩筆纂集莊子各家注，於一九五一年出版《莊子纂箋》。一九四九年中共進駐時，大多數學者留在大陸，距抗戰流亡不久，家人生計，顧慮實多，留下者沒有不說話的自由，由批鬥侮辱中倖存已屬不易，中國學術研究至此幾乎形成斷層。

一九五〇年錢先生由廣州去香港，與友人創辦新亞學院，最早只有數十個學生，第一屆畢業生只有三人，其中最傑出的余英時在〈猶記風吹水上鱗〉文中談當年簡陋艱困的情況和師生的「患難之交」，他對老師重要的著作和做學問開放的態度有扼要的見證。一九六七年錢先生遷居台北，政府禮遇學人，助其在陽明山管理局賓館預定地上建一小樓，名「素書樓」，可以安居，講學著述，頤養天年。

他萬萬想不到的是，晚年「歸」來定居的台灣竟也到了沒有溫情與敬意的一天，使他在九十六歲的高齡，一九九〇年六月底，為尊嚴，倉皇地搬出了台北外雙溪的素書樓，落腳在杭州南路一所小公寓，兩個月後逝世。當年繼任的國民黨總統李登輝，沒有意願維護前任對歸國學人的禮遇，舉國將一代大儒掃地出門的莽撞無識，其不尊重學術的景況，為台灣悲。而當時在立法院尖刻強烈質詢，要求收回市政府土地的陳水扁，後來任總統八年。

十二年後，二〇〇二年三月，台北市長馬英九主持開啓「錢穆故居」典禮，將它開放作為中國文史哲學研究之用。距我初登石階整整三十年，如今腳步何等沉重。石階上的院子搭了一個小篷子，典禮下午開始時春雨下得豐沛，小篷子遮不住雨，場面相當凌亂。我進去後，在後排找到個可以不被人發現的位子，可以聽聽，仔細想想這三十年間事，錢師母的心情更可想而知。當初議會叫囂收回市產的時候，仍有一些史學研究的年輕學者前往素書樓探視，且為他整理、校訂舊作。錢先生問他們：「這些人急著要這房子做什麼？」他們說：「要做紀念館。」他說：「我活著不讓我住，死了紀念我什麼？」

余英時追悼錢先生寫了一副輓聯：

一生為故國招魂，當時搗麝成塵，未學齋中香不散。
萬里曾家山入夢，此日騎鯨渡海，素書樓外月初寒。

他在〈一生為故國招魂〉文中想用這副輓聯來象徵錢先生的最終極也是最後的關懷。「未學齋」是以前錢先生書房之名，是他苦學自修的心情，素書樓「今天已不復存在了。」這大概是余先生以國際史學家的身分，厚道的說法。錢先生自十六歲（一九一〇年）讀到梁啓超〈中國前途之希望與國民責任〉，深深為梁氏歷史論證所吸引，一生研究歷史，希望更深入地找尋中國不會亡的根據。他希望國家社會能在安定中求進步，而不是悍於求變，以戾氣損傷文化。余英時說：「錢先生無疑是帶著很深的失望離開這世界的，然而他並沒有絕望。……他所追求的從來不是中國舊魂原封不動地還陽，而是舊魂引生新魂。今天已有更多的人會同意這個看法。」

我初見錢先生的時候，已是他的紅葉階段，深秋季節，思考的葉片已由綠色轉為一種祥和的絢爛，再幾番風雨，即將落了。他八十歲生辰南遊，在梨山武陵農場寫成〈八十憶雙親〉一文：「此乃常縈余一生之懷想中者，亦可謂余生命中最有意義價值之所在。」此文後與《師友雜憶》合集，充滿了家人、友情溫暖的回憶，也充滿了他那一代文人在亂世，顛沛聚散的感歎：「余亦豈關門獨坐自成其一生乎，此亦時代造成，而余亦豈能背時代而為學者。惟涉筆追憶，乃遠自余之十幾童齡始。能追憶者，此始是吾生命之眞。」

忘不了的人和事，才是眞生命。這也是寫《中國近三百年學術史》的錢穆先生說的話。

我近年遷居，目前的書房正壁上掛著一幅錢先生贈我的墨寶，錄明儒高景逸先生的五言絕句五首，開始一首即說出他在外雙溪定居的隱逸心情：「開窗北山下日出竹光朗樓中人兀然鳥雀時來往……。」署名「丙辰重九　錢穆　時年八十有二」。那時他視力已差，這幅字更是珍貴。在它對面牆上，掛著莊靈所攝的一棵兀然挺立的闊葉樹，上面的枝葉明晰地投射在光影交錯的山巖上——這也是我企望的情境。

想念那些年，錢先生為什麼願意與我談話？他是學術思想史家，在制度史、沿革地理，以至社會經濟各方面都下過苦功，而且都有專門著述，到台灣後又著手《朱子新學案》、《古史地理論叢》等整理工作，由台大中文系戴景賢、何澤恆等協助校閱。他與我談話，從不論及史學研究，但談人生，如他在《八十憶雙親》書中說：「國民政府退出聯合國，消息頻傳，心情不安，不能寧靜讀書，乃日誦邵康節、陳白沙詩聊作消遣。繼朱子詩續選兩集，又增王陽明、高景逸、陸桴亭三家，編成理學六家詩鈔一書。……竊謂理學家主要喫緊人生，而吟詩乃人生中一要項。余愛吟詩，但不能詩。吟他人詩，如出自己肺腑……。」

由讀詩談人生，談文人在亂世生存之道，他認為書生報國，當不負一己之才性與能力，應自定取捨，力避紛擾，所以抗戰勝利之後不去京滬平津各校，回到家鄉太湖畔讀書，再由雲南去香港，來台灣，至少保住了不說話，更不必在中共批鬥中「坦白」的尊嚴。到台灣後應文化學院（現為文化大學）歷史研究所聘，每週兩小時由學生到外雙溪上課，並任故宮博物院特聘研究員，生活得以安排，從未發表任何政治言論，如余英時文中說，「時間老人最後還是公平的。所以在他的談話中，他總是強調學者不能太急於自售，致為時代風氣捲去，變成吸塵器中的灰塵。」

自一九九〇年八月三十日錢先生逝世，我都念著，有生之年能寫此記憶。因為對歷史的溫情與敬意，世界上仍有忘不了的人和事。

4 編纂文學與文化叢書

我在國立編譯館五年，在那個年代，使命感很強，當然有許多可記憶的事。小學、國中、高中各科教科書都有編審委員會，聘請的學者專家至少有五百位，學術界菁英甚少遺漏。每書定稿都有許多「聲音和憤怒」。常有人辯論未決時拂袖而去，館員追到樓梯上勸回。音樂科和美術科因選取代表作而爭論甚多，歷史科主編王德毅教授謙虛溫和，編輯委員暢所欲言，書出後沒有引起政治風暴。錢穆先生推薦杜維運教授編輯高中《中國文化史》教科書，也在一九七三年由國立編譯館順利出版，使用期間未聞有太多批評。我的本行英語教科書編寫過程雖有技術辯論，卻是最穩妥順利的，那時研究英語教學的師資幾乎全在師大。一九七三年八月出版的國中英語教科書，大約是中國有史以來第一套自己編寫的英語教材，幾位有理論、有實際經驗的青年學者反覆討論，慎重定稿，對台灣的英語教學有切實的影響。當時由朱立民先生擔任主任委員，編輯小組有李敞、陳永昭、傅一勤、黃燦遂；直到二十多年後（一九九七年）我擔任主任委員，聘請張武昌、周中天、施玉惠、黃燦遂等編審委員，都是師大最優秀的英語教學名師，與他們討論是我最愉快的經驗。

我的另一個工作是徵詢、閱讀所有相關的重要的審查意見書。那時國立編譯館的權責是編審國小、國中、高中教科書和大學叢書，委託編譯館出版的學術用書和館內自行編纂的書也在被審查之列，基本上以「政治正確性」與「專業正確性」為原則。由此我看到了當時及往後也成為各科系權威學者的審查意見書，幾乎全是親筆手稿。在影印機普遍使用之前，將爭議性強烈的審查意見交給原著者，唯一的方式是由館員抄寫，才可以「保護」審查人，不致因同行認得手稿筆跡而引起爭端。如今想像那些「落後」到原始的文書工作，頗有啼笑皆非的感覺。在閱讀審查意見中，我對台灣學術界，甚至各校師資，有深一層的認識。各種領域的爭論，雖頗為嚴苛，但大多數是認眞可敬。至今我仍記得中文系幾篇派系分明的審查意見，讓我們難以處理。也仍記得有些「知無不言，言無不盡」的審查文章，令人感動。師大英語系湯廷池教授，開會不停發言，他的審查意見往往長達十餘頁，用極小的字手寫，讀來感到他精力無窮，但他的確是眞正關心，對應用語言學理論與批評方面的建議相當中肯，所以雖然態度嚴峻，堅持己見，仍是可敬的學者風格。另一位是台大中文系張亨教授，原是國文教科書執編小組成員，他傾全力搜集可能用上的資料，篩選讀物，盡心致力，極為投入。然因對編審委員會的意見無法協調，憤而離去，是我在教科書編寫工作上的一件憾事。

我在編譯館除了負責教科書，對不同領域的經典著作同時進行編譯計畫。我清清楚楚地記得為「大學用書」出版的第一本書《西洋哲學辭典》，項退結教授帶著編譯計畫和部分初稿來到這間屋子，坐在這張桌子前的情景。他說明根據布魯格（W. Brugger）：Philisophisches Wŏrterbuch 德文中譯，刪去過多的宗教辭語，凡是經過修改的條文，都註明項退結（Hang）英文署名。在那個出版不易的年代，我當時確知這樣的書就是一個國家出版者，一個歸屬教育部的國立編譯館（National Institute for Compilation and Translation）值得做的事。這本重要而巨大的參考書，一九七六年出版以來仍是相當實用的。

我親自邀集增訂（updating）《經濟學名詞》，將一九四一年國立編譯館編訂公布的三千六百二十五則中文名詞，增為四千一百五十六則，一九七七年由台北正中書局出版，因應世界經濟三十多年變遷的新時代。將近一年的工作時間，幾乎每週參與編訂會議的學者，有施建生、于宗先、田長模、侯家駒、陳昭南、陳超塵、華嚴、楊必立等經濟學教授，由施建生先生擔任主任委員。每次開會，認真斟酌定稿，卻總是笑語盈盈。據年輕學者說，那是經濟學界少有的盛會，留下的是珍貴成果。

在翻譯英美名著方面，我自認最有價值的，一本是侯健翻譯《柏拉圖理想國》（一九八〇年聯經出版），一本是張平男翻譯奧爾巴哈《模擬：西洋文學中現實的呈現》（一九八〇年幼獅文化出版）。

侯健先生是我那一代外文系出身之中，中英文皆有深厚根柢的人，專長中西文學比較批評。《柏拉圖理想國》不僅是哲學與文學批評，也是文學創造，是西方分析哲學和知識論的淵源。高友工教授在中譯序稱讚侯健的中譯本完整而且詳加注釋，「文字流暢而忠實，通俗而典雅，是件值得大書特書的文化史上大事。」我與侯教授在台大同事多年，常在各種聚會聽他用濃重的山東腔發言，如高序所言：「能倚馬萬言，文不加點，聽衆往往有無法完全領會的苦處。……因為他的思路敏捷，而學識過人，他的旁徵博引如同天馬行空。」侯教授一生辛勞，未及退休即早逝，盛年譯出此書，不枉此生。

張平男先生翻譯《模擬》時，是以嚴謹慎重、如履薄冰的態度全力以赴。正如此書副標題：「西洋文學中現實的呈現」所示，它是語言學、文體學、思想史與社會學，可說是精細學問、藝術格調、歷史想像及當代意識多方面極為成功的結合。一九四六年德文本出版後，一直以各種文字譯本作文學課程的必修讀物。書中所用語文多達七種，譯者虛心求教，得以解決，此書之出版實有重大意義。

社會科學方面，最大的計畫是編纂「現代化叢書」。我邀集中央研究院的楊國樞、文崇一、李亦園先生主持編纂「現代化叢書」，希望將世界關於現代化的理論介紹到台灣。既要推行現代化，就得對「現代化」的意義有基本的了解，這實在是一件很困難、很重要、很龐大的工作。這個計畫很大，當年也只有國立編譯館可以推行。

曾經邀集許多相關學者共同擬定出書計畫，可惜出版的書不多，但總是做了一些，包括：《當代社會問題》、《開放與封閉的心理》、《現代化：抗拒與變遷》、《寂寞的追尋：美國文化瀕臨斷裂邊緣》、《邁向現代化》。這五本書總名為「現代化叢書」❸，都由國立編譯館主編，四年間陸續出版。這段時間也是我在文學界之外，與文化界最大的連繫。

我記得《當代社會問題》和《開放與封閉的心理》要出版時，特別邀請楊國樞先生寫篇總序，楊先生用兩個星期的時間寫了一萬字的序。序文寫到「現代化」是對過去舊社會的一種挑戰，從清朝鴉片戰爭以來，中國就因各種原因積弱到民國，現在我們開始做現代化工作，一定要用新觀念克服積弱的原因，使台灣經濟起飛。因為王天民館長已經離職，換了印刷事務起家的熊先舉館長，也是原來的教科書組主任。新館長看了之後，說楊國樞一直不是很忠黨愛國，覺得這篇序文把中國舊社會說得好像一文不值，我說現在已不是反共抗俄時代。熊館長說，「我不跟你辯論國策，我不能接受，換個人寫。」我說：「他專為這兩本書而寫，我不能退稿。」他說：「我不能接受，反正不能印。」他非常堅持，我知道「現代化叢書」已經做不下去了。

後來翻閱出版的「現代化叢書」，楊先生那篇序文果然未被採用，新館長反對就是因為楊國樞是「自由派」。我對楊國樞說明了這件事，未定的計畫等於風流雲散一樣，楊國樞序文事件，是我最後的防線，我不願意再退讓。這不是一篇序的問題，是我為了學術理念與尊嚴作去留決定的時候。我此時不走，更待何時？我下定決心離開國立編譯館。

當時台灣社會科學的理論知識很少，我們擬定文化叢書的書單非常輝煌，可以幫助新思想有系統地深入紮根。但是新館長接任後，文化叢書已無法有所作為了。所謂「三日京兆」，中國官場的新人新政意義大約就是沒有延續性，沒人關心紮根的未來。我辭職之後，所有建立的出書計畫，都被一掃而空了。

離開編譯館之後，我唯一具體牽掛的是寄望甚高的馬克吐溫（Mark Twain, 1835-1910）長篇小說中譯本全集，當時已交稿的有四本：翁廷樞翻譯《乞丐王子》（一九七八年黎明文化事業公司出版）；蕭廉任翻譯《古國幻遊記》（*The Connecticut Yankee in King Arthur's Court*, 1889，一九七八年黎明文化事業公司出版）；丁貞婉翻譯《密西西比河上的歲月》（一九八〇年國立編譯館出版，茂昌圖書有限公司印行）、林耀福翻譯《浪跡西陲》（一九八九年國立編譯館印行）。譯者和校訂者都是台灣最早出國研究美國文學而最可靠翔實的譯筆。多年來，我一直推動西方代表性作家作品能有完整的中譯，讓國人看到不同文化的眞貌與深度，這方面日本的翻譯成就令人佩服。我們處處看到、聽到中文著作，言談中膚淺地引用馬克吐溫的幽默，美國這位十九世紀的幽默大師可說是無人不曉，但有多少人知道那「幽默」裡面蘊含多深的辛酸與批評，諷勸新興的美國文化建立自信與自己的風格。我離開之前曾一再拜託館裡承辦書稿印刷的單位，把這套書交由同一家出版社，不要分散標售。但是，它們和其他的書一樣，交稿之後，銀貨兩訖，除非有人有權追蹤，否則就是落入圖書室某一個陰暗的角落，不見天日。例如林耀福精心中譯的《浪跡西陲》，從未上市。它們成了我多年痛惜的，念念不忘的「馬克吐溫孤兒」。

5 — 欒樹的啓示

一九七七年夏天，在台大外文系教英國文學史的李達三教授到香港去教書，侯健邀我回台大專任教這門主課，這是我終身志趣。

在編譯館的歲月，夙夜從公，我非常認眞而勇敢地做了很多改革，完成文學文化的計畫，包括：翻譯中國現代文學創作進軍世界文壇，放下「政治正確」的尙方寶劍，從文學的角度新編國中國文教科書，以及編纂西方文化經典和「現代化叢書」。很多人以為我會繼續這份工作，但我內心眞正喜歡的是回校園教書，因此當我離開時，也就無所眷戀了。

離開國立編譯館那早上，我獨自一個人站在曾度過五個夏天的辦公桌前，望著窗外那棵美麗的欒樹。在一切俗務煩惱之外，我曾多少次從那台新的電動打字機上抬頭，看到日影移動的神奇，多少次不由自主地在心中升起〈樹〉歌（Joyce Kilmer, "Trees"）之中的讚嘆：

A tree that looks at God all day.
And lifts her leafy arms to pray.

這樹整日仰望上帝。
高舉枝葉茂密的手臂禱告。

啊！它使我想起，這些年中我曾度過多少「難過苦關頭」，尋找了多少解決難題的方法，請教了多少學者專家，折衝、討論，達到一個「國家出版人」的穩妥結論。他們的審查意見，在那個沒有影印機，沒有電腦的時代，都是一頁一頁的墨寶！這些學者的大名可以說涵蓋了一九六〇到八〇年代的台灣文化史，他們的聲音笑貌，這棵欒樹隔著窗子，看得眞切。

一九七七年暑假，王館長已退休，我從編譯館全身而退，也全心而退，回到台大那寧靜的文學院老樓，斑駁而明亮的迴廊。

■註

❶採用胡耀恆翻譯：《中央日報》「全民英語專刊」（九一年四月十五日）。

❷莊嚴：《中國書法》（台北：復興，一九七七年）。

❸「現代化叢書」包括：

1《當代社會問題》，尼斯比（Robert Nisbet）等撰；郭振羽、羅伊菲同譯。一九七八年黎明文化事業公司印行。

2《開放與封閉的心理》，Milton Rokeach等著；張平男譯。一九七八年黎明文化事業公司印行。

3《現代化：抗拒與變遷》，艾森斯達（S. N. Eisenstadt）撰；嚴伯英、江勇振同譯。一九七九年黎明文化事業公司印行。

4《寂寞的追尋：美國文化瀕臨斷裂邊緣》，史萊特（Philip Slater）著；陳大安譯。一九八〇年黎明文化事業公司印行。

5《邁向現代化》，印克勒斯（Alex Inkeles）和史密斯（David Horton Smith）著；何欣譯。一九八一年黎明文化事業公司印行。

一第九章一

台大文學院的迴廊

1 外文系今昔

由那幾步台階走下來，穿過如今已不存在的舟山路，進入台大舊牆內的校園，穿過校警室、福利社，從行政大樓和農化館間的小徑出來，立刻面對文學院的紅樓。橫切過種滿了杜鵑花樹的椰林大道和紀念傅斯年校長的傅鐘，即可從氣勢寬闊的門廊進入迴廊。對於我，似乎有一種「儀式」的意義。這敞朗、陳舊的迴廊，以大半圓的弧形，穩坐在台北帝大（創立於昭和三年，一九二八年）初建的校園中心，兩端開著小小的門，中間包著一個小小的院子，和我三十年前初見時完全沒有改變。在台灣漫長的夏天，隱約可以感覺到流動著一種 Whispering coolness（我無法中譯這種感覺），安頓我的身心。我的教書生涯由此開始，也將在此結束吧。

很難與記憶妥協的是，外文系的辦公室已經搬到樓下，現在是個熱鬧的地方了。進了院門樓下右轉一排大屋子，只有這一間的門經常開著，迎面是一座木櫃，上面放著一把當年標準辦公室用的大鋁茶壺，沒有力氣從木櫃上提下那把茶壺的時候，你就該退休了。茶葉裝在白色小麻袋裡，由總務處分發給各系辦公室。我至今記得咖啡般的茶色與苦澀的茶味，兩節課之間實在太渴，也常得去喝一大杯，茶幾乎永遠是冷的。木櫃有數十個格子，當作教師的信箱，後面桌椅相連，坐著五位助教和一位事務員，川流不息的人和事。一直到我退休，外文系沒有一間眞正的教員休息室，上課前後的「交誼」似乎都在迴廊「舉行」。我至今記得，有時從二十四教室出來等下一節課鐘響，相當疲勞地靠窗台站著，會看到走廊那一端出現一位多年不見的老友，免不了有「驚呼熱中腸」的場面，然後匆匆忙忙在粗糙的木窗檯上寫下電話號碼，各自奔往教室。

那時外文系編制已近八十人，還有許多位兼任老師。第一批開課的老師如英千里、王國華、黃瓊玖、蘇維熊、李本題、夏濟安、黎烈文、周學普、曹欽源、曾約農等都已離開。一九七〇年以後的台大外文系，有人戲曰：「雕欄玉砌應猶在，只是朱顏改。」在那陳舊斑駁但敞亮可愛的迴廊，來來去去的學生有許多是聯考第一志願分發來的，心理上也許有置身雕欄玉砌之感。而課程確實有很「現代化」的大改變。最大的推動者，恰好一位姓朱，一位姓顏。朱立民和顏元叔先生在一九六〇年代後期由美國拿到文學博士學位歸國，在台大校園被稱為「稀有貴重金屬」；不久另一位文學博士胡耀恆先生也回到台大，以最新方式講授西洋戲劇，帶領學生以比較文學方法關懷中國戲曲的發展。

影響最大的改革是重編大一英文課本，以增強全校學生的英文能力，擴展人文和科學方面的知識。為本系一年級學生開設「文學作品讀法」，列「中國文學史」為必修課，此課前後有臺靜農、葉慶炳、林文月、柯慶明等中文系名師授課，不僅使學生真正認識中國文學的傳統和演變，也增強中文和外文兩系的師生情誼，影響學生日後進修的視野，甚為深遠。

「英國文學史」改為兩年十二個學分的課程：第一年由中古英文時期（The Middle Ages, 1485）到十八世紀（The Eighteenth Century）；第二年由浪漫時期（The Romantic Period, 1785-1830）到二十世紀（The Twentieth Century）。使用的課本以重要作品為主，不僅是背景、潮流、發展的敘述而已。我教的時候已使用全世界的標準本，諾頓版的《英國文學史》（*The Norton Anthology of English Literature*），共約五千多頁。

在台大我一直講授英國文學史第二年課程，有一年顏元叔先生出國，由我代課，上了英國文學史第一年課程。此課我在中興大學教過四年，有過相當研究。同一星期之內要按不同的進度調整自己的思緒，在二年級的教室講八世紀北海英雄史詩《貝爾伍夫》，甚至還須放一兩次古英文發音的唱片。第二天則在三年級班上費力地闡釋十八世紀奧祕浪漫詩人威廉・布雷克〈心靈旅者〉（William Blake, 1757-1827，

"The Mental Traveler"），此詩描寫兩個反方向轉動的循環，自然與人生，其中奧祕實非課堂中可以完全闡釋。我在中學時曾讀過一篇英國人寫的文章，他說人腦裡似有許多隔間（compartments）儲藏不同的知識。我在腦中清清楚楚區分英國文學史各階段重要作品，各自為它的時代璀璨發光，所以自己並沒有時空混淆或時代錯置（anachronism）之虞。

2
重溫二十歲的夢

回到台大第一堂上課的情景，很難令人忘記，那該稱之為「盛況」吧！鐘響後，我走到迴廊左轉第一間「十六教室」，以為自己走錯了，除了講台，座位全部坐滿，後面站到貼牆，窗外也站滿了人！這門必修課全班有一百三十多個學生，而第十六教室只有五、六十個座位，所以引起那個盛況的場面。後來調整到新生大樓，第二年回到文學院一間大階梯教室。

我確實是在惶恐中走上講台，勉強平靜地說了開場白，迅速地抓住了唯一的救援，一支粉筆，寫了兩行這一年的計畫：起始於浪漫時期和將要講授的第一位詩人威廉・布雷克。

為了穩定自己和「聽眾」，我先用中文說明英國文學史和一切文化史一樣，劃分時代和流派都沒有放諸四海皆準的定名。如自一六六〇年英王查理二世復位到桂冠詩人約翰・德萊頓（John Dryden, 1631-1700）的十七世紀後半期為「復辟時期」（The Restoration Period），和我們即將開始正確閱讀的浪漫時期，都有很複雜的歷史意義。我不贊成，也沒有能力用中文口譯原作，所以我將用英文講課，希望能保存原文內涵的思想特色。我不願用「浪漫時期」的中文譯名，簡稱那一個常以熱情進入深奧內在探索的時代。因為「Romantic」所代表的既非唯美，亦非中古以降羅曼史（Romance）中虛構的奇情。它是一種對崇高（sublime）理想永不妥協的追求。強調創造力與情感抒發的浪漫主義其實是對前世紀守教條的新古典主義的反動。其回歸自然（return to nature）的呼求，強調大自然引導個人心靈對真善美的追尋與沉思。

中國近代教育系統以英文為主要外國語以來，大學外國語文學系以英國文學史為必修課，乃是必然的發展。至今最簡單明確的原因，仍可用泰恩（Hippolyte Taine, 1828-1893）以德國人的觀點來說明，他寫《英國文學史》時說，要藉一個豐富而且完整的文學成長史分析時代與種族的關係。在他之前，在他之後，西方文學理論發展出許多不同的流派，忙煞學院中人，但泰恩的文學三要素——時代、民族、環境——仍是文學作品能否傳世，或隱或顯的基本要素。

教文學史並不是教文學欣賞，不能以個人的趣味選材。每個時代的精神與風格不是一時的風尚，而應存在於才華凝聚的長篇傑作，或是形成個人風格的一些連續短篇，如華茲華斯的《序曲》（*The Prelude or Growth of a Poet's Mind*, 1798-1839），記錄了詩人個人心靈的成長與自然的交會互動。柯立芝的〈古舟子詠〉，以航海象徵人生的罪與罰，和求取救贖的神祕旅程。拜倫（Lord Byron, 1788-1824）的《唐裘安》（*Don Juan*）雖未完成，但仍是文學史上最長的諷刺詩。雪萊的《解放普羅米修斯》（*Prometheus Unbound*）是一齣四幕的抒情詩劇，迫害者因殘暴招致毀滅，盜火者才得解放。在雪萊心中，心靈因有愛和寬恕而更顯崇高。

即使寫作生命只有五年的濟慈，直至生命盡頭，仍放不下曾投注心力的史詩長篇《海柏里昂的殞落》（*The Fall of Hyperion*, 1819）。詩人藉夢境寫舊日神祇殞落的痛苦，抒寫自己對文學的追尋。他在夢中置身林中荒園，來到一個古老神廟，廟頂高入星空。站在廟旁大理石階前，他聽到馨香氤氳神殿中有聲音說：「你若不能登上此階，你那與塵土同源的肉身和骨骸，不久即將腐朽，消失湮滅於此」；他在寒意透骨浸心，死前一刻，奮力攀上第一階，頓時生命傾注於業已冰冷凍僵的雙足，他向上攀登，好似當年天使飛往天梯。神殿中的女神對他言道：「一般的人生都是苦樂參半，而你卻鍥而不捨，探索受苦的意義，你不就是夢想族（the dreamer tribe）嗎？要知道詩人與做夢者是截然不同的，前者撫慰世人，後者卻只對這個世界困惑。」

濟慈投入大量心思寫中長篇。他認為必須認眞經營，給足夠的迴旋空間才能容得下泉源迸發的想像和豐沛的意象，所以他的長詩《聖亞尼斯節前夕》（*The Eve of St. Agnes*）和中篇〈無情女〉等晶瑩璀璨的半敘事體詩，和他的頌詩一樣，是世世代代傳誦的珍品，可見他的詩並非只是依憑靈感之作。

但是長詩只能作專題研究，在文學史的教室只能敘明主旨，文字風格，代表性的段落。短詩更適作為佳例，加以講解，闡明詩意精髓。如果人在生命盡頭，能看到時光倒流，我必能看到自己，站在文學院那間大階梯教室的講台上，好似九十歲的愛蒂絲・漢彌爾頓（Edith Hamilton, 1867-1963），以英文寫作希臘神話故事而站在雅典的圓形競技場（Arena）接受希臘政府的文化勳章。我的一生，在生生死死之間顛簸前行，自幼把心拴上文學，如今能站在中國唯一敢自由講授、傳播西方文學的土地上，對著選擇文學的青年人，用我一生最響亮的聲音讀雪萊〈西風頌〉：

O Wild West Wind, thou breath of Autumn's being–
Thou from whose unseen presence the leaves dead
Are driven, like ghosts from an enchanter fleeing,

一九九一年，齊邦媛（左）與台大邀請演講之哈佛大學教授Prof. Helen Vendler（右持傘者）。她是研究濟慈Keats、葉慈Yeats、奚尼Heaney的專家。

啊！狂野的西風，生而獷烈的秋風——
枯萎的落葉，在你倏忽而至的吹拂下，
飛旋如巫者橫掃的鬼魅……

由西風這樣狂烈的疾掃開始，在連續兩小時，我將五首十四行的組成稍加解說，再將七十行一氣讀完，環環相扣的激情不能中斷。西風升起，加速，如巫師驅趕亡魂到冬天的墳地，等到來年復甦；天上流雲，變幻呼應，如地上的枯葉，飄浮在磅礴蔚藍的天空，如狂女飛揚的長髮，

Black rain, and fire, and hail will burst : O hear!
（有黑雨、火，和飛雹逐一炸開，聽啊！烈火）

西風吹至海上，連海底宮殿花木都顏色灰敗，紛紛落葉。詩人祈望自己能成為西風預言的號角，吹醒人類的沉迷：

If Winter comes, can Spring be far behind ?
（冬天到了，春天還會遠嗎？）

這一行結語既不巧妙，又不輕鬆！詩人性靈的生命力（vitality），宇宙景物的想像，創造的生機，要這樣讀過全詩才知那一句的眞意！

這時已經到了朱老師那個年紀的我，對著環繞俯視著我，與我當年同樣二十歲的

學生，記起了最初的感動，揮臂揚髮，忘我地隨西風迴旋……。

這是一首不老之歌，每次重讀，總似回到了二十歲的心情，也忘不了朱老師的灰長袍。

我的一生，常似隨西風疾行，攀山渡海，在人生每個幾近淹沒志氣的階段，靠記憶中的期許，背幾行雪萊熱情奔放的詩，可以拾回一些自信。每讀濟慈詩，總先憶起那時在三江匯流的樂山，遙聞炸彈在我四周的世界呼嘯落下。前線戰爭失利，我們必要時要撤往雷·馬·屏·峨，他的詩與我似是人間困苦相依，維繫了我對美好人生的憧憬。我在經濟日漸繁榮的台灣教英國文學的時候，朱光潛老師和吳宓老師正在文化大革命的迫害與熬煎之中。我熱切地引領這些在太平歲月中長大的二十歲學生進入詩篇不朽的意境，但有多少人聽得出眞正的滄桑心情？

為了不疏漏文學史經典作品，我詳定進度表，散文和小說都有適當的介紹和閱讀要求，在課堂選擇重點導讀，而必須詳讀的仍是詩。浪漫時期到濟慈為止，大約是一學期的課。從秋天到了冬天，下學期從春天到夏天，是維多利亞時代到二十世紀。

3 維多利亞時期

講授「浪漫時期」文學，我可以投入大量心力（the heart），但是到了「維多利亞時期」（The Victorian Age, 1830-1901），我就得全部投入腦力了（the mind）。文學的境界好似從布雷克的〈天眞之歌〉（"Songs of Innocence"）到了〈經驗之歌〉（"Songs of Experience"），由熱情奔放回到冷靜沉穩。英國文學史進入了以思維論辯的散文和小說為主流形式的理性時期。

維多利亞女王在位長達六十四年。自十八世紀中葉，英國揭開工業革命序幕後，生產力大增，為尋求新市場，大規模向海外殖民，造就了他們頗感驕傲光榮的「日不落帝國」。國家財富增加，面對的人生問題更趨複雜，人文思辨隨之加深，科學與宗教的互相質疑，人道的關懷，藝術品味的提昇和思想的寬容等，所有大時代的課題都激盪著有識之士的文化觀。這時期的散文家，如卡萊爾（Thomas Carlyle, 1795-1881）、密爾（John Stuart Mill, 1806-1873）、拉斯金（John Ruskin, 1819-1900）、沃爾特・佩特和王爾德（Oscar Wilde, 1854-1900）等，他們的代表作今日讀來，幾乎篇篇都是精采的知識分子充滿使命感的論辯，他們的聽眾是中產階級，共同關懷的是國家甚至人類的心靈。二十世紀的三〇年代是現代主義的高潮，在自由思想主流中，英美的文學界對維多利亞時代語多嘲弄，批評他們講究禮法（respectability）和拘謹的道德觀是僞善；但在二次世界大戰之後，世界飽經風霜，大英帝國的日頭漸漸落了，英國人回首維多利亞盛世，對它重新評估，重生敬意與認同。

我四十多歲時，在種種困難之中前往美國讀書，而且不選容易得學位的科系而直攻文學，全選重課，因為我已教書多年，深知文學史與批評是台灣所需，而我在讀大學時，此課因抗戰勝利復原，老師只教至十七世紀，以後的文學史，無法自己摸索尋路。所以到印大進修時，儘量修斷代史及重要核心課程。這也是我一生誠意。那些課程的「必讀書目」是我後半生做學問的開始，培養有系統、有深度選書讀的能力。除了為教書備課，也發展出自己對史詩與烏托邦文學的興趣。英國文學自穆爾的《烏托邦》以後，直到十九世紀，各種觀點，形形色色的作品成為文學一大支流。我對這時期博特拉《烏有之鄉》（Samuel Butler, 1835-1902, *Erehwon or Over the Range*, 1872）曾做了些研究。書名「*Erehwon*」實際上是「Nowhere」的反寫，這本書是受綏夫特《格理弗遊記》（Jonathan Swift, 1667-1745, *Gulliver's Travels*, 1726）後二章啓發所寫的諷刺文學。那個位於渺茫海隅屬於英國殖民地紐西蘭的烏托邦，一切典章制度、語言行為皆是新創，反諷當時被熱烈爭辯的達爾文學說。許多新穎的創見，如對疾病的懲罰、未誕生者的世界、生命與死亡以及何者為始何者為終等等，都是極有趣的探討，對二十世紀初劇作家蕭伯納（George Bernard Shaw, 1856-1950）和寫《時間機器》（*Time Machine*, 1895）聞名於世的科幻文學先驅赫伯特．喬治．威爾斯（Herbert George Wells, 1866-1946）影響很大。

漫長文學史的發展演變中，詩風的變化最為明顯。在維多利亞時期被尊為「桂冠詩人」（Poet Laureate）近半世紀的丁尼蓀身上，可看到所謂「聲名」的興衰。飽受現代派嘲弄的丁尼蓀，聲譽之起伏反映不同時代的品味，是英國最有成就的詩人之一，題材之涵蓋面，文字之精湛，在當時和後世，都可以無愧於桂冠詩人的榮銜。因為寫作時間長達半世紀，對人生的觀照比他崇仰的濟慈更為寬廣，《牛津英國文學史》認為他可媲美拉丁詩人味吉爾（Publius Vergilius Maro, 70-19 B.C.）。味吉爾的史詩《伊尼亞德》（*The Aeneid*）比荷馬的史詩更多人性的關懷。我上課時當然不偏不倚導讀各家代表作，指出詩風的變化和文學批評的時代特徵。但是個人內心感觸更深者，如丁尼蓀的〈食蓮者〉（"The Lotus-Eaters"）、〈尤利西斯〉（"Ulysses"）、〈提桑納斯〉（"Tithonus"）等篇，取材自史詩和神話，以現代人的心思意念，精心琢磨的詩句，吟詠出新的情境，不只是重建了傳奇故事，而且增添了傳奇的魅力。他以往昔情懷（passion of the past）所寫的輓詩〈紀念海蘭姆〉（"In Memoriam A. H. H"），前前後後二十年時光，反覆質疑生死，悲悼與信仰。

〈亞瑟王之牧歌〉（"Idylls of the King"），十二首一系列的敘事詩，借古喻今，探討內在和外在世界的文化意義。二十世紀初的現代派和世紀末的後現代派詩人雖可嘲弄他不賣弄機智是遲鈍（slowness），卻無法超越他數十年堅持而成就的詩歌藝術。

和丁尼蓀同時代的布朗寧（Robert Browning, 1812-1889），以戲劇性的敘事詩著稱：〈抵達黑色城堡〉（"Childe Roland to the Dark Tower Came"）的主人翁歷盡身心磨難終於抵達黑塔時吹起號角，詩中騎士的旅程似謎般噩夢，充滿了黑暗的魅力。有人說它是不服輸的勇氣；有人說是堅持自我放逐的絕望，但是兩百零四行的長詩中，匯集了種種幽暗可怖的意象，讀後仍感震撼。安諾德（Matthew Arnold, 1822-1888）〈大夏圖寺詩章〉（"Stanzas From the Grande Chartreuse"）的名句：「徘徊在兩個世界間，舊世界已逝，新的無力誕生」（"Wandering between two worlds, one dead, the other powerless to be born."），更透露出詩人的憂慮。在所有充滿不安的時代，這些詩句沉重地盤旋在讀者心中。他們那個時代，已是我想像可及的時代。那時代的人物、希望和憂慮，一切的爭論，已接近我父親出生、長大、接受教育的時代，再過數十年，口誦言傳給我，已不僅是書中學問，已可用以質疑今日生存的實際人生。世世代代知識傳承之間，令人仰慕的前人，好似純金鑄造的環扣，已不全只是名字，而似可見可談的人。我自唸大學那些年就常常想，若是雪萊和濟慈能再活五十年，會是什麼光景呢？還能保持他們的純眞和熱情嗎？

到了二十世紀，第一位重要作家哈代（Thomas Hardy, 1840-1928）帶我們進入了一個親切熟悉的世界。他以小說著稱於世，但他中年後，開始寫詩。哈代的詩甚少飄逸瀟灑的「仙品」，總是淡而微澀，很貼近我實際的人生。人到中年以後，夢幻漸逝，每次讀〈她聽到風暴〉（"She Hears the Storm"）都有不同的感動。在病痛甚至大大小小的手術中，〈喚我〉（"The Voice"）詩中情境：「在紛紛落葉之中，我踉蹌前行，聽到那年輕女子的聲音喚我。」那聲音的力量，實際地（physically）助我忍受疼痛，將心思轉移到宇宙洪荒，歲月輪迴之時。

哈代之後必讀的是浩斯曼（Alfred Edward Housman, 1859-1936）、葉慈（William Butler Yeats, 1865-1939）、艾略特（Thomas Stearns Eliot, 1888-1965）和更多重要的詩人、小說家。時間越來越靠近我們生存的時間；空間也因旅遊可至而不再遙隔。我用最大的理性，使教學的進度能順暢達到泰德・休斯（Ted Hughes, 1930-1998）近乎奇異的、猙獰生猛的「新」詩。我努力不匆忙趕路，但也儘量少些遺漏，不致成為認真的學生日後十大恨之一。

我在台灣講授此課將近二十年，是一生最好的一段時光。今日世界約四分之一的人使用英語文，對英國文學史的認識是導往西方文化深入認識之路。二〇〇〇年諾頓版《英國文學選集》發行第七版新書，篇幅增長為二千九百六十三頁。編輯小組將英國文學的範圍由原有的英國、蘇格蘭、愛爾蘭更擴大至更多以英文寫作的二十世紀文壇名家，新闢一章為〈大英帝國之興衰〉（"The Rise and Fall of Empire"）。奈及利亞的阿契貝（Chinua Achebe），南非的柯慈（J. M. Coetzee），千里達的奈波爾（V. S. Naipaul），甚至寫《魔鬼詩篇》，來自印度的魯西迪（Salman Rushdie）都網羅在內，幾乎是個小型的世界文學史。近代歷史的發展在此亦頗脈絡分明地呈現了。

離開台大之前，我在同仁研討會上曾宣讀一篇報告〈哈代與浩斯曼的命定觀〉（"The Melorism and Pejorism in the Poetry of Thomas Hardy and A.E. Housman"），對現代詩作了另一種角度的探討，也結束了我用學術觀點「講」詩的生涯。也許是我太早讀了那麼多好詩，眼界日高，自知才華不夠，不敢寫詩。除此之外，我當另有天地。

4

「高級英文」課和革命感情

我回到台大另一座安身立命的基石，是自一九七〇年到一九八八年擔任中文系和歷史系研究所共同開設的「高級英文」課程，它是我最穩定、最強大的挑戰，也是我最樂意接下的挑戰。

那個年代，幾乎所有文學院研究所的學生都有進修的企圖心，除外文系稍好，中文系、歷史系的外文能力不夠深入研究文化，因此閱讀的幅度、深度和速度都必須加強。一九七〇年，我開始教第一班時，為測量他們的思考和英文深度，先油印一些有關世界文化的英文單篇文章，給他們讀後回答我一些問題。我驚訝地發現，這些研究所一年級的學生，很少讀過西方文化觀念的作品，更未曾有過與一本本英文原著奮鬥的經驗。我認為要達到任何語文的深處（advanced depth），必須由完整的書才能看到比較完整的看法，不能只閱讀零星的選文，所以我希望上學期至少讀兩本，下學期讀三、四本。當我說出這個計畫時，引起一陣輕聲的驚呼：「怎麼？要讀五、六本原文書嗎？」但是，我了解，台大研究所學生不會承認什麼是「困難」的。

我自幼讀書，最愛那些令我反覆思索的書。在美國讀書或到歐洲訪問，關注比較文學的領域，以東方人的心態（mentality）看西方多思辨的文化；再由西方的觀點看中國豐美的文學，往返之間，天地極寬，可以與這班學生認真討論的甚多，很值得我悉心計畫。選取內容豐富、文字優美的書，對我不是難題。

我最大的難題卻是如何在同時對不同領域的人說話。中文系和歷史系是我所尊重的專業領域，他們在校選修的課程不同，未來進修和工作的目的也大不相同，我如何能引起他們共同的興趣，達到「高級」英文的程度？唯一可行之路，也許是訴諸於共同的文學心靈。

那時是以美蘇為主，冷戰熾熱的世界，台灣在反共抗俄二十年後，禁書名單很長，可以作為教材的英文資料多來自美國，最「前衛」的新書只有極少數在台大附近，如歐亞、雙葉等幾家書店，照相盜印文化、心理或哲學方面的書，裝訂非常簡陋。幸好可以流通的《時代》雜誌，每期有十大最暢銷作品（Ten Best Sellers）的名單，分為小說與非小說兩種。照相本常常可以在中山北路幾家書店買到，據說是有一些越戰美國軍人需要，所以我經常到中山北路尋書。常去的是敦煌書店，書單出來後就可以買到翻印本，「效率」極高，也是一種盛況。我至今記得自己精神奕奕地提著新出的洋書走在中山北路人行道上，回家連夜讀著。我用作教材的書必須言之有物，能引起青年人興趣，文字優美清晰，政治立場並非那時流行的狂右或狂左派，不能太厚，也不可太薄，也必須是學生買得起的台灣翻版。

雖然我並未按年詳記，但即以今日記憶搜集所及，我們用的教材竟也可以某種程度地反映那二十年間西方文化關懷的變化，它們在台灣被翻印和閱讀，也產生了相當的影響。

我講授的第一本書是赫胥黎的《美麗新世界》（Aldous Huxley，1894-1963, *Brave New World*, 1932），在我大多數學生看來，這本必須在數週內讀完的原文書大約是他們「苦惱的新世界」。書中科技計畫控制人性的世界，如何摧毀自然生存的故事，不免使用一些科技名辭，令人生畏。但是在我詳細導讀前兩章之後，他們就克服了語言的障礙，漸漸進入書中對未來世界的種種假設與懷疑。作者的祖父老赫胥黎（Thomas Henry Huxley, 1825-1895）是科學家，為捍衛達爾文進化論在十九世紀與偉伯福斯主教（Bishop Wilberforce, 1805-1873）和詩人阿諾德等人，對宗教與科學教育有長期激烈的筆戰，百年後讀來，他們攸關生命起源和發展的辯論仍令人興奮！而幾乎所有的文學史都會在結束時，提到老赫胥黎的兩個孫子：一個是生物學家裘連・赫胥黎（Julian Huxley, 1887-1975），一個就是兼具評論家、劇作家的此書作者阿爾多士・赫胥黎。他們雖然經由兩種途徑繼續老赫胥黎的辯論，但著作中都承續老赫胥黎在爭論中堅持的信念，就是：人雖是動物，卻生而具有道德意識和自由意志。

《美麗新世界》成書當年，希特勒和史達林尚未肆虐，作者可以相當從容地從文化大衝突宏觀布局，引經據典，有時甚至優雅地鋪陳一個科技控制的烏托邦，以一個女子琳達（Linda）和她的兒子約翰為中心，寫人性的掙扎和失敗。約翰是個生長在印第安部落的俊美青年，被新世界的人稱為野蠻人，但是他隨日月星辰，四季運轉所見的世界卻是全書最美的篇章。

閱讀《美麗新世界》時，必須同時讀歐威爾（George Orwell, 1903-1950）的《一九八四》（*Nineteen Eighty-Four*, 1949）。這兩本小說都只有兩百頁左右，無論在故事取材和文字風格都大大不同，但卻同被認為是反極權或反共最成功的文學作品，往往一起閱讀一起討論。寫《一九八四》的歐威爾，曾在緬甸的英國殖民地作過警察，參加過西班牙內戰，被集體出賣，回到英國當記者，以社會主義的同情觀察低層社會的思想和疾苦。因此，他在第二次世界大戰（1939-1945）之後書寫〈我為何寫作〉（"Why I Write", 1946）說：「我討論嚴肅問題的作品，無一字一句不是直接或間接反抗極權主義，擁護民主的社會主義。」《一九八四》預言老大哥政府（Big Brother，一般認為是直指史達林的極權統治）是運用懲罰，和對懲罰的恐懼。而一九五九年赫胥黎又出版《重訪美麗新世界》（*Brave New World Revisited*），檢視二十七年間世界的變化和隱憂，指出在他的新世界裡，政府並非暴力的控制，而是運用科學與技術，有系統地達成宰制全民的極權。

殷海光的評論文章〈一九八四年〉（《殷海光全集》頁一一三—一二一，台北桂冠出版社），說到那個極權政府的三句標語：「戰爭即和平、自由即奴役、愚昧即力量」，其中「愚昧即力量」之說，眞可算驚天動地的偉大發現，引起知識分子高度的關注。在一九七〇年的台灣，我把這二十多位青年帶到這個辯論的海邊，把他們用英文推進注滿高級（advanced）思潮的海洋中，任他們漸漸發現海洋的深度。文學不同的風格，如同泳渡的方式一樣，也是千變萬化，值得研究思考的。

《美麗新世界》和《一九八四》一直在我的教材書單上，有時是讓學生自行閱讀。但一九八三年起，我又在課堂上講解這兩本書，因為眞正的一九八四年來到了。那眞是件奇妙的事，這本著名的政治預言於一九四八年寫成後，作者即逝世。他以為把那可怕的世界預設在三十多年後，已夠遙遠，但歲月轉瞬即過，在一九八四年前後兩年的時間，全世界都在熱烈地比較、評量、檢討這個預言和實際的世界的情況，議論文章如潮水湧現，眞是文化史上盛事。我得以多年追蹤詳情，有許多可以講的事，眞有躬逢其盛的興奮。

一九七四年起，我在國立編譯館主編馬克吐溫長篇小說中譯系列。我認為馬克吐溫《古國幻遊記》鮮明的文化對立手法很適宜這班學生研讀。馬克吐溫以特有的幽默手法，將一個十九世紀的美國北佬（Yankee）置身於英國中古世紀英雄美人傳奇的亞瑟王朝（King Arthur's Court）宮廷卡美洛（the Camelot），極生動、誇張地嘲諷那傳奇世界繁華、虛誇的迷信，同時也彰顯出美國新興現代社會的庸俗膚淺。他最成功的嘲諷是解構了傳奇宮廷巫師（預言家）呼風喚雨的魔術，可憐的梅林（Merlin），被十九世紀美國北佬的現代科學知識拆穿，只是一個小丑和騙子。此書和馬克吐溫另一本《老戇放洋記》（*The Innocents Abroad*, 1869，陳紹鵬中譯）都是用犀利的對比方式，創造出一種迥異於歐洲文學的美國文學，和同時代的詩人惠特曼等，都是鼓勵美國人追求自己文化的自信。馬克吐溫簡潔有力的幽默特質具有一種罕見的吸引力，對後世卡通文化也有很大的啓發。我隔三、五年使用此書一次，相當受到學生歡迎。

教書三十多年，我沒有發黃的講義，英國文學史不斷改版，必須重新備課，除了核心選材之外，新的選文、新的評論以及新的理論年年增加；而「高級英文」教材，我從不連用三年以上。以這樣的希望，我也勤於備課如備戰。我曾用過湯瑪斯・曼的《魔山》和法國哲學家赫維爾《沒有馬克思或耶穌》（Jean-Francois Revel, 1924-2006, *Without Marx or Jesus*, 1970）。讀這兩本書，學生需要補足的背景文化實在太重，我在教室帶路的工作，令我常感唇焦舌躁，用過兩年，再不敢用作教材。越戰後期，《時代》雜誌介紹一本《湖上之火》（*Fire in the Lake: The Vietnamese and the Americans in Vietnam*, 1972），是一位美國女記者採訪研究，分析甚為中肯的書。不久台北亦有翻印，我買了一本認為可用，隔週即有學生告訴我，該書因反對美國政府，在台灣已列為禁書。

一九七七年，我開始講授菲利普・史萊特（Philip Slater）《寂寞的追尋》（*The Pursuit of Loneliness*, 1970），這是一本涵義豐富的小書，只有一百五十頁，用一些有趣的美國社會現象檢討現代人對寂寞的追尋。對於曾經長年在大家庭制度，甚至對於在皇權籠罩之下生長的中國人，熱鬧和互相牽涉是安全感的表現。如今放著這種日子不過，卻去追求寂寞孤獨，是個奇怪的觀念。獨處亦須付相當代價，「寂寞」的觀念吸引我已許多年了，早在我高中時期，開始有自己的心事，常有渴望逃出那十八張床鋪宿舍的念頭。睡在那床上，左翻身右翻身都面對別人，小小的喜怒哀樂都沒地方躲藏。大學四年住宿舍，後來結婚生子，從沒有獨處的空間，到了五十歲才有一間小小的書房，安放一顆耽溺讀閱忘情思考的心。

我注意以寂寞為文化主題，始於一九六〇年代我在中興大學教書時，曾在美國新聞處借到黎士曼（David Riesman, 1909-2002）律師和法學院教授等人合寫的《寂寞的群眾》（*The Lonely Crowd*, 1950），當年這是一本頗為轟動的書，很受文化界好評。我將此書介紹給當時就讀台大外文研究所的蔡源煌，他的中譯本於一九七四年由台北桂冠圖書公司初版。此書討論世界大戰後，美國繁榮社會中，個人性格與社會的關係。社會性格的三種典型是適應型、離異型和自律型。自律型行為上有順從能力，能自由決定是否順從，也有足夠的自覺認清自己的想法和能力，不必總是依賴與一大夥人廝磨才能解除寂寞感，可以保留獨自思考和生活的空間。

這種追求獨立思考的「寂寞」，在文學上是常見的。中國詩詞甚多經典名句，如唐代錢起〈省試湘靈鼓瑟〉：「流水傳瀟浦，悲風過洞庭。曲終人不見，江上數峯青」，營造了只聞其聲不見伊人的惆悵迷離，湘靈鼓瑟的樂聲在遼闊的湘水上空迴盪，瞬間煙消雲散。這就是中國詩歌文學的淒清寂寞，朱光潛老師在英詩課上談過。魯迅曾為他對此詩之美學詮釋，大加抨擊，說他不知民間疾苦。但是近代西方，即使是梭羅散文集《湖濱散記》（Henry David Thoreau, 1817-1862, *Walden*），同樣被視為是一本遠離喧囂、寂寞孤獨的書，其背後也隱藏著對社會的批判。我們常用作教材的作品，如伍爾芙《自己的房間》，她的名句是：「一個女人想要從事文學創作，必須有錢和一間她自己的房間。」又如朵麗絲・萊辛《第十九號房》（Doris Lessing, 1919-, *To Room Nineteen*, 1978），主人翁蘇珊（Susan）一直希望保住一些自我的空間，終因無法掙脫家庭責任和社會的束縛陳規，精神上也找不到更好的路，最後在私下租用的旅館房間「第十九號房」自殺。這些具有強烈女性意識的作品，所要追求個人的空間，即是所謂「寂寞」，想印證一個女子也有自己心智獨立的價值在困境中隱隱存在的不平、不安和終身的渴望。

　　真正維繫這堂課的教材，其實是純文學作品，最好而且最有效的是小說，在教室用短篇小說較易講解。最早我用的是薛伍德・安德生的《小城故事》（Sherwood Anderson, 1876-1941, *Winesburg*, 1919），詹姆士・喬伊斯《都柏林人》（James Joyce, 1882-1941, *Dubliners*, 1914）及其《一位青年藝術家的畫像》（*A Portrait of the Artist as a Young Man*, 1916）。後來買到兩本美國短篇故事，其中有幾篇極好的作品，由很寬闊的不同角度寫現代人生各種故事。不久台灣又取得版權，出版一本權威選集《現代傳統》（*The Modern Tradition: An Anthology of Short Stories*, Ed. By Daniel F. Howard, 1975初版），選錄二十三位作家四十九篇小說，其中有三分之一是歐洲人，如契訶夫（Anton P. Chekhov, 1860-1904）、康拉德（Joseph Conrad, 1857-1924）、喬伊斯、卡夫卡（Franz Kafka, 1883-1924）等，最具原創性與影響力。其中契珂夫〈悲悽〉（"Misery"），敘述一位俄國雪橇車伕遭逢喪子之慟卻無人理他，只有在深夜卸車時，對馬喃喃訴說他的悲淒。我的讀書經驗是：好小說是最有效的語文教材，它有情節和情境，而且有發展和結局，本身就導引讀者看下去、走進去，不知不覺接受了它敘述的語言。大多數好散文，用現代的觀點看，其實都有小說的格局。〈悲悽〉也可以算是很好的散文，它幾乎沒有任何明顯的情節，多年以來，是我學生最後一堂課票選最愛讀的小說。

但是，我也希望「高級英文」課程的學生能認識重要的長篇小說，所以每年導讀幾本經典之作，如康拉德的《黑暗之心》（*Heart of Darkness*），伍爾芙《燈塔行》（*To the Lighthouse*），薇拉．凱瑟兩本《安東妮亞》和《總主教之死》（Willa Cather, 1873-1947, *My Antonia, Death Comes for the Archbishop*），佛斯特《印度之旅》（E. M. Forster, 1879-1970, *A Passage to India*），福克納《熊》（William Faulkner, 1897-1962, *The Bear*）等英文極好的作品。

第二學期後半，我開始講授一些英美詩。最早幾年印講義，後來買到派瑞編選《聲韻與意義》（Ed. Laurence Perrine, *Sound and Sense: An Introduction to Poetry*），此書自一九五六年初版，每數年即出新版，隨時間增刪甚多。全書十四章，從「詩是什麼」起始，逐章討論如何讀詩，最後一章「什麼是壞詩或好詩」。關於詩的意境、象徵、明喻與暗喻、寓意、反諷、含蓄、典故、意義與觀念、聲韻、意義、形式等，都有舉例說明。尤其以將近一百頁三分之一的篇幅舉例說明「好詩與重要的詩」（Good Poetry and Great）和「詩的深層閱讀」（Poems for Further Reading），這也許是中文和歷史研究生最簡捷可靠的英詩入門了。此書非常適合課堂使用，不但有助讀詩，書中詳敘詩學名辭也有助於將來讀西方文學的一切批評文章，對他們有相當長久的參考作用。

那十八年上我那門文學院「必選」的「高級英文」課的學生，被我逼迫研讀原文書，必須回答我隨堂測驗的無數個「為什麼」（"why"）。那些問題必須要讀完全書才能用英文回答，沒有逃避或取巧的門徑，一年中大約問答了近百題。十八年歲月，我竭心盡力將這門課達到可能的「高級」程度。那四百多位青年，而今都約五十歲左右，按自然的栽種和收穫現象，多數成為社會的中堅分子。他們今日戲稱為「黃埔一期」的學生，多數在學術、教育、文化界服務，不乏在文史領域有傑出成就者，黃俊傑、陳萬益、呂興昌、張淑香、陳芳明、陳芳妹、杜正勝、陳秋坤、林馨琴、周伯戡、葉其忠、林瑞明等，至今三十多年仍常有聯繫。

顏娟英與陳芳妹為我主編的筆會英文季刊撰寫文化藝術資產專論十多年。李孝悌在我編輯《齊世英先生訪問紀錄》時大力協助。陳幸蕙多年來伴我飲茶談心。二〇〇四年我去美國小住，她在台北與隱地全力主編，將我的散文集《一生中的一天》出版；一九八〇年以後的鄭毓瑜、洪淑苓、梅家玲，助我筆會季刊選材，眞是「有事弟

一九八八年八月十七日從台灣大學退休。

子服其勞」最眞實美好的例子。最晚到了陳昌明、康韻梅、張鈞莉那一班教完，正逢我遭遇車禍，他們不停地去汀州路三軍總醫院看我，令年輕的醫生們非常羨慕。如今他們都已是社會中堅分子。即使我最後一班的學生也都各有成就了。這十八年間無論各人遭際，政治立場等等如何不同，我們師生之間，他們稱之為「革命感情」是不變的。

離開我的教室之後，他們投入現實的人生，那些青年人之中，總該有幾個人是我的知音，在他們中年的喜怒哀樂中，記得一些句子，一些思想，似在不同的落葉林中聽到的聲音。

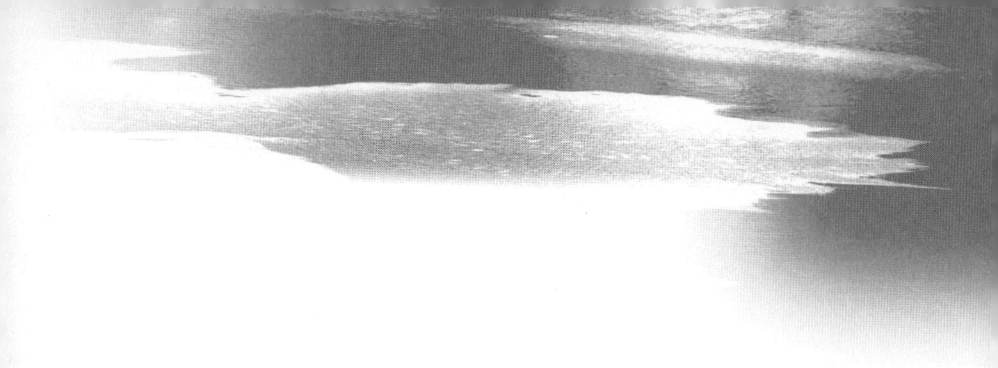

—第十章—

台灣、文學、我們

1 尋求台灣文學的定位

台灣文學是什麼？它一直是個有爭論的名字。爭者論者全出於政治目標，有時喧鬧，有時噤聲，全靠當時局勢。他們當時不知道，文學和玫瑰一樣，它的本質不因名字而改變。台灣文學是自然的「發生」（happening），不因名字而改變它的存在。自從有記載以來，凡是在台灣寫的，寫台灣人和事的文學作品，甚至敘述台灣的神話和傳說，都是台灣文學。世代居住台灣之作家寫的當然是台灣文學；中國歷史大斷裂時，漂流來台灣的遺民和移民，思歸鄉愁之作也是台灣文學。

被稱為海東文獻初祖的沈光文（一六一二～一六八八年），明亡之後漂泊海上，「暫將一葦向南溟，來往隨波總未寧」，遭遇颶風，漂至台灣，在此終老，歷經荷蘭人統治，鄭成功三代到清朝統一。一六八五年（康熙二十四年），他與渡海來台的官員文士組織第一個詩社「東吟社」，可說是台灣文學的起源。中間經過明鄭遺民及日本殖民的文學文字滄桑，在沈光文之後，整整三百年後，隨著中華民國政府遷來的軍公教人員和他們的眷屬約二百萬人在台灣登岸，他們來自中國各地，各有傷心的割捨故事，是一個龐大的鄉愁隊伍！

一九四六年十月光復節，國民政府制定語文政策，所有報紙和出版品清一色使用中文。自一八九五年到一九四五年半世紀，日本殖民時代的本省日文作家，大多數結束了文學創作之路，當時重要作家如賴和、龍瑛宗、呂赫若等人的日文作品都已譯成中文，是台灣文學經典一環。開始用中文創作那十年，不論是來自大陸，還是台灣本土的作家，除了新詩似乎是最有信心的寫作，大多數都有在灰濛濛的霧中摸索奔跑的感覺。《新生報》副刊「橋」由歌雷（原名史習枚）主編二十個月，鼓勵各種創作，沒有地域性的偏見，是很誠懇熱切的文學推動者。那時大量鄉愁作品，雖常有粗糙、重複之作，似是初上岸的落難者在火堆旁取暖，驚魂初定的哭泣，漸漸也走上成熟敘述之途，甚至幫助了當時的教科書，作為年輕一代中文輔助的讀物。

一九七二年當我開始編譯《中國現代文學選集》時，台灣文學已漸成形。英譯台灣文學的願望，最早潛伏於兩次因傅爾布萊特文化交流計畫去美國訪問。那時經常在訪問活動中受邀「談談台灣」（Say something about Taiwan.）。一九五七到一九六九那些年，許多聽眾總是會先問：「你們在非洲嗎？」「你來自有金佛寺的泰國（Thailand，音與Taiwan相近）吧？」自此以後，我在國外公眾場合，儘量穿矮領，自然寬鬆，下襬開叉在膝蓋下，走路毫不拘限的旗袍，絕不戴帽子，至少不要被誤認作日本人。在最早的交換計畫中，美國似乎比蔣總統更實踐「以德報怨」主張，我第一次去訪問時，同期竟然有四個日本人！而我代表「中華民國」（The Republic of China）卻只有一個人，一直是孤軍奮戰。所以我必須努力保持國家的尊嚴，「輸人不輸陣」。

「談談台灣」，這看似輕鬆的題目，卻是最複雜的考題。常常和我同組，也是唯一來自南韓的教師高玉南自我介紹時，只要說「我來自韓國」（I am from Korea.），全場都完全了解她的身分。那時美國剛剛打完韓戰，全國都是南韓的「盟友」；而我所代表的中華民國，卻已不在中國大陸。我家來自滿洲，我們現在的政府在台灣，隔著台灣海峽，距上海六百餘里……。接下來就不甚好講了，我必須很自信地說：「我們在台灣，是一個自由民主的國家，保持中國文化的高水準，追求富足與和平。」那時，這些話並不僅是口號和宣傳，而是全民的企盼，在這三萬六千平方公里的海島上，將近一千萬的人口中，大約有三分之一的人靠這個想法活著。一九四九年前，襤褸疲乏的「棉被兵」和他們倖存的眷屬，多數仍在臨時搭建的眷村中，懷鄉念舊，同時也儘量教育子女安身立命。十年，二十年，三十年過去了，政府已喊盡了反攻的口號，定下心來全力建設台灣。國民義務教育由六年延長到九年，大約是老蔣總統下的最後一張，也是最具有永久影響的手諭。台灣文壇也漸漸傳出一些清晰的聲音，能幫助我回答外面那些問題，諸如：「台灣是怎樣的地方？人們怎樣活著？心裡在想什麼？將往何處去？」

我膽敢主編英譯《中國現代文學選集》的另一個信心也來自兩次訪美期間，我在密西根大學和印第安納大學那樣有規模的圖書館搜尋詢問，都沒有看到一九四九年以後大陸眞正的文學作品。這兩校都開設不錯的中國文史課程，雖然也有少數親共學者努力幫中共說「解放」的好話，但多數學者指著書架上一排中共建國後的樣板文學，如《向雷鋒學習》、浩然《金光大道》、丁玲《太陽照在桑乾河上》、老舍《龍鬚溝》等，說道：「中共雖然閉緊鐵幕，但是他們政治鬥爭之無情，人民生活之艱苦悲慘仍是舉世皆知的。我們能在這裡的教室宣傳這些歌功頌德的宣傳文字嗎？怎麼對美國學生解說這些謊言呢？」然後，他們轉換話題問我：「台灣有文學嗎？」

我望著圖書館放置中國當代文學的書架，空空蕩蕩，心中暗自想著，也許我回台灣後，有機會可以藉著文學評介具體為台灣說些什麼吧！就是這一個長期存在的意念，我接受了國立編譯館編纂英譯台灣文學的工作。

那是個共同尋求定位（identity）的年代，都似在霧中奔跑，找尋屬於自己的園子，最早的年輕作者和讀者並沒有太大的省籍隔閡，大家讀同樣的教科書，一起長大。日治時代的記憶漸漸遠去；大陸的牽掛和失落感也漸漸放下，對「流亡」（exile）一詞也能心平氣和地討論。編纂英譯《中國現代文學選集》時，自以為已經找到了共同的定位。因為發行者是國立編譯館，所以選取作品必須有全民代表性，編選公平，不可偏倚遺漏。我們五人小組中，何欣和余光中參加台灣文壇活動最早，擁有台灣文學的資料最豐富。我自回台北後，閱讀重要作品甚少疏漏。開始教「高級英文」後，更是勤跑書店，新出版的書盡在掌握之中，和在美國讀書時一樣，可以跟上時代閱讀重要作家的研究。從那年起，我那小小的書房裡漸漸有相當齊全的台灣文學作品。譬如黃春明的《鑼》，扉頁有作者寫給我的話，就和《英國文學史》八世紀第一篇初民史詩《貝爾伍夫》並排而放；司馬中原《荒原》、《黎明列車》與朱西甯《破曉時分》、白先勇《臺北人》，這些初版於一九六、七〇年代的小說，隨我自上海帶來雪萊、濟慈全集的珍藏本並列齊觀。我曾經相當欣賞年輕女作家蕭颯，她所有的小說則和薇拉・凱瑟、舍伍德・安德許（Sherwood Anderson）、伯那・瑪拉末（Bernard Malamud）等美國作家作品並肩而立。我往返於兩種文字，樂在其中，有助於我寫評論文章的視野與層次。

2 台灣文學登上國際會議舞台

一九七三年，由台大外文系朱立民、顏元叔和中文系葉慶炳提議的「中華民國比較文學學會」獲准成立。發起的宗旨是：對內促進比較文學研究之迅速發展，對外與世界各有關機構聯絡，促進國際間之相互了解與文化交流。從此國內國外會議甚多，台灣文學作品皆成為主要討論的題材。

一九八二年我應美國舊金山加州州立大學曾憲斌之邀作訪問教授，講授一學期台灣的「中國現代文學」，當時他們已使用我編的選集作教材。選課的學生大約有二十個，一半是華裔青年，文化上隔閡很小，對文學作品的情境及心理不必太多剖析，師生可以更接近中國文學的心靈。那半年的文化交流，讓我眞正認識他們稱之為「屋崙文學」的舊金山華裔作家文學，認識根源文化所做的努力。

夏志清《中國現代小說史》附錄「台灣文學」詳加讚揚姜貴《旋風》，可說是開啓西方對台灣文學研究之始。他與劉紹銘（Joseph Lau）合作英譯《台灣短篇小說選：1960-1970》（*Chinese Stories from Taiwan, 1960-1970* Columbia University

Press），同時提供許多研究的資料。劉紹銘是早期由香港到台灣升學的僑生，在台大外文系與白先勇等同班，參與《現代文學》雜誌的創辦，到美國修得比較文學博士學位後，進入威斯康辛大學教書，講授中國現代文學課程，一直對台灣文學相當肯定與維護。後來又英譯一些評論和兩本台灣小說，一本是《香火相傳：一九二六年以後的台灣小說》（*The Unbroken Chain: An Anthology of Taiwan Fiction since 1926*, Indiana University Press），一本是《中國現代中短篇小說集》（*Modern Chinese Stories & Novellas:1919-1949*, Columbia University Press）。許多年間，一直在海外堅持文學超越政治，也常應邀來台參加各種文學會議，對事有褒有貶，誠懇關懷，是台灣真正的朋友。

一九七九年，美國德克薩斯州大學在奧斯汀舉行第一次以台灣文學為主題的研討會；翌年，論文集《台灣小說》（*Chinese Fiction from Taiwan*）由印第安納大學出版。會議主題有「台灣文學中的現代主義和浪漫主義」、「台灣小說中寫實主義的兩個方向」、「台灣鄉土文學展望」以及「台灣文學中的苦難形象」，討論作家包括陳映真、黃春明、王禎和、張系國、白先勇、王文興、七等生、陳若曦等人的小說。主持此次會議和論文集主編珍妮特・浮若特（Jeannette L. Faurot）在序中說：「一九六〇到八〇年代，台灣產生了一些第一流的中文小說，由於經濟的繁榮，教育之普及，產生了一個相當大的中產階段（級）讀者群，鼓勵了各種意識形態的文學創作。作品內容和風格兼容並存。思鄉懷舊，現代派的技巧，鄉土派的寫實，由不同的角度呈現一個充滿活力的台灣。」

對台灣文學有進一步的肯定與闡釋，很可貴的是白之（Cyril Birch, 1925- ）教授的「台灣小說的苦難意象」（"Images of Suffering in Taiwan Fiction"）。朱西甯的《鐵漿》中新舊交融時的劇烈痛苦；王禎和的《嫁妝一牛車》中看似愚鈍卻實深沉的貧苦；黃春明的《兒子的大玩偶》對命運的屈從和對妻兒的愛戀，表面上偶有喜劇的閃現，實際人生卻甚沉痛。白之在英美漢學界位尊望重，他編的中國文學選集多本，由早期到現代，皆是英美大學的教科書。自一九五〇年代後期起，有一些優秀的學生由台灣到柏克萊加大進修，在他門下讀書，由師生交往及閱讀中，他對台灣的情況有相當認識與同情，認為這三篇所寫的苦難，讀後難忘，反映了台灣的處境。

夏志清先生在致閉幕詞的時候，對台灣文學有詳細的介紹及肯定。

這本會議論文集大約是「台灣文學」定名的開始。我編英譯選集時，不僅台灣的作家大多數認為我們是承襲發揚在大陸因政治而中斷了的「中國現代文學」，世界漢學界二十年間也如此認定。正因為我們是主流的延續，因此可長可久。

3 兩岸文學初次相逢的衝擊

舊金山教書結束時，我應邀參加紐約聖約翰大學（St. John's University）金介甫（Jeffrey Kinkley）主持的中國現代文學研討會，第一次遇到來自大陸的中國作家，他們的代表大約三、四人，我知道的有北大教授樂黛雲和著名作家王蒙。

自英譯選集之後，我在世界各處開了許多大型的文學會議，在聖約翰大學這場眞正的群英大會，我第一次看到政治的炎涼如何移轉到文學界的炎涼，也第一次看到了文革的厲害，進而促使我以宏觀角度省思「台灣文學」的定位與定名。

那眞是一場盛會啊！所有人都很興奮，所有的眼睛，所有的耳朵都充滿了好奇，專注於首次在西方世界現身的鐵幕作家身上。中午吃飯，我被安排與他們同桌，大約是象徵兩岸交流，而我看起來是最沒有戰鬥精神的人吧！首次見到對岸的人，都不知道問題從何問起才好，他們知我家鄉在東三省，說：「回祖國看看吧！」大家只好傻笑。夏志清興致很高，他說：「你們到了美國，多看看吧！」

午餐後回到會場，正在聽大陸作家一篇文壇近況報告，突然會場門口一陣喧嘩，在一大群人推推拉拉制止不住的混亂中，奔進來一個高大漂亮的年輕中國人，他直朝大陸作家衝去，大聲喊叫：「你怎麼好意思代表那個暴政到此講話？」接著占據了講台，嘶吼喊叫控訴文革的殘酷。主辦的師生好不容易把他拉到門外，他在門外還罵了一陣才被勸走。大家驚魂甫定才知道，這年輕人即是那時在西方世界暢銷，揭露大陸文革慘相，《革命之子》（*Son of the Revolution*）的作者——梁恆。他與共同作者夏竹麗（Xia Zhuli）結婚得到美國政治庇護，得以英文寫完並出版此書。《革命之子》敘述文革的種種暴行，使西方世界看到大陸幾成人間地獄，那些紅衛兵之凶狠無人性，令讀者寒慄，血脈賁張。我讀時悲憤地想：這是我念念不忘的祖國嗎？

趕走了鬧場的人，會場氣氛已變，最初單純的興奮與好奇被破壞了，早上各種立場的演講與所營造的表面平靜都不見了。儘管講台上照程序進行論文宣讀與講評，台下的人多在悄聲討論剛才鬧場者的背景和他的控訴，大家對表情尷尬的大陸代表的好奇心就更複雜了。當時，二次大戰後美國研究中國現代文學新一代的「漢學家」幾乎都在場，他們怎麼想？而我，在離開大陸三十多年後，第一次看到鐵幕後的眞人眞事，內心激盪，好似看到一片歷史眞相的實況，不是任何電影或文字所能呈現的眞實，令人傷心。

會後我在紐約停留數日。一天晚上，我台大的學生，《中國時報》記者林馨琴邀約晚餐，在座六人，有兩位就是《革命之子》的作者。飯後受邀到他們的小公寓，談到深夜。他由靜靜的敘述轉為激動，有些書中未載的情景，人對人無法言說的背叛與殘暴，令聽者豈止驚駭落淚而已。是什麼樣的警醒力量，使這二十多歲的紅衛兵在那樣血腥的浪潮中，游向人性的岸邊，對自己參與的暴行提出控訴？是什麼樣的政治魅力驅使數代的青年，從學潮到文革，相信只有推翻和摧毀才能建立新中國？這些人的心，若非眞變成麻木無情，必也是傷痕累累，如何得以平復回到正常的人生呢？當他們長大，統治中國，那將是怎樣的國家呢？

夏天的夜晚，走在紐約街頭，眞不知人間何世！我清晰地記起自己二十歲的時候，躺在武大女生宿舍閣樓的斗室中，仰望滿天的星斗，在三江匯流的水聲中，為侯姐姐罵我沒有靈魂而流淚，只因為我不願隨她再去讀書會，讀那些俄國階級鬥爭的書，唱那些幼稚的「東方紅，東方出了個毛澤東，……。」我記得在樂山狹窄的街上，學潮隊伍中仇恨的口號和扭曲的面孔。一九四七年，我若沒有來到台大看到那兩屋子書而留下來，我的人生會是怎麼個樣子？

那些年在西方，同樣令人震撼的文革眞相名著還有西蒙列斯（Simon Leys）《中國大陸的陰影》和白禮博（Richard Bernstein）《來自地心》（*From the Center of the Earth*）等，大陸的「傷痕文學」到台灣出版，又是多年之後了。

4

兩岸三地文學再相逢

自此之後，我與王蒙在國際性的會議又相遇五次，也曾有些議題之外的談話，雖然大陸文壇和土地一樣廣大，但王蒙在大陸文壇確實有相當地位和代表性。他不僅有天生才華，還有一種沉得住氣的觀察力和應變智慧，所以他才得以在翻天動地的年月活下來吧！

我第二次遇見他是一九八五年在柏林，能與他談話，則是多年後在香港中文大學兩次同任「世界華文青年作家文學獎」小說組評審。一九九三年底《聯合報》主辦，由王德威、鄭樹森和我策畫的「四十年來中國文學會議」，我們邀他來台灣參加，他帶來二十位大陸作家首次在台灣見面，國外請來六十多位，台灣有一百餘人，盛況空前，會裡會外眞正有些誠懇的交談。會議論文由王德威和我主編，先出版《四十年來中國文學》，後譯成英文 *Chinese Literature in the Second Half of A Modern Century:A Critical Survey*。全書十五篇論文討論大陸、台灣、香港和海外在二十世紀後半葉的文學趨向。印第安納大學出版社曾於一九九九年出版夏志清《中國現代小說史》第三版；再爭取這本論文集，就是希望它與《中國現代小說史》同時印行，給二十世紀中國文學完整的評論。

王蒙在台北邀請台灣作家下次到大陸去開會。一九九五年，中國作家協會和《聯合報》文化基金會合辦，由我邀集了十四位台灣作家前往山東威海參加王蒙主持的「人與大自然」研討會。那也是個空前的大聚會，台灣與會者有劉克襄、胡台麗、王文進、李豐楙、陳信元、林明德、瓦歷斯諾幹、金恆鑣、楊南郡，都是台灣書寫自然的作家，他們寫的論文扎實，論述「人與自然」稱得上國際水準，我感到很驕傲。

大陸作家大約有五十多位，許多是我已讀過作品的。在北京轉機去煙台的時候，王蒙介紹一些重要作家，我看到相當欽佩的張賢亮，禁不住像個台灣歌迷似地說：「啊！你的《綠化樹》好令我感動！」我記得在旁幾位大陸作家略帶詫異的笑容。後來才漸漸明白，兩岸作家對反映文革痛苦的作品，如對《綠化樹》的看法並不相同。即使是台灣人人知道的阿城《棋王樹王孩子王》，他們評估也不會如此之高。凡事稍涉政治觀點，人與人之間立刻保持相當距離。

會議開幕式和許多互相訪談的場合，我們誠懇地期許文學心靈的交流。在沉痛地共同走過甲午戰爭紀念館的那一整天，我與張賢亮和另外幾位作家，曾經相當深入地談到中國人這一百年的境遇。小汽艇繞著一八九四年清朝龐大的海軍被小日本艦隊打得全軍覆沒的渤海灣緩緩地開了一大圈，海水平靜澄藍，天上的雲也舒展自在。歷史

一九九五年，中國作家協會和《聯合報》文化基金會合辦會議，齊邦媛（右二）邀集了十四位台灣作家前往山東威海參加王蒙（右三）主持的「人與大自然」環境文學研討會。台灣與會者有劉克襄、胡台麗、王文進、李豐楙、陳信元、林明德、瓦歷斯諾幹、金恆鑣、楊南郡，都是台灣書寫自然的作家。

上的國恥地——威海衛，如今改制為威海市，當選為全國最清潔都市，有許多新興計畫，一片「往前看」的繁榮，連著幾天都是晴朗的明月夜，我們台灣去的會友，每晚都沿著海邊散步，步道離海只有數尺，浪潮輕拍海岸，海水下還埋著一些百年前的沉船和骨骸吧！海景美得令我嘆息，恨不能把這月光打包帶回去！這月亮，一百年前清清楚楚地見證了台灣的割讓。

百年之後的渺小的我，站在渤海灣的海邊，往北望，應是遼東半島的大連，若由此坐渡輪去，上岸搭火車，數小時後即可以到我的故鄉鐵嶺。但是，我只能在此癡立片刻，「悵望千秋一灑淚」，明天一早我們要搭飛機，經香港「回」台灣了。結婚、生子、成家立業，五十年在台灣，仍是個「外省」人，像那艘永遠回不了家的船（"The Flying Dutchman"），在海浪間望著回不去的土地。

在台北，一九八〇年代後期，新地、洪範、遠流等出版社，出版許多大陸作家作品，最早是阿城《棋王樹王孩子王》，然後王安憶、莫言、余華、蘇童、張賢亮等相繼出現。這些作家也都來台北參加大大小小的會議，雖然彼此認識一些可以交談的朋友，但是「他們」和「我們」內心都明白，路是不同的了。誠如佛斯特《印度之旅》結尾所說：全忘記創傷，「還不是此時，也不是此地。」（"not now, not here."）

5

柏林的苦兔兒（Kultur）

「到柏林去！」大約是我前世的憧憬。

我出生的時候，父親在柏林留學，在二月凍土的故鄉，柏林是我年輕母親魂牽夢縈的天外夢境。一九八五年整個春天，我在幾乎是新建的柏林不停地走著，常常在想六十年前母親的舊夢好似在此復甦，那個沒有見過父親的，孱弱的嬰兒，如今到柏林來擔任客座教授（guest professor，德國人堅持和訪問教授 visiting professor 不同）。正式講授給學分的文學課程，印在厚重的課程表上：「台灣文學」。

就在那半年前，我接到國科會人文組華嚴主任的電話，說西柏林自由大學（Freie Universität Berlin）要找一位教台灣文學的教授，他們想推薦我去，問我能不能去？當時我手裡拿著電話，怎麼說呢？幾乎不能相信我的耳朵，這麼遙遠、轉折的邀請，隔了我父親雷雨多難的一生，我要到柏林去了。

我到柏林的時候是四月初，全城的樹都是枯枝，只偶見一叢叢的淡黃色迎春花，接機的郭恆鈺帶我到大學單身宿舍，並且教我如何從鄰近搭公車去學校。我住的街名是Thielallee，讀作「梯拉里」，好聽極了，因此我從未迷路。第二天早上，我須乘U-Bahn（讀作「烏邦」）地下鐵路到系裡與學生見面。

原來的柏林大學（Humboldt-Universität zu Berlin）「淪陷」在東柏林，被迫走蘇共的路線。三年後，大部分學生，還有教授出走，在西柏林集會，決議成立一個學術自由的大學。一九四八年初，在西柏林美軍占領區，在美國大力援助下，創建「柏林自由大學」。二〇〇八年，六十校慶，同時入選為德國第九所「精英大學」，有學生三萬一千多人。

開設「台灣文學」為該校正式課程的兩位關鍵人物，一位是那時的校長Dr. Dieter Heckelmann（海克曼）。他曾在一九七〇年代兩度到台大法律系任客座教授，帶著妻子兒女住在台大宿舍兩年，對台灣極友善。台大許多傑出教授如翁岳生、戴東雄、廖義男、陳維昭、王澤鑑等都曾前往擔任訪問教授。我在柏林時常是他的座上客，他也經常回台灣來與老友歡聚，且經常抽空到台北大屯山等地深入攀登。德國統一後，他曾出任柏林內政部長。另一位是負責中國研究所的郭恆鈺教授，山東人，一九六〇年離開日本東京大學大學院前往西柏林，在柏林自由大學進修歷史取得哲學博士學位後，留校任教。一九九〇年初曾到台大歷史系作訪問教授，講授德國史一年。

西柏林自由大學中國研究所座落在一幢名人的豪宅，上下五層，寬敞明亮，德國人百年根基的建築。我很勇敢地從「梯拉里」宿舍的迎春花叢找到 U-Bahn 的車站，到Podbielskillee街四十二號，從外表樸實的門庭進去，才知道別有洞天。

郭教授用德文介紹我，他稱我為「台灣來的教授」（professor from Taiwan），又一再地提到「苦兔兒」（kultur，德文「文化」發音），「苦兔兒」這聲音令我印象深刻，記得在孟志蓀老師課上背過漢樂府「古艷歌」：「煢煢白兔，東走西顧，衣不如新，人不如故。」想到台灣，乃至中國的文化，這百年來不也相當悽悽惶惶嗎？他們請我自我介紹及說明教學計畫。我原以為只是與選修自己課的二十位左右的學生見面認識而已，如今卻須對全系的一百多人演講，內容和語氣當然不同，我決定採取「大立足」點的講述法。我先陳述自己出生時，年輕的父親剛從柏林大學轉學到海德堡大學讀哲學系，一心想了解歷史與人生，想如何用教育幫助中國富強向上。台灣的處境舉世皆知，我們所代表的文化意義，在西柏林的自由大學應該是最能了解的。我今日來此希望藉台灣文學作品作心靈交流，深一層同情東、西德兩個分裂國家人民的生活態度和喜怒哀樂……。我教的台灣大學學生和諸位一樣是追求自由思考的學術青年，我希望能眞正認識德國，你們也眞正認識我們台灣。郭教授後來一再提起，說我這一場訂交演說得到學生的肯定，是個成功的開始。我赴德國前寄去三百多本台灣文學作品，全數捐贈自由大學中國文化系所，他們的圖書館做了一個印戳：「齊邦媛教授捐贈，1985」。

我上課的教材以小說為主，有賴和《一桿秤仔》、吳濁流《先生媽》和《亞細亞的孤兒》、白先勇《臺北人》。在我主編的選集作品之外，還加上一九八五年前已英譯的作品，包括袁瓊瓊《自己的天空》、蕭颯《我兒漢生》等。按照學校的要求，每週上課時發一張授課大綱。我用英文上課，書名人名必須載明中譯名。系裡請講師車慧文協助，必要時譯出德文，討論時用德文、英文與中文作為師生間進一步溝通。車慧文，東北人，二十年前在台灣就讀淡江文理學院英文系，嫁給一位來台在師大語言中心修習中文的德國青年Erik von Groeling，隨夫回到科隆，但年輕的丈夫意外死於手術台上，她輾轉來到柏林，靠撫卹金獨力撫育四歲和一歲的稚子。這樣的生命歷程，使我同情感佩。柏林期間，課內課外她也對我協助照顧，我們因而成為好朋友。她也是我在柏林的導遊，使我在那裡不致瞎撞，如識途老馬，帶我認識眞正的柏林。

上課兩週之後，決定找一所自己的住處，慧文帶我按照廣告到處看房子，那眞正是認識一個城市的最好方法。我唯一的希望是有一張書桌，窗外有個院子。我原以為柏林是文化古都，當然家家都讀書，但令我驚訝的是，看過的六、七處出租屋子都沒有書桌，即將放棄時，來到一個樹蔭綿延的小街，在大花園似的巷裡一幢小樓，樓下前後兩大間和小廚房、餐桌，走進裡面一間，第一眼看到一張大大的、眞正的書桌！桌旁全扇的窗戶，外面是一座花樹環繞的眞正的庭院！租金比別處加倍，但這就是我在柏林最合理想的落腳之地了。那四個月間，我每天看著全街不同的花圃由含苞到盛放，從樹蔭中走進來走出去，憂患半生，從未有如此長時期的悠閒境界。剛到那幾個週末，遠遠近近聽到禮拜堂的鐘聲，收到海音寄來「純文學」出版的書，寫信告訴她：「禮拜日，滿城鐘聲。」她以一貫的急驚風速度回信：「恨不得也到柏林來！」

五月八日，郭教授告訴我，柏林的學生都得去看一部記錄影片《柏林淪陷四十年》。我到市中心庫當大街——我賴以衣食維生的 KaDeWe 百貨公司門口，車站和街上充滿了各種遊行的隊伍，靜靜地舉著不同的標語，在保存炸毀面貌的大教堂四周有些激昂慷慨的演說。這部記錄片眞是令人意外的完整與清晰，從希特勒開始鼓動人心到開戰，戰爭重要場面及人民生活；而大部分是納粹末日，歐洲戰場潰敗，盟國空軍按城市地圖，有系統地轟炸柏林，而且事先預告，你們如仍不投降，明天炸毀哪幾條街。影片上逐日照出地圖區域和轟炸前後實況，可謂彈如雨下，只見整排整排的街道都在盟軍炸彈之下灰飛煙滅成為瓦礫，原來這權力之都百分之六十以上是如此毀滅的。五月二日盟軍進城之日，倖存的百姓躲進地下室，被搶先進占的俄國兵拖出來刺死、強暴，接著進城的英國軍車在路邊撿拾小孩，帶他們去吃飯，美軍在旁警戒……，畫面清晰詳細，不忍看也得看。這是德國人自己攝製的記錄，留給後世子孫看的。

這天我回到住所天已黑了，全樓未亮燈，原住樓上的房東太太氣喘病發，住在醫院。我一個人夜坐燈下，反覆出現《柏林淪陷四十年》許多城毀人亡的場景，不免想起重慶在日機轟炸下的那些年，我們對死亡不得不採取賭命的無奈態度。看了柏林被炸毀的區域地圖，才明白這美麗的新城原是蓋在廢墟上的！這書桌、這床鋪下面會不會原是上一代的埋骨之地呢？悚然而驚，連續數日夜不成眠。

那一週的《時代》雜誌以柏林投降四十周年為主題，有一篇社論〈空前的災禍〉（"There Is No Comparative Disaster"），大意是德國投降時，蘇俄坑殺降卒二十萬，埋在由漢堡流往捷克的易北河（Elbe River）沿岸；而日本投降前，廣島、長崎毀於原子彈，兩國都認為自己災難最大，但是遭受最大災難的豈不是死了數百萬的猶太人嗎？其實，災難是無法比較的，對每個受苦的人，他的災難都是最大的。

半世紀以來猶太人的悲痛成書近千，而中國人在八年抗戰中的悲痛幾乎無人詳記。一九四九年中共占據大陸後，那八年正面抗日的是國民黨，留在大陸僥倖未死的都必得否定過去一切，那時殉國的熱血軍民，在政權改變之後，都在「第二次死亡」時被湮沒遺忘了。而我，在那場戰爭中長大成人，二十年來在國際文學交流之際熱切地宣揚「我們台灣文學」，又何曾為自己生身的故鄉和為她而戰的人寫過一篇血淚記錄？

從此，我和自由大學這班學生問答之間就有了一層層沉重的涵義。閱讀王禎和《小林來台北》時，他們認為你必須到柏林才能感覺到德國近代史的深度，這吸引觀光客的圍牆，只是一道淺淺的象徵罷了。我提到初聞柏林鐘聲的喜悅，有人說，戰後許多不同宗教教派在不同的災難地點修築教堂，不僅是追祭亡魂，也是希望有持久的贖罪，終得平安的祈求之地。你看！柏林的教堂特別多！從此，我聽到鐘聲再無喜悅之感。回到台灣，連寒山寺夜半到客船的鐘聲也沒有，小林到了台北又如何？

戰後柏林復甦，在廢墟上重建大城市，遍植樹木，用欣欣向榮的生命覆蓋死亡。英美占領的西德實行眞正的民主選舉，政治穩定，經濟繁榮，她最大的願望是恢復文化大國，所以國際文化活動很多。我到柏林不久即見街頭掛出「地平線（Horizon）世界文學會議」的預告，也知道將有盛大的大陸作家團參加。開會前我收到白先勇短簡，他與陳若曦、鍾玲、李歐梵和鄭樹森受邀將代表台灣和海外華文作家參加。他們到柏林後，郭教授與我和車慧文竭誠招待，但是主辦單位雖在節目表上排出他們五人的發言及作品朗讀時間，會議大廳樹立的大型看板上有大陸的作家，卻無台灣五人，我們都很憤慨。雖然自由大學先舉辦台灣文學座談會，但是，形勢比人強，大陸十位作家受到的關注和接待明顯熱烈。柏林和舊金山一樣，對這些早期由鐵幕來的作家充滿好奇和趨炎附勢的姿態。

一九九〇年代以後，歐洲的台灣文學研究漸漸被中國大陸的「苦兔兒」所取代了。

6

譯介台灣文學的橋樑

——中華民國筆會

我既是作學術交流的人，必須先站穩台灣文學的立足點。自一九八五年柏林經驗之後，我得以從美國以外的大框架歐洲，思索台灣文學已有的格局和未來的發展。令我震撼至深的是一九八六年在德國漢堡舉行的筆會年會上，西德著名作家葛拉斯（Gunter Grass）對支持俄共威權的東德作家，咆哮責問：「文學良心何在？」一九九二年在巴塞隆那的筆會年會，幾乎是該城向西班牙爭取獨立的一個論壇，我們收到的文件一半是使用該城的加泰隆尼亞語（Catalan），以示他們古老語文的存在意義。而最強烈的啓發則是一九九四年，在捷克布拉格的筆會年會，主題是「國家、種族、宗教、社會的容忍與文學」，由捷克作家總統哈維爾（Havel）主持，其中有一場座談會題目是「小語言與偉大文學（Small Languages, Great Literature），小語言寫作者的難題」。另一場是「我們自知幾許？」（How Much Do We Know about Ourselves?）第一次看到語言有大小之分，第一次聽到蘇俄解體後，五十多位作家各自回到獨立的國家，不用俄語陳述，而是重用小語言的母語創作，陷入另一種困境。我曾根據他們的話寫了一篇〈我的聲音只有寒風聽見〉，文中並未明言我的憂慮，世界的漢學界已將注意轉移至中國大陸，台灣重要的作家多已停筆，本土化的聲浪日益高漲，當年大家用中文寫作的熱情不再，會不會有一天，我們也面臨小語言、小文學的處境？從此，我對台灣文學的關懷，就不再只是單純地鼓勵與評介，而是它在未來的發展和定位。一九九二年正式接任中華民國筆會英文季刊總編輯的工作，將近十年，得以深耕台灣土地的文學創作，對這個大問題有切身的領悟。

這本英文季刊自一九七二年創辦以來，我一直是個實質的顧問。主編選集後，我對台灣文學的發展，以不遺漏的閱讀，保持眞正的了解。因為「台大哲學系事件」（一九七三年）而離開的趙天儀被教育部安排到國立編譯館任人文組編審，以及接辦《現代文學》的柯慶明，都助我深入認識本土作家。當時台灣詩社如雨後春筍，我一直是訂戶讀者，日後主編筆會英文季刊選稿來源仍是維持公平的態度，尤其沒有「政治正確」的立場。

在自由世界，文學作者原不必有「會」，寫作是個單打獨鬥的行業，文壇原本無「壇」，只是有時文人相聚也有可談之事。一九二一年由英國和一些歐洲作家在倫敦成立了國際筆會（The International PEN），PEN是 Poet, Essayist, Novelist 的縮寫。一九二四年，中華民國筆會成立於上海加入總會，發起人有林語堂、胡適、徐志摩等人，第一任會長是蔡元培，開始做各種文化交流，作品互譯，作家互訪等拓荒工作。我自幼逢書便讀，讀後常有難忘之事，他們邀請印度詩人泰戈爾訪華的事，啓發我多年的想像。

二次世界大戰期間，筆會會員國參加戰爭，立場對立，文學交流停止，直到一九四六年，在中立的瑞典重開。中華民國筆會一九五三年在台灣復會，第一、二屆的會長是張道藩和羅家倫。一九五九年首次回歸國際總會，參加每年一度的年會。一九七〇年林語堂當選會長，在台北召開第三屆亞洲作家大會，邀請川端康成、張大千等及韓國、泰國、菲律賓等國重要作家前來，台灣作家將近百人參加盛會。王藍、彭歌（姚朋）和殷張蘭熙（Nancy Ing）三人負責辦事，在剛剛落成的圓山飯店將大會辦得有聲有色，大大地提高了台灣的聲譽。林語堂說，台灣應該有一份發表作品的英文刊物，讓我們在東方與西方之間搭一座橋。

一九七二年秋天，《中華民國筆會季刊》（*The Chinese PEN*）創刊號出版，由母語是英文的殷張蘭熙擔任總編輯，王藍和彭歌是編輯顧問。從創刊到一九九二年，殷張蘭熙獨撐二十年，我繼編九年，彭鏡禧、張惠娟、高天恩和現任的梁欣榮都是我台大外文系的年輕同事，以拔刀相助之情前來兼任總編輯，助理編輯兼祕書只有一人，前十五年是劉克端女士，近十五年是項人慧，發書時增一工讀學生，大出版社很難想像那種「孤寂」。三十六年來，春、夏、秋、冬四季運行，和大地運行一樣，《中華

一九七二到一九九二年，《中華民國筆會季刊》由母語是英文的殷張蘭熙（左）擔任總編輯，在丈夫殷之浩的全力支持下，是台灣文學與西方世界的重要窗口。她卸任後，由齊邦媛（右）接編九年。至今，殷張蘭熙的女兒殷琪仍以父親的「浩然基金會」名義繼續贊助筆會季刊出版。

民國筆會季刊》至今發行一百四十四期，從無一季脫期，是國際筆會最穩定最持久的刊物。在一百多個會員國的文學界，台灣是個有信譽的地方。

殷張蘭熙是最早作台灣文學英譯的人。一九六一年美國新聞處資助 Heritage Press 出版社英譯小說和新詩，殷張蘭熙就是《新聲》（*New Voices*）的主編，選入者白先勇、敻虹、王文興、陳若曦、葉珊（後改筆名為楊牧）等作品。因此執編筆會季刊之前，殷張蘭熙已有數年孤軍奮戰的經驗了。

殷張蘭熙的名字和季刊幾乎是不可分的，她選稿，翻譯每期的詩，尋找高水準譯者，讀譯稿、校對、發排。創刊後三年開始用台灣藝術作品作封面，刊內介紹，她又增加了另一個領域的挑戰，在這方面協助最多的是王藍，我接編後是林文月、丁貞婉等好友。

殷張蘭熙金髮碧眼的美麗母親，一九一七年嫁給中國同學張承櫄先生（來台後曾任審計長），由美國維吉尼亞州到中國湖北縣城成家，生兒育女。十多年後蘭熙長大，畢業於成都華西大學外文系，一九四九年隨夫婿殷之浩先生來台灣，創立大陸工程公司，因為出國開會而冠夫姓，文壇好友都只稱 Nancy。她愛文學，有時也寫詩，一九七一年曾出版 *One Leaf Falls* 詩集。

一九七二年我從台中搬到台北，恰巧與蘭熙住在鄰巷，街頭蹓狗又常遇到。各自主編筆會季刊和《中國現代文學選集》，總有說不完的話題。最基本的話題是值得譯介的書稿，英譯的人才，字字句句斟酌譯文，整體的安排，呈現的效果，國際讀者的反應等等，好似長河流水，永不厭倦。

蘭熙是個開朗溫暖的人，忙碌中熱情洋溢。每年在各地召開的年會前，催集論文，安排演講和討論議題，準備禮物，到會場結交天下士，握住那麼多伸出的友誼之手。大陸的「中國筆會」文革後參加總會，多次在會場排擠我們，蘭熙收起她自然溫婉的笑容，登台發言憤慨迎擊，保衛自由民主的台灣代表權。直到一九八九年天安門事件後，他們不再出席年會。在今日政局情勢下，會籍立場仍會被提出，但是蘭熙與當年代表所建立的國際友誼，以及我們的季刊三十多年穩定的出刊，豐富的專業形象，已讓中華民國筆會立於不易撼動的地位。中美斷交後，蘭熙受邀在美國十家地方電視台上「談台灣」（"Talk about Taiwan"）節目，侃侃而談，以條理的分析，清晰的言辭，呈現台灣在文化、經濟、社會各方面的進步，英文的筆會季刊更幫助增加了解。那些年，在西方世界為台灣發聲的事，蘭熙做了很多，但是在台灣反而少有人知。最可貴的是，這些奉獻和她主編筆會季刊二十年的投入，都受到丈夫殷之浩先生全心全力的支持。季刊收入僅有外交部和新聞局所付國際贈送的那數百冊書款，國內在誠品等地出售則不及百冊，主要的支出如稿費、印刷、發行及人事費用，皆由殷先生資助。筆會會址原也設在大陸工程公司所在地，殷先生去世後，一九九六年開始租屋在溫州街，即將面臨斷炊時，殷氏「浩然基金會」開始資助，得以編印發行至今。

7 文學的「我們」

出版期刊是個日月催迫的事，那二十多年間，蘭熙和我這顧問之間的熱線電話從來沒有停過。電話解決不了的時候我們便須見面，譬如書稿的編排，與新的譯者見面，分享好文章的發現，文字推敲的喜悅等。一九七八年底，林文月和我參加教授訪韓團期間，結成談心的朋友，回台後也常參加我和蘭熙的小聚，不久林海音也常來。十餘年間，每月或隔月聚會，每聚都興高采烈地說最近寫了什麼，譯了什麼，頗有各言爾志的舒坦和快樂。

林文月和我在台大同事，她在中文系，我在外文系，結成好友卻是由於書緣。我最早讀她的《京都一年》，印象很深，認為那才是一個讀書女子該寫的遊記。有一天下午我在文學院十六教室上課，迴廊上有一位女老師穿著一雙黑色的半統靴子走過，後來學生告訴我，她就是《京都一年》的作者——林文月老師。創立比較文學學會的時候，她和鄭騫、葉慶炳先生是中文系的發起人。初期開理事會，她和我常常坐在一起，出去開會也因為只有我們兩位女士，都安排在一間客房。到韓國訪問第一天，車行出漢城郊外，旅館旁有農家，大白菜和蘿蔔堆在牆旁，待做漬菜，令我想起童年在東北家鄉看著長工運白菜入窖，準備過冬。晚上與文月談起我們的母親，雖已倦極，竟談至夜深仍感嘆不已。教授訪韓團之後，我們又同去日本，十餘天中，兩個人休戚與共，有許多的感想與看法可談。

一九七二年起，她沉潛六年，精譯的日本經典之作《源氏物語》，由《中外文學》以五冊形式初版，應是中文首次完整的學術譯本，令我甚為佩服。文人好談不朽，這才是不朽的功業。在我們聚會的四人中，文月很少有激昂慷慨的樣子，常常是那個「你愛談天，我愛笑」的笑者。發表意見，也是語調沉穩，不著急的樣子，也許是因為她比我年輕十歲吧！《源氏物語》之後，她接續譯成《伊勢物語》、《枕草子》。就在我們四人一次餐聚時，海音說要幫她出版新譯的《和泉式部日記》。下個月再聚時，初校本已印出來了，海音問她可否在一星期內初校完成，我在旁說：「大概三天就會校好。」果然，這本雅致的書，加上郭豫倫先生的封面設計，不到兩個月，純文學出版社最後的紀念本已經問世了。

不久蘭熙病了，失去記憶。在文月隨夫移居美國之前，我們經常在兩家之間，和平東路與新生南路口，一家名為「法哥里昂」的咖啡店小聚，除了說不完的話，她還幫我做筆會季刊的封面等等。我們常坐的桌子在大玻璃窗前，人們走來走去，互相看著，倒都是一閃即過罷了。有一天，窗外一個人站著往裡看，然後走進店來，是主編

《中央日報》副刊的詩人梅新。他走到我們桌前說：「我們常常在想，你們兩個人都說些什麼呢？」那天正好我們正忙著季刊一百期紀念號的封面，文月正幫我剪許多桂樹的葉子，貼成一個桂冠花環，中間嵌上刊名"*Chinese PEN 100*"。不久梅新病逝，我們覺得那天好似來作告別。

文月至今出版散文和隨筆已有二十多本，舉凡閱讀、交談、生活、旅行或訪舊懷人，無不委婉眞摯。一九九九年出版《飲膳札記》，從一些宴客菜單追憶家人、師友相聚情景。此書興起台灣「飲膳文學」之風，大約也記錄了國富民安後的生活趣味。其實她的眞意是在記錄人生每場聚會後，分散的惆悵吧。

文月離開台北後，海音也臥病，客廳燈也熄了。

我從台中搬到台北後，最早受邀到同街巷的琦君和李唐基先生家，餐後梁實秋先生簽贈他悼亡妻的《槐園夢憶》，很多人頗為他傷心，那是我對台灣文壇的第一個記憶。那些年，海音和何凡（夏承楹）的客廳，經常高朋滿座，隱地稱之為「台灣一半的文壇」。有《國語日報》、《聯合報》和《純文學》月刊和出版社的朋友，在這裡也遇到幾位早期的女作家，其中我最想多了解的是孟瑤和我始終最佩服的潘人木。

孟瑤自以《心園》成名以後，二十年間有四十多本小說問世，書店都以顯著地位擺著她的新書，如《浮雲白日》、《這一代》、《磨劍》等，相當受讀者歡迎。一九八四年，我寫了一篇〈江河匯集成海的六〇年代小說〉分析：「這些篇小說的

主編筆會季刊期間，齊邦媛（右）常約好友林文月（左）在「法哥里昂」咖啡店一起工作，因經費有限，有時連封面圖案也用樹葉為素材，自己動手剪貼。

題材都來自現實人生，記錄了那個時代的一些生老聚散的人生悲喜劇。孟瑤擅寫對話，在流暢的對話中，可以看出那個時代一些代表人物對世事變遷的態度。她小說中的角色塑造以女子見長，多是一種獨立性格的人，在種種故事的發展中保有靜靜的剛強。」也許是她寫得太多了，大多是講了故事，無暇深入，心思意念散漫各書，缺少凝聚的力量，難於產生震撼人心之作。多年來我仍希望，在今日多所台灣文學系所中會有研究生以孟瑤為題，梳理她的作品，找出一九五〇至七〇年間一幅幅台灣社會的人生現象，可能是有價值的。因為她是以知識分子積極肯定的態度寫作，應有時代的代表性。

潘人木和孟瑤幾乎是同時在抗戰時期畢業於沙坪壩國立中央大學，前者是外文系，後者歷史系。潘人木惜墨如金，《漣漪表妹》一出版即得《文藝創作》月刊社徵文的二獎，雖是「反共小說」，卻以眞正的沉痛寫抗戰時期青年的憤怒和熱狂，政治的巨浪在一個女孩人生舉步之際捲走了她，淹沒了她的青春，失身、失學、遠走延安，再歸來已家破人亡。過了三十年再寫《馬蘭的故事》，以精鍊的文字寫鄉土風光。人物內心的反響，占全書三分之一的篇幅，故事雖不濃烈，全書卻是藝術之作。她後來繼唯一的短篇小說集《哀樂小天地》之後，十年間只創作一、二篇短篇小說，但是一九八六年的〈有情襪〉以及二〇〇六年逝世前兩個月創作的〈一關難渡〉，堪稱藝術精品。

我從台中「進城」到台北之前，反共小說的政治高潮已過，但是我仍趕上尾聲，對於張愛玲《秧歌》、陳紀瀅《荻村傳》和姜貴《旋風》有及時的認識。其實，對於他們的時代記憶猶新的人仍多，我自己也從那天地中出來，所以能虔心誠意地寫我那篇〈千年之淚〉和〈時代的聲音〉。姜貴來台灣時已五十歲，經商失敗，妻子久病去世，生活困頓，在眞正的家破人亡的創痛中以大敘述之筆，錯綜複雜地描寫從「五四」時期到抗戰初期，一個山東大家族在共產黨竄起之際的興衰，他的《旋風》和《重陽》必能傳世。近半世紀後，此書由九歌出版社重印，我曾寫〈旋風中的繡花鞋〉詳述我對傳統中女子的處境最強烈的反思，可是歷史上的斑斑血跡，已非今日女性主義者的課題，後來也無暇再作進一步研究。王鼎鈞的小說《碎琉璃》和散文集《左心房漩渦》是我這一代最精美深刻的文學懷鄉作品。他的回憶錄四部曲：《昨天的雲》、《怒目少年》、《關山奪路》，和二〇〇九年三月剛出版的《文學江湖》，眞是文人一生夢寐思念得以完成的磅礴力作，也只有王鼎鈞的才華和堅強性格才能完成。和記述一九四九年前後苦難的早期出版的王藍的《藍與黑》、趙滋蕃的《半下流社會》、彭歌的《黑色的淚》、紀剛的《滾滾遼河》，都是傳世之作。

自從主編《中國現代文學選集》之後，不僅持續讀所有的創作新書，我也經常擔任《聯合報》、《中國時報》、吳三連等文學獎評審，一直是個認眞讀作品的評審。筆會季刊有一個很大的初選來源，便是隱地主持的爾雅出版社年度小說選

（一九六八～一九九八年）。三十一年間，每年的編選可說是台灣文學點將錄，所以仍如當年初編選集時一樣心胸——「放眼天下」。

隱地是台灣文壇一個令我尊重的出版家，後來也成為好友。他由文藝青年起家，二十多歲主編《書評書目》月刊，評論水準高，對台灣文學發展有相當影響。憑藉一顆愛文學的赤誠之心創辦爾雅出版社，三十三年來，每年固定出二十本書，不受時勢影響。出版的六百六十本書，清一色是文學創作，詩集、詩評、詩話竟達一百本。隱地《漲潮日》寫父親由上海來台的種種坎坷和自己童年在台北的困窘，眞切坦率，雖是悼念初期流亡族群的遭遇，全書卻充滿了積極進取的生命力。

相對於大出版公司如聯經、時報文化、天下文化、遠流等，與爾雅並稱為「五小」的洪範、純文學、大地、九歌出版社，是當年文壇佳話。都是由作家創辦經營，專印行高格調文學作品的出版社，對台灣文學的推動有不朽的貢獻。他們之間的和諧，見證了一個「文人相重」的良性發展時代。

台灣文學以中文寫作，以沈光文結束吟詩社為始（一六八五年），可溯者已長達三百餘年。中間雖經日本占據五十年，努力推行日語，台灣人以日語創作之文學流傳至今，且得到中譯與多方面的研討者，賴和、吳濁流、龍瑛宗、楊逵、呂赫若等，都已獲得尊榮定位。而一九四九年後來台的作家，六十年來，寫盡了漂流與鄉愁，對父祖之鄉，骸骨的留戀，終也被歲月淹沒。但是他們的作品已融入台灣土地，戰後生長

齊邦媛（前排右四）與台灣出版界專出文學書的「五小」。前排：「純文學」林海音（右一）、何凡（左二），「九歌」蔡文甫（右二），「大地」姚宜瑛（左三）。後排：「爾雅」隱地（右），「洪範」葉步榮（左）。右三為日本文學專家鄭清茂，最左為鄭夫人秋鴻女士。

的孩子，大約都未分省籍地「讀他們的書長大的！」在報紙副刊，文藝雜誌，社團三十周年，四十周年，五十周年慶祝會上，鍾肇政、葉石濤、紀弦、林亨泰、余光中、周夢蝶、洛夫、瘂弦、楊牧、吳晟、琦君、林海音、黃春明、白先勇、李喬、鄭清文、張曉風和席慕蓉……並肩而坐，笑語盈盈；被政治選舉語言撕裂的讀書人，怎能否認，這群老中青作家灌溉培植了台灣文學的土地，使它豐美厚實，令世人刮目相待，在文學面前，沒有「他們」，「你們」，只有「我們」啊！

8 接任筆會主編

一九九二年五月初的一天早晨，蘭熙家人打電話給我，問我能不能立刻去她家一趟？我到她家書房，看到她雙手環抱打字機，頭俯在打字機上哭泣。她抬頭對我說：「邦媛！我翻不出這首詩，季刊下一期要用，我怎麼辦？」那是白靈的短詩〈風箏〉。過去整整二十年間，季刊大約英譯二百多首台灣新詩，幾乎一半是她快快樂樂的譯作，如今蘭熙出現失憶現象。當時無可奈何，以承受好友陣前託孤的心情，我接下筆會英文季刊的編務。

以前只知道蘭熙經常用殷之浩先生支票付款，我接編後，殷先生病中，尚主動送五十萬元至季刊，宣揚文學成就。政治和文化政治刊物，有新聞局、外交部每期買數百本贈送友邦，戔戔書款便是我們全部的收入。文建會有一位頗為「同情」的專員私下指點我們，可以「文化遺產專欄」計畫前往申請補助，所以我請曾上過我台大「高級英文」班的藝術史組的學生顏娟英和陳芳妹，輪流為季刊每期寫一篇英文論文。顏娟英在哈佛得學位，回國任中研院史語所研究員，由「唐代佛教之美」寫起；陳芳妹在倫敦大學得學位，回國任故宮博物院研究員，由「家國垂器——商周貴族的青銅藝術」開端，一直寫了十年，助季刊得到文建會補助印刷費。

最艱困時，好友文月代為申請得到她的父親「林伯奏先生基金會」補助部分稿費等。有兩次助理月薪發不出來，隱地私人捐助度過難關。筆會有一個堂皇的理事會，定期開會而已，對於我實際的困境，只說「能者多勞吧！」聚餐結束各自回到舒適的本職。我滿七十歲的時候，實在身心俱疲，請理事會務必找人接替，他們嘻嘻哈哈地說：「你做得很好呀，人生七十才開始啊。」說完了又散會了。

我在筆會季刊快樂地建立了一支穩健的英譯者團隊，我們稱為"the team"。最早的一位是康士林（Nicholas Koss），他在一九八一年初到輔仁大學英文系任教時，由在台大兼課的談德義（Pierre E. Demers）介紹給蘭熙和我。康教授是天主教聖本篤會（St. Benedict）的修士，印第安納大學比較文學博士，專修比較小說、西方文學中的中國、宗教與文學、華裔美籍作家作品研究、中英翻譯小說。我接任主編後，他是我最可靠的譯者與定稿潤飾者，我所寫的每期編者的話（Editor's Note）都請他過目。日後我經手在哥倫比亞大學出版社編譯的書裡書外，他也都是我第一位讀者（英文"reader"，亦有「校閱」之意）。近二十多年間，我們小自字斟句酌談譯文，大至讀書、生活，一見面就談不完。他知道我多年來以珍・奧斯丁《傲慢與偏見》（Jane Austen, *Pride and Prejudice*）作床頭書，身心得以舒適，每到英美旅行、開會，常給我帶回各種版本、錄音、錄影帶。二〇〇〇年我讀到柯慈的新作《屈辱》（*Disgrace*），大為此書創意所吸引，堅持他抽空讀一遍，我們可以好好討論一番。擁有眞正的比較文學的文友，實在難得！

因為他在宗教的獻身精神，對人有由衷的同情。蘭熙初病之時，有一次我們數人在約好的餐廳久候她不至，他沿著逸仙路那條巷子挨家找去，果然在另一家餐廳找到她。我搬至「最後的書房」後，他經常由新莊到桃園來看望，邀同行友人如李達三、高天恩等來談談中外文壇近況和當年樂事，中英並用，令我重溫當年一筆在手，推敲兩種文字之間的扉門，頓忘山中歲月之隔絕。一九九〇年代初期加入我們隊伍的鮑端磊（Daniel J. Bauer）也是輔大英文系教授，他多年來且在台灣最老的英文報《中國

這些中譯英書的高手，前排左起：丁貞婉、齊邦媛、Linda Scott、杜南馨、吳敏嘉。後排左起：鄭永康、Edward Vargo〈歐陽瑋〉、John Deeney〈李達三〉、梁欣榮、袁鶴翔、Nicholas Koss〈康士林〉、高天恩。作者在照片後寫著：「在一九七二到一九九九年，台灣文學的盛世，我主編《中國現代文學選集》和《中華民國筆會英文季刊》，總是在發稿和催稿，被稱為Slave-driver，他們自歎為『奴隸』，如今苦海生還。二〇〇九年二月為我生日團聚於台北。袁教授與Scott教授未上我的『奴隸船』，屬於岸邊救援。」

郵報》（*China Post*）寫專欄，最愛詩意強的作為，至今仍是我們最好的夥伴。

輔仁大學另一位加入我英譯團隊的是歐陽瑋（Edward Vargo）。他擔任輔仁外語學院院長時，與康教授熱忱推動的翻譯研究所，一度遭教育部擱置，蘭熙與我曾到高等教育司陳情，力言翻譯人才學術培育之重要，終得通過。該所第一、二兩屆的畢業生皆極優秀，如吳敏嘉、湯麗明、鄭永康、杜南馨皆為筆會季刊英譯散文、小說與藝術家評介逾十餘年，我們看到了培育的花果，滿是欣慰。其中吳敏嘉是我台大的學生，英譯蕭麗紅《千江有水千江月》（*A Thousand Moons on a Thousand Rivers*），杜南馨英譯平路《行道天涯》（*Love and Revolution*），更於二〇〇〇年和二〇〇六年由哥倫比亞大學出版。當然，她們的才能並不是只由研究所的教導，還因為隨外交官父母在國外長大，受完英文中學的教育，有很好的譯成語言（target language）訓練。回到台灣上大學外文系，兼修中國文學課程，最重要的是不僅愛文學，而且達到了相當的文字水準。

台大外文系在比較文學方面確實有一段黃金歲月，自一九八〇年代後期，年輕的一代，如宋美瑋、張漢良、彭鏡禧、高天恩，受邀參加筆會，開始與我們出去「跑天下」，寫主題論文，開國際年會，協助並接續後來筆會季刊的編務。更年輕的後繼者，則有鄭秀瑕、史嘉琳，以及現任總編輯梁欣榮。一群文學夥伴凝聚「我們台灣文學很重要」的共識，並在不斷延攬人才的過程中，結交了許多海內外英譯高手，如葛浩文（Howard Goldblatt）、閔福德（John Minford）、馬悅然（N. G. D. Malmqvist）、奚密（Michelle Yeh）；尤其是陶忘機（John Balcom），以二十餘歲之齡為季刊譯詩，自一九八三年至今已翻譯數百首台灣最好的新詩。

起初接主編的時候，我常望著編輯桌旁架子上那一排排季刊，它們和市面上一般雜誌很不同，沒有一張廣告，沒有任何裝飾，多麼像是一本本的書啊！我要給它們書的內容、書的精神和書的永久性，而不只是與筆友定期對談，說些近日的收成。我要給每一本季刊一個主題，由不同的角度去呈現，讓它可以獨立存在。

第一個來到我心上的主題，是半世紀以來台灣出版量很大的「軍中文學」，有時被整體稱為「鄉愁文學」。實際的原因是一九四九年前後，來台的外省人大多數與軍隊有關，中國軍中一直有儒將的文化傳統，來台之後，有些人退役去辦報或雜誌，有人去教書；年輕投入文學寫作的成功詩人有紀弦、覃子豪、商禽、洛夫、瘂弦等，他們最早的作品經常以鄉愁為題材，很多是有血有淚的好文章，不能用後來的政治觀點一概貶為「反共八股」。

在眷村長大的第二代，受了很好的教育，思想有寬廣的視野，有才華的更汲取了世界文學各種技巧。台灣經濟繁榮之後，《聯合報》和《中國時報》創立了一年一度的文學獎，猶如旺火加柴，鼓勵了許多第二代作家，愛亞、孫瑋芒、朱天文、朱天心、張大春、蕭颯、蘇偉貞、袁瓊瓊和張啓疆等，我經常邀為決審委員，或擔任頒獎者說些勉勵的話。我不僅是他們最早作品的最早讀者，也得以看到一九八〇年後整體的發展。一九九〇年，美國科羅拉多大學召開「台灣現代文學國際研討會」，我所發表的論文即以「眷村文學」為名，分析「鄉愁的繼承與捨棄」。七年後，再度發表〈鄉、愁俱逝的眷村——由張啓疆《消失的□□》往前看〉；又於香港中文大學宣讀〈二度漂流的文學〉，以及連續在筆會季刊出版三期相關主題的英譯小說、詩、散文，均專注且廣泛地研究台灣文學這一面的深層意義。二〇〇三年我與王德威主編《最後的黃埔——老兵與離散的故事》，英文版書名 *The Last of the Whampoa Breed*，中英文版各一冊，算是作個總結，也了卻我自己一個心願。

另一些我在大量閱讀後編選的主題有：「現代女性處境」、「書」、「你是誰？——不同人生」、「台灣科幻小說」、「自然之美與情」、「童年」、「親情」、「鄉土變遷的記憶」等。每一期的原作都很精采，編譯成集，值得讀後思考。

我記得一九九四年春季號是因為讀到韓秀《折射》中一篇〈你是誰〉而深受感動，這篇作品敘述她的身世——美軍父親和中國母親的女孩在大陸文革中流放新疆的折磨故事。我另外找來台灣詩人蘇紹連〈蘇諾的一生〉和美國生長的華裔青年的故事〈浮世〉，合成一集，探討那一代的青年，因政治的環境不同而面臨如此不同的人生情境。

那年的冬季號主題則是親情，有羅蘭〈時光隧道「小時候」〉、楊牧〈十一月的白芒花〉、袁瓊瓊〈鞦韆〉，心岱〈落髮離家時〉和陳芳明〈相逢有樂町〉。有位澳洲的筆會讀者來一封長信，說她讀時如何懷念她父親在相同的時代所遭遇的戰爭，可見同樣的感情是不分國界的。

一九九五年秋季號主題「自然之美與情」，是受劉克襄散文集《小鼯鼠的看法》觸動，以如詩的散文書寫自然界的生靈，是一個純淨心靈對大自然、對生命的看法；同時又受到陳煌《鴿子托里》的啓發，開展自然知識的視野。這兩本書至今仍是我的珍藏。天生萬物，生存奧祕之美，在三、四十歲這樣年輕作者的筆下，充滿了詩意的關懷，不僅出於熱切的保育觀念，更是目睹所謂文明對生態破壞的無奈。這樣的寫法，也許只有現代台灣才有。台灣地少人多，文學對土地之愛常充滿了感謝與珍惜，而這種溫柔的、悠閒的心情，只有安居歲月才有。我認為近幾十年的山岳、海洋、生態保育的作品是現代台灣文學的特色。這本季刊發行近四十年了，對台灣的文學可說是一座忠誠堅固的橋。未來研究台灣文學史的人，當會與我們在這橋上相逢。

即使沒有「我們台灣」的使命感，翻譯本身實在已是個相當迷人的工作。但是，必須當你已能達到兩種語言的很高領悟層面，可以優遊於兩種文化的情境，進出自如，才能做文學翻譯，字典反而只是一種輔助，一種驗證而已。我和這個團隊快樂相聚、工作，談文學內行話，有時默契於心，進而關心彼此。雖然「耽誤」了我的創作歲月，卻也是愉悅充實的。對於年輕的譯者，應該是更有意義的。

我為筆會季刊奮鬥了九年，加上前面蘭熙的二十年，後繼者八年，已經英譯短篇小說四百多篇，散文三百多篇，詩近八百首，藝術家及作品介紹一百三十多位，幾乎很少遺漏這三十七年台灣有代表性的作者。國際筆會總會每年兩期刊物，幾乎每期都有台灣作品的轉載，有時封面也用我們的圖片，如一九九三年秋季號「野塘殘荷」。我不知會不會有一天，有人寫國際文化交流史，寫到「我們台灣」曾這樣堅定地隨著季節的更換，以精緻素樸的面貌，從未中斷地出現，而讚嘆我們這份持之以恆的精神以及超越地理侷限的文化自信。

在那許多年中，我當然知道所有的努力中缺少長篇小說的英譯，就缺少了厚重的說服力。所以一九九〇年，文建會主任委員郭為藩先生邀集「中書外譯計畫」諮詢委員會時，我欣然赴會，知無不言、言無不盡提出建議，大家開出待譯的書單、可聘的譯者和審查者。開會十多次，每次郭主委都親自主持，認眞傾聽，討論進行的方式，文建會也確實編列預算。突然郭先生調任教育部長，接下去五年內換了三位主任委員，每一位新任者都邀開同樣的諮詢會，但都由一個副主委主持，先把前任的會議記錄研究一番，批評兩句，修改一番，敷衍些「謝謝諸位寶貴的高見」的小官僚話，然後散會。這樣的會開到第三次，我問那位主持社區文化專家的副主委：「為什麼要重複討論已經議定的事項？」他說：「換了主委，遊戲規則也得變。」我說：「我很忙，不與人玩什麼遊戲。」站起來先走了。從此不再「撥冗」去開那種會，對台灣的官方文化政策也不再有信心。

從筆會季刊創刊起，我便是長年效力的顧問，但是自己太忙，從未過問它的實際業務。一擔挑了近十年！那十年的得失怎麼說呢？我一直在等待，觀察懇求可能解救我的接班人，但是那是一個沒有經費、沒有編制、沒有薪水、沒有宣傳，也沒有掌聲的奇怪工作。比我晚一代的好手，稍作考慮即感到這樣的獻身，甚至不知為誰而戰，都說太忙而拒絕接手。事實上，我早該明白，撐著這本刊物是件超級寂寞的苦工，眞正的作家都是「單槍獨行俠」。筆會原是以文會友的組織，但是蘭熙退休後，她所建立的國際友情，如英、法等筆會原創人已漸漸凋零。

一年復一年，我對筆會季刊的感情好似由淺水一步步涉入深水，直至千禧年前才得以解脫。不捨之心是有的，但是歲月不饒人，解脫就是解脫。我曾經背著軛頭往前走，所完成的當然是一種唐吉訶德的角色。

9 意外的驚喜：

「台灣現代華語文學」英譯計畫

一九九六年王德威邀我參加哥倫比亞大學出版社的「台灣現代華語文學」（Modern Chinese Literature from Taiwan）英譯計畫，由他、馬悅然和我組成編輯委員會（Editorial board），計畫資助者是台灣蔣經國國際學術交流基金會。這是我今生最後一次意外的驚喜，一個完成心願的良機。這個合作在文化意義之外，尚有一層層的公私緣分。

王德威在一九七六年畢業於台大外文系後，到美國威斯康辛大學修得比較文學博士，一九八七年已在哈佛大學東亞系任教，蘭熙和我邀他作筆會英文季刊的顧問。他經常回台灣省親，參加文學會議，對台灣文學的論評幅度相當深廣，也有相當影響。一九九〇年他轉往哥倫比亞大學任丁龍講座，且獲聘為哥大出版社諮詢委員，並受委託推行蔣氏基金會推動的台灣文學英譯計畫。他邀我合作至今，目前出版作品有三十本。即將出版的尚有張貴興《猴杯》、朱天心《古都》、駱以軍《月球姓氏》、蔡素芬《鹽田兒女》、吳繼文《天河撩亂》等。以下列出由我和王德威主編出版的作品：

王禎和《玫瑰玫瑰我愛你》（Wang Chen-ho, *Rose, Rose, I Love You*）

鄭清文《三腳馬》（Cheng Ch'ing-wen, *Three-Legged Horse*）

朱天文《荒人手記》（Chu T'ien-wen, *Notes of a Desolate Man*）

蕭麗紅《千江有水千江月》（Hsiao Li-hung, *A Thousand Moons on a Thousand Rivers*）

張大春《野孩子》（Chang Ta-chun, *Wild Kids: Two Novels About Growing Up*）

奚密、馬悅然主編《台灣現代詩選》（Michelle Yeh and N. G. D. Malmqvist, editors,*Frontier Taiwan: An Anthology of Modern Chinese Poetry*）

李喬《寒夜》（Li Qiao, *Wintry Night*）

黃春明《蘋果的滋味》（Huang Chun-ming, *The Taste of Apples*）

張系國《城三部曲》（Chang His-kuo, *The City Trilogy: Five Jade Disks, Defenders of the Dragon City, Tale of a Feather*）

李永平《吉陵春秋》（Li Yung-p'ing, *Retribution: The Jiling Chronicles*）

施叔青《香港三部曲》（Shih Shu-ching, *City of the Queen: A Novel of Hong Kong*）

陶忘機（John Balcom）主編《原住民文學》（*Indigenous Writers of Taiwan*）
齊邦媛、王德威編《最後的黃埔》（*The Last of the Whampoa Breed*）
平路《行道天涯》（*Love and Revolution*）
吳濁流《亞細亞孤兒》（*Orphan of Asia*）

一九八九年，王德威回台安葬父親，葬禮後不久，我家世交梁肅戎先生問我：「你知道他是王鏡仁先生的兒子嗎？」我聽了驚愕良久，真是悲欣百感交集。當時我父親剛逝世兩年，他生前一切，我記憶猶新。他來到台灣後已一無所有，肯幫助他保住《時與潮》一線香火的都是雪中送炭的朋友，讓我終身感激。

王鏡仁先生在日軍盤據東北期間，任吉林長嶺縣教育局長，暗中參加抗日地下工作，支援由我父親負責的革命活動，充滿了愛國心和正義感。誰知抗日戰爭勝利後，國際和國內政策失誤，東北首先落入中共之手，輾轉萬里，孤身來到台灣，家國俱失，何等悲愴！來台初期，由革命同志石堅先生推薦，加入在台復刊的《時與潮》社，擔任撰述編輯，後亦曾負責社務。一九五〇年代後期至七〇年代，義助我父親維持週刊發行十餘年，不僅不支薪水，且隨時因鼓吹政治思想自由，面臨政治不正確的牢獄之災。曾經是抗戰八年重慶最有份量的國際政治評論的《時與潮》雜誌，經常瀕於倒閉邊緣，被數度勒令停刊，但期滿又出刊，屢仆屢起。最後一次出版一百五十三期，竟得官方一百五十二個警告，終至休刊！那十多年間，在台北由許昌街至遷至錦

齊邦媛（右）與學者王德威（左）合作Modern Chinese Literature from Taiwan英譯計畫，由美國哥倫比亞大學出版社出版，成功地把台灣文學介紹到西方世界，兩人合作無間，多年後才發現王德威的父親王鏡仁與齊父世英竟然是患難至交，兩代的緣分不可思議。

西街租來的斗室中，不顧外面的風雨飄搖，分享難以實現的文人理想與抱負，需要多大的勇氣！鏡仁叔的道義與風骨令我感激欽佩。他們老兄弟若能在天上重聚，當會欣慰看到德威與我接續兩代的文字緣。

十年間我們用紙筆通信。在進步到傳眞機的時候，第一封傳給德威的信，是一九九八年農曆除夕寫的：「寒流正一波波襲來，窗外鞭炮聲也比往年少些，據云不景氣，凡事蕭條……。」此信係為李喬《寒夜》英譯出版而寫。當時哥倫比亞大學請一位審稿人，認為《寒夜》對世界文學研究很有價值，但對一般英語讀者或許「不甚有趣」。我說，若有價值，就値得這個計畫出版，從《玫瑰玫瑰我愛你》和《殺夫》的角度，《寒夜》和《亞細亞孤兒》等，當然「無趣」，但是今年英、美兩大獎得主，阿蘭達蒂·洛伊《微物之神》(Arundhati Roy, *The God of Small Things*)和查爾斯·佛雷澤《冷山》（Charles Frazier, *Cold Mountain*）也不甚有趣。就台灣文學的發展來說，《寒夜》、《三腳馬》和《千江有水千江月》這些長篇是我們所愛的（"dear to us."）。後來我在一個國際研討會場發言時提到此點，有一位美國學者回應：「你說"dear to us."，但是世界上有許多不同的『我們』啊！」

十年後重讀當年信件，想到德威與我為選書、譯稿、出版的種種奮鬥，眞可說是一種革命情懷。德威的母親姜允中女士，早年在瀋陽加入當地的道德會，以婦女識字班、技藝班、幼稚園等社會服務為終身事業。當年的道德會，有宗教的胸懷而無宗教的形式，也不參加任何政治活動，以最貼近民情的素樸方式，在閉塞的北國家鄉，幫助了無數的婦女走出愚昧悲慘的命運，從東北到台灣，始終在辦這些事業。德威一九五四年出生在台北，由一個「找一個角落坐下就可以讀書」的童子長大，成為眞正的學者，也極為樂於助人，不僅是與生俱來的血脈繼承，也是與生俱來的人生態度。我們對台灣文學的共同態度是奉獻，是感情，是在「你愛不愛台灣」成為政治口號之前。很幸運的是，哥倫比亞大學存在一天，出版社即能永續經營，我們的這套書亦能長存。後世子孫海外讀此，對根源之地或可有眞實的認識，德威與我這些年的努力也該有些永恆的價值。

10 —— 霧漸漸散的時候

二十世紀即將過盡之際，日曆的撕翻，年曆的更換，觸動更敏銳的今昔之感，這漫長、苦難、漂泊的百年即將成為歷史。我父母的那一代過去了，我自己的這一代也已是落日時分了。

一九九八年，評論集《霧漸漸散的時候》（九歌）即將出版時，我正在四訪德國的旅途中，下榻波昂城外萊茵河上一座旅舍。我日夜坐在伸展到河上的涼台，在水聲裡寫那篇自序。這本書是繼《千年之淚》，閱讀台灣文學又一層的思索。前人因讀杜甫〈無家別〉而落千年之淚，如今二十世紀將盡，一九四九年以前流離失所的淚已漸止，代之以今世的憂悶焦躁。這五十年來，我看著台灣文學的發展，好似在國際文壇、國內變局重重的迷霧中行走，尋求定位。在整理書中文稿的時候，好似看到一些陽光照亮的土地，個人視野之內，霧雖不曾全散，終有漸漸消散的時候。這本書裡有我費時費力編輯文選的幾篇序文，也有我最關注的眷村文學和〈二度漂流的文學〉、〈文學與情操〉以及談翻譯等篇。在眞正的世紀末那幾年，政治的冷手已伸進了文學領域，純眞的愛與信賴已幾乎全被放逐，作二度漂流了。

11

鼓吹設立國家文學館

國家文學館之設立，是我以個人微羽的力量，向政府文化政策所作的最後一個挑戰。一九九八年三月底，報紙有一篇報導立法院審查會擬將籌備多年的國家文學館附設於文建會「國立文化資產保存研究中心」，不能獨自設館，或亦可將它附設於大學院校一事，令我感到學術界又受一次政治愚弄。因遠在七年之前，文建會由黃武忠先生等人策畫，請我與四、五位專家學者，多次頂著大太陽前往台中、台南、高雄等地探勘館址，同行者有羅宗濤、陳萬益等中文系教授。經過半年的討論，決定在台南設館，然後就被他們延擱多年，如今竟是這樣！

第二天上午是九歌出版社二十周年慶祝會，原已邀我作「貴賓致詞」，當晚我思索許久，決定在賀詞之外，為這件事說一些話，這不該是我一個人的憤怒。這樣的聚會就是眞正的文壇之會，許多人已知我多年。我在會場詳細說明自己與這件事的因緣和所耗時間和心血，唯一的期望是給我們的文學一個「家」，絕不能與古蹟、文物、保存技術等混在一起，在衙門的屋簷下掛一個孤伶伶的牌子，收藏一些發黃的手稿。

因為在台灣這樣的政治環境，只有文學是超然的，或能不受政黨、經濟的影響。如果定名為國家文學館，台灣未來是統是獨，它有文學的尊嚴，任何搞政治的，也沒有膽量推翻一個「國家」。我一場慷慨陳詞不但引起與會文友的熱烈反應，第二天四月一日，各報都有相當顯著的報導。《聯合報》文化版以很醒目的標題：「不設國家文學館——文學之恥」強調此館之重要，並且附了一張我在麥克風前握拳大聲疾呼的照片，以半版的篇幅寫作家的發言，和設館乖舛的籌備過程，反映了政治現實妥協下的荒謬……。

這些聲音確實產生效果，不久我們即收到立法院幾位文化立委和教育立委召開聽證會的邀請函。我認為自己公開呼籲已說明了衷心盼望應該有更多的聲音和力量，在會前我寫了一封信給向陽（林淇瀁），希望他們以詩人的洞見（vision）加強我提出的中心意象，我這樣寫：

當人們說到「文學殿堂」時，有時會有嘲諷之意；但想到文學館，我認為它在教化的功能上應有殿堂的莊嚴涵義，所以不宜與別的實用工作組織擠掛一張牌子而已。

這個館應該有一個進去就吸引人的明亮的中心，如大教堂的正廳穹蒼圓頂，或現代的展示核心，用種種聲光色電的技術，日新月異地說明文學是什麼？圍

從一九九一年，齊邦媛就開始建言設立國家文學館，並與四、五位專家學者協助黃武忠（右一）探勘館址，決定在台南設館，沒想到計畫延擱多年，這是她最後念茲在茲的事。二〇〇三年十月，新名為「國家台灣文學館」終於開幕。首任館長成功大學教授林瑞明和副館長陳昌明（右二，成大文學院院長）都是她台大「高級英文」班上的學生！這是二〇〇一年四月，在尚未落成的館舍前。左一為陪同的文資中心籌備處主任林金悔。

繞著它的是台灣文學的成績與現況，世界文學的成績與現況，在後面是收藏、展示。它不是一個死的收藏所，而是一個活的對話！進此門來能有一些啓發，激盪或更多的思索，至少不空心出去。

這樣具有象徵意象的館，也許不是目前所能建立的，但是往長遠想，我們應該先說明或描繪一個真正的理想，也許政府，乃至私人捐募，可以有日建出一個有尊嚴獨立的國家文學館，遠超政治之上。

我知道現在的文建會林澄枝主委已盡心盡力在獨立設館的爭取，盼大家共築遠景！

向陽是文字靈活、意境卻沉穩的詩人，筆會季刊譯者陶忘機英譯他的「春、夏、秋、冬」四個系列的長詩，所以是可以談話的朋友，也了解蘭熙和我對「我們台灣」愚忠心情的年輕文友。他曾主編《自立晚報》的自立副刊，更重視台灣文學的處境。同年他也寫了一篇火力全開的〈打造台灣文學新故鄉〉，為文學館催生，我們大家最怕它在所謂「文化政策」下只是一個角落裡掛著的一個牌子，喪失了文學應有的尊嚴。也許我們的努力沒有白費，二〇〇三年十月，由台南兵馬營舊址整修而成的，新名為「國家台灣文學館」燈火輝煌地開幕了。我在新聞報導中看到，首任館長成功大學教授林瑞明（詩人林梵）和副館長陳昌明（成大文學院院長）竟都是我台大「高級英文」班上的學生！這一座曾經歷史滄桑的建築，如今堂皇地以文學館為名，站立在遺忘與記憶之間，總比個人的生命會多些歲月，具體地見證我們的奮鬥與心跡。

近年來台灣已有十多所大學成立了台灣文學研究所，自清華大學的陳萬益，成大的呂興昌等創系人，到較新成立的政治大學陳芳明、中興大學邱貴芬、台大何寄澎、柯慶明、梅家玲，都是我的學生。有時看著各種會議的議程以及論文主題，眞覺得那些年我在教室的心血，算是播下了種子吧！那一刻，我想高唱聖歌《普天頌讚》三六五首：「埋葬了讓紅花開遍，生命永無止息吧」。

而我多年來，當然也曾停下來自問：教學、評論、翻譯、作交流工作，如此為人作嫁，忙碌半生，所為何來？但是每停下來，總是聽到一些鼓聲，遠遠近近的鼓聲似在召我前去，或者那仍是我童年的願望？在長沙抗日遊行中，即使那巨大的鼓是由友伴背著的，但我仍以細瘦的右臂，敲擊遊行的大鼓……。

第十一章

印證今生

——從巨流河到啞口海

1

母親的安息

進入一九八三年，八月，酷熱異常，眞是農曆的七月流火季候，母親的身體漸顯衰退，我們送她到三軍總醫院看心臟科做些檢查。

她出院第三天早上六點多鐘，內湖家中來電話，說老太太過去了。這樣突然，眞是令我驚駭莫名，與妹妹寧媛奔回家，看到八十四歲的媽媽安詳地躺在床上。她早上起來自己梳洗，去陽台澆了花，回房坐在床沿吩咐女傭給老先生做午餐，然後清晰地說：「主啊！你叫我去，我就去了。」坐著就逝世了。——那時父親坐在門邊的椅子上，聽得清清楚楚。她離世時有如此確切的皈依感，是我們最大的安慰。

母親皈依基督教是一九五〇年初，剛由我那甘蔗板隔間的陋室搬到建國北路，那時南京東路的國語禮拜堂，也剛在一間舊木屋開始聚會，主持的吳勇長老用很強烈的語言講道，用天堂、地獄等鮮明的善惡對比，解釋世間喜樂與悲苦。我的母親，半世憂苦，十年苦候之後，到了南京，隨著我父親，奔波漂流二十年，從來沒有自己的家。如今渡海來到全然陌生的台灣，與兒媳一家擠在三十個榻榻米大的日式房子裡，切斷了昨日，不知會有怎樣的明日，苦苦想不出苦難的意義。雖然她不相信天堂和地獄那麼強烈的賞與罰，但開始認眞地讀《聖經》。她把我結婚的禮物，一本大字《聖經》（父執董其政伯伯贈，扉頁寫「己所欲施於人」）三十五年間捧讀萬遍，紅筆勾劃背誦經文。這裡面一定有一些解答她困惑的篇章，也許這是她眞正崇拜的方式，是她為丈夫子女活了一輩子之外，唯一屬於自己的心靈天地。

我應該是她最持久堅定的知音吧！我亦步亦趨地跟著她，走過一切寂寞的日子。雖然我們的時代和受教育的機會那樣不同，六十年間存在著各種不同的「溝」，但是我們都輕易地以愛跨過。她在我最需幫助的時候，總適時地伸出雙手，助我脫困，得路前行。我在台中十七年，每次到火車站接她和送她都是生命的轉折；我的三個兒子，在我出去求學的幾年，因為有她，從未缺少母愛。她在台中得與聚居五廊巷的，當年逃難路上的老友重聚敘舊，每年有一段假期心情。父親給我理想深度，而我的文學情懷和待人態度卻是得自母親。在我成長的歲月裡，顛沛流離的道上，躲避轟炸的樹下，母親講著家鄉原野的故事，家族的歷史。我兒孫都知道她勉勵讀書向上的故事：「不可成為打狼的人！」不能因怠惰而落後，為狼所噬。百年之前，她幼小時的東北家鄉，猶是狼群出沒的草原。她故事中的朔風寒夜，虎狼出沒的威脅，春夏牧草重生的歡樂，激發了我一生的想像。

母親猝逝之前，我們雖知雙親日漸老邁，卻似從未想到他們會死亡，更未談過後事。倉卒之間，我妹寧媛隨著立法院的一位先生去淡水三芝鄉找到了一塊山坡地。地勢開闊，面對太平洋，坡地依靠著巨大的面天山。如此，我齊家在台灣似乎有了一個立足點，母親火化後埋骨於此，父親在世時也常來墓前坐著，可以清晰地看到遠洋的船駛過。他說往前看就是東北方，海水流向渤海灣就是大連，是回家的路，「我們是回不去了，埋在這裡很好。」四年後父親亦葬於此。裕昌與我也買下了他們腳下一塊緊連的墓地，日後將永久棲息父母膝下，生死都能團聚，不再漂流了。如今已四代在台，這該是我落葉可歸之處了吧！

2 飛來橫禍

——詩與疼痛

一九八五年九月我由德國柏林途中經過英國，在牛津大學參加了一個國際文化研討會，我發表了煞費苦心寫的論文〈台灣中國現代詩的成熟〉（"The Mellowing of Modern Chinese Poetry in Taiwan"）。回到已是空巢的台北家中，準備開學上課。

開學前的禮拜日清早，原與好友貽烈、俊賢和寧媛約定去登大屯山，我們五個人一起登山已十年了，貽烈稱為「阿呆登山隊」。五個在現實生活裡很有頭腦的人（貽烈是台糖副總經理，俊賢是台電會計處副處長，裕昌是台灣鐵路總工程司，寧媛任中興票券公司副總經理，我在台大教書）十年來風雨無阻，專找遊客少的景點，爬遍了台北郊區的山，裕昌是可靠的司機，自以為已是半職業登山水準啦！我們到了山裡，跳、叫、呼、嘯，全然回歸自然，進山後頭腦放空，如同呆人。

這個禮拜天清晨，這位可靠的司機必須去開會，我自己到麗水街口對面的師大人行道等計程車，沿路去接他們三人。天太早，人車不多，我專注地往左看有沒有空車，突然十字路口一輛摩托車橫衝出來，被遵守綠燈行駛的計程車攔腰撞上，摩托車彈至半空，一些閃光的碎片在陽光下四散，朝我站立的樹下飛來。我下一個知覺，發現自己頭枕在一隻破球鞋上，而我的左腳不見了，我的右臂也不能動，勉強用左臂支持坐起，我看到我那穿了新鞋的左腳，像折疊椅腳似的，折斷了，被壓在左腿下面；右臂也斷了，空蕩在袖子裡。但是尚未大痛，只感痲痹而已。這時有三、四個路人俯身來看我還活著，其中一個人問我名字，我請他立刻打電話給我丈夫。一輛汽車停下來，一個壯漢走下來，看到我血流如注，立刻將我抱起放到他車上後座，一位路人說：「你不能動她，必須等警察來。」他怒吼道：「等警察來時她已流血過多死了。」他一面開車一面問我要去什麼醫院，我說：「三總！（三十年來一直是最有安全感的地方）但請先在建國南路口轉一下，有人等我。」到了橋下看到貽烈焦急地站在那裡張望。我還清醒地告訴他去接我妹再去三總！我記得到醫院拉住這位送醫者的衣袖，問他大名，但他不願說，勉強留下個地址，我家人後來始終沒有找到他。但我一生忘不了他。

這一切都發生在十五分鐘之內，那闖紅燈的年輕人剛剛退役，被撞斷雙腿的他，和被撞解體的摩托車由半空飛落到我站立的樹下，一些零件擊中了我，醫生說右肩那一片離我頸動脈只有一吋。我倒地時，頭部倒在那騎士軟軟的破鞋上，下面是一堆石頭，所以它保護了我的頭。

多年來我百思不解，為何像我這樣一生與世無爭的人，會遇到這種飛來橫禍？莫非那也是上帝的意思，教我親身體驗這一層的人生苦難？是懲罰我歐洲之行太快樂，縱情於歷史陳跡和山川美景，不知躲避這塵市街角的殺機？

在三軍總醫院八樓的外科病房一個多月，我似眞正走過「死亡的幽谷」。撞擊初期的麻木過後，全身劇痛，止痛針、呼喊詛咒都沒有用，我仍能維持一些沉靜的自尊，那痛徹骨髓的疼痛，隨著日升月落運行全身。左腿折斷之處骨碎不能接合，膝蓋

（上）
齊邦媛口中的「阿呆登山隊」：左起，楊俊賢、佘貽烈、齊邦媛、羅裕昌。行經台北縣三芝鄉土地公祠。一九八三年。〈齊寧媛攝影〉

（下）
一九八四年，齊邦媛（右）、齊寧媛（左）登台北觀音山好漢坡。

之下須植入約八吋長的鋼釘加以固定，右臂手術接合，盼能自然癒合。為我做這些手術的醫師林柳池是神采煥發、英俊自信的年輕主治醫師，他除了手術台上操刀，每天清早來查房，總是說：「今天我們要進行……」他的笑容帶我回到人間，也是終身難忘的。

那個酷暑尾聲的初秋，漫漫長夜，我怎樣度過的呢？只記得努力擺脫但丁《神曲》地獄十八層的景象，攀爬到華茲華斯〈露西詩〉中最寧靜的那首：「當我靈魂暫息，我已無塵世憂懼。」（"A slumber did my spirit seal, I have no human fears."）。我必須站起來，重拾大步行走的快樂；不長期依靠止痛劑，必須靠自己的心智抵抗這樣暴虐的疼痛。一年之後，我按照台大復健科醫師的指導，靠骨內鋼條撐持，回校上課。

3 — 啞口海中的父親

感謝天主，媽媽已經安詳逝世，她不必再為我流這一場眼淚。

但是，萬萬想不到，現在輪到爸爸為我流淚了。

媽媽去世已經兩年，他從不知人生這一步的寂寞。凡是他在家的日子，從來都是「飯來張口，衣來伸手」，媽媽全程照顧數十年，去世的早上還在囑咐女傭中午要做的菜。留下他一個人後，我千方百計求他，哄他，甚至騙他，搬來和我同住，但他堅持不離內湖的家。我和寧妹每隔兩天回內湖去看他，都在下課下班後，但是他早上九點起就在臨街的陽台上張望。

我車禍後，他多日不見我回去，就不斷問，妹妹說：「臨時有事出國開會去了。」他說：「她不是剛從德國回來嗎？」如此過了十多天，妹妹只好說：「姐姐摔了一跤，不能走路。」他說：「我可以去看她呀！」這樣鬧了一個月，他突然腸胃不適，也送到三總內科，就在我病房的樓下。我那時上半身已拆了石膏，左腿還裹著石膏。心中思念病中的爸爸，過幾天得到醫師准許，坐輪椅去他的病房探視。下半身用被單蓋著，已經不是最初那木乃伊的樣子了。我進他的病房，叫了一聲爸爸，他就哭起來，說：「你怎麼了？你怎麼摔成這樣？」

他緊閉了四十年眼淚的閘門，自此衝破，再也關不上了。這位被尊稱為「鐵老」的漢子，在所有逆境中，不曾被世人看到他的眼淚，這之後，他在世一年多的日子裡，每次看他「撿回一條命」的女兒，就流淚不止。他有時會說：「那些年，我去革命，你媽媽帶著你可沒少跟我吃苦，這麼多年我都不知道她幫我撐這個家多麼辛苦！」

他最後幾年孤獨的日子裡，回憶往事大約占據了他的心思意念。他有時對我說，心中常是千軍萬馬在奔騰，慨嘆中國命運的大起大落。文革漸漸結束後，由各方面傳來許多人和事的消息，讓他更能從整體了解當年的情況。譬如說，一九八一年他在榮總住院時，張學良突然去病房看他。自一九三五年漢口不歡而散，近半世紀首次再見，令他心情很不平靜。當年雄姿英發的青年，都已八十二歲了，鄉關萬里，一生坎坷，千言萬語都說不盡，也不必說了。常常自問，「如果當年能夠合作，東北會是什麼樣子？中國會是什麼樣子？」事實上，時光即使能夠倒流，合作亦非易事。張學良二十歲繼承奉軍地盤，毫無思考判斷準備，只知權力，衝動任性地造成貽害大局的西安事變，使東北軍數十萬人流落關內，失去了在東北命運上說話的力量，他和這個堅持人性尊嚴，民主革新的理想主義者齊世英怎麼合作？那一天會面，兩人唯一共同心意，是懷念郭松齡將軍。張學良想的是郭將軍對他權力的輔佐；我父親想的是，如果巨流河一役郭軍戰勝，東北整個局面必會革新，不會容許日本人進去建立傀儡滿洲國，即使有中日戰爭，也不會在戰爭勝利之後，將偌大的東北任由蘇俄、蔣中正、毛澤東、杜聿明、林彪，這些由遙遠南方來的人搶來打去決定命運！這些憾恨，雖已還諸天地，卻仍折磨著他的餘年歲月。

齊世英晚年在內湖寓所，齊邦媛記憶中，「直到晚年，他的腰板始終挺直不彎。」後為婿羅裕昌。

晚飯時，我和妹妹總是給他斟一杯酒，每端起酒杯他就流淚，斷斷續續說當年事：明明不該打敗仗的局面，卻敗了，把那麼大的東北丟了。那些年，布滿東三省，一心一意跟著我十多年在敵後抗日的同志都白死了。他們盼望勝利的中央會照顧他們的孤兒寡婦，也全落了空。沒有出來的人，能在共產黨手裡活著的也很少，那些人都是愛國的知識分子，如不去革命，原可以適應生存，養家活口，都是我害了他們，是我對不起他們！這些話，他反反覆覆地說著，折磨著他最後的日子。

媽媽去世後，他言語更少，近乎沉默，正似從洶湧的巨流河沖進了啞口海——台灣極南端鵝鑾鼻燈塔左側，有小小一泓海灣，名為啞口海，太平洋奔騰的波濤衝進此灣，彷彿銷聲匿跡，發不出怒濤的聲音。正似莎士比亞的名句，人的一生，「充滿了聲音與憤怒，全無意義。」（full of sound and fury, signifying nothing.）長日無言，有時他獨自坐在陽台上望著我們來時的路。秋天白晝漸漸短了，我回去與他對坐，又唸起他也愛的濟慈〈秋頌〉（To Autumn）：

> Where are the songs of spring, Ay, where are they?
> Think not of them, thou hast thy music too.
> 春天的歌聲呢？春之聲在哪兒？
> 別想它了，你也有自己的樂音。

他又問，那些傻蜜蜂呢？我們就是那些傻蜜蜂，以為只要花仍開著，溫暖的夏日永無止境。詩人記得那秋天，「燕子在秋天的穹蒼下迴旋飛鳴」（"And gathering swallows twitter in the skies."）。他說這一生在家鄉時間太少，還記得莊院瓦房的屋檐下有許多燕子做窩，開春時總盼望牠們回來。

一九八七年八月父親節的下午，他勉強從床上起身，坐在床旁籐椅上，溘然逝世，寧靜地放下了這一生所有的理想、奮鬥和失落的痛苦。我們將他的骨灰埋葬在母親身旁，面對著太平洋的穹蒼。在這安居了四十年的島上，冬季無雪，夏季溼熱，太陽猛烈地照在他們埋骨的石座之上。

整理他們的遺物眞是容易的事，我母親一生沒有一件珠寶，也沒有一件値錢的東西。她的櫃子裡有一隻小破皮箱，裝了一些從南京到重慶，復員回北平又來台灣都不肯丟的老照片（我的童年一張照片都沒有），最高一層放了八床棉被，我知道她搬到內湖後，常去台北長沙街一家傳統彈棉花被的店，訂做了各式厚薄的棉被，她說：「現在我有自己的家，客人來可以好好招待了。」事實上，她招待的人都已不在了，革命的，抗日的，守山海關的，打台兒莊的，拚滇緬路的，逃難的鄉親，流落的青年，……全都走過去了。我留下她的兩床棉被，在麗水街的冬天蓋了十多年，那傳統手彈的棉被時代也走過去了。

收拾我父親遺物更是容易，他在一九五四年離開國民黨後，一直有人跟監，一九六〇年雷震伯伯被捕前後，他已把所有通信函件、文稿焚毀，以免連累友人。以

「父親的晚年，言語更少，近乎沉默，正似從洶湧的巨流河沖進了啞口海。」——
台灣極南端鵝鑾鼻燈塔左側，佳樂水附近有個啞口村，那一片山巒環抱的小小一弘海灣，名為「啞口海」。太平洋奔騰的波濤衝進此灣，音滅聲消。

後多年他也不留來信，我在他書桌抽屜中只看到幾封張群為日本斷交商談的信，日本首相吉田茂的女兒麻生和子謝我父去日本弔唁的信；還有一個木盒裝了吉田葬禮送的紅色包袱巾，上面有四行中文詩；還有孫子女們寄給他們的小貓、小熊的生日賀卡；臥房內找到一本日記；他從德國買的《哲學叢書》二十冊（一九二〇年版精裝）；當年在上海購買精製的全套二十四史一直在他書架上。母親死後，我們不知該去為他曬書，這時已被白蟻啃食殘破不堪，只剩上半頁和封面，木盒已觸手即碎，只有焚毀。

雙親俱逝之後，在層層的失落感中，我掙扎奮鬥，游不出他的淚海，我的血液繼承了他的飄泊之淚。第二年夏天我自台大提前退休——車禍之後重回講壇，保持自己教書風格，連續兩小時站立已感辛苦，下課提著書本和試卷等等資料，由文學院走到大門口，寒冷或炎熱，站在新生南路口攔不到計程車時，已無法走回家去。這是我該坐下來，想和寫的時候了。

4 —— 齊世英先生訪談錄

一九九〇年八月，父親逝世三周年。我兄妹授權同意，由我整理，中央研究院近代史研究所出版《齊世英先生訪問紀錄》。這項由首任所長郭廷以教授擬訂進行的口述歷史計畫，開始於一九五九年。一九六九年沈雲龍先生主持，林泉與林忠勝先生訪問我父共十九次，口述錄音之筆錄文稿由林忠勝先生整理後執筆定稿。此稿雖完全保留口述原意，未予刻意修飾，但林忠勝先生文筆流暢，思考達到敘述者複雜經驗的深度。訪問前後，他對我父所處時代與理想產生了眞正的興趣與同情，詳細檢查求證，亦不斷與我父討論、核對，全書人名、地名、事件，甚少錯誤。書成後，不僅學術研究者肯定其價值，一般讀者也會因文字的明快、清晰、中肯，以及內容的豐富而感興趣。

林忠勝先生宜蘭人，師大歷史系畢業，訪問時只有二十八歲，有眞正研究歷史的志趣，他後來經營大型補習班，事業有成，在宜蘭創辦慧燈高級中學，作育家鄉子弟。出錢出力繼續做訪談工作，在美成立「台灣口述歷史研究室」，出版了《陳逸松回憶錄》、《朱昭陽回憶錄》、《楊基銓回憶錄》、《劉盛烈回憶錄》、《廖欽福回憶錄》及《高玉樹回憶錄》等。十餘年間，林忠勝獨力撰述，賢妻吳君瑩記錄，為台灣本土人物留下可貴歷史，文化深意，眞令人欽佩。

在訪談錄「前言」中，林先生回憶當年訪問我父印象：「先生英逸挺拔，氣宇軒昂，舉止溫文，談笑儒雅，有古大臣之風。……可歎人世滄桑，在本人離開近史所近二十年，先生訪問紀錄行將刊印之際，重校斯稿，而先生與雲龍先生皆已相繼辭世。哲人日遠，往事歷歷，前輩風範，永銘吾心。深信先生的見證，必能為這動盪紛擾、是非難窺的時代網住一片眞。」在這篇「前言」中他亦簡潔提到，大陸淪陷，政府來台，齊先生不僅結束東北工作，「甚且後來被迫離開他曾準備為之身殉的此一政黨，心中感觸必深。惟先生雍容大度，處之泰然。……」可惜訪問時，我父秉持理想，堅守原則，篤信自由、民主、法治的理念，與雷震、李萬居、夏濤聲、高玉樹等籌組「中國民主黨」未成，與郭雨新、吳三連、許世賢等，鞠躬盡瘁於撒播自由、民主的種種努力，訪談時未肯談及，不無憾焉。

這種種顧忌與遺憾大約是我父在世之日不願訪談錄出版的主要原因吧！他的一生，犧牲奉獻，大半生有家歸不得，對所謂榮華富貴不屑一顧，亦從未為妻子兒女安頓憂慮打算。在他逝世之前，更感一生虧欠，失落，一切隨風而去，不必再留個人痕跡。中央研究院的訪談錄也不必出版，世我兩忘即好。

訪談錄中以「淒淒吾行飛台灣」一節告別大陸之後，未有一字談及台北的政局，而以對日交往至一九六七年參加日本首相吉田茂國葬典禮結束。幸有梁肅戎先生為此書撰寫〈立法院時期的齊世英〉一文，不僅追懷革命同志情誼，也詳述我父與國民黨關係，及初來台灣時立法院之狀況。他認為「鐵老一生，風骨嶙峋，對國家，對黨都有貢獻，對政治有極高理想。……艱苦奮鬥，不屈不撓的精神，（我）理解最深，師承最久。」

訪談錄即將出版之時，我在台大「高級英文」班上，歷史研究所的學生李孝悌和陳秋坤已從哈佛和史丹福大學讀得博士學位，在中研院近史所任研究員，他們幫助我審閱全書，提供意見。孝悌陪我去訪問正在辦《首都早報》的康寧祥先生。康先生於一九七二年當選為第一批本省籍立法委員，與我父結為忘年交，當時他三十多歲，我父七十三歲，在長達七年多的時間裡，每月兩次週末在我們內湖家中，吃我母親做的家鄉菜，對飲暢談。我去訪問時，他與我對談開始即說：「我一直想把鐵老與我個人，和台灣政治前輩的關係，以及他對民主政治的關懷，留下一個紀錄。」那一天，孝悌為〈紀念民主的播種者齊世英先生〉作了極好的記錄。

我父訪談錄既未談及他來台後為民主、自由、法治所做之事，我遂將他逝世時，不報章雜誌幾篇不同角度之悼文作為重要附錄，可以客觀看到他後半生在台灣經歷，不僅是前半生理想的延續，亦是一種人格的完成。民進黨創黨人之一傅正，為《新新聞》周刊寫〈東北最後一位鐵漢〉；政論記者于衡〈悼念和中國現代史有關聯的齊世英先生〉和田雨時〈齊世英先生蓋棺論〉。田先生早年曾在張學良所組「四維學會」擔任祕書長，與我父在中央主持東北抗日之「東北協會」競爭。但在西安事變後，田先生進入政府工作，對我父有進一步認識。齊氏家族早期由山西移民東北，有山西人傳統忍耐而沉潛的性格。此文說：「他繼承了從關內移居東北的先民創業精神；而留學德國接受日耳曼民族薰陶，混合成其剛毅果敢的氣魄，實事求是的作風。對人熱情義氣，對事冷靜沉著，鑄有堅強意志，獻身革命，奮鬥不息。……自中年至老年，視野廣闊，胸襟放寬，邁進而深入於『中國問題』。先後卻一直全走崎嶇不平的道路，且越走越坎坷。……但他卻有似『不義而富且貴，於我如浮雲。』」此文不僅為齊世英作蓋棺論，亦富有當年東北人進關的史料。

訪談錄後尚有一篇〈吉田茂與齊世英〉節稿，由林水福教授譯自猪平正道《評價吉田茂》（東京，讀賣新聞社，一九七八年初版），詳述郭松齡反張作霖事件，兩人因此相識，彼此感到個性十分投合。吉田茂對於齊世英磊落的人品深具好感，中日戰爭時各為其國，但齊世英在日人眼中卻是可敬的敵人。

書成之時，我也在致謝文〈二十年的聲音〉中說明我隨侍一生的看法：「先父自二十七歲加入當年形象清新之國民黨，至五十五歲因拂逆權力中心，被開除黨籍，一生黃金歲月盡在理想與幻滅中度過。個人得失，炎涼世態皆可淡然處之。但一九四八年，東北再度淪陷則終身傷痛，傷痛之心長年在沉思之中。郭松齡兵諫革新，兵敗身死，或可說是時代尚未成熟；而東北，乃至全部大陸在勝利之後迅速棄守，核心原因何在？籌組新黨，絕非出於失意之情，而是對未來的期望。」

這篇致謝文回溯《時與潮》在台灣復刊，一九六六年七月起連續選譯《艾德諾回憶錄》，我引用了宋文明先生執筆之社論〈從艾德諾回憶汲取教訓〉。這位領導西德自戰敗廢墟中重建的老人，曾經歷德國兩次世界大戰的慘敗，對於他的國家的過去與將來，曾下過一番沉痛的思考：「民主政治是一種思想，它的根源在於承認每個人的尊嚴、價值及不可讓渡的權力。」宋文明說：「這些說法，雖然聽起來很簡單，很平實，但在實際的德國政治中，這一字一句，都代表了千百萬人的鮮血，千百萬人的眼淚，千百萬人的顛沛流離。」這個基本卻必須堅持的政治理想，即是先父自學生時代至埋骨台灣的心聲。

他生前常言，到台灣來後，許多人仍在熱中地追逐已不重要的權勢，他已脫離那個框架，求仁得仁，恢復了自由身。即使已經沒有當年革命維新的大天地，仍然恪盡書生本分，在立法院和革新俱樂部同仁推動加強民主法案的諸多法案，如出版法、言論自由、司法獨立、法官調度法制化、辯護律師之設立、人權之保障等，皆以人民福祉為主要考慮。其他如建立國會圖書館、印行立法院公報及各種記錄、檔案之整理，以供民間參考⋯⋯，這一切，在中國政治史上有極大意義，卻不是他一個人的功勞。他的前半世歷經狂風暴雨，他尊敬蔣先生北伐和抗日的功勳，對目前小長安的局面可以無言矣。

一九九八年十月二日，齊世英先生百歲冥誕，生前好友出席，講話者是九十九歲的陳立夫，旁邊是康寧祥、梁肅戎、宋長志。

一九九八年十月四日，我父親小友陳宏正先生發起，和梁肅戎先生在台大校友會館舉辦了「齊世英先生百歲冥誕紀念會」。陳宏正經營商業有成，向來關懷民主、人權與文化，他對父親一生相當了解，熱心地提起此議。那天到場的不僅是師生故舊，還有許多政治上當年立場不同的人。會場擠得水泄不通。我父革命老友，已近百歲高齡的陳立夫先生堅持親自到場，「有幾句話要說」。他到的時候已無通道可走，幾乎是被抬著到前排，他站立致詞，說的是五十年前的革命感情，齊世英光明磊落的政治風骨令人敬佩。他也最了解我父對東北用情之深，失鄉之痛。

當日在紀念會發言的尚有高玉樹先生，談他一九五〇年代參加籌組「中國民主黨」（當時一般人稱為「新黨」或「黨外」）的往事。梁肅戎、康寧祥、杜正勝、劉紹唐、郭冠英等人出席談話，認為當年組新黨如成，今日台灣政治對立或可避免，不致如此突兀生澀。胡佛、張玉法先生更由歷史看台灣與東北同為日本殖民地的影響，兩地民間對自己命運的挫折感與希望。

二十年來，我無數次坐在雙親墓前，望著太平洋浩瀚波濤，想著他的一生，我多麼幸運和這樣的父母結緣，能有如此前世今生。

5 為訣別而重逢

一九八七年十一月開放大陸探親，六年後，我終於也回去了。那幾年間，幾乎所有「外省人」都回去過了。熾熱的探親文學已由重逢相擁的痛哭激情漸漸冷卻，甚至開始出現了幻滅的敘述。隔著台灣海峽，漂流者日思夜想的是故國山川和年輕的親友，即使父母也應尚在中年，隔了四十年，回去時所見多是美夢的骨骸。還鄉者已老，仍是斷腸，所以我更遲遲不敢回去，不僅我無親可探，也因怕幻滅毀了珍藏的記憶，更是近鄉情怯。

一九九三年五月，我在武漢大學校友通訊《珞珈》上讀到魯巧珍肺癌已至末期的消息，如遭電擊，立刻決定去上海和她見最後一面。巧珍是在通郵後最早由大陸寫信給我的好友。她和我的友情也是我最美好的青春記憶，嵌在四川樂山的三江匯流之處。我怎能這樣無情，不早一點去看她，竟拖到已經太遲的時候！

定了去上海的日期，我先與她的丈夫許心廣學長通了電話，約好時間，電話裡知道，一直住在上海的俞君已於一年前因心臟病去世。當年若嫁給他，我黑五類的身分必然是他的噩運。樂山老友姚關福、蘇漁溪、彭延德都已前後去世。我在上海可以看到的只有巧珍一人，而巧珍已至彌留階段。

那時的上海機場還相當混亂，我沒有找到接我的武大校友，將近五十年歲月，恐怕對面也不相識了。我幾乎上了一輛由女子帶路的假計程車，幸好到了車旁感覺不對勁，回到大廳找警察招來一輛眞計程車，到了原定的希爾頓飯店，放下行李，即由在大廳等我的許學長帶著到了郵政醫院。巧珍被扶著坐起來，眉眼靈秀仍在，她說：

「知道你要來，我一直等著。」

她從枕下拿出一張紙，隆重地，像致迎賓辭似地唸杜甫〈贈衛八處士〉詩：「人生不相見，動如參與商。今夕復何夕，共此燈燭光。少壯能幾時，鬢髮各已蒼。訪舊半為鬼，驚呼熱中腸。……」她氣息微弱地堅持唸下去，直到「明日隔山岳，世事兩茫茫。」我俯身在她床沿，淚不能止。她斷斷續續在喘息之間說了些別後五十年間事，青春夢想都已被現實擊破，「你到台灣這些年，可以好好讀書，好好教書，眞令我羨慕。」她勸我珍惜已有的一切，好好活著。——我茫然走出醫院時，知道這重逢便是訣別。回到台灣便接到她去世的消息。那年，她六十九歲。

對於上海我本無甚好感，此行更無逗留心情，由醫院出來，坐車在原是最繁華街上慢慢駛過，想半世紀前我穿著抗戰衣裳與他們格格不入的情景，眞有啼笑無從之感。故人往事都已消逝，這時的我已見過世上許多重要都市，看遍各種榮華，而最重要的是讀了許多當讀的書，做了一些當做的事，一生沒有白活。當年上海的虛榮（pomposity）若是吸引了我留下，我早已成黑五類而被鬥死，即使倖存，也必須耗盡一生否定眞正的自我。

6 —— 鐵石芍藥的故鄉

由上海我立即飛往北平（如今稱為北京），由外甥甘達維買到火車票，到遼寧鐵嶺去看我生身之地。白天班的快車，早上八點鐘開，晚上十點到。我可以和六十多年前一樣，看到每一寸土地。可以眞眞確確地看到那些聽了一輩子的地方，車過興城、葫蘆島市、錦州、溝邦子、新民……，我幾乎一直在興奮的心情中，身體疲勞，卻半刻不願閉上眼睛。一九二五年冬天，我的父親曾隨著郭松齡將軍率領千軍萬馬攻占了這片江山。車過巨流河鐵橋的時候，天已經黑了，鐵橋很長，什麼也看不到。我買來回票，希望回程時可以在早上過橋時清楚看看，誰知回程換了飛機，未能在那長長的鐵橋上，看到巨流河東岸，懷想我那年輕的父親，在雄心壯志的郭將軍身旁，策馬布陣，一心相信明天會進瀋陽城，想不到一夜之後逃亡終身，脫身之時，曾一寸一寸地爬過這座鐵橋。

這一趟還鄉之旅，原已令我激動得目不交睫，竟還有驚異的奇遇。我用台胞證買到的是一張軟臥頭等票，一間車廂四個人，同車廂內是兩個俄國人和一位通譯。他們是從俄國海參崴到中國安徽省包工程的工程師，我是從台灣來的英國文學女教授。他們看我好似火星人，我看著他們，想著三十多年來反共抗俄的大口號，如今竟然和敵人十四個小時關在一間疾行快車的車廂裡！四個人侷促對坐，好似不同星球的人相遇於太空。他們對台灣好奇的範圍超過了那位通譯的字彙範圍，所以有時用幾個英文字，攤開他們隨身帶的世界地圖，他們不停地問我問題，台灣的地理、歷史、教育、家庭、女子地位、衣、食、住、行……；我也問他們俄國的問題，從托爾斯泰到史達林……，那眞是一場豐富的交流。

車過瀋陽大站，上上下下，大大熱鬧一場，再過一小時，已夜晚十點半，車進鐵嶺站，但是除了站牌以外，一片漆黑，伸手不見五指。車上播音說正在更換電力設備，車外是月台吧，只見一個站員提著一盞風燈走過來，好似從黑暗的深淵中冒出來，看不見旁邊還有沒有人，我提著小箱子下車，那兩位外太空的俄國人說，「太暗了，別去！」（"Too black, don't go."），我說有人接我，他們說「但是看不到人啊！」隨後竟然跳下車，用手比劃，叫我跟著他們到哈爾濱，明早讓他們的通譯帶我回鐵嶺，他們臉上充滿不放心的關切和誠懇，就像托爾斯泰書中的俄國農民那般樸實。在猶豫中，我對著黑暗的站台喊我堂弟的名字，「振烈！振烈！」這時聽到遠遠有人喊，「三姐，三姐！」（我在老家大排行）然後就是一陣腳步聲，振烈帶著他一家人跑過來。雖然都已老了，還是認得出來的。俄國人回到車上，車開了，他們伸出手來拚命揮著，在車廂的燈光中，可以看出來他們放心的感覺。

多年來有時回想，那眞是一趟奇異的，充滿象徵意義的還鄉之旅。我們到台灣反共抗俄，恨了他們半輩子，而在我家鄉黑茫茫的車站，是這兩個俄國人跳下車來要保護我！而他們帶回俄國的台灣印象（在地圖上和俄國比，是極大和極小的國土），應該是一個現代化，人民有充分自由的地方，所以一個女子能一個人拎著手提包，萬里出山海關，尋找睽別六十年的故鄉。

我能找到齊振烈，得以重回故鄉的路，該是天意吧。

一九八七年台灣開放探親時，我父親已去世了，內湖的家空置沒人居住，漸漸也疏於整理，院子裡的草長得掩住了花床。我與妹妹已無能力維持一所沒人住的空院，只能有時回去看看那滿目淒涼。第二年過年前，我回去在已裝滿落葉的信箱看到一封信，封面有遼寧鐵嶺的地址。

振烈和我同太祖，抗戰勝利後我母親住在北平的兩年，他兩兄弟為了上學，曾去同住，四哥振飛讀輔仁大學，六弟振烈讀中學。他記得我兩次暑假回家總是逼他唸書，嚴格地給他補英文。我記得這哥倆都長得很英俊，很有精神。一九四七年我一個人來了台灣，家鄉的人和事對於我，像鐵嶺那晚的車站一樣，黑茫茫的一片。我們必須大聲呼喚半世紀前的名字，才找到我回鄉的路。大陸被共產黨「解放」後，振飛哥輾轉到了江蘇鎮江，因為大學資歷，或因當年曾參與美國調停國共之戰的馬歇爾計畫外圍譯事工作，在江蘇理工大學找到工作，娶了賢慧妻子，三個女兒女婿都很孝順顧家，是少數幸福的人。振烈中學畢業後投考空軍，已經到飛行階段，在三反五反運動中，因地主家庭背景被停飛，命令回鄉耕地，在小西山種莊稼十多年，終得「平反」到鐵嶺市石油公司工作，妻子在衛生所作護士，一家得以溫飽。但「從天上掉到地裡」（東北人稱「田」為「地」），對他心理創傷很大，一生未能平息怨忿。臨別時，弟媳請我勸他脫掉那件空軍皮外套，已經磨得發白了，他就是不肯丟掉，那是他一生最輝煌的紀念。

另一位堂兄齊振武，原在家鄉種地，淳樸本分。一九五〇年韓戰爆發（韓戰又稱韓朝戰爭），大陸一片「抗美援朝」聲（中國人民志願軍參與朝鮮戰爭者）。他參加村民大會時，冬天大家坐在熱炕上，徵兵的幹部請志願參軍者站起來，一面叫人在炕下加火，熱得坐不住的人剛一起身就被鼓掌，歡迎參軍！不由分說拖上了瓦罐車（運貨的火車廂）。第二天早上，車已過了鴨綠江，到了韓國的新義州車站，從此是暗無天日的生活，不斷的血戰，不斷的轉移，人只是個拿槍的機器，敵人是誰都不清楚，家鄉當然不能聯絡。一九五三年七月韓戰結束後，倖存者選擇自由退伍或回鄉；不願回大陸的一萬四千多官兵來台灣，成為全球矚目的「一二三自由日」，這些義士給蔣總統的反共力量增加了很大的聲勢。

全世界的記者都到義士村訪問，台北採訪記者發現名單上有位齊振武，遼寧鐵嶺人，回來問我哥哥，「會不會是你的家人？」我哥哥即親自去探訪，臨去時問我父親，如何相認？父親說，你問他爸爸的小名叫什麼。他說他爸爸的小名是「老疙瘩」。我父親自己也前去相認，是同曾祖兄弟的兒子，我們稱他五哥。他退伍後找了個守倉庫的工作，一九七〇年後期死於腦溢血，我哥哥和我大姑的兒子——在高雄傳教的毛中穎表哥，把他葬在高雄燕巢鄉的基督教公墓。

又三十年後，振武哥的親侄子齊長凱不知如何由一本筆會季刊看到我的名字，由瀋陽打電話到台北筆會找我，取得聯繫。他說自抗美援朝戰爭結束之後，就不知他伯父齊振武生死存亡或流落何方，已到處打聽多年了，如今得知他已死，埋葬台灣，電話中哭了起來，說：「他怎麼死了呢？怎麼會是這樣呢？」（我請中穎表哥託人照了墓地的照片寄給長凱，他們看到白石墓的照片，似乎感到一些安慰。）

怎麼會是這樣呢？當我回到小西山時，我也問，怎麼會是這樣呢？

我獨自從北京坐白天的火車回遼寧鐵嶺，就是為了要看見每一寸土地。堂弟振烈

故鄉小西山——齊邦媛幼年與哥哥滿山遍野奔跑，去拔棒槌草、黑漿果……，冬天到結冰的小河上打滑溜的地方。半個多世紀後返鄉，半壁已削成採石場，遠處一排排的防風林，伸向默默穹蒼。

帶我由鐵嶺回去小西山。我回到村莊舊址問人，「鬼哭狼嚎山在哪裡？」所有的人都說從來沒聽說過這個山名。我才明白，幼年時聽母親說的「鬼哭狼嚎山」，原來就是她當時的心情。

由於父親一直在國民政府做事，祖居莊院早已摧毀，祖墳也犁平為田，村子已併入鄰村茨子林。我曾滿山遍野奔跑、拔棒槌草的小西山，半壁已削成採石場。各種尺寸的石材在太陽下閃著乳白色的堅硬冷光，據說石質甚好，五里外的火車站因此得名「亂石山站」。齊家祖墳既已被剷平，我童年去採的芍藥花，如今更不見蹤影，而我也不能像《李伯大夢》中的 **Rip Van Winkle**，山裡一睡二十年，鬢髮皆白，回到村莊，站在路口悲呼，「有人認得我嗎？」。我六歲離開，本來就沒有可能認識的人。這萬里還鄉之旅，只見一排一排的防風林，沃野良田，伸向默默穹蒼，我父祖鐵石芍藥的故鄉，已無我立足之地了。

許多年來，我到處留意芍藥花，卻很少看到；在台灣大約因為氣候的緣故，更少看到。幾乎所有的人都住在公寓大樓裡，沒有庭院，也沒有閒情逸致去種那種嬌貴的花吧？我記得陪著哭泣的母親去的祖墳，四周種滿了高大的松樹，芍藥花開在大樹蔭庇之下，風雪中有足夠的擋蔽。我記得祖母把我採回的一大把花，插在大花瓶裡，放在大飯桌上，整個屋子都好像亮起來了。祖墳松柏隨著故園摧毀，那瓣瓣晶瑩的芍藥花卻永遠是我故鄉之花。

7—一九四三春風遠

我在大陸住了二十三年，半世紀後回去，眞正認識我的只有一起長大的同窗好友。抗戰八年，重慶是我的家。到台灣之後，回憶最多的是沙坪壩；家和學校之間三里路，無數的水田，一條樸實的街，接著到小龍坎公路口，是我感恩難忘的母校，南開中學一九四三班同學見證了我成長的過程。開放探親之後，大約是由在美國的同學開始，有了油印手寫的通訊錄，我收到的第一封信來自加拿大的潘英茂，只是一張簡樸的明信片，上面寫了兩行近況和她的住址。英茂是我高中三年的好友，總是排在鄰座，宿舍床鋪也常靠著。她的母親是法國人，所以她是雙語的人，有時又似徘徊在兩種文化之外的夢想者。熄燈後，輪到我講新看的書或電影故事，她是那最忠誠的，「我愛談天，你愛笑」的聽衆。我記得最早講拉瑪爾丁《葛萊齊拉》的初戀與殉情，她一直不停地哭。拉瑪爾丁是法國浪漫詩人，而書中的葛萊齊拉，和我們那時一樣，也是十六歲。

勝利之後，英茂與我們失去聯絡，她的明信片到台灣時，我們都已七十歲。我原擬去歐洲開會，回程到紐約會晤哥倫比亞大學出版社的總編輯康珍馥（Jennifer Crew），再到加拿大去看望英茂。誰知正逢美國的感恩節，安排旅程的人說，「所有的人都在公路上趕路，回家團聚去了。」所以我就未去美加，想著明年開會再去。誰知第二年收到呂文鏡由北京來信，說英茂因病已去世。我與她當聚而未聚，是我極大憾恨。以此歉疚之心，我寫了一封無法投遞的長信——〈寄英茂〉：

> 恕我遲遲至今才給你覆信。初接到你的信時，我興奮許久，當年一切美好的、困惑的、可憾的記憶，都隨你的信潮湧而至。你還記得麼？我們畢業那年夏天，大家等著聯考放榜，我們去重慶城裡看你，五個人手牽著手往車站走，突然一輛吉普車衝來，把我們衝散，驚魂初定時，你用一貫靜靜的聲音說：「我們以後恐怕不能再見面了，我母親的法國迷信說，牽著的手被人從中衝開，就是分散的預兆。」這些年中，我有時會想起那一次的離別。那預兆可真準，這麼徹底的分散，天南地北各自過著無從存問的日子……。

這封長信祭念我們戰火下的青春，依偎取暖時不能遏止的悲與樂。我也將此信寄給了不斷催促我回大陸團聚的一九四三班的好友，不久《四三通訊》將此信刊出，由此得到更多的訊息和催促。

促使我終於在一九九九年去北京參加四三班的年度聚會，是我另一位好友賴叔穎去世的消息。她與我小學中學兩度同學，她的父親是江西人，卻在奉直軍閥戰爭中，與我祖父相識，是我同學中最老的父親。

我記得她家好像住在重慶曾家岩的山坡上，我父親帶著我很恭謹地拜望他。叔穎不是我那多幻想型的死黨，卻是我沙坪壩家中的常客，與我父母更多一層親切。兩岸開放探親後，她即寫信給我，請我幫她尋找當年隨政府來台的哥哥賴光大的下落，我尚未打聽到，卻由班友通訊突然得知她因病去世。我知道她嫁給北京的吳姓名醫，「解放」後受中共高層信任，大約未受折磨。但是怎麼七十歲就死了呢？我再不回去聚會，還能看到多少人呢？

我回到北京時是農曆暮春三月的夜晚，北國的春天仍有相當寒意。負責一直與我聯絡的邢文衛已在旅館等我。我進了大廳，遠遠看到她在人來人往的接待櫃台前站著的樣子，臉上等待的神色就是與眾不同。迎向我走過來的，就是邢文衛！南開中學眞正的校花，男生宿舍「遙望受彤樓（女生部）」的焦點，她是我所見過最端莊美麗的中國少女。高一時，我座位、排隊在她與英茂之間，羨煞許多人。如今緊緊握住我的，當然已不是那冷艷、矜持的少女，明亮的眼睛也黯淡了，但是她仍然與眾不同。

與她同來的是余瑜之（與柳志琦和我是班上三文友）。她們說柳志琦住在天津，這幾年她一直說，等齊邦媛回來時，她一定來北京開班會。她們離開我的旅館時，我說此行專為歡聚，一不談病痛健身靈藥，二不談台灣回歸祖國之事。

第二天早上我到邢文衛家（她大學畢業後，嫁給我們同班的男生，康國杰終身是她的仰慕者）。當年同班女同學到了十多位，見面都已不識，都是老太太了。只有在說出名字時驚呼一番，我們急速地把五十年前的影像延伸到眼前的現實，無數的「你記得嗎？……」都似在解答我在台灣難解的謎，驗證了我今生確曾那般歡躍活過的青春。這些人，這些事，那魚池，那梅林都眞正存在過，歲月能改變，但並不能摧毀。

快到中午的時候，門鈴響，邢文衛把我叫到門邊，對我說，「柳志琦從天津來看你，你不要說你認不出她。」門開處，一對年輕人扶著一個勉強站立的老婦人走進來。我實在無法想像那倔得一寸都不肯讓的柳志琦會彎腰！在進門的甬道，她抱住我，哭著說，「想不到今生還會看到你！」——昨晚她們沒有告訴我，她脊椎的傷已不能坐火車，為了與我們團聚，她的女兒為她雇了一輛出租車，一路上可以半躺，由天津開了一百多公里路來北京。半世紀前，她與友伴去了中共的解放區，我隻身來到台灣，兩人不同的命運已定。吟誦清代顧貞觀〈金縷曲〉「季子平安否？便歸來，平生萬事，那堪回首？」的詞句，不勝唏噓！

一九四六年暑假，勝利復員的各大學，開始由四川、雲南遷回原校。秋季上課，柳志琦也興沖沖地離開四川家鄉到了北平。她讀的燕京大學戰時遷往成都華西壩，我們同班大約有十人在那裡，都只差一年大學畢業。我在復員到武漢上學前，與她在北平重逢，也同遊歡聚。她初次到北方，充滿了好奇，古都的政治文化場面很大。柳志琦應是親身目睹燕京大學末日的人，因是「美帝」的基督教會大學，解放之初即被斷然廢校，美麗的校園，著名的未名湖（多不吉祥的名字！）硬生生地變成了北京大學校園；一九五〇年以後寫未名湖畔大學生活回憶的是北京大學校友。我相信在二十世紀後半葉的中國，沒有人敢於公開懷念燕京大學和她的優雅傳統。政治力量便如此斷然消滅了一個共同的回憶！我那充滿文學情懷的好友，在五十年激盪之後，如何回首我們分手的一九四九年？

這一場令我一直近鄉情怯的重聚啊！時時刻刻都那麼寶貴，說不盡的當年趣事，唱不夠的當年歌曲，蒼老的聲音，疲憊的記憶，努力重燃南開精神……。第二天下午分手之前，她們開始唱當年的班歌，那是我十八歲文藝青年情懷寫的班歌，「梅林朝曦，西池暮藹，數載無憂時光在南開，而今一九四三春風遠，別母校何日重歸來……。」

當年在後方風起雲湧的學潮，由街頭遊行演進成實際參與，我們班上大學後有幾位也去了延安，每一位都有很長的故事吧。其中一位是傅綺珍，她從山西太原來，仍是高大爽朗，我立刻想起她在校時和我談話響亮的笑聲。上大學不久，聽說她與幾位友伴到延安去了。在中學時幾乎看不出誰「前進」，誰「反動」，原來都是深藏不露的人啊！——這半世紀來，延安的人在中國當家，她的境遇應該是幸運的吧！（五年後曾接到她寄來南開時代的照片，有一張是她穿著解放軍制服，旁邊註「隨軍入太原城」，她信上說那不完全正確。）我充滿了想問的問題，但是在十多個人團團坐的場合，確是不知怎麼問這些純屬個人攸關生死（vital）的大問題。如今在近六十年後，用憶起的熱情一遍又一遍地再唱少女時的歌，這些飽經憂患的心啊！你們怎麼還記得呢？我們這一代，在抗戰的重慶長大，在荒郊躲警報時為《天長地久》、《葛萊齊拉》裡的痴心愛情而神往，但是我們的一生，何曾有過蔚藍的海灣？何曾有「黑髮隨風披散，腮際掠過帆影，傾聽漁子夜歌」的可能？留在大陸的，歷經政治動盪，很多嘗過苦難；到台灣或到國外的，又總感到在漂流中，如此相見，眞如隔世。當一切都是「一言難盡」時，一遍又一遍地唱著「如今一九四三春風遠」時，記憶與遺忘似雙股柔絲，層層繞著這一屋子白髮的小友。這些當年菁英中的菁英，因為政治的斷裂，婚姻的牽絆，失去了許多正常生活的歲月，成為失落的一代，吞沒在「春風遠」這麼簡單直率的嘆息之中，無需記憶，也無法遺忘。

那一天中午，我們從邢文衛家走到巷外大街的飯館吃飯，街名我忘了問，只記得沿街種的是楊柳或馬纓花，四月正是柳絮飄飛的季節，撲頭蓋臉地落下，我和余瑜之在後面牽手而行，我看著前面七、八位同學的白髮上和肩頭灑著零零落落的柳絮，不禁憶起當年在孟志蓀老師詞選課上，背過蘇東坡詠楊花的〈水龍吟〉，她說記得開頭是「似花還似非花，……」我們接力背誦下去，「也無人惜從教墜，拋家傍路，思量卻是，無情有思。……一池萍碎。春色三分，二分塵土，一分流水。細看來，不是楊花，點點是離人淚。」——站在這陌生的北京街頭，白茫茫的柳絮中，人生飄零聚散之際，這鋪天蓋地的惆悵，是詩詞也無法言說的啊！

兩年後，我在台灣收到新的《四三通訊》，登著「邢文卫病逝」的消息。初看時，我不相信自己的眼睛，把它拿近燈光再讀，它是眞的了，但是在悲傷之外，邢文衛變成了邢文卫，令我惱怒，似乎也助我抗拒它的眞實性。到了我們這年紀，死亡原已臨近，但是，我竟不知她已生病，對她無一句慰問！而她的死訊卻是用這個我不認識的名字宣告。最後一次相聚人多，無法說明白各人遭遇，歌聲笑語，好似都不怨尤生不逢辰的痛苦和遺憾，早已將苦杯飲盡。——那樣六十年後的聚首，對於我只是印證今生果眞有過的青春吧！

漸漸的，班友的通訊也停了。一九四三的春風不但遠了，也永久消逝了。

四三班會之後，我去朝陽門看兩度與我同學的楊靜遠。她在南開比我高兩屆，曾住同寢室。我到武大的時候她已上外文系三年級，是朱光潛老師的高徒。在樂山我曾去她家吃過年夜飯。她的父親楊端六教授是經濟系貨幣學專家，母親袁昌英教授，自一九二九年由歐洲回國，即在武漢大學外文系教戲劇和莎士比亞（我曾受教兩年），被稱為「珞珈三傑」之一，另兩位是淩叔華和蘇雪林。

在這樣家庭長大的楊靜遠，書讀得扎實，思想相當有深度，天性善良、浪漫，在正常的時代，應可成為她嚮往的眞正作家，也必然是作學術研究的知識分子。但是，在一九四五年大學畢業前，她已捲入困惑著每一個大學生的政治思潮。同學中傾向共產黨的自稱為「前進」，稱傾向保守的為「反動派」。那時，正面抗日的中央軍在苦戰六年之後，正陷入湖南、廣西、貴州保衛戰最艱苦的階段。四川太大，一般城鄉的人過著平靜的日子，但是逃難來的下江人，又陷入戰火逼近的恐慌中。

楊靜遠在二〇〇三年出版《讓廬日記》裡記述她早期受吸引，覺得政府已經「徹底腐敗」，必須改組，左派同學借給她《延安一月》和《西行漫記》，使一直用功讀英美文學作品的她說，「我必須看它，我得抓住每一個認識共產黨的機會。」父母苦口婆心隨時勸她先讀書，不要衝動捲入政黨之中，「政治和戀愛很相像，相處久了，就不能脫身。」她從武大畢業後，父母全力助她去美國密西根大學英文系深造，但是她在「解放」的浪潮下，因愛情逕自放棄學業，回來建設新中國。五十年後她將當年兩地情書結集出版《寫給戀人——1945-1948》（河南人民出版社，一九九九年）。那一年我在北京看到她與戀人嚴國柱（武大工學院，與我大學四年同屆），知她一生在愛情中是幸福的。但是她的父母所受的政治迫害，那般慘痛也許是難於釋懷吧！二〇〇二年她主編《飛回的孔雀——袁昌英》（北京人民文學出版社），相當詳細地敘述了袁老師晚年極悲慘的遭遇：在校園掃街，被逐回鄉，年老孤身寄居親戚家，她自稱為坐「山牢」的歲月，孤悽至死。令我這當年受業的學生淚下不已。

我也想到親自召見勸我轉入外文系，慨然擔任我指導教授的朱光潛老師。台灣開放回大陸探親初期，我在武大校友通訊《珞珈》讀到一位王築學長寫〈朱光潛老師在十年文革浩劫中的片段〉中得知，四年「牛棚」生活之後，一九七〇年朱老師被遣回北京大學的聯合國資料翻譯組，繼續接受監督勞動改造，掃地和沖洗廁所之外，可以摸到一些書本了。有一天在西語系清掃垃圾時，偶然從亂紙堆中發現自己翻譯的黑格爾《美學》第二卷譯稿，那是他被抄家時給當作「封、資、修」的東西抄走的。重見這些曾付出心血的手稿，如同隔世，幸得組長馬士沂取出掩護，他在勞動之餘，得以逐字逐句推敲定稿，並且譯出第三卷，文革後得以出版。在這方面，朱老師幸運多了。一九八九年錢穆先生到香港新亞書院演講，重晤朱先生，我原也想去香港得以拜謁，未能成行，錢先生回台北告知，朱老師已不大認得人了。

而當年以「佛曰：愛如一炬之火，萬火引之，其火如故」期勉，支撐我一甲子歲月以上的吳宓老師，也在政治迫害下，失去學術尊嚴。近半世紀後，吳宓老師幾位已是名學者的學生將他「文學與人生」的大綱和上課若干講義合輯出版，錢鍾書封面題字，有一些手稿是用毛筆寫的，中英文並用。北京大學外文系退休教授王岷原是編者之一，將英文譯成中文，當時已八十二歲，「面壁而坐幾個月，用放大鏡逐字逐句辨認研究手跡，譯完並作註釋……」。書中敘述吳老師一生勤於讀書教書，自己儉樸卻不斷助人，然而在文革期間卻「不得善終」——不准授課、遭批鬥、屈辱、逼寫檢討、強迫勞動、挨打、罰不准吃飯、挾持急行摔斷腿、雙目失明……，在生命的最後時刻神志昏迷，頻頻發出文革中的聲聲呼喊：「給我水喝，我是吳宓教授！我要吃飯，我是吳宓教授！」他之所以受這樣嚴重的迫害，是因為他竟敢在「批孔」會上說，「孔子有些話還是對的。」當有人要強迫他批孔時，他的答覆是：「寧可殺頭！」王教授的後記寫著：「在任何文明社會都應受到尊敬的人——深切懷念雨僧師」。

這些我在大學受業的老師幾乎都未能身免，所受之苦，是中國文人百年來受政治播弄之苦的極致，即使傾三江之水，也洗不去心中的憤慨憾恨啊！

8
英雄的墓碑

北京聚會後，我到南京去，接待我的是四三班的同學章斐。我們在校即是好友，她個性爽朗、善良，從不用心機。她的父親也是文化界人，所以我們生活態度和談話內容也接近，她也是台灣開放探親後最早寫信給我的人。五十多年後首次相見，立刻可以相認。她仍是高高大大，樂觀、穩妥的樣子，似乎面對老年也有一種從容不迫的雍容。

回到南京，我懷著還鄉的心情。第一天我們和四位班友午餐聚會，她們與我在南開的時候並不密切，所以無法深談，人少，也沒有唱歌。然後按著我的計畫，我一個人去找以前寧海路的家。先找到三條巷寧海路，除了街名什麼都不認識了。山西路小學擠在兩棟舊樓房中間，幾乎沒有可稱為操場的地方。鼓樓小學竟然距離我住的「假日飯店」只有百尺左右，我從它門口走過去走過來，沒有看到那黯黑狹隘的一扇破門上掛的是我母校的校名！兩旁小商店的招牌幾乎遮住了它，我走進去，簡直不能相信它會如此窄小簡陋破舊。鼓樓小學在南京算是個有相當歷史的小學，如果沒有親眼看到它如今的光景，絕不相信記憶與現實會有這麼大的差距！一九三七年以前，曾是「黃金十年」的首都，曾有過恢宏建國計畫的南京，全然不見蹤影了。

第二天早上，章斐和她的老伴劉壽生來帶我看看現在的南京。先去新建的南京大屠殺紀念館，進門是大片黃沙鋪地的前院，四周用石塊刻著城區里名和死亡人數，寬闊厚重的平房裡面是相關照片、資料。沉重的慘痛以最簡樸的方式陳列人前——我至今也無法清楚地記得，自己是如何走出那屋子的。

下一站我希望去看看中山陵。小時候，北方有客人來，父母常帶我陪他們登上那走不完的石階。但是，出租車抵達的時候，只見一堆雜樹之間各種雜亂的小販，沒有看到石階的進口，我下車站著往上看白色的陵墓，疏疏落落地有些人在石階四面上下，沒有一點肅穆氣氛。我突然很洩氣，就不想上去了。回到車旁，想起昨晚看的南京地圖，我問章斐知不知道有座航空烈士公墓也在紫金山裡？她說知道，也曾想去看看，就問司機路程多遠，能不能去？他說繞著山往南走，三十多里路，可以去，也願意等著帶我們回城。

車子在山路上繞行的時候，我好似在夢遊境界，車停處，山路也寬闊起來，走進寬敞高昂的石頭牌坊大門時，開始登上石階，我仍疑似夢中，這是萬萬想不到的意外之旅！直到迎面看到亭裡立著國父孫中山所寫「航空救國」的大石碑，才開始相信，這是眞的了。再往上走，到了半山坡，是一大片白色的平台，中間樹立巨大的石碑和兩位穿著飛行衣的中美軍人雕像，碑上寫著：「抗日航空烈士紀念碑」。第一層坡地上是刻著七百多位美國烈士的淺色碑群，有些碑前有獻上的花束（紀念册上說至今仍有後代由美國前來憑弔）。往上坡走，第二層是更大的一排排黑色大理石碑，刻的是三千多位中國空軍烈士的名字，後面山壁上樹木稀落，五月初的太陽照著，這一大片墓碑，並沒有陰森肅殺之氣。走完最高幾層石階時，我放開章斐牽著的手，靜靜地說，我要自己去找那塊編號M的碑。去北京前，張大飛的弟弟曾寄給我一本紀念碑的册子，說他的名字刻在那裡。

那麼這一切都是千眞萬確的事了。M號的碑上刻著二十個名字，他的那一欄，簡單地寫著：

張大飛　上尉　遼寧營口人　一九一八年生　一九四五年殉職

一個立志「但使龍城飛將在，不教胡馬度陰山」的男子，以血肉之身殉國，二十六歲的生命就濃縮到碑上這一行字裡了。是不是這一塊碑、這一行字，能成為一種靈魂的歸依？

這一日，五月的陽光照著七十五歲的我，溫馨如他令我難忘的溫和聲音。——到這裡來，莫非也是他的引領？如一九四六年參加他殉身一周年紀念禮拜一樣，並不全是一個意外？我坐在碑前小小石座許久，直到章斐帶我下山，由玄武湖回城。玄武湖原是我必訪之地，但此時將近日落，湖水灰黯，樹色也漸難辨，童年往事全隱於暮色之中。

在那一排排巨大，沒有個人生死特徵的墓碑之間，我想起一九三六年冬天，在寧海路我家爐火前聽他艱困地敘述他父親被日本人酷刑燒死的悲慟。那是我第一次明白我的爸爸為什麼常常不在家，自從九一八事變以後，他回北方，在死亡邊緣所做的工作；也明白了為什麼在北平和天津，媽媽帶著我不斷地隨著他改姓王，姓徐，姓張……。我也才眞正地明白了蓋家小兄弟爸爸的頭顱為什麼掛在城門上！

踏上流亡第一段路程，由南京到漢口，中山中學高中部男生是我家共生死的旅伴。我重病的母親和三個幼小的妹妹，全由他們抬的抬，抱的抱，得以登車上船。這些都不滿二十歲的男孩，在生死存亡之際，長大成為保護者。船到漢口，學生隊伍背著自衛的一百枝槍，被分派住在一所小學的大禮堂。十二月的夜晚，衣被不夠禦寒，日本飛機日夜來炸，城裡、江邊，炸彈焚燒晝夜不熄，他們之中年滿十八歲的十多人過江去中央軍校臨時招生處報了名，張大飛報的是空軍。他說，生命中，從此沒有眼淚，只有戰鬥，只有保衛國家。

此後，他一心一意進入保護者的新天新地了。嚴格的入伍訓練，由冬至夏，使他脫胎換骨，走路都得挺胸闊步。飛行教育開始之後，他又進入另一境界。他二十歲生日，寫信給媽媽、哥哥和我，很興奮地說他讀了愛國志士高志航的傳，決心更加努力精研技術，一定要考上驅逐機隊，在天空迎戰進犯的敵機，減少同胞的傷亡。「死了一個高志航，中國還有無數個高志航！」——必須同時養成沉穩、機智、精準的判斷能力，在空戰中以極銳利的眼睛和極矯健的身手，驅逐、擊落敵機才能生還。

那時年輕的我們多麼崇拜飛驅逐戰鬥機的英雄啊！那種崇拜，只有那種年紀，在

二〇〇〇年五月，在南京「抗日航空烈士紀念碑」前，義兄張大飛亦名列其中。

眞正的戰爭中才有，純潔誠懇，不需宣傳，也無人嘲弄。常年在淒厲警報聲中奔跑躲避的人們，對於能在天空擊退死亡的英雄，除了崇拜，還有感謝和慚愧——更有強烈的虧欠感。當我們在地上奔跑躲避敵人的炸彈時，他們挺身而出，到太空去殲滅敵機。當我們在弦歌不輟的政策下受正規教育時，他們在骨嶽血海中，有今天不知明天。

但是他信中一再地說，在他內心，英雄崇拜的歌頌更增強他精神的戰鬥（conflict）。隨軍牧師的夢始終未曾破滅，一九四二年到美國受訓時和科羅拉多州（Colorado）基地的牧師長期共處，參加他們的聚會更增強了這個意念。回國在昆明基地參加當地的教會，得到他一生最溫暖的主內平安。他後來大約也知道中國軍隊中沒有隨軍牧師這制度，但是這個願望支撐著他，不在醇酒美人之中消磨，可以有個活下去的盼望，得到靈魂眞正的救贖。他是第一個和我談到靈魂的人，《聖經・詩篇》第二十三篇是祈求平安的名詩，但是他卻誦唸「使我靈魂甦醒」那一段。在我們那時的家庭和學校教育中，沒有人提到靈魂的問題，終我一生，這是我閱讀深切思考的問題。

在我母親遺物中，我找到兩張他升上尉和中尉的軍裝照，臉上是和硬挺軍裝不相襯的溫煦的笑容，五十年來我在許多的戰爭紀念館重尋他以生命相殉的那個時代。

一九九八年他弟弟寄來河南《信陽日報》的報導，追述他殉身之處：「在一九四五年五月，確有一架飛機降落在西雙河老街下面的河灘上，有很多人好奇前去觀看，飛機一個翅膀向上，一個翅膀插在沙灘裡。過了幾日後，由上面派人把飛機卸了，用鹽排順河運到信陽。」

三千字的報導中，未有片語隻字提到飛行員的遺體，飛機未起火，他屍身必尚完整，鄉人將他葬於何處？五十多年來似已無人知道，永遠也將無人知道，那曾經受盡家破人亡，顛沛流離之苦的靈魂，在信仰宗教之後只有十年生命中，由地面升至天上流浪，可曾眞正找到靈魂的安歇？還是仍然漂泊在那片託身的土地上，血污遊魂歸不得？

收到這張《信陽日報》的深夜，市聲喧囂漸息，我取下他一九三七年臨別相贈的《聖經》，似求指引，告訴我，在半世紀後我該怎麼看他的一生，我的一生？毫無阻隔地，一翻開竟是舊約〈傳道書〉的第三章：

> 凡事都有定期，天下萬物都有定時，生有時，死有時；……尋找有時，失落有時；保守有時，捨棄有時；撕裂有時，縫補有時；靜默有時，言語有時；喜愛有時，恨惡有時；爭戰有時，和好有時。

這一切似是我六十年來走過的路，在他的祝福之下，如今已到了我「捨棄（生命）有時」之時了。所以〈傳道書〉終篇提醒我，幼年快樂的日子已過，現在衰敗的日子已近；而我最愛讀的是它對生命「捨棄有時」的象徵：

日頭、光明、月亮、星宿變成黑暗，雨後雲彩反回……。杏樹開花，蚱蜢成為重擔，人所願的也都廢掉，因為人歸他永遠的家，弔喪的在街上往來。銀鍊折斷，金罐破裂，瓶子在泉旁損壞，水輪在井口破爛，塵土仍歸於地，靈仍歸於施靈的神。傳道者說，虛空的虛空，凡事都是虛空。

我再次讀它已是由南京歸來，看到了黑色大理石上「張大飛」的名字，生辰和死亡的年月日，似乎有什麼具體的協議。一些連記憶都隱埋在現實的日子裡，漸漸地我能理智地歸納出《聖經》傳的道是「智慧」，人要從一切虛空之中覺悟，方是智慧。

張大飛的一生，在我心中，如同一朵曇花，在最黑暗的夜裡綻放，迅速闔上，落地。那般燦爛潔淨，那般無以言說的高貴。

9—靈魂的停泊

二〇〇一年初秋，九一八事變七十周年，哥哥帶著我和兩個妹妹，寧媛、星媛由太平洋兩端回到瀋陽，參加東北中山中學「齊世英紀念圖書館」揭幕典禮，紀念他那一代漂泊的靈魂。

自一九二五年隨郭松齡飲恨巨流河，至一九八七年埋骨台灣，齊世英帶著妻子兒女，四海為家，上無寸瓦，下無寸土，莊院祖墳俱已犁為農田，我兄妹一生填寫籍貫遼寧鐵嶺，也只是紙上故鄉而已。

東北中山中學的命運，自開創就在顛簸之中。一群失家的孩子和老師，從北平的報國寺招生起，組成了一個血淚相連的大家庭，從北平到南京，從南京到漢口，到湘鄉，到桂林，到懷遠，有車搭車，無車走路，跋涉流離進入四川，託身威遠的靜寧寺，得以安頓八年，弦歌未絕。抗戰勝利載欣載奔回到故鄉，卻遭停辦四十六年，不見天日，直到一九九四年由各地及海外老校友推動，才得復校，重見天日。

為圖書館揭幕典禮搭建的台上，坐著地方首長、學校負責人和為復校出力最多的郭峰、李濤先生，他們說明東北中山中學自創校至今六十七年的坎坷校史，他們欣慰地說，只這幾年功夫，由於教學品質優良，如今已是瀋陽的一所重點學校。——這一天也是校友返校的日子。操場四周列隊站著新世代的學生，唱新的校歌。接著是老校友的合唱，他們唱的歌喚醒深埋的記憶，那是我生命初醒之歌，曾經伴著我從南京到湖南，從湘桂路到川黔路，是八千里路雲和月，在逃難人潮中長大成人的歌啊！初秋的晨風裡，站在故鄉土地上，這些曾經以校為家，生死與共的白髮老人，白髮颯颯，歌聲中全是眼淚，松花江的水中，仍有嘉陵江的嗚咽，但是嗚咽中有堅持的剛強。

唯楚有士，雖三户兮，秦以亡！
我來自北兮，回北方。

自會場出來，我去瞻拜了九一八紀念館，然後一個人坐火車到大連去。車過營口，我想起一九二五年冬天，父親奉命與馬旅長進占營口，由溝幫子到營口對岸下車，和旅參謀長蘇炳文帶先頭部隊渡遼河，河水還未完全封凍，滿河流冰，大家坐小木船，冒著被沖入大海的危險渡過，到營口上岸，所遇阻擋竟是日本關東軍……

我到大連去是要由故鄉的海岸，看流往台灣的大海。連續兩天，我一個人去海邊公園的石階上坐著，望著渤海流入黃海，再流進東海，融入浩瀚的太平洋，兩千多公

二〇〇一年初秋，九一八事變七十周年，齊邦媛（前排左三）和哥哥振一（前排左二）以及兩個妹妹寧媛（前排左一）、星媛（前排左六）回到瀋陽，參加東北中山中學「齊世英紀念圖書館」揭幕典禮，這個圖書館是齊氏兄妹及家人捐贈的。遇見前來參加的齊家人，他們衷心希望能給父親終生漂流的靈魂一個停泊之處。

里航行到台灣。繞過全島到南端的鵝鑾鼻，燈塔下面數里即是啞口海，海灣湛藍，靜美，據說風浪到此音滅聲消。

一切歸於永恆的平靜。

——全書完——

二〇〇八年十二月三十一日，齊邦媛和她的小兒子，坐在啞口海畔的礁石上。

齊邦媛紀事

—巨流河—

◆一九二四

・元宵節生於遼寧省鐵嶺縣。父：齊世英（鐵生）母：裴毓貞（純一）。

◆一九二五

・父親自德國留學歸國，回到瀋陽。

・參加郭松齡將軍倒戈反張作霖，兵敗，流亡。

◆一九三〇

・隨母前往南京，與父親相聚。

◆一九三一

・九一八事變。

◆一九三七

・抗日戰爭開始。日軍進入南京大屠殺前二十日全家隨國立東北中山中學經蕪湖到漢口。

◆一九三八

・春初由漢口前往湖南湘鄉永豐鎮。

・仲秋由湘桂路往桂林，再由黔桂路流亡至貴州懷遠。

・十一月底由父親帶往重慶，就讀南開中學。

◆ 一九四三

・聯考入武漢大學哲學系，前往四川樂山，一年後轉入外文系，受教於朱光潛先生。

◆ 一九四七

・大學畢業。九月得國立台灣大學聘任外文系助教，來台北。

◆ 一九四八

・與羅裕昌於武大校友會相遇，十月返上海由父母主持，在新天安堂基督教會結婚。回台。

◆ 一九五〇

・隨夫調職台灣鐵路管理局台中電務段，定居台中十七年，三兒皆誕生於台中。

◆ 一九五三

・台中一中任教高中英文。（至一九五八）

◆ 一九五六

・考取美國國務院戰後文化交流計畫，Fulbright Exchange Teachers' Program 赴美半年。

◆ 一九五八

・至國立中興大學（原為省立農學院）任講師。

・兼任故宮博物院英文祕書（一九五九至一九六五）。

・兼任靜宜文理學院副教授（美國文學），東海大學（外文系翻譯課程）。

◆ 一九六七

・隨夫調差，遷回台北。

・第二次考取 Fulbright Exchange Fellowship 赴美任教於印第安納州 St.Mary-of the-Woods College 教授中國現代文學。

・同時正式註冊進 Indiana University 進修比較文學。

◆ 一九六九

・返台回中興大學，出任新成立之外文系主任。

◆一九七〇

・開始在台大外文系兼任教授。講授文學院高級英文課程。

◆一九七二

・出任國立編譯館編纂兼人文社會組主任，兼任教科書組主任。

◆一九七五

・主編《中國現代文學（台灣）選集》英文版，Washington Univ. Press 出版發行。中文版：《中國現代文學選集〔詩〕〔小說〕〔散文〕》，台北：爾雅。

◆一九七六

・秋季再度赴 Indiana University 進修比較文學。

・倫敦大學訪問兩個月，赴蘇格蘭、瑞典北極、斯德哥爾摩附近 Balkan 島，Vikings 古墳群，由瑞典乘夜航船渡海赴芬蘭。

◆一九七七

・台大外文系專任（講授英國文學史、高級英文、翻譯等課）。

・十一月參加中華民國教授訪韓團兩週。

・去北海道，由日本回國。

◆一九七八

・參加中華民國筆會。赴瑞典參加國際筆會年會（International PEN）。

◆一九八二

・應邀前往美國舊金山加州州立大學（San Francisco State University of California）講授台灣文學一學期（春季班）。

◆一九八三

・暑假至紐約 St. John's University 開中國現代文學會議。首次與大陸文學界同時出席。

・母親八月十五日逝世。

◆一九八五
・應聘為德國柏林自由大學客座教授，講授台灣文學（春季班）。
・再度北歐行，丹麥、瑞典、挪威（至北極Norscap）。
・赴英國牛津大學參加中國現代文化會議。
・回台後於人行道上遭遇車禍，重傷。

◆一九八六
・車禍後恢復正常生活，五月赴德國漢堡開 Internation PEN。
・與殷張蘭熙合編之德文版〈源流〉，在德國慕尼黑出版。

◆一九八七
・父親逝世。

◆一九八八
・由台大外文系退休。次年台大頒贈名譽教授位。

◆一九八九
・主編《中華現代文學大系：台灣一九七〇至一九八九》，小説卷一至五。台北：九歌。

◆一九九〇
・評論集《千年之淚》出版，台北：爾雅。
・十一月再訪柏林，德國統一後二十天，首次開車進入東柏林，赴萊比錫，再訪海德堡，初訪甫獲自由之布拉格。

◆一九九一
・年初首訪愛爾蘭（都柏林，Galway）、西班牙、希臘。

◆一九九二
・接 Chinese PEN Quarterly 總編輯工作（至一九九九）。
・林海音原著，殷張蘭熙、齊邦媛英譯《城南舊事》出版，香港：中文大學。

◆一九九三

・二月，澳洲、紐西蘭之行。

・五月，首次回大陸與大學好友魯巧珍病榻重聚亦訣別。

・首次回故鄉遼寧鐵嶺小西山。

◆一九九四

・九月赴馬來西亞吉隆坡開華人女作家年會。訪問檳榔嶼、新加坡。

◆一九九五

・PEN 年會再訪布拉格。再訪愛爾蘭〈Golway、Sligo〉。

・赴山東威海參加兩岸「自然環境與文學」會議。

・應邀參加香港筆會三十周年年會。

◆一九九七

・三訪愛爾蘭（南部 Cork 郡欲尋十六世紀行蹤 Edmund Spenser）。

・參加在蘇格蘭愛丁堡九月舉行之 PEN 年會。

・與王德威合作 Modern Chinese Literature from Taiwan 小說系列，由美國哥倫比亞大學出版社出版，至二〇〇九年已出書三十本。

◆一九九八

・夏季先赴柏林住一個月，再赴芬蘭參加 PEN 年會。

・十月，評論集《霧漸漸散的時候：台灣文學五十年》出版，台北：九歌。

◆一九九九

・四月赴北京與南開中學班友作五十年後首次重聚。

・五月初赴南京訪紫金山麓抗日航空烈士紀念碑。

・主編《中英對照讀台灣小說 *Taiwan literature in Chinese and English*》，台北：天下文化。

◆二〇〇〇

・齊邦媛、王德威主編英文版《二十世紀後半葉的中文文學》論文集，美國：印第安納大學出版社出版。

・為香港中文大學主辦之「新紀元全球華文青年文學獎」評審開會（二〇〇三年又開一次）。

◆二〇〇一

・「九一八」七十周年紀念。

・回故鄉瀋陽，兄妹四人向東北中山中學獻「齊世英紀念圖書館」。

◆二〇〇二

・八月赴日本金澤。

・十二月起由中央研究院歐美研究所單德興、趙綺娜研究員開始作口述歷史訪談。

◆二〇〇三

・十月，催促「國立文學館」於台南設立，經立法院改名為「國立台灣文學館」。

◆二〇〇四

・齊邦媛、王德威主編《最後的黃埔——老兵與離散的故事》出版，台北：麥田。

・五月，散文集《一生中的一天》出版，台北：爾雅。

◆二〇〇五

・齊邦媛主講《我對台灣文學與台灣文學研究的看法》DVD出版，台北：國立台灣大學出版中心。

◆二〇〇九

・記憶文學《巨流河》出版，台北：天下文化。

《巨流河》參考書目

- 《齊世英先生訪問紀錄》 訪問：沈雲龍、林泉、林忠勝 記錄：林忠勝 台北中央研究院近代史研究所 一九九〇年八月初版
- 《白崇禧先生訪問紀錄》（上、下二冊）（校閱：郭廷以）訪問兼記錄：賈廷詩、馬天綱、陳三井、陳存恭 台北中央研究院近代史研究所 一九八四年五月初版
- 《民國大事日誌》（一、二兩冊） 劉紹唐主編 傳記文學出版社 台北一九八六版 沈雲龍、吳相湘、劉紹唐 序皆寫於一九七三年 上冊一九八九、下冊一九八六再版 共一四三三頁 （傳記文學雖非正式史館，多年來登載許多可貴的近代中國史資料）
- 《中國東北史》（第六卷） 佟冬主編 （本卷主編：劉信君、霍燎原）吉林文史出版社，主編序一九九八年（無版權頁）
- 《中華民族抗日戰爭史略》 胡楚生著 台中 大社會文化出版社 二〇〇五年
- 《細說抗戰》 黎東方著 台北遠流出版公司 一九九五年
- *The Generalissimo Chiang Kai-shek and the Struggle for Modern China*, by Jay Taylor London, Harvard Univ. Press, 2009
- *Mao: The Unknown story*, by Jung Chang and Jon Halliday N.Y. Alfred A. Knopf, 2005 （《毛澤東：鮮為

人知的故事》 張戎譯 香港 開放出版社 二〇〇六年九月初版）

《雪白血紅——江山爭霸遼瀋會戰》（上、下二冊） 張正隆著 台北風雲時代出版社 一九九一年初版

《徐蚌會戰》（淮海戰役） 周明、王逸之著 台北知兵堂出版社 二〇〇八年十一月初版

《被遺忘的大屠殺——1937南京浩劫》（*The Rape of Nanking—The Forgotten Holocaust of World*） 張純如（Iris Chang）著 中文譯者 蕭富元 台北天下遠見出版公司 一九九七年十二月初版

《荻島靜夫日記》 台北立緒文化公司 二〇〇五年五月初版

《東北變色記》 陳嘉驥著 台北漢威出版社經銷 二〇〇〇年二月

《白山黑水見聞錄》 陳嘉驥著 台北南京出版公司 一九七八年四月初版

《廢帝、英雄、淚》 陳嘉驥著 台北南京出版公司 一九七六年八月初版

《東北文學通覽》 任惜時、趙文增、臧恩鈺主編 瀋陽遼寧大學出版社 一九九四年十一初版

《張學良・共產黨・西安事變》 蘇墱基著 台北遠流出版公司 一九九九年二月初版

《張學良・宋子文・檔案大揭祕》 林博文著 台北時報文化出版公司 二〇〇七年十二月

《成敗之鑑——陳立夫回憶錄》 陳立夫著 台北正中書局 一九九四年六月初版

《大是大非——梁肅戎回憶錄》 梁肅戎著 台北天下文化出版公司 一九九五年十一月初版

《雷震與台灣民主憲政的發展》 任育德著 台北國立政治大學歷史學系出版 一九九九年五月初版

《高玉樹回憶錄：玉樹臨風步步高》 林忠勝撰述 台北前衛出版社 二〇〇七年七月初版

《張伯苓與南開》 王文田等著

《朱光潛出世的精神與入世的事業》 錢念孫著 北京文津出版社 二〇〇五年一月初版

《朱光潛與中西文化》 錢念孫著 合肥、安徽教育出版社 一九九五年十二月初版

《朱光潛與中國現化文學》 商金林著 合肥、安徽教育出版社 一九九五年十二月初版

- 《吳宓傳：泣淚青史與絕望情慾的癲狂》 沈衛威著 台北立緒文化事業公司 二〇〇〇年十一月初版 （王德威序：「苦難之後的探掘與深省」）
- 《文學與人生》 吳宓著 英文講授提綱，王岷源中譯 北京清華大學出版社 一九九三年八月初版（書末有北京大學哲學系教授周輔成，英語系教授李賦寧之論評及王岷源之追悼及論評）「在任何社會都應受到尊敬的人——懷念雨僧師」
- 《八十憶雙親、師友雜憶合刊》 錢穆著 台北東大圖書公司 一九八三年一月初版
- 《錢穆賓四先生與我》 嚴耕望著 台灣商務印書館 一九八一年四月初版
- 《猶記風吹水上鱗》 余英時著 台北三民書局 一九九一年十月初版
- 《馮友蘭學思生命前傳（1895-1949）》 翟志成著 台北中央研究院近代史研究所 二〇〇七年八月初版
- 《楊憲益傳》 雷音著 香港明報出版社 二〇〇七年十月初版
- 《王蒙自傳》 第一部半生多事 王蒙著 廣州花城出版社 二〇〇六年五月初版
- 《飛回的孔雀——袁昌英》 楊靜遠著 北京人民文學出版社 二〇〇二年一月初版
- 《讓廬日記》 楊靜遠著 武昌武漢大學出版社 二〇〇三年十一月初版
- 《寫給戀人——1945-1948》 楊靜遠著 河南人民出版社（滄桑文叢之一） 一九九九年初版
- 《高志航傳》 吳東權著 台北希代書版公司 一九九三年七月初版
- 《陳納德》 趙家業編著 瀋陽遼海出版社 一九九八年十月初版 （當然多年前我們都先讀了陳香梅的《一千個春天》）
- *Chinese Fiction from Taiwan*, Ed. Jeannette L. Faurot Indiana U. Press, 1980.
- *Remembrances-the experience of the Past in Classical Chinese Literature* by Stephen Owen 宇文所安 Cambridge MA, Harvard University Press 1986年初版 中譯：《追憶：中國古典文學中的往事再現》

譯者：鄭學勤　台北聯經出版社　二〇〇六年十一月初版

■《長城》（上卷：邊關萬里，下卷：分野消失）　李守中著　台北遠流出版公司　二〇〇一年八月初版

■《台灣文學史綱》　葉石濤著　高雄：文學界雜誌社　一九八七年二月初版

■《鍾肇政集》　台灣作家全集短篇小說卷　彭瑞金主編（前後有二序，有詳細評介且有「評論引得」）　台北前衛出版社　一九九一年七月初版

■《給大地寫家書——李喬》　許素蘭著　台北典藏藝術家庭公司　二〇〇八年十二月初版

■《台灣現代文學的視野》　柯慶明著　台北麥田出版社　二〇〇六年十二月初版

■《昔往的輝光》　柯慶明著　台北爾雅出版社　一九九九年二月初版

■《台灣：從文學看歷史》　王德威編選導讀、編選顧問：黃英哲、黃美娥　台北麥田出版社　二〇〇五年九月初版

■《後遺民寫作（Post-loyalist Writing）——時間與記憶的政治學》　王德威著　台北麥田出版社　二〇〇七年十一月初版

就在這「最後的書房」，四年歲月，完成了《巨流河》。

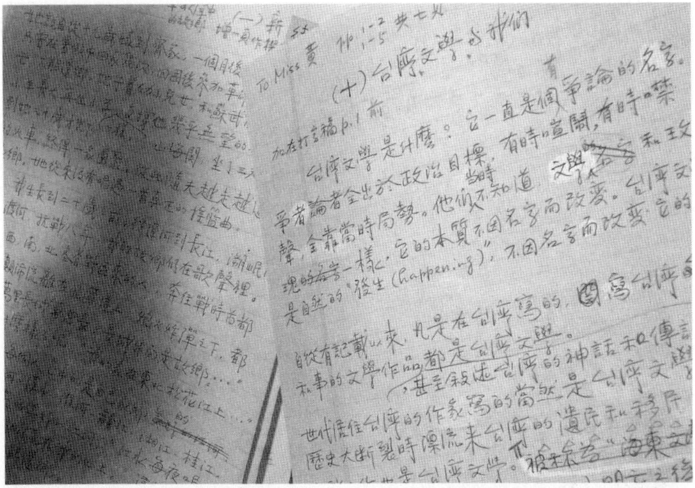

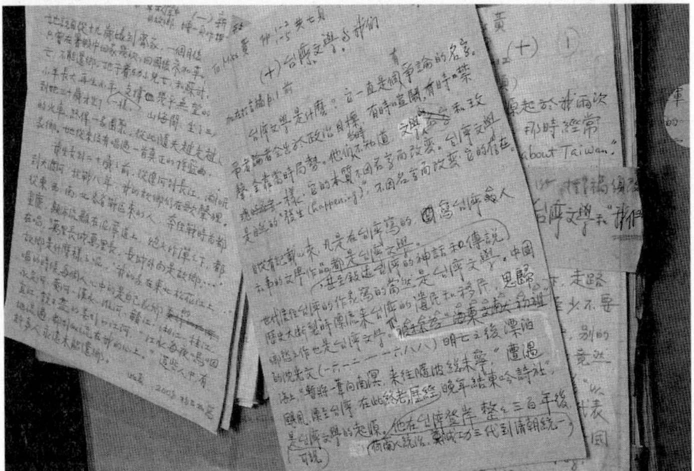

《巨流河》手稿。

風華館051

巨流河

作　　者／齊邦媛
主　　編／項秋萍
責任編輯／陶蕃震
封面暨內頁設計／張治倫工作室
校　　對／黃碧儀、陶蕃震、項秋萍
圖片提供／齊邦媛

出版者／天下遠見出版股份有限公司
創辦人／高希均、王力行
遠見・天下文化・事業群　董事長／高希均
事業群發行人／CEO／王力行
出版事業部總編輯／許耀雲
人文館總監／余宜芳
版權暨國際合作開發協理／張茂芸
法律顧問／理律法律事務所陳長文律師　　著作權顧問／魏啓翔律師
社　　址／台北市104松江路93巷1號2樓
讀者服務專線／(02) 2662-0012
傳　　真／(02) 2662-0007、(02) 2662-0009
電子信箱／cwpc@cwgv.com.tw
直接郵撥帳號1326703-6號　天下遠見出版股份有限公司

製 版 廠／凱立國際資訊股份有限公司
印 刷 廠／盈昌印刷有限公司
裝 訂 廠／精益裝訂股份有限公司
登 記 證／局版台業字第2517號
總 經 銷／大和書報圖書股份有限公司　電話(02) 8990-2588

出版日期2009年7月7日第一版第1次印行

定價500元
ISBN: 978-986-216-371-9（精裝）
書號：LC051

國家圖書館出版品預行編目資料

巨流河 / 齊邦媛著
-- 第一版.　-- 臺北市 : 天下遠見, 2009. 07
面 ;　公分. --（風華館 ; LC051）
參考書目：面
ISBN 978-986-216-371-9（精裝）
1. 齊邦媛　　2. 臺灣傳記
783.3886　　98011132